"十二五"国家重点图书出版规划项目

广义城市学

城乡规划系统工程

SCIENCE OF CITY PLANNING (BROADENED)
URBAN – RURAL PLANNING SYSTEMS ENGINEERING

唐恢一　陆　明　编著

哈尔滨工业大学出版社

内 容 简 介

本书是遵照杰出科学家钱学森的建议和指导思想,并在其相关学说的基础上构建的关于宏观建筑学(城市科学)的技术科学层次的理论性著作。内容分为三部分:第一篇"城市系统综述",对城市系统(包括城乡一体化发展)从整体上进行分析;第二篇"城乡规划系统工程方法论",探讨了处理城乡与社会系统(开放的特殊复杂巨系统)的系统科学方法;第三篇"中国特色社会主义体制下的城乡发展",遵照钱学森的相关科学理论结合我国社会体制的特点,论述了我国城乡的发展及其优化途径。

本书对于在城乡发展与规划、建设、管理领域学习与实践科学发展观冀能有所助益,并对在高等教育与学术研究领域对相关学科的拓展引起讨论会有所推动。

图书在版编目(CIP)数据

广义城市学/唐恢一,陆明编著. —哈尔滨:哈尔滨工业大学出版社,2013.3
ISBN 978 - 7 - 5603 - 3433 - 2

Ⅰ.①广…　Ⅱ.①唐…　Ⅲ.①城市学
Ⅳ.①C912.81

中国版本图书馆 CIP 数据核字(2012)第 232202 号

策划编辑	王桂芝　贾学斌
责任编辑	费佳明
出版发行	哈尔滨工业大学出版社
社　　址	哈尔滨市南岗区复华四道街 10 号　邮编 150006
传　　真	0451 - 86414749
网　　址	http://hitpress.hit.edu.cn
印　　刷	哈尔滨工业大学印刷厂
开　　本	787mm×1092mm　1/16　印张 16.25　总字数 392 千字
版　　次	2013 年 3 月第 1 版　2013 年 3 月第 1 次印刷
书　　号	ISBN 978 - 7 - 5603 - 3433 - 2
定　　价	38.00 元

(如因印装质量问题影响阅读,我社负责调换)

序

唐恢一教授撰写的《广义城市学》一书，是城市规划相关专业开设的一门基础理论课教材。城市学，作为一门学科，可称得上是"城市规划理论"的理论。它对城市规划理论建设以及为推动城市规划实践活动跨越式发展，起着重要作用。

我国城市规划界内人士，曾进行过如此深入的、长期的研究工作尚属不多。这项研究工作，既切合新世纪发展的要求，又响应了钱学森老院士早在20世纪80年代中期就已提出的、建议建立城市学作为城市规划学科的理论基础，并要求将全国的城市体系当作一个复杂的巨系统来研究的伟大号召。本书研究城市化发展规律、机制和我国城市化主要特色，探讨城市系统演化建模的理论与方法。这项研究我国城市发展总体、全面、复杂巨系统的工作填补了我国城市科学体系中间层次的理论空白。

此书有众多新的视野和包含诸多新的内容，立意具有超前意识。

全书研究框架的设定，各章节命题的确立，各种论点的提出和探索是建立在辩证唯物的哲学基础上，契合城市学自身的各种外在条件和内在矛盾。

全书价值取向以人文理性与科学理性并重，紧密围绕当代文明与城市对策进行研究，同时吸取了新兴学科如控制论、耗散结构论、混沌学、分形几何学等新的科学思维，突出了城市学研究的宏观性、综合性和系统性。全书指导思想是将城市这样的复杂系统视作一门高阶的、多回路、非线性的反馈结构，使全文指导思想，在动态的、有机综合的、唯物辩证思维指引下取得了正确的指点和导引。

全书对当今我国城市的基本决策怎样选择，城市结构和模式如何建立，城乡和区域系统如何做到可持续发展，怎样建设山水城市等问题，都有所探讨。

全书的理论研究和方法有可能发展出区域乃至全国的城镇体系与人口分布演化模式，以供试验和研究。

综前所述，本书既可作教学用书，亦可供城市规划研究部门与规划设计单位作为参考用书。

天津大学建筑学院城市规划系教授
天津市人民政府咨询委员会委员

前 言

按照钱学森所研究的"现代科学技术体系",他所倡导创建的"城市学"属于"建筑科学"大部门中"宏观建筑学"的技术科学层次。笔者自1996年以来参与了这门新学科的创建工作。2010年6月笔者获邀参加第378次香山科学会议,作了题为"'城市学'的基本理论与方法"的专题报告,经讨论后,会议执行主席鲍世行先生建议纳入部分基础理论内容,将书名扩展为《广义城市学》;因而笔者在原撰写的《城市学》基础上扩充形成本书。

"宏观建筑学"指城市科学,是研究城市的发生、发展、演变、规划、建设、管理的规律、机制和方法及城乡一体化发展等的学科群。其基础理论,按照西方近代城市理论的传统,是"人文地理学",即研究土地-工作-人群(place-work-folk)之间的基础性关系。通俗来说,就是研究产业的发展和人口的分布规律。钱学森还提出了"数量地理学"的概念,应指地球表层的相关定量化资料及其间的关系。此外,在地理科学中还发展了经济地理学、城市地理学等分支,还有空间经济学等相关的理论。宏观建筑学的应用学科,是国土、区域与城乡的规划、建设、管理及相关的专业系统工程。国土、区域与城乡规划应同系统工程这种组织管理技术相结合,应是地理系统工程的子系统及其细化与深化发展。而且,就系统的整体优化而言,它同社会系统工程还有密切的联系。那么作为技术科学的《广义城市学》,就应当为应用学科提供理论和方法论的基础,运用现代系统科学的方法论和方法,主要提供城市系统整体结构及其发展相关的知识,及其与系统外部环境的关系等,如相关的基本关系、基本概念、本质、规律、机制、特点、结构、动因、方法、模型、决策基础、优化途径等基础理论。

《广义城市学》以其作为技术科学的定位及运用当代系统科学的新成果等特点,决定了它具有相当的综合性、系统性、整体性、复杂性、抽象性和基础性等性质。

根据《广义城市学》的学科定位及其性质,其内容应以技术科学所涉及的范围为准,主要是提供城市系统整体结构及其发展相关的知识,及其与系统外部环境的关系等;还应为城乡规划系统工程提供方法论基础;且要同中国特色社会主义建设的理论与实践密切结合。因此,本书的内容分为三个部分:第一篇,城市系统综述;第二篇,城乡规划系统工程方法论;第三篇,中国特色社会主义体制下的城乡发展。第一篇的内容,如:城市的产生,产业发展与人口分布的基本关系,城市的本质,城市化的概念及其衡量标准,城市发展的规律,城市发展的机制,城市的形态模式,我国城市化的特点及其优化发展途径,城市的结构(职能结构、经济结构、社会结构、人口结构、空间结构、有机结构等)、城市发展的动力因素(内部动力因素与外部动力因素,前者指社会经济与行为导致的动力因素,后者可分为促进集聚的动力因素与促进分散的动力因素)和动力分析,城市对策基础,城乡一体化发展,城市土地集约化利用的途径,理想城市的理论(生态城市、山水城市等),城市文明和风貌特色,城市建筑风格和学派,城乡系统可持续发展的理论等。第二篇的内容,如城市系统的模型抽象和建模理论,区域与城乡规划系统工程的方法论和方法探讨等。第三篇的内容,如钱学森关于社会主义建设的科学理论,社会主义市场经济体制下城乡发展的特点,我国城市化的优化途径等。《广义城市学》的内容将随着城市化进程与学科的发展而不断更新。

区域系统和城乡系统是以其社会系统为根基的。物质环境规划建立在社会发展规划的基础之上。区域与城乡规划系统工程是地理系统工程的子系统,是其细化与深化的发展;且与社会系统工程有密切的联系,这是开放的特殊复杂巨系统。要用系统科学的方法处理这样的系统,谋求优化的发展前景、协调的关系,予以必要的制衡和控制,即采取社会系统工程的组织管理技术,使城乡的规划、建设和管理同系统工程技术相结合,这涉及高度复杂系统的系统工程的方法论与方法问题,而这是当代系统科学的前沿课题。

在当代系统科学理论与方法发展的基础上,特别是在钱学森提出的"开放的复杂巨系统"方法论的基础上,我们试图总结并发展处理开放的复杂巨系统的具体方法,使有助于促进区域与城乡规划的科学化。

作者

2012 年 10 月

目 录

第一篇 城市系统综论

第1章 城市的起源、本质和城市化 ······ 3
1.1 城市的起源 ······ 3
1.2 城市的本质 ······ 3
1.3 城市化 ······ 6
1.4 城市化发展程度的衡量 ······ 7

第2章 产业发展与人口分布的基本关系 ······ 11
2.1 人文地理学的相关理论 ······ 11
2.2 产业发展的规律 ······ 14
2.3 产业系统的各子系统及其间的关系、发展目标和环境 ······ 15
2.4 产业的空间分布 ······ 17
2.5 工业化浪潮的转移推进——雁阵模式 ······ 21

第3章 城市发展的规律 ······ 23
3.1 城乡不分—城乡对立和差别—城乡融合 ······ 23
3.2 产业发展—城市发展—产业发展 ······ 24
3.3 农业文明—工业文明—生态文明 ······ 25
3.4 小城市文明—大城市文明—小城镇文明 ······ 25
3.5 近、现代城市化发展的 S 型曲线(sigmoid):慢—快—慢 ······ 26
3.6 不平衡发展—渐趋于平衡—新的不平衡 ······ 28
3.7 分散—集聚—分散 ······ 28
3.8 自发性—条理性—自发性 ······ 30
3.9 理性—非理性—理性 ······ 31
3.10 个人机动性与社会有序性之间的互动 ······ 33
3.11 结 语 ······ 36
[附录]ROXY 指数简介 ······ 37

第4章 城市发展的机制 ······ 44
4.1 工业化初期的农村推力与城市拉力 ······ 44
4.2 社会主义市场经济体制下的竞争机制和产业升级机制 ······ 45
4.3 基础设施与环保产业要求一定的集聚效益 ······ 47

4.4	土地的集约化利用和公用设施的经济性也要求集聚效益	48
4.5	现代化技术为城市的分散化发展创造了条件	48
4.6	经济社会的高度发达促使文明从点向面分布	49
4.7	结　论	49

第5章　城市化系统发展的动力因素分析 51

5.1	决定城市发展形态趋向(集聚或分散)的动力因素	51
5.2	影响城市内部布局的动力因素	61
5.3	利益驱动对城市发展的影响	66

第6章　城市发展的形态模式 67

6.1	城域发展的形态模式(代号U)	67
6.2	区域的城市化模式(代号R)	70
6.3	城域与区域城市化结构的相互关系	72

第7章　城市的结构 74

7.1	城市的职能结构	74
7.2	城市的经济结构	78
7.3	城市的社会结构	84
7.4	城市的人口结构	90
7.5	城市的空间结构	93
7.6	城市的有机结构	98

第8章　我国城市化的基本情况和特点 101

8.1	我国建国后的城市化进程概述	101
8.2	我国的农村城镇化运动	103
8.3	对我国城市化进程的分析和评论	106
8.4	我国城市化的基本特点	111

第9章　城乡发展对策基础 113

9.1	城乡发展的一体化与一元化	113
9.2	城市的规模及其有机形态模式	114
9.3	城市交通与道路系统发展策略	116
9.4	居住形态的发展与住房政策	119
9.5	城市的精神风貌	122

第10章　城市土地集约化利用的途径 129

| 10.1 | 开发新的城市利用空间 | 129 |

10.2 土地改造 ································ 136

10.3 土地管理 ································ 138

第11章 全球化与新经济时代的城市 ································ 140

11.1 全球化与新经济时代 ································ 140

11.2 面对信息化与全球化的城市理论 ································ 143

11.3 信息社会中的城市发展与对策 ································ 146

11.4 智能技术城市 ································ 147

11.5 全球化城市 ································ 149

11.6 帝国主义的全球化 ································ 149

第12章 现代理想城市 ································ 151

12.1 生态文明的曙光——城市的有机发展 ································ 151

12.2 生态城市 ································ 154

12.3 山水城市 ································ 155

第13章 城乡系统的可持续发展 ································ 161

13.1 可持续发展与环境经济学 ································ 161

13.2 我国生态环境问题的回顾和特点 ································ 163

13.3 荒漠化土地的治理 ································ 165

13.4 水环境的治理 ································ 166

13.5 绿色增长模式 ································ 167

13.6 绿色国民经济核算 ································ 168

13.7 可持续发展的新文明观 ································ 169

第二篇 城乡规划系统工程方法论

第14章 城市系统的模型抽象 ································ 173

14.1 引 论 ································ 173

14.2 城镇体系网络的等级规模分布模型 ································ 174

14.3 拉兹洛·巴拉巴斯-艾伯特无标度网络 ································ 175

14.4 加林-洛里模型 ································ 176

14.5 经济系统的均衡分析法 ································ 182

14.6 经济系统的复杂性研究 ································ 189

第15章 区域与城乡规划系统工程新方法探讨 ································ 203

15.1 引 言 ································ 203

15.2 概 论 ································ 203

15.3	社会系统与区域系统的优化、协调与制衡	207
15.4	社会系统与区域系统的能控性	209
15.5	社会系统的行为科学沙盘推演方法——利益博弈推演法（IGIM）	210
15.6	机会目标发展估计法（CGDEM）	212
15.7	自上而下的系统整体建模	213
15.8	结　语	216

第16章　城乡规划系统工程方法论探讨 218

16.1	引　论	218
16.2	处理开放的复杂巨系统的大成智慧工程方法	218
16.3	基于系统论分析与综合的系统工程科学方法	219
16.4	数学模型的构建	221
16.5	社会系统工程方法的基本性质和特点	222
16.6	社会系统从微观到宏观过渡的理论	223
16.7	社会系统的能控性与能观测性理论	223
16.8	城乡规划系统工程实施的初步设想	224
16.9	结　论	225

第三篇　中国特色社会主义体制下的城乡发展

第17章　钱学森关于社会主义建设的科学理论 229

17.1	钱学森论社会主义建设	229
17.2	钱学森的沙产业理论	231
17.3	钱学森论知识密集型草产业	233
17.4	钱学森论第六次产业革命	237

第18章　中国社会主义市场经济体制下的城乡发展 239

18.1	中国特色社会主义市场经济体制下发展的特点	239
18.2	社会主义市场经济体制是社会主义生产方式调整的一个新阶段	241
18.3	社会主义中国城市化的优化途径——惠农式环境友好型城镇化	244

参考文献 249

第一篇　城市系统综论

第一篇　城市系統綜介

第1章 城市的起源、本质和城市化

1.1 城市的起源

在漫长的原始社会里,人类不得不终日为获得食物和维持生存而奋斗、操劳,同大自然、野兽和各种敌对力量斗争。这个过程涵盖了人类从事采集、渔猎,以至种植农业和畜牧的漫长时期,从旧石器时代初期算起大约有50万年。起初是原始群居,到旧石器时代中期开始形成原始公社。到中、新石器时代(距今约5 000～15 000年,如我国的仰韶文化、龙山文化、红山文化、良渚文化等),人类生活开始以农业、畜牧业为主。这被称为人类的第一次社会大分工,也是一次重要的产业革命。种植农业导致了固定居民点村落的产生,但这还不是城市。

当一部分人开始摆脱终日为食物操劳时,手工业与商业开始从农业中分化出来,人们开始有了剩余产品,私有财产出现了,人类社会出现了阶级分化。这被称为人类的第二次社会大分工,也是一次重要的产业革命。商品交换(市)的需要和奴隶主阶级防御(城)的需要,导致了城市的出现。我国夏代的城市,已开始有了城、郭之分。如《吴越春秋》中所载:"筑城以卫君,造郭以守民。"

如果说人类的历史只是地球历史的万分之一的话,那么城市的历史只是人类历史的百分之一,现代城市的历史(工业革命以后)只是城市历史的百分之四。新城市理论的出现则为时更短(一个世纪而已)。

由此可以说,城市是人类文明之花。但这朵花开始出现时,人类却还是处于痛苦的、残暴的奴隶制度之下。18世纪的工业革命导致了城市迅猛的、混乱的发展。近200年来,城市化的发展迅速席卷全球。现代城市发展的空间形态,20年就可能进入一个新的周期。人们对美好城市的建设,寄予了殷切的期望。

1.2 城市的本质

城市的分布形态基于人口的分布,而人口的分布则基于人们的工作,即归根结底取决于经济的发展。对此,首先由苏格兰生物学家盖迪斯(Patrick Geddes)和法国社会学家勒普莱(P. G. F. Le Play)于1883～1919年进行了研究,创立了人类生态学,并与20世纪初法国的人文地理学(由Vidal de la Blache、Albert Demongeon等掌握)共同奠定了这方面的基础。

德国地理学家克里斯塔勒(Walter Christaller)的名言"城市在空间上的结构,是人类社会经济活动在空间的投影",很好地概括了这种思想。当然,人们不仅要工作,还要有优美的生活环境,还要从事各种文化活动。城市必然有更加广泛的性质。

城市是相对于农村而言的概念。城市与农村的区别,主要表现在产业、职能上,人才、物质、财富的集聚上,文化、经济、政治的带动作用上和空间形态上等许多方面。但城市与农村之间在地域上并没有截然明确的分界,而往往是一种逐渐过渡的、犬牙交错并不断变化的形态。古西亚的乌尔城(Ur)(公元前2 000年)内,除中心高台上的寨堡外,大部土地是农田,只有少数居民街区散布其间。我国古代城内也住有农民,所以才有"耕者近门"之说。现代城市的建成区周围有边缘区、近郊区和远郊区,其中都住着不同数量的农业人口。因此,各国在统计和研究中,为确定城市化地域,作出了不同的规定。

城市在经济上的重要作用从以下统计数字可见一斑:1994年,我国共有622个城市,其人口(含市辖县,下同)占全国的73%,工业总产值占97%,固定资产投资占53%,社会消费品零售额占91%,居民储蓄存款余额占89%。622个城市的建成区面积为190万hm^2,占全国国土面积的0.2%,非农业产值为2 734亿元,占全国的77%。可见,国民经济活动的主要阵地都在城市或城市地区。

虽然城市的产生与发展主要是基于经济的发展,但城市的本质和内涵,却不仅限于经济的体现而已。城市的发展实际上体现了人类文明的发展。城市的本质,是从根本上、从深层结构上分析城市的性质,而有别于城市的一般应用性质。

对城市的定义有很多。连著名的城市学家Lewis Mumford也承认,对城市这样复杂的概念很难下定义。但他比较重视城市与人类文明的关系,体现了人文主义思想传统。

Mumford曾说:

"城市实质上就是人类的化身——城市从无到有,从简单到复杂,从低级到高级的发展历史,反映着人类社会、人类自身的同样发展过程。"

"城市是改造人类提高人类的场所——人类凭借城市发展这一阶梯逐步提高自己、丰富自己,甚至达到了超越神灵的境地。"

"城市的主要功能是化力为形,化能量为文化,化死物为活灵的艺术形象,化生物繁衍为社会创新。"

"城市乃是人类之爱的一个器官,因而最优化的城市经济模式应是关怀人、陶冶人。"

Mumford在1966年前后发表的论文"城市的形式与功能",总结了对城市原理的认识。它的主要思想是:城市的贡献和作用在于它能保存、流传和发展社会文化。他说:"如果说在过去许多世纪中,一些名都大邑……成功地支配了各自国家的历史的话,那只是因为这些城市始终能够代表他们的民族的文化,并把其绝大部分流传给后代。"他认为,城市是人类社会发展的必然产物,又是这一过程中的桥梁。他说:"一个城市的规模和复杂程度与它所集中和流传的文化之规模与复杂程度有直接关系。"

对于城市的本质,他指出:"城市从一开始就是控制的中心,而不是什么贸易或制造业的中心。"并由此引申出:城市内与城市间的结构关系反映着社会结构关系。

我国著名城市学家宋峻岭认为:城市的本质,乃是人类本质的一个延伸和物化。城市是人类自身内在品格外化而成的物质环境构造体系。城市是文明人类的存在形式,是人类文明的主要载体……城市状况既反映当地社会人群的量和质,又制约着其发展水平。

城市设计学家凯文·林奇从6个方面对城市下定义:①城市是历史发展的必由之路;②城市是各种社会人群的共生体;③城市是物质资料生产和分配的地方;④城市是一种社会力的场;⑤城市是各种社会力量决策的产物;⑥城市是社会矛盾冲突的地方。

日本学者山因浩志认为,城市必须同时具有密集性、经济性和社会性三种性质。

《不列颠百科全书》对"city"的解释:"一个相对永久性的、高度组织起来的人口集中的地方。比城镇和村庄规模大,也更为重要。"

马克思说:"城市本身表明人口、生产工具、资本、享受和需求的集中。"

列宁曾说过:"城市是经济、政治和人民的精神生活的中心,是前进的主要动力。"可以说这句话比较言简意赅地概括了城市的本质。

钱学森从系统的观点,将城市概括为:"以人为主体,以空间和自然环境的合理利用为前提,以集聚经济效益和社会效益为目的,集约人口、经济、科技、文化的空间地域大系统。"其中也体现了人文主义思想。

不过从历史上看,城市并非总是代表着人类的积极方面。固然,古代城市的形成,把人类社会生活的许多分散机能集合在一起。在庙宇和圣地内体现宇宙的有序形式,在城堡内体现王权的统一。城市把人类的理想和抱负集合在政治和宗教核心的统率之下,使其能合作战胜洪水、灾害,能蓄水、造地,从事各种建设,并建立起道德与秩序。但是,城市文明也导致了战争、奴役、罪恶和过细的职业分工。

城市正在变成新的"战争"场所。这种趋势在20世纪90年代初期得到了快速发展。城市郊区不断扩大和贫困化,造成愈来愈多的边缘化人群。城市既是新的"战区",同时也是理想的攻击目标。如果发展中国家继续贫困下去,发达国家就会受到数以千万计的移民和难民的包围。

城市通过它所集中的物质和文化的力量,加快了人类交往的速度,并将其产品变成可以储存和复制的形式。通过纪念性建筑、书籍、碑文、档案、保管库等,将文化一代一代传下去。城市积累起人类活动的各种经验,集中了人们的智慧和力量。其各种中心既是人们交往集会的场所,也是传播人类文化的源泉。这一直是城市所给予的最大贡献。

现代城市的特点是机械的作用极大地扩展了。人们成了机械的附庸,人的命运以至生命被置于机械的支配之下。人们成天在家里看电视,在计算机上能看到虚拟现实,但这些毕竟不能代替人们面对面的交往和感情交流。所以现代城市的迫切任务之一是要把失去的人性和人际结合(human association)寻找回来。

现代生产和城市扩张的自动进程日益加快,交通工具的速度越来越快,但这却是有悖于人类生活的真正目标和质量的,它们距离合乎人性原则的理想目标越来越远了。现在,人类要对付的威胁,不像古代只是自然力量的威胁,而是还有太大的人为制造的非理性残忍力量的威胁。

人类文明的过多能量被用以制造获取寡头利润的机械和毁灭人类与地球的武器。这些超越了有机规范和界限的过剩能量,需要予以疏导——向着合乎理性的城市、区域、社区、团体和家庭,恢复地球的可居住性,导出人类心灵的误区方向发展。如果这些能量能用于合乎人性的建设性活动,其创造的光辉将使过去的文艺复兴相形见绌。必须创立一种社会组织形式,使之能处理现代人类所掌握的巨大能量。

战争是人类从一个世纪传送到另一世纪的"致死因子"。如果人类文明不能根除战争,文明可能会被战争所毁灭。在新的城市聚合过程中,亿万觉醒的人民团结一致,会建设一个新世界。古埃及人创建城市时,都要把神祇安置在他们的神殿里。在我们的未来城市里,要把人类的最高利益放在全部活动的中心地位,把支离破碎的人性人格重新统一起来,把失去人性的人改造成新的完全的人。

现代人要掌握自己的命运,其未来城市的结构,应使人能从中深入了解自我和更大的世界,它具有人类的教养功能和爱的形象。

我们设想的城市,不是主要作为经营商业或设置政府机构的地方,而是作为表现和实现新的人的个性——"大同世界人"的个性的重要机构。城市必须体现市民个人和全体的意志,目的在于能自动自觉、自治自制、自我实现。他们活动的中心将不是工业,而是教育,其功能有利于促进人类的发展。

任何一种追求利润,为享乐所支配的经济,都不能应付这样的要求;任何一种权力支配的经济,都不能永远压制这种需求的发展。如果对教育、艺术和文化等机构——人类的超乎生物繁殖的更高发展手段,也采取为后代着想而节衣缩食的态度,那将改变整个人类的前景。那时,公共服务目标将凌驾于私人利益之上,为建设而提供的公共资金将更多更慷慨。人们的生活质量将更受关注,重享花园式环境的愉快。

城市的革新迫切要求把艺术和思想应用到城市的主要人类利益上去,关注生态平衡。必须使城市恢复母亲般的养育生命的功能,独立自主地活动,共生共栖地联合。因为城市应当是一个爱的器官,而城市最好的经济模式是关心人和陶冶人。

城市最终的任务是促进人们自觉地参加宇宙和历史的进程。通过感情的交流、理性的传递和技术的精通熟练,尤其是通过激动人心的表演,以扩大生活各方面的范围。这一直是历史上城市的最高职责,它将成为城市连续存在的主要理由。

1.3 城 市 化

城市化是人类居住形态从农村转为城市的过程。就广义而言,自从城市产生以后,城市化的过程便开始了。我国的奴隶社会至西周发展到高峰期,发生了一次城市建设的高潮。到春秋战国(东周)时期,经济蓬勃发展,社会开始向封建制度过渡,这时发生了周代的第二次城市建设高潮。在我国封建社会的盛期,各朝国势强盛时,城市都有较大的发展。唐长安的规模超过了古罗马。明朝开始出现资本主义萌芽,各地的经济都蓬勃发展。

欧洲的奴隶社会到罗马帝国发展到高峰。公元3世纪罗马城的规模发展到100多万人口。但罗马帝国衰落后随着日耳曼蛮族的南侵,城市迅速瓦解。到公元10世纪,城市经济才开始繁荣。12世纪以后,城市商人和工匠等市民阶层的势力开始抬头。15~18世纪是欧洲的资本主义萌芽时期,社会经历了文艺复兴、宗教改革、启蒙运动、资产阶级革命等一系列社会和思想变革。不过欧洲中世纪的封建时期,城市规模都较小,大城市也不过5~6万人口;最大的教皇所在地阿维农在1309年时也不过12万人口。文艺复兴时期出现了一些城市共和国。

18世纪始于英国的工业革命导致了城市化的迅猛发展。城市化成为一种愈来愈明显的社会现象。20世纪中期以后,这种发展势头席卷全球。所以,城市化(urbanization)这个概念是现代才出现并为人们接受和研究的。各先进工业国的城市化率普遍发展到70%~80%以上。在20世纪中叶,世界平均城市化率约为25%左右;到20世纪之末,世界平均城市化率已达50%,预测到2025年将达65%。一些1 000万以上人口的超大城市(如伦敦、纽约等)自20世纪40年代以后开始出现,并出现了一些所谓"巨型城市带"(megalopolis)。

一般来说,生活在大城市是少有的特权。城市化的人口,其工作、生活方式、生活质量、文明程度……都发生了质的变化,但也受到各种城市病、环境污染以及城市罪恶的侵害。

城市化的定义,简单地可以说是,在地域、人口、产业、文化、生活方式和设施等方面,从农村到城市的转化。一个国家或地区的城市化水平,同该国或该地区的经济、社会发展水平是密切相关的。发达国家的城市化水平都较高,从事高层次产业的人口占大多数;较落后的国家,城市化水平较低,大多数人口得忙于"搞饭吃"。

1.4 城市化发展程度的衡量

对于城市化的发展程度,如果简单地用某种数量比率来衡量,则可称为"城市化率";如果较深入地从多方面的发展水平来衡量,则可称为"城市化水平"。前者只是从数量方面来衡量;后者则兼顾到数量和质量两个方面。

一般常用的还是简单的数量指标,即按人口比率计算的城市化率

$$城市化率 = \frac{城市人口}{总人口} \times 100\% \tag{1.1}$$

人口数量指标,在实际统计中,因为人口居住和工作情况的复杂性,不同部门(如城市管理、公安、统计部门)的统计口径有所不同;且又出现了"非农业化率"、"准城镇化率"等指标。

例如,目前到许多城市中打工的农民工应怎样计算?一般认为常驻达半年以上的应计入城市人口(其中有些未获城市户籍,被称为半城市化人口)。还有些地方农民进镇务工、经商、上学的人口较多,其中有的仍住在农村,计算城镇化率时把他们都统计在内,称为"准城镇化率"。

一些城市,特别是小城市(镇)中,往往居住着一部分农业人口,他们同样使用城市(镇)的土地、基础设施和服务设施,取得了城镇户口,但他们从事的产业和生活方式却同城市化的含义不相符。城市人口中若计入这部分农业人口,实际上是有水分的。城市里也有一些专门从事城市农业的人口,供应城市副食品,其中有的可能采用现代化的技术密集型农业生产方式,那也可酌情计入城市人口。原则上,计算城市化率时,应只计算产业上(不是户籍上)的非农业人口。

另一方面,有些从事林业、矿业等的非农业人口,其居住形态可能较接近于农村。在这类人口较多的省区(如黑龙江省),若按"非农业化率"计算,则可能高于实际的城市化率。实际上,把从事林业与矿业的人口都归为"非农业人口",它与"城市化"的概念之间可能存在较大的差距。林业本可归入"大农业",矿业也具有第一产业的某些特征(从自然界通过经营获得产品,早期主要靠体力劳动,后来才逐步引入工业化技术)。它们在经营的初期,其居民点甚为分散,类似农村,须经相当长期的经营之后,才能形成类似城镇的居民点,如今日黑龙江省的一些林业城市、煤矿城市、石油城市那样。

城市化率的数量指标,还可以体现为土地利用的变化率,即一定时期内非城市用地(如农田、草原、山地、森林、海滩等)转变为城市用地的比率,不过统计较困难。若利用航天遥

感技术,这个指标对于土地管理部门将有较大的应用价值。

2010年社科院发表的中国社会发展蓝皮书中,提出了要警惕由于地方政府的"土地财政"冲动,而发展"伪城市化"的问题。为了通过经营土地获得财政收入,急于征收农民的土地,强迫农民进城镇住楼房或转为城镇户口,实际上使农民的利益受损,且不能保证进城农民的相应福利保障。这样实现的"城镇化"不是真正意义上的城镇化。

城市化率的概念,作为数量指标往往不足以充分表明社会发展的实际水准。城市是人类文明和科学技术进步的结晶。一个国家的城市化水平较高,应说明其工业化和经济发达程度较高,人民的生活水平较高。但事情还有另外一面。如墨西哥1993年城镇人口比重已达73%,但城市问题却很严重。1987年5月在墨西哥城召开的世界大都市会议上反映出,由于整个世界,尤其是第三世界国家日益都市化,引起诸如住房、交通、就业和环境污染等一系列弊端。拉丁美洲已成为世界上城市化程度最高的地区之一,城市人口率平均达到75%,在最近几十年中,由于内战、自然灾害以及暴跌的农产品价格,大量农民离开农村涌进城市,却住在十分贫困的地区,政府没能为他们提供足够的水、住房、卫生设施和就业机会。这些城市边缘的贫困地区,往往容易滋生犯罪和暴力等消极现象。

我国内蒙额齐纳旗,总面积11.46万km²(比浙江省稍大),总人口4万多,87.5%集中在旗政府所在地,是荒漠化迫出来的,牧民进城还是贫困化。所以如果单纯以城市化率来衡量现代化和发达的水平,则是片面的。这里适合引入"环境人口容量"的概念。无论对于整个世界、整个国家或一个城市而言,都有环境人口容量的问题。

一般来说,所谓环境人口容量,是指在不损害生物圈或不耗尽可合理利用的可再生资源,不断提高人们生活水平的条件下,国家资源能够长期稳定供养的人口数量。它并非指环境最大可负载的极限人口数,因此,又称做"适度人口"。

一个国家或地区人口增长的最大限度,主要取决于资源开发的规模$f(S)$,劳动生产率$f(P)$,人口的数量$n \to N$,以及生活水平$f(L)$。用数学式来表达,两个方面之比当$n \to N$时的极限值应为1,即

$$\lim_{n \to N} \frac{f(S)f(P)}{f(L)f(N)} = 1 \tag{1.2}$$

由此可见,资源开发规模加大,劳动生产率提高,可容纳的人口数也提高,但生活水平的提高却使可容纳的人口数受限。自20世纪50年代到80年代,我国的多位人口学家曾对我国的理想适度人口问题进行过研究论证。他们从自然资源、经济发展、生活消费、占地需求、人口结构等方面展开分析。他们得出的结论认为我国的理想适度人口在10亿以下,最好在7亿左右。据中国科学院国情分析研究小组估测,我国人口承载量最高为16亿左右,绝不能超过17亿。

再以北京市的人口承载力为例:按目前的态势发展,到2015年北京常住人口可达2 300万,远远超过之前常住人口总量控制在1 800万的规划目标。北京98%的能源靠外地调入,由于过度开采地下水位逐年下降,南水北调的水量也难以满足人口的持续增长;垃圾日产量1.83万t,而实际只能日处理1.74万t;每增加1人每日交通出行量增加2.64次,新增交通供给能力将很快被人口增量所抵消;此外,还有外来务工子女上学难、流动人口聚集带来的治安隐患等问题。可见北京市的资源环境难以承载人口膨胀的速度,城市运行风险正在增加。从区域发展来看,当前周边区域与北京市的发展差距过大,因此吸引流动人口蜂拥而

至。亟须采取对策,积极建设卫星城"反磁力中心",将发展空间和城市功能"疏散"到周边地区去。这也有助于抑制北京城市持续"摊大饼"式的发展。

如果要通过城市化水平来反映一个国家或地区的现代化和发达程度的话,那么,除了城市化的数量指标外,还有必要辅以质量指标或负荷指标。

以下简介几种对城市化水平计算方法的新的探索。

鉴于城市化的内涵不仅涉及人口结构的城市化,而且还涉及居民生活方式、生产结构、环境载体、经济、信息等方面的城市化,因此,人们提出了一些新的城市化水平测度方法。

(1) 引入新的城市人口统计方法

$$Y = (P_2 + A_1)/P_0 \tag{1.3}$$

式中　　Y——城市化水平;

P_2——非农业人口;

A_1——从事第二、三产业的农村劳动力数;

P_0——总人口。

此法仍将城市化等同于人口城市化,而忽视了城市化过程中其他方面的变化。

为了使人口数量指标能较确切地反映社会发展水平,还可以采取城市社会化(市民化)人口的概念,即

$$城市人口率 = \frac{城市社会化人口}{总人口} \times 100\% \tag{1.4}$$

其中,城市社会化人口,包括从事城市产业工作者的住户人口,及有相对固定工作的常住流动人口,但只包括享受城市文明福利和分配(包括各种社会保障和公共服务)的人口,而不包括游离于城市社会经济体系边缘之外的赤贫或缺乏权利的人口(如无城市户籍的农民工等)。

(2) 恩格尔指数(Enger Index)计算模型

因恩格尔指数(食品消费占全部收入之比重)与商品化程度(即分工水平)相关,故将城市人口定义为总人口 P 与 $(1 - \text{Enger Index})$ 的乘积,城市化水平为

$$Y = P \times (1 - \text{Enger Index})/P \times 100\% \tag{1.5}$$

此法可反映在社会分工基础上的城市化的质量,具有一般的可比性;但完全脱离了空间分析,且影响城市化水平测度的因素不只是经济因素,还包括社会因素等。

(3) 综合力度模型

运用层次分析法,采用多个指标,分为三类:①城市发展潜力指标,即人口集聚程度,用城镇人口占总人口的比重表示;②城市发展经济指标,包括 GDP、人均 GDP、第三产业占 GDP 的比重;③城市发展装备指标,其中物质装备水平如人均住房面积、万人拥有公共车辆、自来水普及率、用气普及率、集中供热面积、平均万人拥有车道长、平均万人拥有绿地面积等;另有信息装备水平,可以用地域信息化水平表示。

城市化综合力是城市化发展的潜力和实力的合力,即

$$\sum Y_t = H_t \cdot Q_t + S_t \cdot Q_t + K \cdot Q_t \tag{1.6}$$

式中　　Y_t——城市化综合力;

H_t——城市经济力;

S_t——城市化潜在力;

K_t——城市化装备力；

Q_t——协同系数。

协同系数 Q_t 采用层次分析法计算，相应于 H_t, S_t, K_t 分别为 0.38,0.33,0.29。例如，以 1985 年为基年的城市化水平综合力为 100，根据统计数字按上式计算，可算得我国 1990、1995、1999 年的城市化水平综合力依次为 148.42、286.24、370.49。此法能较全面地反映影响城市化水平的各方面因素，但所用数据需逐年进行详细统计，且城市化水平指数存在很大的地域差别，不具有一般性。

要考察具体国家或地域的城市化进展水平，还可设计一些复合指标。如 1971 年日本的"城市成长力系数"为某城市 10 项分指标在一定期间的增减值换算成标准值（以各分指标的全国平均值为 100），再进行算术平均。1960 年日本城市地理学家稻永幸男等人研究东京郊区地域的城市化推进情况，采用"城市度"复合指标，由 5 类 16 个分指标复合而成，运用数理统计中的因子分析法进行计算，求出不同地域的"城市度"数值，绘出等值线图，以表示城市化的推进情况。此外还有"魅力度"、"民力度"等复合指标。

衡量城市化水平，除考虑物质（载体）质量指标外，有时还需考虑城市社会建设（主体）的情况，如收入分配、社会保障等情况。如果城市社会问题突出，存在不稳定问题，特别是在城市化高速发展的阶段，尽管物质环境建设有一定水平，也不能全面表明城市化的水平。

第2章 产业发展与人口分布的基本关系

2.1 人文地理学的相关理论

地理学一般分为自然地理与人文地理两大分支。人文地理学研究人-地关系,即人类文明活动与地理环境之间的关系。其中由于侧重面的不同,又有诸如经济地理、城市地理、(乡村)聚落地理、农业地理、工业地理、交通地理等分支。

农业地理学研究农业生产条件(光、热、水、土等)及产品与地理环境之间的关系;工业地理学研究工业生产条件(原料、能源、交通、人力、投资环境、市场等)及产品与地域环境之间的关系;交通地理学研究货流、人流需求与交通线路配置之间的关系。城市地理学、聚落地理学分别研究城市或乡村聚落的发展与地理环境之间的关系。

后来又发展出空间经济学等理论,研究产业的发展在地域空间上变化的规律。

人口的分布则是以产业的发展为依归的,因为人口的生存需要依靠产业取得的收入。

以上基本关系可构成城乡发展研究的基础理论。

2.1.1 农 业

1. 农业概述

不同的气候带(热带、温带、季风区、干旱区等)有不同的作物;作物的生长还受地形坡度和土壤的影响;此外,各民族的历史和习俗使其主食品和消费作物不同。因此,各地农业区的形成,是自然、社会、历史等各种因素综合的结果。

干旱的沙漠区,只在有水源处定居农业人口,也可生产玉米、小米、棉花、甘蔗、枣子等作物,即所谓绿洲农业区。

季风区,雨量集中于高温季节,最适于稻米的生产。如我国的长江流域、珠江流域和台湾的西部都属此类地区。在谷类中,稻米的单位面积产量最高,但耕作工作繁重。此间一般人多地少,是精耕细作的农耕。耕地零星细小,少用机械,多靠人力与畜力。为达到多产的目的以供大量人口食用,发明了施肥、轮作、双季甚至三季收获、灌溉等措施以增产。但这种地区一般人口众多,粮食需要量大,外销量不大。故大米不能算是重要的贸易产品。

中纬度温带区是世界主要的农业区,盛行商业性混合农业,兼营作物和饲料,农牧业并举。温润之地产乳酪,干燥区为谷类产地,城市附近则盛产花卉、蔬菜和园艺作物。

乳酪业生产奶油、牛油、干酪等。乳牛宜食用软牧草饲料,如紫苜蓿、苜蓿、长穗草等。这些饲料作物适于生长在无旱季的湿润气候、夏季凉爽的地区,且可生长在贫瘠的土壤上。但酪农宜靠近都市生产,以便供应易腐的乳制品。若离都市较远,则以生产固体奶油和干酪为主。

小麦种植区年雨量在250~500 mm之间,生长期需90天,土壤最高为黑土。小麦可连续播种,无需轮种,更可不施肥料。

在高原和山地,作物生长期减少。如苏格兰南部近海平地的生长期为240天;到海拔为330 m,减为180天;到海拔600 m,只有135天了。仅在山间谷地才有一些农业。但有些作物,如茶叶和咖啡,却喜欢生长在较高海拔的山上(咖啡对霜冻甚为敏感)。

在高山区,放牧是十分普遍的。春末夏初,牧草茂盛,牧人和羊群登山放牧;秋后草地衰落,牧人和羊群下山,称为山牧季移现象。

世界上4/5的食粮来自五种谷物:大米、小麦、玉米、木薯、马铃薯。其他的则为高粱、小米、大麦、燕麦和黑麦。另一部分食物是水果(香蕉为主)、蔬菜、肉类及乳酪类。

世界上约一半人口以米为主食。小麦和玉米的产区比米的产区广大得多了,但米的单位产量高得多,可达2倍以上;且在有的地区可有2~3季收获。人口密集区多为米的产区。但稻米不像小麦是越洋过海的贸易产品(只有5%进入世界贸易市场)。我国华北为小麦产区。

稻米盛产于高温多雨的季风区,小麦产于寒冷干燥之地;稻米的种植精密且需大量人力,小麦是粗作而使用大量机械。

玉米既可生长在湿润地区,也可种植于比较干燥之地,可生长于山谷或山坡。其生长期较短,仅需3个月。

大豆不属于禾谷类,富含植物油和蛋白质,和玉米一样可生长在恶劣的自然环境中。因其根系发达,既可抗旱,又可改良土壤。

大麦的分布很像玉米,也用作食物和饲料,及啤酒的原料。

小米和高粱都喜温耐干旱。中国黄河流域和东北地区小米的产量约占全球总产量的1/3。

高粱主要产于中国的东北。

燕麦能适应贫瘠的土壤(适应力仅次于玉米)。在不能种植大麦、小麦的地方,可种植燕麦,可用作面包和饲料。

欧洲人喜食马铃薯。黑麦也是一种欧洲作物。

全球的农业产品,主要操在西方富人手中,其人口只占全球人口的1/5。他们可左右粮食价格。特别是粮食不足或遭受自然灾害的第三世界国家,只能用烟草、咖啡、糖等来换取富有国家的粮食。

2. 屠能(J. H. Von Tünen, 1783~1850)及其著作《孤立国》

屠能是研究地表农业的空间分布特征的第一位地理学家。其著作《孤立国》是在他自己经营农业基础上举办的一个自给自足的区域实验室研究所得结论。他假设在围绕中心城市的周围,均为平原地带,气候与土壤条件相同,运输条件一致(农民均自行运输),即运输价格只与距离成正比。由此得出结论:农产品将以城市市场为中心呈同心圆状分布。

(1) 最靠近城市市场的为最有利润的作物,如花卉、蔬菜、乳制品等。

(2) 森林区,供给木材和燃料(当时占重要地位)。

(3) 再向外伸是粗作农业,混合作物区,生产能久贮的马铃薯及谷类作物。

(4) 牧区。

(5) 不生产的荒地(因无利益而放弃)。

尽管现实情况与其理想的假设条件不一样,但其学说仍有一定的价值:每个城市都有此类同心圆状的作物带。

2.1.2 工 业

18世纪英国工业革命之初,主要的工业是纺织业、金属工业(炼钢与机械制造)和铁路的兴建(运送煤、铁)以及运河的兴建。

铁路的兴建促进了煤矿的开采,并促进了钢铁的生产。

工业化的利益高度集中在发达国家。他们依靠其政治、军事力量,其大工业企业集团取利于没有工业化的国家。从1960~1963年,美国的大企业集团就取得了79%来自拉丁美洲的利益。结果,不发达国家的工业化,只有使那些大企业集团更有财力。1985年,全世界3万多领导企业集团可以控制除社会主义国家外的全部生产。到公元2000年,估计数百个工业集团可生产全球54%产值的产品。有的财团的营业利润可超过若干个国家的生产总值。

1. 工业区位

最重要的工业区位因素是原料来源、燃料动力的供应、工人的补充、市场的地点、运输路线。次要因素是地貌、租税、政府条例等。

最理想的工业区位,就是对原料、燃料、动力、人工和市场都十分方便的地方。但实际往往难以全面兼顾,多数工厂只能挑最有利的区位因素。如蔬菜罐头业和蜜橘业偏向原料产地;电子工业的原料种类很多,难以兼顾;成衣业、乳牛业等须靠近消费者;炼铝业多在水电或燃料价廉之处;纺织业和精细化工业须靠近人力充足或技术熟练工人集中的地区。

失重率(从原料变成成品重量消失的比率)和运费率(每吨公里运费)也要考虑在内。若失重率高,则偏向原料产地;否则偏向市场(如提炼石油,失重率为零)。原料和制成品的运费率可能不同,后者可能高于前者。

一般来说,工厂不是设在原料产区,就是设在市场附近。若设在二者中间,把一次运输变为两次运输,增加了装卸工作量,且距离越长,运费率越低。除非中途为水陆转运点或享有运费特惠者例外。

2. 韦伯(Alfred Weber)1909年发表工业区位学说

韦伯的三角形工业区位论,把工业区位的因素罗列简化。其中心思想是区位因子决定生产场所,将生产吸引到生产费用最小、节约费用最大的地点。

其假设的前提是:在一个政府统治下的孤立地区,若气候、地貌、工人和技术都一致,一般资源(如水和泥沙)到处都有,特殊资源(如煤、铁、原料等)却分布于特定地方,工人也只有特定地方才有,运费与距离及重量成正比,则工业区位的决定,只需考虑运费和工资。

2.1.3 交通(包括交通运输与通信)

现代工商业社会的特征是大规模的生产和交换,故各地的经济开发必先借助于交通建设。

交通地理研究交通工具的缘起、发展、特点和分布,及其与其他人文现象的关系。

现代交通运输网络,其结点是原料的生产中心,成品的消费中心,客货的集散中心,水、陆、空的转运中心。结点需有仓库等配套设备。

地球表面的交通系统中,与纬度平行的交通线路远比与经度平行的为重要。因为陆地多在北半球,其沿纬度分布的人口和城市密集,山脉和河流的走向和气候带的分布也大致是东西向并形成带状。这也是人类移动的主要路线。

南半球陆地面积较小,且多向南削尖,主要山脉是南北走向,故产生了与经度平行的重要交通线。

经济繁荣地区交通线较密集。沙漠、热带雨林、高山,都对交通线路的设置不利。海洋上也有航线密集和空白地带(如南太平洋、中南部大西洋、南极海等)。

2.2 产业发展的规律

按照钱学森关于科学革命、产业革命和城乡发展关系的理论,我们可以得到较清晰的概念:

第一次产业革命是由于火的发现与使用(旧石器时代晚期),使人类逐渐从采集、渔猎生活发展到开始从事农业、畜牧业(中、新石器时代,距今约15 000~5 000年),于是发生了人类的第一次社会大分工:种植业从游牧渔猎中分离出来。它产生了定居的聚落(如我国的仰韶文化、龙山文化、红山文化、良渚文化等)。由此也开始形成了第一产业——农业、林业、渔业、畜牧业、采石、采矿等,其特点是采自大自然。

第二次产业革命是以铁器的制作与使用为标志的。我国在商代已发展了冶铜技术。到春秋战国时代(奴隶制末期)出现并广泛使用铁工具。金属的冶炼和加工,是第二产业的雏形。手工业与商品交换从农业(包括种植业、畜牧业、渔业)中分化出来。这就是人类的第二次社会大分工。市场与军事防御的需要产生了城市。到封建社会中期,产生了繁荣的商业城市。

第三次产业革命就是18世纪下半叶到19世纪初遍及各工业国的产业革命。它始于英国蒸汽机的发明和广泛应用,机器大工业取代了手工业。于是确立了近、现代的第二产业——冶金、制造业、纺织工业、建筑业等,其特点是加工制造。第二产业的迅猛发展导致了近、现代资本主义城市的迅猛发展和城市化运动席卷全球。

第四次产业革命以电的发明和使用为标志。19世纪末至20世纪初,物理学的革命,电磁理论的建立,电动机的发明和电力的远距离输送,促使城市化进入了现代发展阶段。各种工业大大扩展了;化学工业上升为主要产业;铁路实现了电气化;汽车和飞机迅速普及;电灯、通信、广播等企业迅速发展;生产社会化,形成了国际市场,从而确立了第三产业——银行、金融、保险、投资、贸易、交通运输业等,其特点是服务和流通。列宁曾对电气化给以高度评价:"……电气化将把城乡连接起来,在电气化这种现代最高技术的基础上组织工业生产,就能消除城乡间的悬殊现象,提高农村的文化水平……"电气化也促进了一系列现代城市理论的产生。

第五次产业革命是从第二次世界大战以后开始,直到今天。相对论、量子力学、天文学等科学革命,首先推动了军事科学技术的发展,并带动了一系列新的工业部门和领域的发展,如电子工业、高分子化学工业、航空及航天工业、原子能工业、汽车工业、合成纤维工业、合成树脂工业等高技术产业。特别是近年来,电子技术引起的信息革命,促进了核技术、航天技术、激光技术、生物工程、新材料、新能源等一大批高新技术的发展。这导致新兴高科技工业城市和原有城市中高技术开发区的出现。城市中的第三产业继续迅速发展,城市经济结构向"服务化"转化,从业人员大大增加;城市中非生产部门和行业的发展快于生产部门。而且,随着科学技术成为提高生产力的决定性力量,第四产业应运而生——科学技术业、咨询业和信息业,其特点是高的科技信息含量。科学技术业的主要任务是组织科技力量,建立各种科技专业公司和各种综合技术设计中心等,使研究、开发与生产结合起来。另一方面,随着人民生活水平的提高,进入"丰裕的社会",要求"精神丰裕",文化消费的需求日益增长。因此,当前各发达国家正在兴起第五产业——文化业(文化市场业)、旅游业等,其特点是高的文化含量。

21世纪将迎来第六次产业革命。这是由于生物科学技术与纳米技术等的飞跃进步带来的生产力乃至整个社会的大变革,主要是利用生物工程技术和太阳能等发展高度知识密集型的农业产业,包括种植农业(植物工厂)、林业、草业、海业、沙业等。它将高科技伸向广阔的田野、山林、草原、海洋和沙漠。它对改善生态环境、实现城乡融合、消灭三大差别将带来意想不到的效果。这将为实现共产主义理想社会创造条件。

钱学森提出了随着社会生产的发展,出现新的产业的概念。由于科学革命推动生产力发展,使得社会生产在某一方面迅速繁荣起来,并影响到社会经济生活的各个方面,所形成的一种生产性的企业或组织,就是一种新的产业。它是适应新的市场需求的。至今,许多人还习惯于只把社会产业划分为第一、二、三产业的概念,我们应当敏锐地看到,当历史跨入新的阶段时,新的产业会应运而生。

随着产业向高层次化发展,人类文明也逐步升级,从原始经济依次进入农业文明(自然垦耕式农业时代)、工业文明(机器大生产时代)、电气化文明(电能生产与广泛应用时代)、生态文明(信息化和核能工业时代)和心灵文明(生物技术时代)。

随着人类文明的升级,各层次产业也将随着升级:农业从自然农业逐步实现机械化、电气化,发展到信息时代的精准农业和生物技术时代的基因农业。机械工业到电气化时代实现自动化,到信息时代实现数控化,到基因时代实现光控化。电气工业到信息时代实现自动服务,到基因时代实现智能服务。信息产业到基因时代实现光能信息。

我国的工业化起步较晚,从建国以后开始实现工业化,然后接连迎来了电气化文明、信息文明、交通文明、生态文明,以至今天又面临着生物技术时代和纳米技术、航天技术等高新技术的发展。钱学森指出,随着人体科学和思维科学等的发展,还可能发生新的产业革命,实现人民的体质和智慧的显著提高。所以我们是处于科学革命、产业革命和社会革命频发的飞跃发展的时代。

2.3 产业系统的各子系统及其间的关系、发展目标和环境

产业系统的子系统,包括各层次的产业(第一至第六产业),有农业、工业、服务业、流通业、科技信息业、文化市场业、基因业等,分述如下:

(1) 农业产业系统。按照大农业的概念,包括农业、林业、沙业、草业、海业及其下的子系统,如种植业、畜牧业、渔业、养殖业、培养业等。它们之间的关系,以形成农业生态产业链、发展立体农业为目标。在农业现代化的发展过程中,逐步实现农业的机械化、电气化、精准化和基因化。因此农业的发展,依赖于工业、服务业、流通业、信息业等的配合和支援。这些产业以及农业所供养的社会和人口系统,和大自然生态系统,是农业产业系统所处的环境。

(2) 工业产业系统。工业产业系统的子系统有冶炼、制造、纺织、煤炭、石油、化工、机械、精密仪器、航天、食品等。其间的关系,以形成循环经济系统为目标。在工业的发展升级过程中,逐步实现自动化、数控化、光控化等技术改造,从粗放经营型转化为技术和知识密集型。工业的发展,有赖于农业、服务业、流通业、信息业、基因、纳米等产业的配合和支援。工业的发展,大大地提高了生产力,是促使我国人民从实现全面小康到进入中等发达社会,以至人类进入"丰裕社会"的基础。因此,各相关产业、地理系统中的各子系统和社会系统,是工业产业系统所处的环境。

(3) 服务业系统。服务业系统包括为生产服务和为生活服务,属于第三产业。其子系统有:金融、保险、信托、商贸、中介、旅游、社区服务等。它们之间的关系,以形成一条龙服务系统为目标。随着经济社会的发展,对服务的需求不断提高,要求提高服务的质量和效率,提高生活质量和满意度,提高生产效益。它不生产有形产品,产出的是舒适、方便、满意、效率和效益。政府各职能部门是为社会提供服务和管理的,也有服务业的属性。在发达社会,服务业的从业人员占人口比例大,人们生活的质量不断提高。所以服务的技术也要提高,在信息社会,要发展自动化服务业系统。许多设备都智能化了,还有机器人服务。服务业的服务对象包括各种产业系统和人民大众,这也是它所处的环境。

(4) 流通业系统。为人、物和信息的流通提供服务,也属于第三产业,包括交通运输业、邮政电信业和各种大众传媒信息业。交通运输业的子系统,有各种水、陆、空交通运输系统和管道运输系统。邮政电信业有邮政、电话、电报、微波通信、移动通信等。大众传媒有新闻报刊、广播、电视,现在又有了互联网。其共同目标是要为人们的生产和生活提供安全、便捷、准确的流通服务。其服务对象是各种产业和人民大众,这也是它所处的环境。

(5) 科学技术业、咨询、信息业。科学技术业是为了推动科学技术的发展,组织科技力量,建立各种科技专业公司和各种综合系统设计中心等,使研究、开发与生产结合起来。科技人员和机构还为社会的各种需求提供咨询服务。信息业则为科学技术提供信息服务,包括各种信息系统的硬件、软件、电脑网络和数据库等。电脑网络又发展出虚拟现实技术(virtual reality)、遥作技术(telescience)等,还有航天遥感系统。这就是应科学技术的飞跃发展而出现的第四产业。科技信息业的发展目标是形成天地人机信息一体化网络系统,达到信息共享。"科学技术是第一生产力。"第四产业就是为促进第一生产力的发展而服务的。

(6) 文化市场业系统。对文化欣赏的追求,其实古已有之,但那时只是少数人的特权或喜爱。随着社会经济文化的发展趋于发达,越来越多的人需要在物质生活丰裕的基础上追求精神生活的丰裕,因此,文化欣赏会成为具有广大群众基础的一种消费行为,发展成为一种社会产业。其子系统有各种艺术(音乐、绘画、雕塑、书法、工艺、戏剧、舞蹈、杂技等)、文学(经、史、子、集、诗、词、歌、赋、小说、传记、散文等)、博物馆、图书馆、展览馆、体育馆、武术馆、旅游观光、探险、收藏等。在信息社会,许多文化欣赏可通过数字化、信息化的途径来收看,但许多人还愿意追求亲身感受。文化市场业以追求真实性、深刻性、高水准和综合性为目标。其所处的环境是人类文化的发展和社会大众的欣赏需求。文化系统是社会意识系统中的子系统。人们对文化的追求导向与其思想的追求导向是相关的。文化市场业的发展,应导向健康与高雅的方向。在目前的商潮中,文化市场中也存在着许多低俗和不健康的因素,对社会有害,应予以取缔。

(7)基因业系统。基因业系统的子系统有农业基因系统、人体基因系统等。它们以纳米技术、基因技术为基础,形成以太阳能的充分利用为目标的产业链。生物基因工程技术可以大大地提高农产品的产量和品质。它把高新技术推广应用到广阔的农田、森林、沙漠、草原和海洋,可能引起新的第六次产业革命。同任何新的科学技术一样,基因工程也可能存在着某种风险(如在伦理、生态等方面)。目前对基因工程的发展还不能完全预测,它还处于初步探索之中。

2.4 产业的空间分布

2.4.1 引 论

产业系统属于社会的经济基础:①其分布决定着人口的分布和城镇的定位;②其分布与资源及销售市场的分布有关;③其分布也要避免对生态环境的破坏和污染;④有些危险企业的分布,还要避免造成人为的灾害;⑤产业的分布与交通运输系统及其他基础设施系统的分布有密切的关系。

产业系统有许多子系统,大致可分为第一、二、三、四、五等产业,它们各有许多产业类别,形成许多子系统。不同产业的分布有不同的要求。

产业的空间分布,要结合宏观的定位分析和微观的定位分析来考虑。宏观的定位分析,基本上是在地区内以至国内甚至国际范围内城市或工业区以至区域经济圈的空间定位和功能定位;微观的定位分析,则是在城市内部的定位,可根据地块周围的条件来决定该地块的吸引力或适合性。

各层次的产业和各种不同的产业,有不同的定位要求。例如:

第一产业一般要求有土地资源。种植业要有耕地,畜牧业要有草原,水产养殖业则要有水面或沼泽、滩涂;即使是工厂化的经营,也要有建设厂棚等设施的场所(有的也可设在城内)。此外,还要有水源,有良好的气候条件等。

第二产业一般要求接近原材料产地和销售市场,也要考虑劳动力市场条件,还要有良好的交通运输条件,此外,各种资源、能源、人力、技术、信息等条件,包括硬环境和软环境,都是要考虑的。有些产生负面外部影响的产业,如重化工业及其他高污染产业,则需要考虑远离城乡居民区。

第三产业(生活与生产服务业、流通业)的主要部分,一般要求位于城市中心,要有便捷的交通和良好的基础设施,以便取得良好的经营和竞争条件;另外还有一部分为居民的日常生活服务的第三产业,则需要靠近其所服务的居民点。因此第三产业需要分级布置。

第四产业(科学技术业、咨询业、信息业)要求接近高等院校、科研院所或工业园区,要有良好的信息基础设施。

第五产业(文化市场业)也要求位于市中心环境较优良的场所,以便为全市人民提供高质量的文化服务。

当产业的性质发生升级或转型时,也可能对其定位发生影响。比如劳动密集型产业升级为资本和技术密集型后,对低成本劳动力的依赖就不复存在了;如果产业转型为循环经济清洁生产,则其对外部的负面影响会大为降低。这些影响其定位的因素就会发生变化。

产业的发展,在上下游产业之间,形成产业链,上游产业的产品,需提供给下游产业继续加工。产业链中各企业的定位,需要便于交通运输的相互联系。

为了节约资源和实现清洁生产,力求上游企业排出的废物为下游企业所加工消化,这些相关企业之间也要便于交通运输的联系。

随着科学革命和技术革命的发展,生产技术会发生变革。如机械加工向着数控化、光控化、自动化发展;纳米技术、生物基因技术、信息技术的应用等。它们不但大大提高了生产效率,提高了产品的技术含量和销售利润,改善了生产条件,而且对企业的环境和定位也会产生不同的要求。

以上种种影响因素的变化表明,我们对于产业的定位问题,要有发展的观点,与时俱进,不可用静止、僵化的眼光来对待。其实产业的定位有它内在的动力机制,并非完全以外人的主观意志为转移的。规划人员应当充分了解这种内在的动力机制。这就需要研究相关的理论,如产业的区位理论、区域经济一体化理论、产业转移理论、经济地理学、空间经济学等。

空间经济学研究产业的区位分布;新空间经济学则从利益驱动的视角出发,研究产业集聚,形成规模经济和区域经济圈的理论。

就微观的产业区位分析而言,为考虑城市地块对某种产业的吸引力,可以在网点之间建立吸引力方程来求解;也可将城市用地划分成许多元胞,应用元胞自动机(cellular autometon)方法,依据元胞周围的条件来设定吸引力参数。另外考虑交通条件可应用基于图论的"交通指数"来进行评价。

2.4.2 空间经济学的产业分布理论

空间经济学是解释经济活动空间分布的原因与机制的学科。城市的主要特点是人口与经济活动高度集中,其大多数经济活动都是与可流动要素相关联的;而乡村地区的生产活动都与土地有关,土地是不可流动的资源,故其经济活动大都随土地而分散。经济活动的集中与分散是最普遍的经济现象之一。空间经济学就是研究经济活动发生在何处以及为何集中于某处的,而且是动态的研究。其理论基础是规模收益递增。在产业组织领域掀起了收益递增革命之后,使垄断竞争理论得到了发展;它是与完全竞争理论相冲突的。

经济活动显示出在空间呈块状分布的特征,即经济变量在空间上的间断或突发现象(不同于其在时间上变化的连续过程)。任何经济活动与其他经济活动都是相互联系的(经济活动的不可分性),这种联系总与一定的空间范围相关联。经济中某些不可流动要素(如矿藏、土地、气候等)的分布都有一定的空间范围而不是连续的分布。经济活动的集中必然导致收入水平的差异,这种差异也不是连续的,可流动要素总是直接流入要素回报率最高的地区,不会停留在过渡区。总之,经济活动的不可分性、不可流动要素分布的地带性特征、可流动要素的趋利性特征,导致经济活动空间分布的块状特性。如果发生要素的空间集中现象,则区际差异总是存在的。

在块状经济区域之间必然存在着某种非均衡力。它取决于本地市场效应、本地市场价格指数效应和市场拥挤效应的相对大小。前二者产生聚集力,后者产生排斥力。本地市场效应(又称为后向联系)是指,垄断型企业选择市场规模较大的区位进行生产,并向规模较小的市场区出售其产品。接近市场需求会带来优势,有利于收益最大化,它吸引企业集中。企业的集中将扩大该区域的市场规模和供给能力,进而引发更大规模的企业转移。价格指数效应(又称为前向联系)是指,在企业较集中的地区,本地生产的产品种类和数量较多,从外地输入的产品较少,故产品的运输成本(贸易成本包括运输成本和各种制度成本)较低,使该地区的商品价格较低,人们的生活成本较低,相当于实际收入水平的提高。市场拥挤效应是指,不完全竞争型企业趋向于选择竞争者较少的区位,以免被迫支付较低的名义工资以应付过多的竞争。它阻止企业的进一步集中,并促使企业分散和均匀分布。

本地市场效应和价格指数效应互为因果,再加上区际人口移动,就形成了循环累积因果关系或"前后向联系"。它们是正反馈作用的聚集力。它们与市场竞争导致的排斥力相互消长作用的结果,决定了长期稳定的经济活动空间分布模式。聚集力和排斥力通常都随着贸易成本的下降而下降,但排斥力的下降相对更快一些。随着贸易成本的降低,在某一临界点上,聚集力大于排斥力,经济活动开始向某一区域集中。

某种产业分布模式或发展路径一旦形成,那么在较长的历史过程中,各种经济活动已经适应这种模式或路径,产生了一种"黏性",要改变这种模式或路径需支付很大的成本,或需要较强的外生冲击。

如果某一区域的消费者对工业品的支付份额很高,该区域规模收益递增的程度很强,那么不管空间贸易成本如何变化,现代部门都集中在该区域,形成一种长期稳定的均衡。像一个"黑洞"一样,它不断地从外围区吸引现代部门,而区内的现代部门都不会被吸引出去。这种情况往往在短期内是难以改变的。例如我国的西部大开发,国家的大量投资中的大部分通过购买机器设备和原材料的形式又回到东部来了;西部地区的经济状况并未发生根本性的转变,东、西部的差距更加拉大。其主要原因就是我国东部的这种"黑洞"特征。西部经济的发展,必须立足于当地产业内生的动力机制。

2.4.3 新空间经济学的产业集聚机制理论

新空间经济学研究现代产业在空间集中的机制。由于商品(包括消费品和中间产品)和人才的多样性,商品和服务的生产对规模经济效益的追求,以及商品和信息(广义的)的运输和传输都需要费用,这三种因素的相互作用产生了集聚力,促使各相关产业自发地、有组织地集中起来(自组织)。现代生产的专业化分工日益发展,导致地域特化(区域专业化分工),促进了经济活动的空间集聚。一旦形成了集中,就有一种冻结(锁定)的效应,个别主体很难摆脱这个集中,新的主体又被吸引过来。这是一种滚雪球式的自我增殖过程,可由此急剧地扩展。这样形成的网络构成整个地区的空间结构,并使之具有竞争的优势。

例如,东京在物质消费方面具有高度的多样性,它吸引的庞大人口的庞大消费需求,使专业消费供给者能在此实现大规模经营,以获得高额利润。更多的消费品供给使城市的消费效应增大(前方关联效应或价格指数效应),这种巨大的市场又吸引来更多的消费品生产者(后方关联效应或市场规模效应)。二者相互促进,使消费者和生产者进一步向那里集中。

金融服务等"中间产品"的生产者和利用者也是遵循同样的机制集中起来的,如金融业和跨国企业的总部都集中于大都市的中心(CBD)。这种集中促进了直接的交流,它对形成特定的产业地区以及地区的知识创新和技术革新,都会产生巨大的作用。

不过,经济活动向狭窄地区的集中会导致地价和工资上涨。因而,那些不能充分显示集中的好处的部门将被迫相随地(雁行形态)分散到地价便宜的郊外,进而转移到工资水平低的其他地区或国家去。这可能导致原制造业中心的衰落(空心化),但也可能促进产业结构的调整,发展成为以贸易、金融、服务等为主的第三产业中心,实现产业升级。

随着条件的变化(人口的增加和生产、交通、通信等技术的革新,以及投资、研发、竞争条件的变化等),产业集聚区或区域经济圈的结构也会发生变化,在某一时期其空间结构可能变得不稳定,那就可能发生巨大的结构性变化;经过相当长的时期后,有经济发展活力的地区也可能会发生变迁。比如在日本,自明治维新以来,经济长期以东京和大阪为中心;第二次世界大战后随着经济的高速增长,形成了"太平洋带状地带结构"(巨型城市连绵区);而随着20世纪70年代后期信息革命和全球化的进展,日本经济的中心又开始向东京一极集中。这表明,当空间结构在某一时期变得不稳定时,会向新的稳定体系过渡,并发生巨大的结构性变化。从长期来说,这种"创造性破坏"过程会反复出现。

美国加州圣克拉拉的硅谷是另一个例子,40多年来它已发展成全球信息技术创新的多产实验室,但如今它已经活力不再了。本来推动它发展的动力是高度的创新能力(创造性的毁灭),不断地革新汰旧,新的技术和企业崛起,旧的被淘汰和破产。但如今风险投资和政府的研发投入已经锐减。投资公司缩减了对新兴技术企业的投资(为提高其知名度或适时出售这类企业以获得可观利润已变得困难),转而投向成本较低、风险更小的企业。联邦政府投向高端计算机科学和电子工程方面的研发投入已大大减少。攻读计算机专业学位的美国人也已锐减。而且,大型技术型企业已不太重视基础研究,而是更加青睐挖掘能较快获利的领域。另一方面,既得利益阻碍了变革:绝大多数最有前途的技术研究都由企业巨头进行,但他们往往不愿意推出颠覆现有产品的技术。许多突破性创新现在都来自海外。美国整个技术界的活力都岌岌可危,这是多年积累的结果,并因经济衰退的出现而被放大。

冻结效应在集中的初期阶段具有强有力地促进经济增长的正面作用。但当条件变化时,它也具有一种惰性,即阻碍变化和革新的负面作用。比如,在19世纪中叶,化学和电力机械产业兴起时,它不是在产业革命以来一直繁荣发达的英国,而是在德国和美国得到了发展,而英国则开始相对衰退。20世纪90年代以后,日本经济的停滞是因为此前日本经济发展过程中建立的社会和经济体系没能很好地适应"信息革命"带来的世界经济变革的浪潮。要想克服这个集中带来的负面冻结效果,必须进行彻底的自我变革。其关键是要实现人和文化的"多样化",完善知识创造的核心机制。

产业集聚体可以是单一产业的集聚区(专业化产业区),或综合性产业集聚区,或指一个经济发达地区(区域经济圈),或指地区内一个较发达的城市,那里富有经济活力,是经济增长的发动机。所以它其实是一个相对比较而言的概念,未必具有明确的空间界定。就全球而言,可以说西欧、北美是产业集聚体。就我国而言,长江三角洲、珠江三角洲、京津唐地区三大经济圈,还有由省、区规划发展的产业带,如浙江省的环杭州湾、温台、金衢丽产业带等,都可说是产业集聚体,只要那里具备经济和基础设施网络,有密切的经济联系和信息沟通等条件。但产业集聚体所在地必须具有经济发展的强大动力。如果某些地方政府,企图用行政命令的手段,提出政治口号,划地为界,搞拉郎配式的区域经济圈,却未必能形成真正的区域经济竞争力。

区域经济圈的形成机制,可能是由核心城市扩散而成(长三角区域经济圈、珠三角区域经济圈),或由基础设施开发协调形成(湄公河区域经济圈、图们江区域经济圈),或由产业转移扩散形成(海峡两岸经济圈、环黄海经济圈)。前者状态比较稳定;第二类受制于政治障碍或其他非经济因素的影响,发展趋势不是很明朗;第三类由于缺乏由产业转移双方共同形成的比较稳定的集聚区或准集聚区,导致产业集聚指向不稳定,或缺乏稳定的产业转移源头,或受到周边其他产业集聚体的影响,导致发展趋势的不稳定。

当然,产业集聚体或区域经济圈的形成需要雄厚的资本。在其形成过程中,要遵循资本积累的规律,也要遵循增长极核、核心-边缘或国际劳动分工等空间发展的规律(理论),这些实际上也是现代城市发展的规律。人们在进行规划时,要尊重其客观的规律性。

2.5 工业化浪潮的转移推进——雁阵模式

我国自改革开放以来,国民经济从计划经济模式逐步转型为社会主义市场经济模式,经济主体追求利润和效率优先的机制给经济的发展注入了活力。市场经济一方面带来了人民生活水平的提高,同时也带来了地区差距的拉大和国民收入分配的两极分化。为了使经济发展的成果惠及全体国民,政府确立了至2020年实现全面小康社会的目标。为了达成这个目标,就必须缩小地区差距,在国内版"政府开发援助"和国内版"自由贸易协定"的基础上,推进国内版"雁阵模式"遂成为有效手段。

所谓"政府开发援助"(Official Development Aid,ODA),是指通过中央财政对地区间的税收实行再分配,以达到一种财政转移的目的。如日本实行"地方交付税制度",即政府将税收的一部分作为国税征收的基础上,从调节和保障地方政府财源的角度出发,按一定标准进行再分配的制度。其目的是缩小地方政府间在税收等收入上的差距,确保各地都能保证一定的行政水准。

当然,实施这项政策,会使有些地方得到好处,有些地方要吃点亏,因此会遇到强烈的抵制。但为了实现持续稳定的增长,就必须加快实施以加强地方交付税为核心的税制改革。

"自由贸易协定"(Free Trade Agreement,FTA)本是在国际间签订的,以扩大市场,搞活经济,促进国际贸易的发展;但为了消除地区间的经济壁垒,构筑统一的国内市场,实行国内版的自由贸易协定也是势在必行的。

国内版的"自由贸易",就是要通过放宽对人力、物力、财力自由移动构成障碍的限制规定,最大限度地发挥市场机制的作用。特别是,阻碍人力资源自由流动的户籍制度若能取消,允许内地和农村的数以亿计的富余劳动力向经济发达地区转移,一方面可降低发达地区的工资水平,另一方面可提高内地的工资水平。这虽然会造成生产的更加集中,却有利于促进收入水平趋于平均化。当然,要解决农民工进城落户的一系列相应的福利待遇问题(医疗、子女教育、社会保障等),确需一定时间的努力积累。

所谓"雁阵模式"学说源自日本,是指亚洲各国根据其发展阶段,维持各自出口比较优势工业产品的分工关系,同时再通过引进外资等手段提高工业化水平。这是一种工业化浪潮的转移推进方式,形象地比作雁群的迁徙。例如,20世纪60年代以后,以纺织业为主的多种产业的核心产地,根据发展阶段,从日本转移到新兴工业化国家和地区,继而又转移到东盟国家和中国,而作为先进国家的日本则把核心产业由纺织逐步提高至化学、钢铁、汽车、电子和电机等高技术产业。先进国与后进国都积极培育新产业,同时向海外转移衰退产业,这样推进产业结构的调整,构成了使整个地区生机勃勃发展的原动力。

我国东、中、西部发展差距较大的国情,也适合推行国内版的"雁阵模式"。由于国家的政策倾斜,近年来我国的经济发展速度呈西高东低的态势。东部的劳动力供应趋于紧张。为获得更为低廉的劳动力,不仅外资企业,中国企业也不得不开始通过直接投资等手段转移生产基地。为了促进地区差距的缩小并同时保持经济增长,向本国中、西部转移,比向越南、印尼等国外转移是更为有利的。

为了促进生产向内陆转移,有必要完善内陆的社会基础设施建设。在这方面,政府的政策倾斜和投资可以带动民间的投资。市场的作用和政府的干预两个方面必须相互结合,不可偏废。

响应政府号召的东部企业多为以制鞋、服装、塑料制品等劳动密集型产业为主的企业,它们掀起了向中、西部实施产业转移的热潮。再加上财政调配的扩大,以及公共投资的倾斜,我国地区差距不断拉大的趋势已经迎来了转机。

"雁阵模式"的概念正在延伸至对象更狭小的我国沿海地区的三大经济圈。典型的例子就是珠三角地区的产业重组。20世纪80年代以后,广东省以珠三角为核心,把从香港转移过来的制造业作为支点,实现了我国国内最快的发展,广东省遂成为"世界工厂"的重要组成部分。但是,进入2008年以后,伴随着工资上涨和人民币升值带来的成本增加及世界经济衰退等内外环境恶化的影响,广东省的外贸出口增速放缓,以劳动密集型产业为核心的许多企业陷入了经营低迷。

为了实现产业结构的更新转型而又不至于出现产业空心化,广东省政府推行了也可称之为圈内版"雁阵模式"的"腾笼换鸟"战略。即把以珠三角为核心的先进地区的衰退产业转移到周边的落后地区,同时引进先进产业。既使先进地区实现了产业更新换代,又为落后地区提供了新的就业机会。面对劳动密集型产业所面临的困难,广东省政府在实施产业政策时,没有保护衰退产业,而是着力培育新兴产业。这样促进了"雁阵模式"中后进追赶先进的浪潮。

第3章 城市发展的规律

城市的发生、发展,其未来的趋势和前景,是伴随着人类文明发展的一种物质环境体现,从中总结出某些总规律,有助于我们廓清对城市发展道路的理解和预测。为此,要从宏观的历史发展的角度,联系整个人类文明和产业的发展及世界各国城市发展的实际经验,来进行总结和归纳。在这方面,许多先驱的学者和思想家们也已有所论述。下面试从多视角作初步的归纳。

城市作为人类文明的物质形态和象征,是经济基础及其上层建筑活动的物质场所,它的发展归根结底必须建立在经济基础之上,而同社会历史的发展是同步的。

城市的发展同一切事物的发展一样,不会总是保持某种稳定的结构和定式,整体直线式地往前发展,而是会发生分裂、局部的变化和突破,即发生突变和分叉,使结构发生变化(相变),进入新的阶段。所以其发展则呈现出阶段性和曲折性。

城市的历史发展是分阶段的,每一个阶段都是同生产力和生产关系发展的阶段相对应。而且这些阶段的衔接,服从否定之否定的辩证发展的规律。前一个阶段都是为后一个阶段的发展酝酿和创造条件,蓄积力量。因此,城市的历史发展,呈现出波浪形的、曲折的、螺旋上升式的发展,而不是直线式的发展。

我们可以从不同的视角、不同的时间跨度或尺度来观察城市发展的规律。

3.1 城乡不分—城乡对立和差别—城乡融合

人居环境的性质和形态,从原始社会的城乡不分(城市尚未产生),经过城乡对立和城乡差别的历史阶段,发展到城乡差别消失、城乡融合的人类社会高度发达阶段。前已述及,其实在人类历史的绝大部分时间内,都是处于并无城乡区分的状态的。城市作为人类文明发展的历史火车头,它的出现和发展,却伴随着人类分裂的痛苦——残暴的阶级压迫和剥削,城乡对立(城市对乡村的掠夺),城乡三大差别和贫富两极分化。在人类所憧憬的美好社会中,这种现象是应当逐步归于消失的。马克思在《共产党宣言》中提到:"把农业同工业结合起来,促使城乡之间的差别逐步消失。"其实我们在今天某些高度发达的巨型城市带地区中,已可略见端倪:城乡之间在现代化设施水平和经济、文化以至人的劳动条件等方面,已看不出什么明显的差别,只是土地利用集约化程度和景观上有所不同而已。可见经济、文化、科技的高度发达确是消除城乡差别的物质基础。进一步看,随着基因工程等先进科学技术应用于农业和各种改造、利用自然的产业和农业的高科技产业化,城乡的进一步融合也已在预见之中。

由此看来,城乡的区分在人类历史的发展中只不过是一段小小的(但是必需的)插曲而已。在这里我们看到了一种螺旋式上升的发展规律:从原始的城乡不分,经过城乡对立和差别的阶段,达到高度发达阶段的城乡融合。其中间阶段是为人类的社会大分工和发展生产力所必经的阶段,为生产力向高度发展创造条件。正如马克思在《资本论》中所说:"一切发达的、以商品交换为媒介的分工的基础,都是城乡的分离。可以说,社会的全部经济史,都可概括为这种对立的运动。"

3.2 产业发展—城市发展—产业发展

城市的发展是基于产业的发展,也为产业的发展创造条件。产业向高层次化发展(通过历次产业革命),也促使城市向相应的形态发展。

城市随产业高层次化而呈螺旋上升式发展,反之,在一定条件下,城市硬、软环境的改善也有利于促进城市产业的发展。按照钱学森对人类历次产业革命的见解,联系城市的产生与发展,可以得到比较清晰的概念(参见2.2节)。

总之,产业结构的变革是导致城市产生与发展的根本原因。它将社会资源(包括人力资源和物质资源)不断地从第一产业转向第二产业,再转向第三、四、五等产业。这种产业向高层次演化的过程,促进了城市化的发展,改变了城市的结构乃至城乡关系。

图3.1 表示第一、二、三产业在各时期的发展情况。

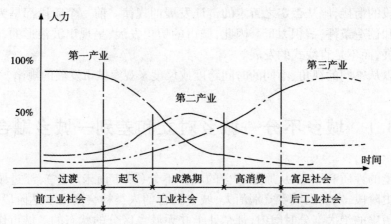

图3.1 社会发展中产业结构变化及城市化阶段示意图

人口随产业的高层次化而转移,伴随着人口分布形态从分散到集中再到分散的变化,同时,各层次产业发生质的提高。这也是一种螺旋式上升的变化。

另一方面,城市化的发展(不论是基于第几产业)促进了投资硬环境与软环境的改善,这会反过来促进各层次产业的发展;同时,城市建设也能拉动城市经济的增长。这表明,城市化的发展与产业的发展之间具有互动(相互促进)的作用。但是,城市发展的根本动力,还是构成城市基本职能的产业的发展。

3.3 农业文明—工业文明—生态文明

农业文明、工业文明、生态文明这三种文明形态是同产业的高层次化发展阶段相对应的。其中人类与大自然的关系,表现为从不自觉的和谐到对立到自觉和谐的否定之否定的辩证发展规律。

农业文明是低生产力水平的文明。只有经过工业文明(大规模生产)相当程度的发展,人类提高了生产力水平,积累了科学技术条件,并痛感生态破坏带来的危害,才能转入自觉主动地有效保护环境和改善生态平衡的生态文明阶段。在工业文明的初级阶段,生态环境的破坏往往难以避免,因为主、客观条件都还比较欠缺。认识这种阶段性的发展规律,对于我们建立全面的科学发展观是有助益的。

在生态时代的世界经济,应转向可持续发展型的经济。世界观察研究所所长莱斯特·布朗与高级副所长克里斯托弗·弗莱文撰文指出:"西方工业模式——在本世纪曾极大地提高了人类生活水平的以矿物燃料为基础、以汽车工业为核心、一次性产品充斥的经济,正陷入困境。""自然界面临的前所未有的威胁……会导致经济衰退……滥伐森林的速度惊人,地下水位持续下降,气候变化愈发无常,这些现象都会给今后数十年的世界各国经济造成破坏。在过去的100年里,全球人口增加了40多亿,这个数字是20世纪初人口的3倍,消耗的能源和原材料则是那时的10倍以上,这些趋势不可能再持续许多年……今天的许多学者沉迷于信息技术,似乎已忘却了我们的现代文明是完全建立在生态基础之上的,而我们的经济现在却在侵蚀这个基础。"他们呼吁要"用足够快的速度进行改革",他们认为,"向有利于保护环境的可持续发展经济的转变可能是与工业革命一样深刻的变革"。并认为"这种经济体系的大致轮廓已开始显现……从一度对自然资源采取竭泽而渔的做法转向以可再生能源为基础……重复或循环利用资源的经济……以太阳能为能源,以自行车和铁路为基础……对能源、水资源、土地资源和原料的利用要比我们今天的效率高得多,也明智得多","这有赖于全球的通力合作……富裕国家应采取一致的行动来解决贫困问题","我们还将需要一种新的认识和新的价值观……需要一套……新道德规范……人类在获得新的人权的同时,需要承担一整套新的责任——对自然界和对后代承担的责任。"他们指出,"扭转环境恶化趋势的一个关键是对导致环境恶化的活动征税",如德国把工资税降低2.4倍,以同样的幅度提高能源税。欧洲在一些作为太阳能经济的基础的工业中居领先地位,发展了风力发电。我国在利用太阳能和风力发电方面业已取得了初步的成就。

在这里,我们再次看到,在人类与自然生态环境相互关系的历史方面,也是经历了一条螺旋式上升的变化。这种变化体现为一定的阶段性。如生态文明对于工业文明有一定的滞后性:它需要工业文明积累起一定的经济、技术条件,而且生态觉醒也需要经历一个过程。

3.4 小城市文明—大城市文明—小城镇文明

中世纪的小城市主要是基于手工业和商业,为乡村的小农经济所支撑,生产力水平不高,所以城市的规模较小。工业文明的发展需要大城市的集聚效应,以提高科学技术水平,促进产业的高层次化发展。大城市是现代人类文明的集中地。当经济、文化发展到高度发达阶段的时候,文明开始从点到面的扩散过程,大城市开始解体,居住地趋于分散,出现了分散的现代化小城镇,重新回到亲切的人的尺度和优美的环境。现在欧美发达国家出现了"扩散城市"(diffusedcity),或称"外极化"(metapole)或"城市胶着"(urbanglue)现象,其中私人交通的运行也变成向四面八方的"渗透"(percolation),便是这种扩散现象的写照。

高度的文明普遍向小城镇中伸展。在这些现代化的小城镇中,在生产上,有着知识与技术高度密集的小企业,它们是未来社会生产的主体;在文化方面,有高等院校和科研机构;在生活方面,能满足居民多方面的需求。那里设施先进,信息灵通,环境优美,符合"人的尺度",从而体现一种先进社会的"小城镇文明"。在这里,我们又一次看到了螺旋式上升的规律,体现在城市的规模和形式上。它也是符合于生产力发展和生活水平发展的规律的。

3.5 近、现代城市化发展的 S 型曲线(sigmoid):慢—快—慢

对各国城市化发展过程所经历的轨迹,美国城市地理学家 Ray M. Northam 在 1979 年曾概括为:一条稍被拉平的 S 型曲线,所谓 Northam 曲线,即符合著名的逻辑斯特限制增长曲线(Logistic equation)。我国清华大学经济管理学院的焦秀琦推导出其微分方程为

$$\frac{dY}{dt} = K(t)Y(1-Y) \tag{3.1}$$

分离变量,积分可得

$$Y = \frac{1}{1 + Ce^{-Kt}} \tag{3.2}$$

式中　　Y——城市化率;
　　　　$K(t)$——城乡人口总增长率的差额(主要是乡村人口向城市地区的机械流动造成的),在一定时期内可假定为常数;
　　　　C——积分常数;
　　　　t——时间,通常以年计。

由式(3.1)可知,城市化发展速度不仅与城乡人口总增长率的差额 $K(t)$ 有关,而且与现有城市化率 Y 及尚未城市化率 $(1-Y)$ 的乘积成正比。

城市人口的总增长率一般总是大于农村人口的总增长率,即 $K(t)$ 一般总是正数,因此城市化率会不断上升。

城乡人口总增长率的差额 $K(t)$,主要是乡村人口流入城市造成的(人口的自然增长率一般是城市低于农村),它主要取决于经济发展水平、城乡之间经济效益和收入的差别、工业政策、人口政策以及交通条件、资源条件、气候条件等。

在城市化率较低的初期阶段,尽管农村的推力很大,但城市的拉力较小,故 $Y(1-Y)$ 的乘积较小,城市化发展速度较慢。在城市化水平较高的后期阶段,尽管城市的拉力很大,但 $(1-Y)$ 已经很小,表明农村剩余劳动力已基本释放完毕,故 $Y(1-Y)$ 的乘积也较小,城市化发展速度便逐渐减缓。只有在城市化的中期阶段,城市的拉力和农村的推力都较大,城市化

乃以较快的速度发展(图3.2)。在这个迅速发展的中间阶段,一般也是社会平衡被打破,各种社会矛盾比较突出,要求科学协调,因而是发展成败所系的关键时期。

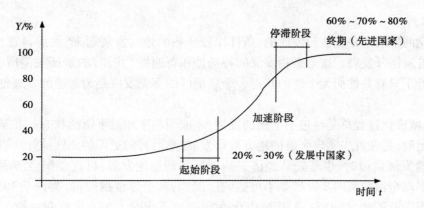

图3.2　城市化发展的S型曲线

在式(3.2)中,系数 K 愈大,城市化发展的速度愈快,反之则愈慢。系数 C 愈小,城市化起步愈早,反之则起步愈晚。

焦秀琦根据9个国家和全世界的城市化数据作了回归分析,导出了回归曲线方程式,并得出结论:城市化与工业化起步较晚的国家,城市化的进程较快(图3.3),比如日本可作为实例。

一般认为,城市化率 $Y<10\%$ 是城市化史前阶段; $Y=10\%\sim20\%$ 是城市化起步阶段; $20\%\sim50\%$ 是城市化加速发展阶段; $50\%\sim60\%$ 是城市化基本实现阶段; $60\%\sim80\%$ 是城市化高度发达阶段; $Y>80\%$ 是城市化自我完善和城乡完全实现一体化阶段。

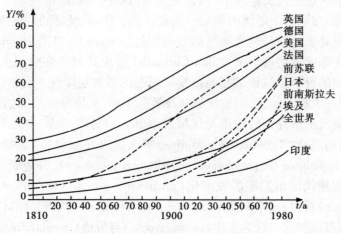

图3.3　各国城市化发展曲线的比较

3.6 不平衡发展—渐趋于平衡—新的不平衡

城市化的发展总是先在较发达的、条件比较成熟的地区发展起来,然后再逐步推开;不可能同时普遍铺开发展。这是事物发展的特殊性和普遍性(共性)的辩证关系所决定的,不可能总是处于只有共性而无个性的状态。个别地区的率先发展是为普遍的发展创造必要的条件。

因此,城市化过程总是经过不平衡的发展,才能渐趋于相对平衡的状态。在某种形态的城市化开始时,是在首先实现突破的地方取得发展,然后再向更广的地区铺开。当一国进入城市化快速发展阶段时,也是先从经济发达地区实现迅速发展,再逐步向经济后进地区铺开。瞬间实现全面均衡同步发展是不可能的。例如,就全球范围而言,英国于18世纪后半期首先实现工业革命,到1851年其城市化率即超过了50%(在工业革命之前长期徘徊于3%左右),到1900年当世界平均城市化率为13.3%时,英国则激增至78%。直到20世纪后半叶,欧美发达国家的城市化率才发展到与此相当的水平。同时,第二次世界大战后随着亚、非、拉民族独立运动的蓬勃兴起,社会和经济开始走上全面发展的道路,全球的城市化都开始加速发展。

3.7 分散—集聚—分散

在近、现代的城市化发展进程中,人口分布的变化以经济的发展为依归,呈现集聚—分散的波形循环过程。按照人文地理学(以及更为专门化的分支经济地理学、城市地理学)的观点,人群的分布形态取决于经济的发展所能提供的工作,而经济的发展则取决于基于土地的相关资源。这就是盖迪斯与勒普莱所倡导的"地点(place) - 工作(work) - 人群(folk)"的基础性研究。正如德国地理学家 Walter Christaller 所说:"城市在空间上的结构是人类社会经济活动在空间的投影。"这说的是城市发展形态的客观规律性。当然,在这个规律的制约下,人们可以发挥主观能动性,通过规划和政策的干预,去争取最佳的结果。

对于现代社会经济条件下的城市与区域发展和人口分布形态,奥地利学者 L. H. Klassen 和日本学者川岛辰彦(Tatsuhiko Kawashima)等人建立并发展了"人口分布空间循环假说"(spatial-cycle hypothesis for population redistribution processes),并进行了实际调查研究,以此来描述和分析现代城市发展的城市化(urbanization)—郊区化(suburbanization)—逆城市化(disurbanization)现象;或空间集聚(spatial agglomeration)与空间分散(spatial deglomeration)的循环;在城市范围内表现为集中(centralization)与分散(decentralization)的循环;在区域范围内表现为集聚(concentration)与分散(deconcentration)的循环。而且,其过程还可再分为加速集聚、减速集聚、加速分散、减速分散等子阶段。

就实际发生的情况而言,美国的11个标准大都会统计区(SMSA),在20世纪70年代上半期(1970~1975年)经历了净人口减少:克利夫兰(-4.7%),纽约(-4.1%),匹兹堡(-3.3%),纽瓦克(-2.8%),圣路易斯(-1.8%),西雅图 - 爱弗瑞特(-1.3%),洛杉矶

—长滩(-0.8%),费城(-0.4%),波士顿(-0.3%),辛辛那提(-0.3%),底特律(-0.2%)。与20世纪70年代以前的人口持续增长形成鲜明对照。

川岛辰彦用ROXY指数(基于人口增长率的加权平均值与算术平均值的比值,详见本章附录)对日本在1960~1990年间的23座城市、印度尼西亚在1961~1990年间的25座城市、瑞典在1950~1987年间的26座城市和美国在1950~1980年间的29座城市进行了定量的分析比较,得出如下结论:

(1)印度尼西亚的城市系统在20世纪80年代中期以前处于减速集聚(DC)阶段,到20世纪80年代末进入加速分散(AD)的早期阶段。

(2)日本的城市系统在1970年前后处于加速分散(AD)阶段,到20世纪80年代末趋近减速分散(DD)的末期。

(3)瑞典的城市系统在20世纪60年代后半期处于加速分散(AD)的末期,到20世纪80年代后半期刚完成减速分散(DD)阶段,而再次进入加速集聚(AC)阶段的初期(但这时农村基本已无剩余人口,集聚有全新的内涵)。

(4)美国的城市系统在20世纪60年代已处于减速分散(DD)阶段的充分发展期,到20世纪70年代后期已非常接近于再次进入加速集聚(AC)阶段,如图3.4所示。

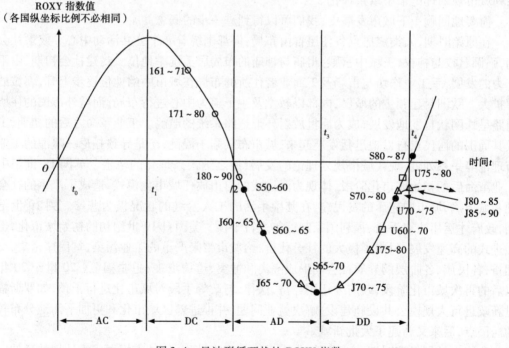

图3.4 呈波形循环状的ROXY指数
AC—加速集聚阶段;DC—减速集聚阶段;AD—加速分散阶段;DD—减速分散阶段
○I—印度尼西亚;△J—日本;●S—瑞典;□U—美国

因此,他认为日本城市的发展,在人口重分布的空间循环过程中比美国落后约15年;印度尼西亚的城市比日本落后至少20年;瑞典的城市发展介于日本和美国之间。

我们可以看到,在信息时代,城市又有了新的集聚趋势。然而,往后又可能有新的动力因素导致大城市趋于分散或解体,如城市受到安全威胁,或水资源短缺,或后汽车时代的变化等。

川岛认为,这种人口重分布的空间循环规律与各国之间的社会、经济、文化、历史或地理的差别或多或少是无关的。这是城市政策制定者所无法改变的,他既不能使之停止也不能使之逆转。但他能依靠城市政策战略目标,使该过程加速或减缓,或可改变循环曲线振幅的大小。换言之,他导演城市戏剧,不能改变戏剧的题目或角色的表演程序,但他可挑选合适的演员,使演出更吸引人。他的城市政策仍可使城市社会的福利得到有意义的提高。

3.8 自发性—条理性—自发性

城市的发展往往要经历从自发性到条理性的循环。原始的聚落是按当时的生活需求安排的,后世的某些典型村庄以及帝王的都城都是按某种理念来规划设计的,但这些理念都是来自自发性生活经验的总结,而且在此基础上,人们还会按生活的需求选择自发的发展。工业革命以后城市化的发展过程,在早期充满了许多自发的因素,直到19世纪末才出现了一系列城市规划理论来予以条理化。

简要地回顾一下城市发展史,我们可以得到进一步的概念。

在原始时期,人类定居点各住屋自由布局,但都围绕着一个公共活动中心。奴隶社会时期,强调君权与神权,王城中宫殿、祖庙与神庙的布局居于统率地位。封建社会初期,由于生产力的发展,手工业作坊与市场及工商业者住所的布局在城市中的地位逐步上升,郭城的规模扩大。欧洲封建领主的城堡,内部以教堂及主干道为中心进行布局,而城外市民的住所与道路呈蛛网状自发地发展,成为后世放射环形道路系统的滥觞。工业革命之后的初期,工厂及其周围的居民点自发地迅猛发展起来,城市布局陷于混乱,于是导致托尼·嘎涅的工业城市理论等一系列近、现代城市规划理论的发展,使之纳入条理化的轨道。英国18世纪中叶工业革命后的初始城市化阶段,体现为激进式的自由放任城市化模式,造成了严重的社会问题和城市病,城市中充斥的贫民窟,在其中生活的工人阶级的状况极为悲惨。到19世纪中期,政府才运用法律手段、福利国家制度等进行干预。美国自19世纪初的初始城市化,也是激进式的高速发展,付出了极大的社会代价,给城市带来严重的工业污染,贫民窟密集,交通拥挤,各民族、各阶层的异质社会间形成隔离和冲突,道德沦丧,犯罪猖獗。20世纪30年代以后的再次城市化阶段,政府才运用经济、法律、行政等手段对城市化进行干预,如罗斯福通过新政进行大规模公共设施建设,解决就业问题,并推进郊区城市化和更加平衡地分布较小的居民点,后来又新建了大批新城。

我国在计划经济时期,主要强调自上而下的集中计划,使城市规划成为计划的延伸。到改革开放初期,自下而上的力量得到释放,乡镇企业与农村城镇化自发地迅猛发展起来,也陷入混乱状态,尔后才逐步进入条理化的轨道。此外,在市场经济条件下,城市中各种利益集团的自发运作,往往也导致社会效益和环境效益受损,有赖于政府的管理和调控。

现代各发达国家城市布局的发展,也包含着自发性和条理性消长的斗争:现代派(Modernism)建筑学派过分强调功能分区,使"人造城市"丧失了"有机构成",导致结构主义(Structuralism)学派的批评,后者强调自发的生活结构及簇群城市(Cluster City)等理论。资本主义城市自发的、机械式的无限扩展,导致芒福德有机规划理论的产生,即要纳入"有机限制"的轨道。信息社会的发展,导致美国"边缘城市"(Edge City)的产生,孕育着新的城市分布形态。

总之,城市的布局既不可陷于完全自发性与无政府、无组织状态,也不可片面强调主观集中意志,忽视人民的主动积极性与生活的客观规律,而是两方面要适当地结合起来,并体现城市布局规划的层次性。因为城市的布局需满足不同层次和范围的与近期和远期的利益需求,这要由不同层次的规划体现出来。人们逐步认识到区域规划、城镇体系规划与国土规划的必要性和重要性。而在市场经济条件下,规划又要充分适应市场规律的需要。

从自发性到条理性的过渡,需要尊重自发发展所依据的"规则"(Rules)。比如居住用地的选择,经济条件较好的人愿意选择环境较好的郊区;而经济条件较差的人则倾向于选择靠近工作地点。工厂的选址,也要服从成本低的规则;第三产业则趋向于效益较好的地带等。总之一般取决于功效性(Utility)与经济性(Cost)之间的权衡。对此西方先进国家比较注重科学分析(通过建立模型等手段),值得我们学习。

3.9　理性—非理性—理性

在城市结构中,理性因素是与非理性或浪漫因素相交织与螺旋上升式发展。

在城市的规划与建构中体现出人的精神、理念或情感,这是在历史发展中人的主观因素的体现。它体现在城市的结构与形态中,使城市成为人类发展历史的见证。日本建筑师槙文彦(Fumihiko Maki)将城市结构定义为"集团意志的构图"。人的主观世界中有理性因素与非理性或浪漫因素的对立运动,其互相消长的运动在历史的发展中表现出波浪形或螺旋上升式的轨迹,反映在建筑与城市发展史中也是如此。

古希腊古风时期的建筑反映了多立克文化与爱奥尼文化的矛盾斗争。前者体现了贵族寡头专制城邦的沉重、压抑的文化风貌,后者体现了民主共和制城邦的自由、开朗、秀丽的文化风貌。古希腊圣地建筑群因地制宜、巧于因借、自由布局的传统,一直统率着它的广场(agora)以至雅典卫城的布局,使之极富自由奔放的魅力。而希腊在希波战争之后广泛用于城市重建的 Hippodamus 规划体系,则是基于几何和数的和谐以及平等的理念,形成均衡的方格网而将公共建筑布置在中央,是理性的体现。

古罗马共和时期的广场(forum)是自由布局的,而帝国时期的广场则是按轴线规整布局的。其军事营寨城和维特鲁威提出的理想城市的布局都采取规整的形式,体现了专制的理性。

中国古代的《周礼考工记》所述王城的规划,体现"礼"的秩序,也是专制理性的体现。这种体制一直影响到两千多年后的封建后期;但在城市中的园林规划设计,则是崇尚自然山水的浪漫主义的体现。

欧洲中世纪缓慢发展的小城市,其围绕中心自发生长的形态保持着某种非理性的结构,只有教堂的塔尖控制着构图。直到文艺复兴时期以轴线连接城市的主要中心点的罗马改建,标志着理性的回归;随之而来的是中轴线的构图形式被广泛运用。文艺复兴的建筑艺术,以人文主义的理性反对中世纪的神本主义(后者以哥特式建筑艺术为代表)。

17世纪欧洲绝对君权时期,笛卡儿倡导的唯理论导致了古典主义的勃兴,追求纯粹的理性美。讴歌君主专政的封建等级制所体现的"社会理性",成了古典主义城市规划的最高原则。古典主义园林(以凡尔赛宫廷花园为代表)以规整的几何形式统率构图,表现出绝对君权对包括大自然及其臣民的专制统治。

17世纪后半叶和18世纪初期,在英国出现浪漫主义建筑思潮和园林规划设计,是对古典主义专制理性的否定和反叛。

伴随着资产阶级革命运动和工业革命的兴起,18世纪中叶启蒙主义者提倡的批判理性——主张用科学的理性精神来取代对神和上帝的盲目崇拜,一切思想都必须经受理性法庭的审判。启蒙主义建筑理论将功能真实、自然的表现思想带入到建筑设计与城市规划之中,成为新建筑运动与现代建筑运动的滥觞。启蒙运动的思想经过德国哲学理性主义传统的广泛影响,理性逐渐被确定为一种社会生活的基本准则,人们认为理性的有效运用会导致社会进步。

1666年伦恩对伦敦的改建规划体现了资本主义需求的理性。18世纪后期伍德对英国巴斯的规划设计,19世纪初纳希对伦敦西区的改建,以及19世纪末欧斯曼对巴黎的改建,体现了新古典主义的理性——以整齐宏伟的古典复兴式构图,或星形广场放射式道路,为新兴的资产阶级政权创造了宏伟辉煌的视觉效果。这种手法源自17世纪的凡尔赛规划,其影响一直波及1790年朗方对华盛顿的规划。

1898年霍华德提出的田园城市理想模式,把花园城市散布在广阔的田野之中,形成城乡融合的社会,是对资本主义城市无限膨胀和土地投机的反抗,成为现代新镇运动和生态文明有机规划的滥觞。

20世纪20年代,现代主义建筑大师柯布西埃提出的现代城市构想,充分体现了技术至上的理性主义原则。第二次世界大战后,这种理性主义占据了统治地位。生产和城市的扩张日益加快,城市距离合乎人性原则的理想也越来越远。50年代后期,对现代主义的批判日益抬头。结构主义者强调生活的内在结构、人际结合(human association)。1977年的《马丘比丘宪章》批判1933年的《雅典宪章》:为了追求功能分区明确却牺牲了城市的有机构成。人们不满机械分区的"人造城市",对旧城改建也否定彻底清除重建的"推土机式"做法,强调保护、文脉、记忆和城市自发性。人的价值理性回到了中心。

20世纪60年代意大利的新理性主义者基于生活的结构归纳出建筑的"类型",这是在自发的结构基础上的理性化。

在工业文明时代,技术理性逐渐取代价值理性占据了主导地位。对物质及经济利益的最大追求,导致了人类社会发展的片面性。社会结构的高度技术化,导致了人的异化、物化和社会分裂。人们把效率、逻辑作为唯一的价值尺度;囿于技术的视野,只知向自然界索取而不顾后果。于是海德格尔(Martin Heidegger)以其存在主义,法兰克福学派以其社会批判理论,对这种片面化的理性展开了批判。马尔库塞(Herbert Marcuse)将全面异化的资本主义社会看做是"单向度的社会",异化的人称为"单向度的人"(指失去了精神向度与价值理性)。此前,尼采已经把西方理性主义批判得体无完肤。福柯(Michael Foucult)继承了尼采的思路,通过对近代"疯病史"的研究而指出了古典的理性概念的不足之处。

在后现代时期,从结构主义发展到后结构主义,以至德里达(Jacques Derrida)的解构主义,从对理性的否定走到极端的非理性思潮。这种解构主义(De-constructionism 或 De-constructivism)哲学思潮影响到建筑学界,形成了解构主义建筑与城市设计思潮。

解构主义建筑思潮在西方建筑界像一朵怪异的花,开过一阵,并没有占据主流地位。企图彻底否定理性是对西方社会病态的疯狂反抗的一种文化表现。人类追求美好未来的理性毕竟不能仅停留在对"解构之美"的欣赏陶醉上,而是要不断地向前探索。

3.10 个人机动性与社会有序性之间的互动

私人汽车的发展与产业化,成为影响城市空间发展的一种巨大的机动力量。它大大扩大了人民的自由度(机动性,mobility),但是也导致了巨大的社会代价和空间代价。于是个人的机动性需求与社会整体效益的权衡与消长斗争,成为近一个世纪来影响城市发展的重要因素之一。随着人均 GDP 的增长,个人机动性的需求必然会发生;但是随着这种交通容量的趋于饱和,国家和城市当局的干预力度也会加强。条件较优越的国家如美国的模式不可能为条件较差的国家和地区盲目效仿,而必须根据具体的时间、地点和条件采取适当的政策。

在工业革命以前,传统城市的结构基本上是基于人们步行的尺度:城市规模不大,通常有相互垂直的两条或数条主要街道,城市的主要公共建筑和中心都沿这些主要街道及其交叉口布置,居民们可经常聚集在这些公共场所进行面对面的交流。

工业革命在经历了城市混乱的扩展之后,迎来了小汽车逐渐趋于普及的时代。对于发达国家的中产阶级以上阶层的人们来说,拥有私人汽车大大地扩展了个人生活的自由度,因而具有巨大的诱惑力。在今天小汽车普及率最高的美国(汽车拥有率已接近人均 1 辆),在都市边缘及郊区的广大社区,已经形成了基于汽车奔驰尺度的广阔的城市空间布局——沿着数十英里延伸的高速路与停车场分散布置着少量建筑,其中包含着所谓的"边缘城市"(Edge City),即以办公塔楼和购物中心为核心联系着在车行范围内分布的居住社区。即使在中心城市内,传统的城市结构也遭到了破坏:为使小汽车能够进入,街道被拓宽了,人行道被放入地下或建步行立交道,在相邻的行政区之间切入动脉,以及高速路贯穿于连续的邻里之间;精致的老建筑被置换为停车场;由于高速路占据了主导地位,紧密编织的城市结构被不断摧毁。有些主要在汽车时代发展的城市,如洛杉矶、达拉斯、休斯敦等,其主体以车行尺度扩展延伸至4 000～6 000平方英里(10 240～36 000 km²)。城市的无限制扩展向着连接成"区域城市"(regional city)的趋势发展。

尽管有些先驱的建筑师在 20 世纪 20～30 年代的现代主义运动中对现代城市的发展有所预见,并提出了相应的理论,但他们还是低估了当今汽车需求的发展规模。例如,Frank Lloyd Wright 在 1932 年曾基于美国郊区化的发展提出了"广亩城市"(Broadacre City)理论(一种城市分散主义理论),其规模仅是7 000人的自治的、自给自足的社区,商业中心不大,并没有广阔的停车场和停车建筑。Le Corbusier 提出的"现代城市"设想(一种城市集中主义理论),高层塔楼分布在超级街坊(Super Block)广阔的绿地中,是"公园中的城市"概念。但他没有充分估计这种高层塔楼对周围广阔停车场的需要;如果这些停车场取代了他所设想的广阔绿地,那么绿地也就被灰色的沥青铺装所淹没了(若将停车场转入地下,虽是增加造价的一种选择,但会增加不快感及安全问题)。

汽车的泛滥造成了一系列的问题:中心城区及其入城通道交通堵塞,停车十分困难,空气与噪声污染;公共交通不断地被私人交通所取代(即使公共交通系统本来较发达的纽约也是如此,洛杉矶的公共交通承载量则降到了8%以下);在扩散的郊区,城市扩展的模式完全受汽车交通的支配;重要节点的选址完全取决于高速公路及其立交枢纽的位置,而丧失了与景观风貌等人文因素的任何关联。正像 L. Mumford 所说的:机械的力量支配了一切。土地的浪费是惊人的:在美国最分散的地方,办公楼、购物中心、大学、医院、公寓住宅等所需的停车场面积分别是其建筑使用面积的 0.9~1.3 倍;在飞机场等交通枢纽,巨大的停车库经常被闲置多日的汽车所占据。分散式发展比靠步行或公共交通为主的发展消费两倍以上的土地面积,而且这种分散发展模式使公共交通线路越来越难以规划了。

现代的都市病——不断增长的密度、缩小的环境与土地资源、拥挤的空间、污染的环境、城市中心的衰败等,大多与汽车的泛滥有关。就建筑与城市而言,人们不得不接受巨型的尺度、大量重复的与空旷阴暗的、缺乏人性的空间环境,面对巨大的尺度与数量以及机械力量,人的自身存在日益显得微不足道。建筑中的"巨型学派"(以库哈斯为代表)接受了这种巨型建筑与巨型城市的现实及其表面价值的异化,并将其充实为一种新的美学。

在 20 世纪晚期,建筑界出现了保守的传统主义学派和建筑改革运动。在美国,随着 80 年代经济繁荣的结束,中止了数年的迅猛与广泛的发展,在建筑界出现了试图倒转都市化时钟的兴趣,追求"尺度回归"、他们设计了符合行人尺度的小镇,在那里,汽车受到极大的限制,反映了前殖民时期村镇的特征,回归到"紧凑、致密编织的社区"的目标。这些方案构成了一种诱人的"郊区飞地",但是,避开了当代形成都市的主要的经济、社会和技术力量。

另一种极端则是激进学派,如 20 世纪 60 年代的 Archigram 小组的作品,其中取消了汽车作为主要工具的地位,视之为过时之物,幻想了一种人际交往得到加强的社会。

面对私人汽车泛滥的局面,人们采取了各种各样的对策。在积极方面予以便利疏导的如:扩建或拓宽高速公路、建设中心城区高速路、采取方便车流的技术(协调红绿灯系统、设计合乘车专线、通过手机广泛传播路况信息、装置智能交通系统 GTS、设计全球定位系统 GPS 等);减少或限制轿车使用并提高其他形式交通的对策,如减少允许中心城区雇主提供便宜停车的减税措施,或于高峰时刻在主要路口收费,鼓励公用汽车(合乘轿车)的政策,为减轻繁重的上下班交通而在高速公路中设公交线路,征收高额购车税(达 300%),规定允许上路的天数,在某些城区或某些时间内禁止轿车通行或加以严格限制(如只允许载 4 名乘客的车辆或拥有昂贵特许的车辆才能进入中心区)。然而,这种严格的限制和负担沉重的成本也只暂时拖延了通向普遍依赖汽车的运动。

针对汽车时代城市的问题,美国的著名建筑师 Moshe Safdie 在其《后汽车时代的城市》(The City After the Automobile)一书中提出的展望和解决方案,是在承认人们的流动性需求与私人汽车的低效性的基础上,寻求一种新型城市及其交通系统的尝试。

他认为,当今重新检视城市的必要性恰好与一个具有极大发明潜力的时代相巧合。

在电子信息时代,人们的居住场所可以广为分散,同时享受伟大城市的丰富文化,而人们的交通出行量则可大为减少。但人们出行去参加聚会、研究、工作、娱乐或旅游的需求还是存在的。在分散居住的情况下,人们从一地到另一地的出行应借助于怎样的交通系统才最为有效呢?

公共交通只能在中心区内和中心地之间运行,而在分散地与中心地之间,则仍需依靠个人交通。鉴于私人轿车的低效性,他受到阿姆斯特丹市公用自行车的启发,设想了一种公用小轿车(通用车)系统:人们依靠身份信用卡,到通用车库去取用轿车,在交通枢纽交回通用车即可乘公交车(或飞机),到达对方枢纽后再取用另一辆通用车开抵目的地。这种通用轿车的效率大大高于私人汽车,也不用个人去操心维护,其存储用面积也可大大节约,且可在自动导引的高速公路上编成列车由电脑自动驾驶。只要设施充分、管理到位,它比出租车具有更大的私密性与个人自由度。

新城市的形态将是一种区域城市,包括密集的中心部分与分散发展的部分。前者体现为线形中心,汇聚各种公共场所与工作地点,以分布的塔楼标志其天际线,起着古罗马城市中干道(cardo)的作用,其选址要根据地形地貌和各种人文因素精心选择;后者则是广为分布的汽车社区。

萨夫迪的设想是在美国国情的基础上提出的一种方案。就我国而言,国情大不相同,当然不可盲目照搬。但从世界各国在汽车时代发展的经验教训和设想中,我们还是可能找出某些规律性的东西并受到启发的。

在美国这样的崇尚私人汽车交通,也是非常浪费能源、浪费土地的国度里,导致了城市空间尺度的胀大和公共交通系统衰败的趋势。但是,一般来说,在世界各地的中心城区和人口密集的地区以及交通干线上,都需要发展尽可能便捷舒适的公共交通系统,以解决大部分人口的交通出行问题,并取代一部分私人汽车交通的运行。比如在香港(包括九龙及新界)这样的人口密集、土地金贵的地区(人口约700余万,土地1 056 km^2),就发展了堪称世界一流的公共交通系统,其运营与控制充分应用现代科技成果,并加以严格管理。现已采取通用刷卡制乘坐公交,一张磁卡在手,即可方便地换乘各种公交工具。其地铁线路可以通达域内各个中心地点;出了地铁车站,可以方便地换乘其他各种公交工具(大、小巴士、电车、缆车、渡轮等,还有近2万辆的士)。香港政府还采取措施抑制私人汽车交通的发展(如提高购车税、停车费、汽油费和养路费、限额领牌照等,加以停车场所奇缺)。因此,包括许多高薪阶层人士在内的大多数人口都乘坐公共交通工具上下班和出行,私家车总数不及34万辆,多用于周末外游和市际出行。

在城市地区发展便捷的公共交通系统来解决大部分居民出行的需求,需要有合理的城市规划、土地利用政策、交通经营政策和必要的公共资金补贴。如钱学森院士所推荐的,巴西200万人口的城市库里蒂巴(Curitiba)在这方面做得比较成功。其5条主干道中的每一条都由3条平行路组成,其中间一条是连通地方道路的双向快速公交路,其两侧各有一条进出市中心的单向高速路。土地利用法鼓励与主干道相连地区形成商业与服务设施集中的高密度开发区。乘客付费、验票和换乘都非常方便。私营公交公司的运营(采用三节大公共汽车代替地铁,以大大节省修建耗资)收入取决于运营公里数,而不取决于乘客数,这样,公交路线的经费分配在防止恶性竞争的同时取得平衡。其结果是使该市上班族的3/4(约130余万人)每天上班乘坐公共汽车;低收入居民的出行开支平均占其收入的10%。但该市仍拥有私人轿车 50 余万辆。

在汽车时代如能在人口较密集的地区和干线上发展尽可能便捷舒适的公共交通系统，就可以抑制城市空间向过分松散的(私人汽车)尺度发展；可以避免重大的空间代价和社会代价。对此，我们要有远虑。

钱学森早就对所谓"轿车文明"的发展提出了警告。私人汽车泛滥的前车之鉴是机械力量无限膨胀带来的城市有机结构的破坏，和以追求最大利润为目的的经济带来的人性的受压抑。对此，城市居民和政府当局应及时采取理性的选择。

对"轿车文明"引致的灾害性后果的限制与控制，应及时从多方面着手：

(1)提高土地利用集约化程度，防止城市蔓延式发展。

(2)在城市密集区发展便捷的公共交通系统。

(3)发展信息网络系统，减少出行量。

(4)发展便利的租车以至共享车服务系统，尽可能以此满足私人机动性的需求，减少私人保有汽车的数量。

(5)发展对环境与空间危害小的私人交通工具，如自行车、绿色能源小型汽车等。

(6)划分限制私人用车空间等级，采取相应的限制措施。

在充分了解私人汽车过度发展所带来的巨大社会代价的基础上，若能及早策划、未雨绸缪，那么，我们就有可能找到适合当地情况和特点的最优化的解决方案，而避免事态发展到失控和不可救药的地步。

3.11 结　　语

上述发展过程都有一定的阶段性。当上一阶段的发展不够充分时，下一阶段的发展便缺乏必要的条件。例如生态觉醒对于工业文明的发展具有一定的滞后期；而且，生态文明的实施，是需要有相应的经济能力和科学技术手段的，这也须经工业文明相当程度的积累才能够做到。在工业发展的初级阶段，无论主观意向还是客观条件往往都难以兼顾环保。我国发展乡镇企业和小城镇也存在这方面的问题。

上述城市发展的客观规律是带有基础性的，一般不受社会上层建筑如制度、政策等所决定，后者只能因势利导起到一定限度的影响。比如，在城市化发展的集聚阶段，硬要实行分散的城市化模式，结果因发展缺乏动力，国家必须采取相应的补偿措施。因此，采取相关的决策时应当充分尊重规律。

城市发展的规律，反映了一般事物发展的辩证的螺旋式上升规律。因此，我们不能期望其直线式的发展，对发展的曲折性应有一定的预期。

按照唯物辩证法，事物的发展遵循否定之否定或螺旋式上升的规律，在一定条件下会向其对立面转化。我国古代太极图中的 S 型曲线(可说是体现一般系统的生、兴、盛、衰发展过程的 Logistic 曲线的拓扑形式)也表明这种发展规律。老子的《道德经》中所谓"反者道之动，弱者道之用"，以及"相反相成"等思想，表明中国古代哲学在这方面有很深刻的体会和认识。

[附录] ROXY 指数简介

20世纪70年代中期,奥地利学者克拉森(L. H. Klassen)在维也纳指导了对东、西欧许多大城市的调查研究,就人口与社会-经济活动的分布动态提出了"空间循环假说"(spatail-cycle hypothesis),即空间分布遵循四个阶段的循环规律:城市化(urbanization)—郊区化(suburbanization)—逆城市化(counter urbanization or disurbanization)—再城市化(reurbanization)。

克拉森的研究是基于人口的绝对数。到20世纪70年代末,日本学习院大学经济学部教授川岛辰彦(Tatsuhiko Kawashima)提出并发展了用ROXY指数来对此进行定量研究。该指数是基于人口增长率的加权平均值与算术平均值之比。同时,他的分析分为大都会间(inter-metropolitan)与大都会内(intra-metropolitan)两种情况,相应于克拉森的四个阶段,他分别将每种情况也分为四个阶段,其所用名词术语与代号见表3.1。

表3.1 空间循环说所用术语

范围	川岛用术语	代号	动态	克拉森用术语
大都会间	加速集聚 Accelerating Concentration	AC	向较大都会区集聚	再城市化 Reurbanization
	减速集聚 Decelerating Concentration	DC		城市化 Urbanization
	加速分散 Accelerating Deconcentration	AD	从较大都会区分散	郊区化 Suburbanization
	减速分散 Decelerating Deconcentration	DD		逆城市化 Counter-urbanization
大都会内	加速集中 Accelerating Centralization	AC	向都会内中心集中	再城市化 Reurbanization
	减速集中 Decelerating Centralizaton	DC		城市化 Urbanization
	加速分离 Accelerating Decentralization	AD	从都会内中心分散	郊区化 Suburbanization
	减速分离 Decelerating Decentralization	DD		逆城市化 Counter-urbanization

为分析大都会间的分布动态,其所用ROXY指数中的加权平均采用各都会区的人口数作为权重。ROXY指数为各都会区人口增长率的加权平均值WAGR与其算术平均值SAGR的比值,减去1并乘以10^4,使之成为一个以零为分界点的判别指标。其数学表达式如下

$$\text{ROXY}_{\text{index}} = \left(\frac{\text{WAGR}_{t,t+1}}{\text{SAGR}_{t,t+1}} - 1\right) \times 10^4 = \left\{\frac{\sum_{i=1}^{n}(x_i^t \times r_i^{t,t+1})}{\sum_{i=1}^{n} x_i^t} \times \frac{n}{\sum_{i=1}^{n} r_i^{t,t+1}} - 1\right\} \times 10^4 \quad (3.1)$$

式中　　x_i^t——都市区 i 在 t 年的人口数；

$r_i^{t,t+1}$——都市区 i 在 t 年至 $t+1$ 年间的人口年增长率，等于 x_i^{t+k}/x_i^t 的 k 次方根；

n——都市区数；

$\text{WAGR}_{t,t+1}$——n 个都市区在 t 年至 $t+1$ 年间的人口年增长率加权平均值，以各都市区的人口数为权重；

$\text{SAGR}_{t,t+1}$——n 个都市区在 t 年至 $t+1$ 年间的人口年增长率算术平均值。

与 ROXY 指数对应的该区人口动态如下：

```
ROXY            ΔROXY
               ┌ 增值——加速集聚
正值——集聚  ┤ 不增减——恒定
               └ 减值——减速集聚

               ┌ 增值——开始加速集聚
零——中和状态  ┤ 不增减——保持中和状态
（人口均匀分布）└ 减值——开始加速分散

               ┌ 增值——减速分散
负值——分散  ┤ 不增减——恒定
               └ 减值——加速分散
```

为分析大都会内的分布动态，其所用 ROXY 指数中的加权平均可采用两种权重。一种是以中心距离（CBD distance）d 为权重。d 为各地方中心（如各地方政府或市政厅）到中心城市中心（如市政府）的直线距离。另一种是以逆中心距离（reversed CBD distance）S 为权重。S 为最小中心距与最大中心距之和减去该地方中心距之差，即对地方 i 而言有

$$S_i = d_{\min} + d_{\max} - d_i \quad (3.2)$$

S 与 d 之值均在 $d_{\min}$ 与 $d_{\max}$ 之间变化，但其大小相反，即为互补关系。

若以 d 为权重算出的 ROXY 指数为 R_d，以 S 为权重算出的 ROXY 指数为 R_S，则经过数学推演不难证明

$$R_S = -\frac{\bar{d}}{\bar{S}} \times R_d \quad (3.3)$$

式中　　$\bar{d}, \bar{S}$——分别为 d 与 S 各自的算术平均值。

这表明 R_S 与 R_d 是互成一定比例的，且符号相反。

若前述用于大都会之间的以各都会区人口数为权重的 ROXY 指数以 R_p 表示，则 R_d 与之符号相反，而 R_S 与之符号相同。因此，认为采用 R_S 比较方便。

实践表明，ROXY 指数分析法是一种在理论上有根据，在实践上有强大功能的分析工具，可用以进行大都会间或大都会内的空间循环系统分析。因为该指数的值集中体现了大量信息，它能向我们表明空间循环运动的基本特性和行为，而它本身又非常简单明了。

下面是两个 ROXY 指数分析法的应用实例。

【例1】日本 23 座城市 1960～1990 年期间的人口资料见表 3.2，要分析其所处空间分布状态。因人口资料是每隔 5 年的，故在计算 ROXY 指数时，将 5 年的人口增长率开 5 次方，

变为年平均增长率。并以每 5 年的初始人口数乘以年均增长率的 2.5 次方,变为期中的人口数,作为权重。计算式如下(以 1980~1985 年的资料为例)

$$\text{ROXY} = \left[\frac{\text{WAGR}}{\text{SAGR}} - 1\right] \times 10^4 \tag{3.4}$$

其中

$$\text{WAGR} = \sum_{i=1}^{n}\left[r_i^{\frac{1}{5}} \times \frac{X_{i,2.5}}{\sum_{i=1}^{n}X_{i,2.5}}\right] = \sum_{i=1}^{n}\left[r_i^{\frac{1}{5}} \times \frac{(r_i^{\frac{2.5}{5}} \times X_{i,0})}{(\sum_{i=1}^{n} r_i^{\frac{2.5}{5}} \times X_{i,0})}\right] =$$

$$\frac{\sum_{n=1}^{n}(r^{\frac{3.5}{5}} \times X_{i,0})}{\sum_{i=1}^{n}(r^{\frac{2.5}{5}} \times X_{i,0})} = \frac{\sum_{n=1}^{n}\left\{\left(\frac{X_{i,5}}{X_{i,0}}\right)^{\frac{3.5}{5}} \times X_{i,0}\right\}}{\sum_{i=1}^{n}\left\{\left(\frac{X_{i,5}}{X_{i,0}}\right)^{\frac{2.5}{5}} \times X_{i,0}\right\}}$$

$$\text{SAGR} = \frac{\sum_{i=1}^{n} r_i^{\frac{1}{5}}}{n} = \frac{\sum_{i=1}^{n}\left(\frac{X_{i,5}}{X_{i,0}}\right)^{\frac{1}{5}}}{n} \tag{3.5}$$

式中 $X_{i,0}$——i 城 1980 年的人口;

$X_{i,5}$——i 城 1985 年的人口;

r_i——i 城 1980~1985 年的 5 年人口增长率。

所得 ROXY 指数及其增减值(端部相邻两值之差除以 5,中部相邻两值平均值之差除以 5)见表 3.3,据此可绘图 3.5。

由图 3.5 可见,日本的城市系统至 1970 年左右还处于加速分散(AD)阶段,到 20 世纪 80 年代末,接近于减速分散(DD)的最后阶段。

至于日本城市所处阶段与印尼、瑞典、美国三国的比较,如图 3.4 所示。

表 3.2 日本 23 座城市在 1960~1990 年间的人口水平

序号	城市名 时间	1960	1965	1970	1975	1980	1985	1990
1	SAPORO	625 628	821 217	1 010 123	1 240 617	1 401 758	1 542 979	1 671 742
2	UTSUNOMIYA	239 007	265 696	301 231	344 417	377 748	405 375	426 795
3	CUIBA	258 357	339 850	482 133	659 344	746 428	788 930	829 455
4	TOKYO	8 310 027	8 893 094	8 840 942	8 642 800	8 349 209	8 354 615	8 163 573
5	YOKORAMA	1 375 510	1 788 915	2 238 264	2 621 648	2 773 822	2 992 926	3 220 331
6	NIIGATA	325 018	356 302	383 919	423 204	457 783	475 630	486 097
7	KANAZAWA	313 112	335 828	361 379	395 262	417 681	430 481	442 868
8	GIFU	312 597	358 259	385 727	408 699	410 368	411 743	410 324
9	SHIZUOKA	350 897	382 799	416 378	446 952	458 342	468 362	472 196
10	HAMAMATSU	357 098	392 632	432 211	468 886	490 827	514 131	534 620
11	NAGOYA	1 697 0963	1 935 430	2 036 053	2 079 694	2 087 884	2 116 381	2 154 793
12	TOYONASNI	215 515	238 672	258 547	284 597	304 274	322 142	337 982

续表 3.2

序号	城市名\时间	1960	1965	1970	1975	1980	1985	1990
13	TOYOTA	104 529	136 728	197 193	248 774	281 609	308 111	332 336
14	KYOTO	1 284 818	1 365 007	1 419 165	1 461 050	1 472 993	1 479 218	1 461 103
15	OSAKA	3 011 563	3 156 222	2 980 487	2 778 975	2 648 158	2 636 249	2 623 801
16	KOBE	1 113 977	1 216 640	1 288 937	1 360 530	1 367 392	1 410 834	1 477 410
17	HIMEJI	334 520	373 653	408 353	436 099	446 255	452 917	454 360
18	WAKAYAMA	285 155	328 657	365 267	389 677	401 46	104 352	396 553
19	TAKAMATSU	243 538	257 716	274 367	298 997	316 662	326 999	329 684
20	KITAKYUSHU	986 401	1 042 388	1 042 321	1 058 067	1 065 084	1 056 402	1 026 455
21	OITA	207 151	266 417	260 584	320 236	360 484	390 096	108 501
22	KAGOSHIMA	334 643	371 129	403 340	456 818	505 099	530 502	536 752
23	NAHA	223 047	257 177	276 380	295 091	295 801	303 674	304 836
	总计	22 499 201	24 840 428	26 063 311	27 120 434	27 437 101	28 120 049	28 502 567

表 3.3　日本 23 座城市在 1960~1990 年间的 ROXY

时期/年	1960~1965	1965~1970	1970~1975	1975~1980	1980~1985	1985~1990
ROXY	−52.2	−111.6	−109.0	−69.2	−22.3	−18.8
△ROXY	−11.9	−5.7	4.2	8.7	5.0	0.7

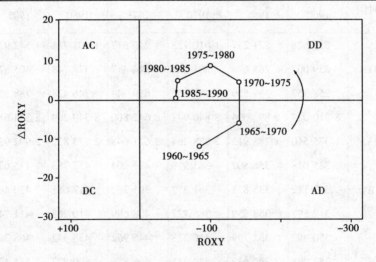

图 3.5　日本城市系统所处空间状态

【例2】作为大都会内空间分析的例子,围绕东京周围 5 条铁路线的城镇系统,Chou 铁路线系统是其中之一,其所含地方城镇名及其编号如表 3.4 所示。可按整合与非整合两种情况来分析。前者将东京的三个城(Tokyo city,Kawasaki city 和 Yokohama city)各作为一个空间单位来对待;后者将上述各城再分为城区(ku)。这两种情况下的地方单位数、最小中心距与最大中心距见表3.5。各成员单位的中心距、逆中心距及在1960~1990年间的人口数如表3.6所示。由此可得表3.7,其中示有各成员单位的5年人口增长率。

表3.4 Chuo-铁路线区域

编 码	地 方 城 镇
13100	Tokyo-tokubetsu-kubu
13102	Chuo-ku
13101	Chiyoda-ku
13104	Shinjuku-ku
13113	Shibuya-ku
13114	Nakano-ku
13115	Suginami-ku
13203	Musashino-shi
13204	Miaka-shi
13210	Koganei-shi
13206	Fuchuh-shi
13214	Kokubunji-shi
13215	Kunitachi-shi
13202	Tachikawa-shi
13212	Himo-shi
13201	Hachoji-shi
13424	Fujino-machi

若只按非整合情况,并以逆中心距为权重来求 ROXY 指数值及其边缘变化(marginal-change)值(即计算每个时段边界范围内的 ROXY 指数变化值),则结果如表3.8所示。据此可绘图3.6。

由图3.6可见,该地区在20世纪60年代初期处于减速分散(DD)阶段。到20世纪80年代后期,重新进入加速分散(AD)阶段,均领先于其他4条铁路沿线城镇区。

表3.5 两种情况下的地方单位数、最小中心距与最大中心距

	地方单位数	最小中心距/km	最大中心距/km
整合情况	11	7.4	55.5
非整合情况	16	1.1	55.5

表3.6 Chuo-铁路线区域人口数

编码	中心距离/km	逆中心距/km a类[2]	逆中心距/km d类[3]	1960年	1965年	1970年	1975年	1980年	1985年	1990年
13100[1]	7.4	55.5	—	8 310 027	8 893 094	8 840 942	8 642 800	8 349 209	8 354 615	8 163 573
13102	1.1	—	55.5	161 299	128 017	103 850	90 097	82 700	79 973	68 041
13101	2.1	—	54.5	116 944	93 047	74 185	61 656	54 801	50 493	39 472
13104	5.7	—	50.9	413 690	413 910	390 657	367 218	343 928	332 722	396 790
13113	6.1	—	50.5	282 687	283 730	274 491	263 815	247 035	242 442	205 625
13114	9.6	—	47.0	351 360	376 697	378 723	373 075	345 733	335 936	319 687
13115	11.7	—	44.9	487 210	536 792	553 016	560 716	542 449	539 842	529 485
13203	18.5	44.4	38.1	120 337	133 516	136 959	139 493	136 895	138 783	139 077
13204	18.5	44.4	38.1	98 038	135 873	155 693	164 852	164 449	166 252	165 564
13210	23.7	39.2	32.9	45 734	76 350	94 448	102 7.3	102 412	104 642	105 899
13206	25.8	37.1	30.8	82 098	126 235	163 173	182 379	191 980	201 972	209 396
13214	27.5	35.4	29.1	39 098	64 911	81 259	88 155	91 014	95 467	100 982
13215	29.2	33.7	27.4	32 6.9	43 477	59 7.9	64 404	64 154	64 881	65 833
13202	31.0	31.9	25.6	81.951	100 699	117 057	138 097	142 600	146 523	152 824
13212	33.2	29.7	23.4	43 394	67 979	98 577	126 754	145 417	156 031	165 928
13201	40.3	22.6	16.3	164 622	207 753	253 527	322 558	387 162	426 654	466 347
14424	55.5	7.4	1.1	8 659	8 473	8 295	8 571	9 470	10 186	10 729

注:①编码13100代表含23个区(ward)的Tokyo city。
②a类地方单位是按整合情况。
③d类地方单位是按非整合情况。

表3.7 Chuo-铁路线区域人口增长率

编码	中心距离/km	逆中心距/km a类[2]	逆中心距/km d类[3]	1960~1965年	1965~1970年	1970~1975年	1975~1980年	1980~1985年	1985~1990年
13100[1]	7.4	55.5	—	1.013 7	0.998 8	0.995 5	0.993 1	1.000 6	0.995 4
13102	1.1	—	55.5	0.954 8	0.959 0	0.972 0	0.983 0	0.993 3	0.968 2
13101	2.1	—	54.5	0.955 3	0.955 7	0.963 7	0.976 7	0.983 8	0.951 9
13104	5.7	—	50.9	1.000 1	0.988 5	0.987 7	0.987 0	0.993 4	0.997 4
13113	6.1	—	50.5	1.000 7	0.993 4	0.992 1	0.986 9	0.996 3	0.967 6
13114	9.6	—	47.0	1.014 0	1.001 1	0.997 0	0.984 9	0.994 3	0.990.1
13115	11.7	—	44.9	1.019 6	1.006 0	1.002 8	0.993 4	0.999 0	0.996 1
13203	18.5	44.4	38.1	1.021	1.005 1	1.003 7	0.996 2	1.002 7	1.000 4
13204	18.5	44.4	38.1	1.067 5	1.027 6	1.011 5	0.999 5	1.002 2	0.999 2
13210	23.7	39.2	32.9	1.107 9	1.043 5	1.016 9	0.999 4	1.004 3	1.002 4

续表3.7

编码	中心距离/km	逆中心距/km a类②	逆中心距/km d类③	1960~1965年	1965~1970年	1970~1975年	1975~1980年	1980~1985年	1985~1990年
13206	25.8	37.1	30.8	1.089 9	1.062 7	1.002 5	1.010 3	1.010 2	1.007 2
13214	27.5	35.4	29.1	1.106 7	1.045 9	1.016 4	1.006 4	1.009 6	1.001 3
13215	29.2	33.7	27.4	1.059 2	1.065 5	1.015 3	0.999 2	1.002 3	1.002 9
13202	31.0	31.9	25.6	1.042 1	1.030 6	1.033 6	1.006 4	1.005 4	1.008 5
13212	33.2	29.7	23.4	1.093 9	1.077 1	1.051 6	1.027 9	1.014 2	1.012 4
13201	40.3	22.6	16.3	1.047 6	1.040 6	1.049 3	1.037 2	1.019 6	1.018 0
14424	55.5	7.4	1.1	0.995 7	0.995 8	1.006 6	1.020 1	1.014 7	1.010 4

注:①编码13100代表含23个区(ward)的Tokyo city。
②a类地方单位是按整合情况。
③d类地方单位是按非整合情况。

表3.8 时段边界范围的ROXY指数变化值

1960~1965年		1965~1970年		1970~1975年		1975~1980年		1980~1985年		1985~1990	
ROXY	ΔROXY	ROXY	ΔROXY	ROXY	ΔROXY	ROXY	ΔROXY	ROXY	ΔROXY	ROXY	ΔROXY
−90.03	6.6	−83.37	9.83	−70.37	12.45	−58.48	18.43	−33.52	−2.86	−64.19	−30.67

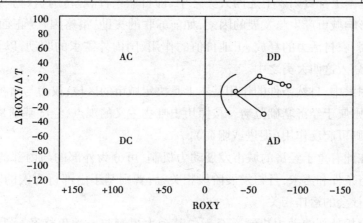

图3.6 Chuo-铁路线区域城镇发展状态

第4章 城市发展的机制

城市的发展演化,受到许多外部和内部因素的驱动,表现为某种动力机制。现代城市动力学利用电子计算机等高技术手段,建立模型来分析和模拟城市的演化进行城市研究。因此,城市研究的科学化需要我们对城市发展的动力机制有清楚的了解。

在20世纪90年代初期,中国科学院关于城市复合生态系统动力学机制的研究中,认为城市复合生态系统受四种力所驱动。第一种是自然力,太阳能转变为各种物理能、化学能、生物能,推动城市的各种运动。第二种是经济力,各种物流、人流的运动,资金在其中起到重要作用。第三种是权力,包括组织、体制和法规。法律机关必须能顺利地进行宏观调控,有目的地引导城市有序地发展。第四种是精神力,人必须有一定的信仰、伦理道德与价值观,才能推动城市社会稳定和可持续发展。

纵观城市发展史上影响城市的产生与发展的因素,如政治的、军事的、宗教的、经济的、文化的、科技的,或由于某种集团利益的驱使,以及自然条件如地形地貌、水源、资源、环境、气象、交通等,基本上都可归入上述四大类之中,即自然条件、经济力、权力与精神力。再看我国建国以来影响城市产生与发展的因素,如前苏联的援助、策略因素(正面或负面的)、资金的短缺或充裕、农村活力的释放、土地价值的作用、国内外需求的驱动,以及文化、旅游的带动等,也都可划入这四大类之中。

这四大类因素中,自然条件的作用基本上是决定城市的区位;权力与精神力属于上层建筑范畴;经济力则属于经济基础范畴。按照历史唯物主义的观点,经济基础是起决定性作用的,而上层建筑则可起反作用(促进或阻碍)。

因此我们在此着重于经济的城市发展动力机制,可分为外部的与内部的两种。前者是基于外部的经济条件和需求,且与发展阶段相关;后者则基于内部行为人的利益驱动,与城市布局及经济、社会的运作相关。

本章主要分析外部的动力机制。至于内部动力机制与土地价格及行为科学等因素相关,需另行研究。例如有人构建元胞自动机(cellular automata)模型,就相邻地段的吸引力因素影响土地价格的机制进行模拟研究。

4.1 工业化初期的农村推力与城市拉力

自古以来,城市的出现就是基于手工业与商业从农业中的分化,城市非农业人口就需要农业提供口粮。工业革命导致城市化的迅速发展。在工业化的初级阶段,城市的集聚主要是以第一产业的支持为基础,其中的农、牧、渔业提供粮食和食品,采掘工业提供原料。我国的农村城镇化和中、西部经济后进地区城市化的基础仍然主要是农业可以提供的剩余粮食和农村剩余劳动力提供的人力。这就是农村的推力。但是仅有粮食和人力还不足以形成城市,还必须有城市赖以生存的经济。在现代条件下,主要就是城市的第二产业和更高层次的产业。在农业地区的中心城镇,主要是为农业生产的产前、产中、产后服务的各项企、事业。同时,利用当地资源和有利条件,还可以发展各种相关的企、事业。在经济欠发达地区的中心城镇,往往还保留着若干落后的因素,如农村型的居住形态、土地利用浪费、基础设施落后等。

在工业化的早期阶段,经济的发展表现为从以农业为主转入以机械化和工业化为主,这时,第二产业及其所带动的农业现代化是城市化的主要动力。固定资产投资和人均工农业产值是影响城市化进程的主要因素。我国东部许多经济进入发展阶段地区的城市发展,可以说明这一点。

4.2 社会主义市场经济体制下的竞争机制和产业升级机制

在市场经济体制下,经济的发展受竞争机制的激励:谁做出的产品或服务具有较高的质量,谁就可占有较高的市场份额,取得较高的利润;同时,各种资源也以较大的数量向这里聚集。这就是市场经济体制合理配置资源的基础性作用。这种竞争机制能促使经济高速发展。集中的计划经济体制,虽然国家可以集中力量办大事情(基于广大人民的根本利益),但就全社会的经济而言,却缺乏竞争激励机制,"干好干赖一个样"、"吃大锅饭",导致经济发展的滞后。

但是资本主义制度虽然取得了较高速度的发展,也通过政策措施进行了某些社会调整,却不能避免社会的基本矛盾:生产社会化与生产资料私人所有制的矛盾。资本主义从自由竞争发展到垄断资本主义,即帝国主义,具有侵略扩张的性质,处心积虑力求霸占全球的垄断地位,不惜发动战争毁灭对手,以保持自身的霸主垄断利益。

社会主义市场经济体制,就是要利用市场经济体制的积极因素,同时防止市场经济体制的消极因素,实现科学发展观,并保持社会主义的基本价值。

在社会主义市场经济体制下,国家实行改革和对外开放的政策。在经济方面,参加了世界贸易组织(WTO),同全世界的伙伴国家签订了经济合作或贸易协定,引进外资,减少贸易壁垒,融入全球化的经济、文化与政治发展洪流。在这种形势下,我国的各种企、事业单位,必须加入国内和国际的激烈竞争潮流。这是强国之路。

当经济发展进入现代化的高级阶段时,不但第二产业继续发展,争取更大的规模经济效益,而且,商业、贸易、金融、流通业、服务业等第三产业将发挥巨大的作用。第二次世界大战后,一些西方发达国家的经济进入繁荣时期,其城市的发展可证明这一点。

现代化的大工业、商业、文教卫生事业(第二、三、四等产业),产生了迅速集聚的大城市,导致资本、人力、人才、科学技术、物资、设备和交通、通信等条件更为集中。集聚能产生高效率和高效益。在现代跨国大市场形成及激烈竞争的条件下,对产品附加值(科技、知识、信息等的含量)的要求愈来愈高,因此,要求更大的投入和更大规模的集聚。例如,现代汽车工业需要具有年产数十甚至数百万辆性能先进汽车的效率和规模,成本价格才能降低到在国际市场上具有竞争力的程度,小打小闹是不能生存下去的。现代商业贸易是发达的买方大市场,竞争也是非常激烈的。为了产生巨大的吸引力,增加营业额和利润,商业中心都要占据最繁华的地段,荟萃各种名优产品,而且使购物环境舒适优美,使购物成为具有纪念意义的旅游享受。而且,具有国际金融贸易功能的大都会中央商务区(CBD),要求高度发达的交通、通信和各种基础设施、服务设施。现代高等学校不仅是教学中心,而且也是科研和国际交流中心,承担着国家的某些重要科研任务,特别是基础科研任务;大学与产业部门的合作以及科研成果产业化也应有相当的发展。大学要在国内外具有较高的学术水平,吸引著名学者与高素质的学生,其承受的竞争压力也是相当大的。这还涉及激烈的国际人才竞争问题:如果我国的主要高等学校水平不高,必将造成国内的优秀人才大量流失,从而严重影响我国国力的竞争。现代大医院也要与科研、教学相结合,不断提高自己的水平。总之,现代市场经济是充满激烈竞争的发达的买方市场,不同于计划经济下的卖方市场(实际上是市场萎缩)。在计划经济下,城市规划仅是国家计划的延伸;在市场经济下,城市规划就必须满足经济发展客观规律的需求。若未达到充分的集聚效益,不能在国际竞争中站住脚,甚至于落后挨打,则中心城市就不能完成它应有的功能作用。

城市的集聚,可以分为功能性集聚和吸引性集聚。前者为获得经济、文化的集聚效益和规模效益所需要的集聚;后者为中心城市的吸引力(就业和择业机会、生活的质量和水准、经济与事业机遇等)所招引来的集聚,或者说已开始对城市形成压力的集聚。对于后者有可能通过安排"反磁力中心"(urban anti-magnets)等办法予以调节或控制。实际上,过大的城市规模超过了城市的资源环境承载能力,会带来许多问题。美国系统工程专家吉布森在分析了不同规模城市带来的效益与发生的问题以后指出:从近代城市的发展,特别是20世纪60年代以来的城市发展看,3~5万人口的城市——生活环境较惬意,但经济效益差;25万人口的城市——生活环境虽略差,但就业机会增加,经济效益明显提高;100万人口的城市——城市的缺点明显上升,如住房紧张,交通拥挤,环境污染,社会犯罪增加,能源、资源、用地、用水紧张,就业困难等问题出现。一般认为,15~50万人口的中等城市,其经济效益和社会效益的综合效果较好。

在市场经济条件下,许多国家的城市化未能避免城市人口的高度集聚,造成了拥挤、噪声、污染等严重的"城市病"。能否从一开始就设法予以调节和控制,使人口分布于许多小城镇,彼此之间又建立良好的交通联系呢?至少从霍华德时代(1898年)起,这个简单而又吸引人的建议,曾不断地成为英国规划界讨论的课题。不过霍华德的"田园城市"理论,没有认识到人口的分布取决于经济的发展。但另一方面,两个世纪来西方城市的发展,确是在缺乏宏观调控下进行的,是千千万万的企业家、工人以及为了寻求工作、刺激及机遇的人们所采取的无数决策和行动累积产生的结果。他们关注的只是自己短期的最大受益而不是整个社会的长远利益。

社会主义国家在前苏联时期强调集中的计划,在全国范围内有计划地分布生产力,并集中力量进行工业化建设,曾在20世纪30年代西方经济大萧条时期取得了稳步快速的进展,产生了重要影响。我国改革开放以来实行的社会主义市场经济体制,在充分发挥市场调节和竞争机制的同时,国民经济仍然是有宏观调控和规划的。资本主义国家在第二次世界大战以后也在某种程度上吸取了社会主义国家有计划地发展国民经济的经验,对早期资本主义无政府发展的弊端有所改善。计划和市场作为手段,目的都在于使国民经济得到优化发展,在国际竞争中立于不败之地;但他们的计划只能在一定的范围内有效,社会整体还是无序的。这是生产资料私人垄断所有制所决定的。

对城市集聚的动力缺乏充分的估计,会导致规划目标的难以实现。比如1942年艾伯克龙比所主持的大伦敦规划,曾计划通过在外围建设卫星城来分散伦敦市的人口和工业,但经过其后几十年的实践,伦敦中心区人口非但未减,反而有所增长,整个伦敦地区人口亦继续增长。其中一个重要原因是对战后第三产业的大量涌现估计不足。到20世纪60年代,伦敦大都会地区从总体规划到新城(卫星城)的规划建设都采取了新的措施,才使情况有所改善。

在农业经济时代,占全人口总数80%以上的人必须从事农业生产。今天,在经济发达国家,农业和工业加在一起,只要用15%~25%的人就办得到了。美国农业人口现在只占总人口的1%~2%,还有许多农产品输出。在第三、第四产业,特别是情报或咨询产业的活动领域内,集中了大多数的人口;70%~90%的人口都居住在城市。知识产业不像农业生产那样需要土地,也不像工业生产那样需要地下资源,但它需要信息交流。因此,在信息技术高度发达的时代,大多数人口的分布形态应当发生新的变化。

4.3 基础设施与环保产业要求一定的集聚效益

与城市经济第二、第三产业相关联,城市基础设施和环境保护也是一种企业,也是需要一定的城市集聚效益才能形成的。它需要资金、人才、科技、物资、设备的集聚。没有一定的城市经济基础,这种集聚也是不可能的。而且这种投资主要靠地方自筹,国家的拨款投资主要是侧重于重点工程。我国发展乡镇企业,固然能解决大量农村剩余劳动力的就业问题,但如果是"村村点火,户户冒烟",其造成的环境污染、产品质量、劳动保护等各种问题必然是严重的。前些年,我国各地发展了大量小型造纸厂、皮革厂等"十五小"乡镇企业,造成了严重的水质污染;后来,国家不得不强令关停,付出了很大的代价。这表明,发展乡镇企业也不能违背集聚的规律。"没有城市化的工业化道路"(当时一位日本研究生黑泽明的论文题目)是走不通的。而我国在20世纪50年代的大炼钢铁运动,60年代搞三线建设,以及普遍推广大庆的分散式城乡结合模式,曾经屡次违背过这方面的规律。尽管当时有战备等客观原因,但从观念上来讲,不能不说要注意避免受小生产思想观念的影响,它同现代化大生产的组织路线是不相符的。如果思想观念能及时跟上时代的发展,就可能避免许多决策失误和不必要的损失。

4.4 土地的集约化利用和公用设施的经济性也要求集聚效益

我国的城市用地相对紧缺。因我国的国土面积70%是山地,还要减去约占18%的沙漠化土地,适于耕种和发展城市的较平坦用地较少;而且我国的人均耕地面积不及世界平均值的1/2,却要以占世界7%的耕地养活占世界22%的人口(人口每年增加1 000多万)。我国大城市的人均用地尚不及国外大城市的1/10～1/3。我国城市人均总用地规范定额为60～120 m²;美国1992年城市人均用地1 003 m²;英国25座新城的人均总用地,少者223 m²(布拉克内尔),多者519 m²(台尔福德);法国巴黎周围的5座新城,人均总用地多在500 m²以上,默伦-塞纳尔为566 m²(其中包含了许多森林和农田)。同时,我国城市中道路广场用地与绿地在总用地中所占比例(规范定额均为8%～15%)则较国外的为少。如道路用地所占的百分比,东京为15%,曼哈顿35.5%,纽约市为30.1%,较极端的例子有华盛顿为60%,洛杉矶为70%。一般的规律是,人口密度愈大(如曼哈顿),私人汽车愈多,用于交通运输的土地所占比例也需要愈大。但华盛顿却主要是因为追求形象伟大和排场,采用了许多星形广场和放射式道路,与方格网道路相叠加。洛杉矶则主要因高速公路穿越城市,互通式立交枢纽占用了大片土地(完全按私人汽车的交通需求设计城市)。正如美国女建筑师简·雅各布丝在其所著《伟大美国城市的死与生》中所说:"……高速公路掏空了大城市……"。

城市土地较紧缺使我国对城市土地集约化利用的要求也相对较高,而土地的集约化利用是需要较高的技术和经济条件的支持的。因此,土地的集约化利用程度,一般与城市规模的大小成正相关关系。村镇和经济落后地区的小城镇,其土地利用集约化程度甚低。我们曾在北大荒一带的小城镇看到,其居住形态基本上还是农村型的,每户带菜园,宅基地面积达500 m²,居住用地指标为我国标准上限的4.3倍,这意味着土地的浪费。

土地利用集约化程度的提高,同土地的增值或地均产值的提高是相关的;也就是说,同投入土地的物化劳动的多少相关。因此,它也同城市经济的发展相关。

在城市土地集约化利用的情况下,可运用"城市集中主义"理论,即利用摩天楼、立体交通等现代技术手段来改善城市环境,在高容积率、高容量的情况下保持较低的建筑密度。

4.5 现代化技术为城市的分散化发展创造了条件

某些现代技术条件的具备,为城市的分散形态提供了动力。如大容量的高速干线,远距离供电网络,私人小汽车的普及,计算机与多媒体网络等。自19世纪末形成现代规划学科以来,一些先驱规划学者提出的各种城市分散主义理论,无不是基于这些现代技术条件的。如霍华德的田园城市理论,将各花园城镇置于广阔的农田背景之中,其间以铁路、公路、运河相联系,形成城乡一体化的社会居住模式;马塔的带形城市理论,将住宅区沿高速干线布置,并以此居住带连接各城镇,在农田之间形成网络;昂温的卫星城理论,在母城与卫星城之间要有便捷的交通联系;沙里宁的有机分散理论,以绿带分隔各"功能性集合体",是以在绿带中布置高速干道为条件的;赖特的广亩城市理论,是以远距离输电和小汽车普及为条件的,将商业中心等公共设施沿高速公路布置;现代大城市的"郊区化"(suburbanization)运动,也是以家庭拥有小汽车为条件的。高速干线从中心城市向周围延伸,使城市沿辐射线分散发展。高速公路网络,可将绵亘上千公里的成百座城市连接起来。现代多媒体网络,有可能使人们坐在家里办公、开会、购物、娱乐,以及从事各种信息、金融交流活动,可大大地扩展"无形城市"的范围。

计算机网络化已成为推动经济发展的重要手段。1997年,全世界信息产业总投资约5 100亿美元,美国占41.5%。同年,美国国内生产总值增幅中的1/3来自以网络化和数字化为主要特征的信息产业,其他企业效益的增长也大都得益于网络技术的推广和应用。网络化建设同时也带动了众多产业的发展,如工农业、电信、交通、商业、新闻、教育、科研、出版、文化娱乐、旅游等。网上交易、网上广告、网络购物、网络报刊等也逐步走进了我们的现实生活。

交通、通信和能源供应的现代化,使人们获得了在更广阔范围内活动的可能。当人们的生活水平提高后,随着中心城市的趋于拥挤,人们自然要求向较宽松的郊区和小城镇疏散。

4.6 经济社会的高度发达促使文明从点向面分布

当经济、社会进入全面高度发达阶段时,拥挤的中心大城市再也不能容纳各种企、事业和人口,向城市集中所需的成本也太高,于是,它们纷纷向小城镇分散,导致大城市人口减少(逆城市化 disurbanization),发达的小城镇文明开始形成。这是人类高度发达的文明从点向面铺开的运动。人类文明的提高,从点上开始实现,然后再向面上发展,这种波浪式发展是符合客观规律的,它是不可能从面上直接均匀地发展起来的。

4.7 结 论

从以上分析可以看出,在经济与社会的发展进入发达阶段以前,城市的基本趋势便是集聚,即第二、第三产业对资本、技术、人才、物资、设备等的集聚,其目标在于在大市场的竞争中立于不败之地。这种功能性集聚的需求是不以人的意志为转移的客观规律;随着中心大城市的趋于拥挤,当人们的生活水平达到中产以上时,城市开始有向郊区分散(郊区化)的需求;当经济与社会的发展进入发达阶段时,真正的分散(逆城市化)开始了,人类社会开始进入优美的小城镇文明和生态文明时期。

总之,就城市发展的机制而言,我们对以上所述各点可作简要的归纳,见表4.1。

表 4.1　推动城市发展的动力因素

城市发展的阶段	推动城市发展的动力因素
工业化的初级阶段	农村的推力： 　农业可提供的剩余粮食（商品粮） 　农村剩余劳动力可提供的人力
工业化的早期阶段	城市的拉力（城市经济的发展）： 　第二产业及其所带动的农业现代化 　人均工农业产值，固定资产投资
城市集聚与现代化阶段	第三产业与高层次产业的发展 竞争机制：追求最大化的规模效益 基础设施建设的规模效益 土地集约化利用的规模效益 公用设施的经济性
郊区化与逆城市化阶段	人均 GDP 的提高 现代化交通系统的发展 私人汽车的发展 远距离供电网络的发展 能源供应网络的发展 电信与信息的高度发达 经济、文化的高度发达 城市的拥挤与环境恶化
再城市化阶段	全球化竞争 城市的"柔性"（flexibility）要求

第5章 城市化系统发展的动力因素分析

城市化系统发展的机制,即各种制约的动力作用,是由于其中的各种动力因素在起着驱动的作用。任何动态系统的发展都存在这种动力机制,正如历史的发展是基于各种动力因素的消长一样。

不同的动力因素所起的作用可能决定不同的趋向。当我们分析系统的发展时,要综合分析各种相关动力因素的综合作用,才能得到比较切实的结论;否则,单凭个别动力因素的影响就做出结论,恐怕就难免片面性之虞。比如我国的农村剩余劳动力的流动和就业问题,究竟导致怎样的城市化形态才是合理的和优化的?就是需要综合分析的问题。经济学家安迪·谢认为,中国建设3 000万~5 000万人口的超大型城市是唯一可吸收大量农村富余劳动力的途径。因为城市的规模越大,创造每个就业机会的成本就越低。中国人口多,用地紧缺,故城市化必须达到相当大的规模。但我国一些学者持不同看法,认为城市过大,上下班距离长,交通堵塞;对城市文化遗产造成破坏;而且受到资源环境承载能力的限制,不应重复西方国家的错误。有的认为城市化应是个自然的过程。总之,城市化过程是由多方面因素决定的。政策干预应掌握其规律和动力机制,适时加以引导。

城市系统发展的动力因素,有的决定其形态趋向(趋于集聚或趋于分散),有的决定其内部布局(土地利用),有的决定其内部利益机制。对此,有必要分别加以分析和论述。

5.1 决定城市发展形态趋向(集聚或分散)的动力因素

城市系统发展的形态,主要表现为人口分布的形态。人口分布的趋势,或趋于集聚,或趋于分散;其分布地点则属于土地利用范畴。城市的集聚过程和分散过程,是城市的整个历史发展过程中的两大阶段。分别影响这两大阶段城市发展的动力因素,如图5.1所示。

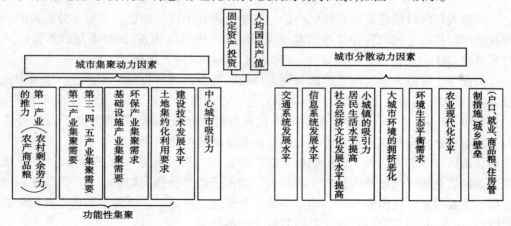

图5.1 影响城市发展形态趋向(集聚或分散)的动力因素

5.1.1 城市集聚动力因素

自城市产生之日起，城市人口得以生存，从事各种农业以外的社会活动，就有赖于农业的支持。工业革命以后，工业化大生产（第二产业）及其后的第三、第四产业等的发展，都促进了城市的迅速集聚。这里包含着人口、资本、智力、物资、设备、能源等各种社会力量的集聚。一方面，集聚能产生高效率和高效益，其在空间上的一种体现是城市土地的集约化利用；集聚也能提高人们的生活质量和文化、教育、科学、技术等的水准，满足人们多方面的需求。因此，集聚的中心城市有巨大的吸引力和辐射力。另一方面，许多企、事业单位为了适应激烈的竞争，要发展到并保持必要的水准，都有起码的"门槛"规模需求。比如，商业、服务业要使收入能维持经营，需要有足够的用户（顾客）；如果用户数量少于"门槛"数量，经营者就不得不自身移动（周期集市或走街串巷）。交通干线（如火车、地铁、公交线路）的经营，需要有满载的乘客；否则就需要政府给以补贴。基础设施与环保设施产业的经营，也需要有"门槛"规模需求。所以，不要城市化的工业化，想要以分散的形态进入现代化，都是违背客观规律的。

新空间经济学研究现代产业在空间集中的机制。它主要研究下列三种因素的相互作用：物和人的多样性；产品和服务生产中的规模经济；物和信息（广义的）传输和运输费用。这三种因素相互关联并循环作用，导致现代经济活动自发地和有组织地形成集中的分布形态。

比如，繁华的大都市在物质消费方面丰富多彩，能吸引庞大的人口在此满足庞大的消费需求，使专业消费供给者能在此营业实现规模经济，以获得利润。丰富的和高档的消费供应使城市的消费效应增大，这种就消费方而言的吸引效应称为"前方关联效果"。就供应方而言，这种巨大的市场又吸引来更多的消费品生产者和服务提供者的集中，称为"后方关联效果"。消费方和供应方相互促进，使消费者和生产者更多地向那里集中。

同时，金融服务等"中间产品"的生产者和利用者，如金融业和跨国企业的总部等，也遵从同样的机制向那里（大都市的中央商务区 CBD）集中。进而，这种直接的交流对形成特定的产业地区以及相关的知识创新和技术革新，都会产生巨大的作用。

1. 农村的推力

城镇人口的口粮是需要农村供给的。这个道理我国古代的思想家是十分清楚的。我国春秋战国时代的思想家管仲曾总结道："夫国城大而田野浅狭者，其野不足以养其民。"尉缭曾写道："量土地肥饶而立邑建城，以城称地，以地称人，以人称粟。"

根据华东师范大学地理系严国芬同志用关联度分析法对我国改革开放初期城市化动力机制的分析，我国城市化的动力机制同世界各国普遍出现的规律是一致的，即当经济发展水平很低时，第一产业——农业是制约城市化进程的决定性因素，其推力大于城市经济的吸力。农业剩余粮食和农村剩余劳动力的增加是推动城市化的两个重要条件。我国中西部经济落后地区许多地方仍处于这种城市化的初级状态。当经济进入发展阶段时，工业化及其所带动的农业现代化是城市化的主要动力。固定资产投资和人均工农业产值是影响城市化进程的主要因素。我国东部许多地区当时正处于这个阶段。当经济发展进入现代化的高级阶段时，商业、交通等第三产业才显示其巨大的推动力。

农村人口的自然增长率一般高于城市，而机械增长率在城市化进程中则通常是负值，即农村剩余人口流向城市地区。其流动的规模和速度,取决于国家的经济发展水平、城乡之间经济效益的差别和城乡居民的收入差别等经济因素,及国家的工业政策、人口政策等政策因素;此外,还有交通条件、资源条件、气候条件等地理因素和自然因素。目前我国的城市化已进入快速发展的关键时期,我国政府一方面努力改善城市农民工的就业和生活条件;一方面实行大力扶助农业现代化、农村建设和农民生活的"三农"政策。如果我们能率先推动新的第六次产业革命(以生物工程技术为主的大农业革命),使农业发展成知识型的现代化产业,促进农村城镇化的发展,那么我国就有望实行一条新的惠农式环境友好型城镇化道路。

下列计算与农村的推力有关:

(1) 商品粮对城市化的制约

城市人口数与农业所能提供的商品粮数额密切相关,即

$$P = \frac{G \cdot S}{M} \quad (5.1)$$

式中 P——规划期末城市人口数;

G——规划期末粮食总产量或总收获;

S——粮食商品率,可取 20%~25%(我国解放后长期保持在 15%左右);

M——城市人口人均占有粮食,可取 400~500 kg(高于总人口平均拥有水平)。

(2) 农村剩余劳动力转移的计算

$$P_{TRL} = \left[F \cdot A(1+r)^n - \frac{S}{N} \right] \cdot Z \quad (5.2)$$

式中 P_{TRL}——转移出的农村剩余劳动力;

F——农业劳动力占农村总人口的比例;

A——农村人口数;

r——人口的年自然增长率;

n——规划期年数;

S——耕地面积;

N——每个劳动力平均负担耕地数,可根据规划地区实际水平和技术发展前景确定(我国在 20 世纪 80 年代为 0.33 hm²/人,2004 年长春 1.33 hm²/人,美国为 82.93 hm²/人);

Z——农业剩余劳动力进城比例,可根据规划地区现状和发展前景确定。

(3) 逻辑斯特曲线(logistic curve)

逻辑斯特曲线是一种限制增长曲线,适于反映国家或区域城镇人口的增殖规律。比利时数学家 Verhulst 将它提炼成一般的数学表达式,可用作城镇人口发展预测模型。其微分方程的建立,是基于人口增长速度与 $P\left(1 - \frac{P}{K}\right)$ 成比例的假定,即

$$\frac{dP}{dt} = rP\left(1 - \frac{P}{K}\right) \quad (5.3)$$

式中 P——人口数;

K——城镇人口最多能达到的上限;

r——比例常数。

显然,当 P 很小时,城市人口的增长速度几乎与 P 成比例(很小);而当 P 增长到接近于

K 时,增长速度又趋近于零;当 $P=0.5K$ 左右时,增长速度最快。该微分方程的解为

$$P = \frac{K}{1 + me^{-rt}} \tag{5.4}$$

式中 m——积分常数。

应用此限制增长模型预测城市人口的增长或城市化率,首先需预测城市(镇)人口最多能达到的上限 K。

制约这个城市(镇)人口上限的因素,应包括农村的推力与城市的吸纳力两个方面。前者有农村可向城市转移的剩余劳动力数,以及能够向城市人口提供的口粮数(包括农村生产的商品粮和从国外进口的粮食);后者为城市经济(包括各层次产业)所能提供的就业岗位数。

2. 城市产业对城市人口规模的促进

随着人类文明的持续发展,科学革命导致技术革命,再导致产业革命,各种高层次产业次第产生,使人类的生活质量不断得以提高。产业的迅速发展显著地提高了国民经济的产值和人民的收入水平,使人们得以享受更高水平的消费生活。近、现代人类文明的迅速发展,促使人类生活的物质环境——城市和乡村的形态和面貌发生着巨大的变化。

城市是人类文明发展的火车头。城市的各种产业,就是适应人类文明发展的越来越高的需求而不断发展的。

城市产业在工业化的初期主要是第二产业,即各种加工制造业(包括各种工业产品和水、电、热、气等生产企业)和建筑业。随着经济的发展,第三产业所占比重趋于提高,其中包括为生产和生活服务的部门(金融、保险、证券、广告、地质、气象、房地产、公用事业、生活服务业、社会福利事业、医疗卫生、文教、体育、科研、广播电视、旅游业等),和流通部门(交通运输、邮电通信、商业、贸易、仓储等)。城市社会组织中的党政机关、公、检、法部门,社会团体、军队、警察等部门,也具有为社会公共需要服务的第三产业的性质(同时具有政治社会形态和意识社会形态方面的性质)。随着科学技术成为提高生产力的决定性力量,第四产业(科学技术业、信息业、咨询业)应运而生。随着人民生活水平的提高,第五产业(文化市场业、旅游业等)将发达兴旺起来。

上述各层次产业本身也在不断地升级提高。比如第二产业,在第三次产业革命(工业革命)的早期,是以蒸汽机为动力的;到第四次产业革命时,就可以电为动力了,从而出现了一系列新的工业部门(如化学工业、电力机械工业等);到第五次产业革命时(第二次世界大战后),更是出现了一系列高新技术产业(航空航天、高分子材料、计算机硬、软件等);尤其是信息产业的迅猛发展,更是带动了许多产业部门的发展。

城市产业的发展吸引来越来越多的就业人口以及相应的服务人口;城市服务水平的提高又吸引来越来越多的消费人口。

总之,随着科学技术的迅速发展,国家的现代化发展和人民生活需求的提高,促进着各层次产业的发展,同时也促进着城市的规模和素质不断地得到提高。

在社会主义市场经济体制下,对于城市产业随着科学技术的进展和国家的发展需求而升级换代,和产业的发展通过"前方关联效果"而吸引消费者,以及通过"后方关联效果"而吸引生产和服务提供者等种种机制,需要建立模型来进行仿真推演和预测。过去在计划经济体制下,根据国家计划安排的基本劳动人口来估计城市总人口的计算公式,在新的体制下

显然缺乏客观规律的考虑。西方的洛里模型(Lowry's Model)通过基本劳动人口吸引服务人口,并通过人口的增量反复吸引服务人口;埃伦的美国人口分布模型,通过基本产业和第三产业的失业率,并考虑人口的自然增长率和气候环境等条件,来预测美国的人口迁移趋向和各州的人口分布前景。上述这些公式和模型的理论和方法在此可供我们参考。

各种影响城市发展的因素中,最基本的还是经济因素。在建立城市演化模型时,其他因素一般可作为环境影响参数来考虑。城市模型可以人口为状态变量,其中以各产业所需的劳动力(劳动人口)为基础。这样在系统内部,主要有两个子系统,即人口子系统与经济子系统。也就是说,可考虑建立一个人口-经济模型。

人口自身不断发展,并随着经济的发展及其提供商品和服务的增多,吸引外地人来此居住,使人口增加。同时,经济由于自身的再生产和技术进步也将不断增长,人口提供充足的劳动力又将加快经济的发展,并吸引其他地方的企业到这里发展。两个子系统各自不断地增殖和发展,同时又相互促进。框图5.2是该系统发展的概略示意。

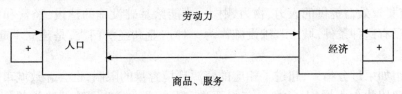

图5.2 人口-经济模型概略框图

3. 基础设施建设对城市集聚的需求

工农业生产和人民生活都需要城市基础设施的支持。所谓城市基础设施,其构成通常包括能源动力、水资源与给排水、交通道路、邮政通信、环境保护和减灾防灾六个子系统。具体包括电力、通信、供水、排水及污水处理、供热、供煤气,以及道路交通系统、园林绿化、环境卫生、防灾(火灾、地震、洪涝、传染病、各种事故等)等工程系统。它们既是工业生产和各种产业经营所不可或缺的条件,也是保持城市生活和环境质量所必需的。

工业化和城市化要求取得集聚效益,集聚形态的生产、工作和生活更需要基础设施的支持。反过来,基础设施的建设、管理和经营,作为一种产业和经济行为,也需要集聚的形态才能取得必要的效益。

城市基础设施按其经营性质分类,有的是生产经营型的,直接生产产品(如水、电力、煤气、热力、苗木等),这些产品可以按商品出售(有偿使用);有的是投资建设工程型的(如水利、防汛等工程),为近期或长远的社会效益或环境效益服务;有的是纯社会服务型的(如邮电、环境卫生、公共设施、交通管理等),它们所需的投资和经营费用,应由受益者和国家、地方财政给以补偿。

基础设施建设所需的投资,按照国内外的经验,是有一定的规律的。不同层次和规模的城市,其基础设施要求的水平不同,所需的投资自然有高低之别。高层次特大城市或特区,特别是具有国际性金融中心的城市,要求高度现代化的设施和较高的供应水平,需兴建快速干道、快速轨道等交通系统工程设施;较高层次的特大城市、经济开发区、重点旅游城市,其城市基础设施也要求较高水平;中等层次的大中城市和新建工业区、居住区,人均设施水平和普及率应有所提高,与城市经济社会发展相协调;大量的低层次或较低层次的城市,应具备必需的道路、自来水、下水道、公园绿地、环境卫生等市政设施,但设施门类不一定求全,允许有差别。据有关科研课题组研究,到20世纪末,上述各级城市中新增每个居民所需设施的费用,按1983年不变价格估计,分别约为800～2 800元不等,其高低之比约为3.1∶1～3.2∶1,原有城市居民人均设施改造费用为上述数字的1/3.2～1/2.5。

按国际经验,基础设施投资应占国内生产总值(GDP)的1.44%～3.99%(联合国推荐发展中国家采用的比例为3%～5%),占固定资产的9.09%～12.3%(联合国推荐比例为10%以上),占住宅投资(参考)的50%～100%。结合我国国情,课题组建议的上述比例依次为1.5%～2.2%,7.2%～10%,50%,且占基本建设投资的12%～18%。

就像交通设施(如高速干道)经营的经济性要求乘载容量的充分利用那样,城市基础设施经营的经济性也要求设施的充分利用。只有从充分利用中适当收费才能较快地收回投资。如果我们建设的各种网络系统延伸得很长,使用率很低,就必将增加投资和维护费用,减少回收率。这就是说,各种基础设施网络的建设和经营,要求有集聚的城市形态。另一方面,只有城市集聚效益提供的人力、物力、财力,才能给基础设施的建设、经营和管理提供必要的条件。没有这种条件,城市基础设施作为一种产业和经济门类,是建立不起来,也存在不下去的。

不过城市如果过分集聚,超过了相应的资源环境容量的限制,也会导致城市基础设施建设的困难或费用的大大增加。这时,若想要进一步发展,就必须跨越建设投资的某种"门槛"。这里所说的"资源环境容量",是指城市的发展所受土地、资源、交通等容量的限制。

在正常情况下,城镇基础设施建设所需的造价与居民人均承担的造价之间,是有合理的比例关系的,也就是需要集聚合理的人口规模。如下式所示:

$$P = \frac{C}{M} = \frac{G \cdot S}{M} \tag{5.5}$$

式中 P——需集聚的城镇人口规模;

C——城镇基础设施造价;

G——城镇国民生产总值;

S——城镇基础设施建设费用占国民生产总值的比例;

M——每个城镇居民所需的基础设施建设费用。

如果集聚的人口规模较小,则居民人均的负担就较重,可能超出合理的范围。由此可见,不要城市化的工业化,这类排斥合理集聚的思想,即使从基础设施建设所需的合理集聚方面来看,也是不符合客观规律的。

经济社会发展需求与基础设施能力之间,存在着客观的比例关系。以供排水为例,采1 t煤需水1～1.5 t,炼1 t钢需水20～40 t,造1 t纸需水200～250 t,生产1 t化肥需水500～600 t,提取1 t人造纤维需水1 200～1 700 t,火力发电厂需要大量冷却水。大部分工业生产用水量大,一个化工厂用水量达1 t/s,相当于300～400万人口城市的生活用水量。一个大型钢铁联合企业(含电站)总用水量为18 t/s,一昼夜达150万t,相当于1 000万人口的城市用水量。城市人口每增加100万人,相应每年需供排水各7 500～10 000 t。

每兴建1亿m²城市住宅,要求同步建设城市供水200万t/d,污水处理180万t/d,道路4 700万m²,公交电汽车6 000辆,公共绿地5 600 hm²,生活垃圾清除和无害化处理260万t/a还有城市防洪排雨等设施。如果不保持适当比例的市政设施,住宅建好了也难以投入使用。

4. 土地集约化利用对城市集聚的需求

我国虽然幅员辽阔,但人均土地资源还是相当紧张的,各项指标都远低于美国,只略高于日本。我国人口密度为 126 人/km²,美国为 28 人/km²,日本为 340 人/km²;全国平原面积占总面积的 12%(美国占 70%),人均平原面积 949 m²,较日本约高 30%,但只有美国的 1/27。据统计,2007 年我国设市城市建成区用地 3.547 万 km²,建制镇用地 2.84 万 km²,两者相加共 6.387 万 km²,占全国国土总面积的 0.67%。

我国的土地资源相对较少,随着人口的进一步增长(近年的年增长率仍在 1.1% 左右),人们的生存空间将进一步缩小。我国的人均耕地,2004 年仅为 1.41 亩,不到世界人均水平 3.57 亩的四成。我国的水土环境容量很不富裕,从人均环境容量占世界平均值来看,水资源为 1/4,土地为 1/3.38,耕地为 1/2.53。所以,在城市化过程中,必须比其他国家更加重视对环境的保护和节约土地。

城市土地利用的集约化程度,一般大城市高于小城市和小城镇,这从人均城市总用地的数值可以看出来,特大城市只有 40 ~ 70 m²,边远地区的小城镇有的竟达 400 ~ 500 m²。

据有关资料,1997 年,我国特大城市人均建设用地为 75 m²,大城市为 88 m²,中等城市为 108 m²,小城市为 143 m²,建制镇为 129 m²,乡集镇人均用地 164 m²,村镇人均建设用地 154 m²。

按建设部 1990 年颁布施行的城市用地标准规定,城市人均居住用地指标为 18 ~ 28 m²;而农村目前按平均每户宅基地 0.017 hm² 计算,则相当于人均 41 m²。前者较后者平均节约 18 m²/人。如果到 2030 年我国的城市化率达到 65%,农村有约 4 亿人口转移到城市的话,则仅居住用地就能节约 72 万 hm²,相当于 2007 年全国设市城市总用地的 1/5。

另据统计,1994 年我国城市中第二产业的从业人员平均所需的生产用地约为 52 m²/人;而乡镇企业的人均占地则达 555 m²。后者如能像前者那样集约化使用土地,则可节约用地 600 万 hm²,相当于 2007 年全国设市城市和建制镇总建设用地之和。

由于大城市集聚了较高的智力、技术和财力、物力,故可达到较高的空间利用程度,如兴建高层建筑、人造平台(新陆地,new land)、多层地下城市、多层道路系统等。大城市地价较昂贵,还有历史形成的过分拥挤的弊端,都是造成其人均总用地较少的因素。小城镇则由于经济技术落后等原因而造成土地利用集约化程度较低,有的甚至还保留着农村式自然经济的居住形态。所以,如果我们发展大量经济技术还处于较落后状态的小城镇,那么在土地利用方面是会导致浪费的。如果我们不得不在现有经济技术基础上发展小城镇,就必须采取一系列有利于促进小城镇经济技术发展的倾斜政策。

对于城市土地利用集约化程度,可用"毛容积率"作为指标来衡量,即

$$\text{毛容积率} = \text{净容积率加权平均值}(1 - \text{城市道路用地所占百分比}) \quad (5.6)$$

$$\text{净容积率加权平均值} = \sum_{i=1}^{n} A_i \cdot F_i / \sum_{i=1}^{n} A_i \quad (5.7)$$

式中 A_i——i 地块面积;

F_i——i 地块净容积率;

n——城市计算地块数。

根据抽样城市毛容积率及其规模与经济技术水平的调查统计资料,与我们期望的毛容积率相比较,可以建立起这方面集聚需求的定量指数。

5. 中心城市的吸引力

中心城市之所以有较大的吸引力,是因为它集聚了大量的财富(包括金融力量与各种物质、文化财富),荟萃了各种人才与人类的创造成果,有高水平的科研与文化教育事业,有高档的商业、服务业和消费形式,有各种择业和选择的机会,有较高的收入,有较多的国内外交流等。总之,这里有较多的机会与较高的生活质量,你可以在这里达到专业上的较高水平。因此,大城市对于各种层次、各行各业的人都有较大的吸引力。不过,随着城市的发展趋于拥挤,环境恶化,以及交通、通信技术的发展,社会经济、文化水平的普遍提高,人们就可能转而选择分散居住到郊外或小城镇去,因为由于社会经济文化的普遍发达,在那里也同样可能获得上述的各种好处。

5.1.2 城市分散动力因素

城市的集聚达到一定程度(一般认为人口达100万以上)时,开始出现各种"城市病",如居住拥挤、环境恶化、交通堵塞等,同时,随着社会经济、文化、科学、技术的发展和普及,人民生活水平的提高,人口有可能采取比较分散的居住形态。这样既可改善环境的质量又能保持原来须通过集聚才能获得的高效率、高效益和生活的高质量。

美国著名建筑师赖特(Frank Lloyd Wright)早在1932年就看出了这种趋势。他认为,随着汽车和廉价的电力遍布各处,那种把一切活动集中于城市的需要已经终结,分散住所和分散就业岗位将成为未来的趋势。不过,他所提出的"广亩城市"(Broadacre City)理论被认为不免有极端的城市取消主义思想之虞,尽管这种居住形态在美国的现实生活中确有一定的基础,但以此完全否定城市集聚的必要性似嫌偏颇;这也同他本人的个性爱好不无关系。

现代化交通的发展,私人汽车的普及,信息系统的发展,以及农业现代化、基因工程技术的发展等,为城市的分散布局和城乡的融合创造了条件。

1. 现代化交通系统发展的影响

现代快速交通系统,如地下铁路、轻轨电车等,使城市范围可沿铁路线延伸数十公里,而乘车时间仍可不超过市内出行时间可承受的范围(一般以 45 min 为限,称为决定都市规模的 45 min 定律),再加环行线,可使市区范围远较马车时代的大,且沿铁路线还可形成星点状卫星城或小镇。

高速公路与私人汽车的发展,更大大扩展了个人的出行自由,这是发达国家郊区化运动得以形成的重要原因之一。在我国,家庭自用车也会有适度的发展,这使有些人可在郊区选择较便宜而环境较好的住房。当然,我国的限制条件较多,不能允许城市的蔓延式发展,但毕竟某种程度的分散因素还是存在的。

现代磁悬浮高速列车,时速可达480 km,且能适应像高速公路那样的弯道(但人却未必能适应),又无需火车头牵引,各车厢可自由拆分驶向不同的目的地,这使城市活动范围可扩展至直径360 km的大小(按 45 min 定律),其中的许多中心可呈网状布局,在各中心周围分布居住区和广阔农村(所谓"磁浮郊区",有别于老式的铁路郊区)。智慧型高速公路可利用电脑和卫星监测系统自动操纵车流,驾车人只要拨入自动驾驶挡就可在车中悠然自得或随便做点什么事情。配备发达资讯系统的高速公路大大减少了车流量,未来的城市网络及其借以流通的公路网络将是秩序井然且高效率的。

2. 信息系统发展的影响

信息联系的方便大大减少了出行，提高了效率。许多事情打个电话，或发个传真就办了，不必亲自登门。计算机联网，使坐在家里工作或办公成为可能；学校开设了网上课程，可以坐在数千公里之外上课；网上购物、网络银行等都应运而生。当这些网络的普及率达到一定程度时（我国目前的互联网用户已超过5亿，居世界首位），却可大大降低人际聚集交流的必要性。生产线的自动化可大大降低劳动力的密集度。随着知识与技术密集型产业的发展，以及第三、四、五等产业所占比重的提高，城市聚集人口必然会降低。

在信息时代，社会的运作越来越依赖于资讯的处理和传递，因为许多系统都智能化了、自动化了，人们生活和办事都要依赖信息、指令的传递。信息处理的中心是各种办公大楼，它们起先处于城市的中心，后来逐渐从大城市中心迁出，到近郊区以至远郊区，形成新的"边缘城市"（Edge City），也叫"新市镇"。信息远距离传递的技术越来越精密先进，越来越普及，它是促使城市布局趋于分散的因素。

这里可以对现代信息传递技术做一点简单的介绍。现代电子信息传递方式可分为两大类，即类比式与数字式。前者如电话，是用电子信号模拟声音；后者如激光唱片和光碟，是将资讯转换成一连串的二进制数字（1和0），然后再以电子方式重建资讯内容。复印机的原理是类比式的；而传真机的原理则是把像素（pixel）转换成数字来传递。数字化传递需经过电脑。过去的许多类比式传递方式目前正在经历数字化的转换过程，它可以达到更高的清晰度。数字电子信息的最基本单位叫做"位元"（Bit，是二进制 Binary Digit 的缩写，或译比特，通常一个字节 byte 由八个位元组成），它是对1或0的一次选择。在数字电脑中，1或0的选择由晶体管来进行，而电脑芯片（CPU）中则可包含数百万个晶体管。在晶体管上操作的电子资讯以磁粉的排列方式储存在硬磁盘或软磁盘上。现代的资讯传递速度，已从摩尔式电报的每分钟几百位元激增到每分钟几百兆位元，这就是信息革命！人们使用的资讯洪流，无论是经营的、金融的、管理的、交通的、教育的、科研的、生产的、生活的、娱乐的……在数量上看来并无限制。今天的信息科技，已经可以实现把人们对现实的多种感觉（视觉、听觉、味觉、触觉……）传递到远处，并可通过机器人实行远距离操作。这种信息革命对城市的形态会产生什么样的影响？已有许多学者作出了相关预测。

信息和通信技术的大发展，推动了日益加强的全世界经济、文化和科技一体化，即所谓"全球化"的趋势。但由于"全球化"是建立在以追求利润为目标（而不是以为人服务为目标）的市场经济的基础上的，造成的弊端是富者更富，穷者更穷，两极分化日益悬殊，以及巨大犯罪集团窃取了电信业进步、边境开放等全球化带来的好处，因此，联合国开发计划署1999年起草的《人文发展报告》呼吁：全球化的规则亟待改变。

3. 大城市环境的拥挤恶化

一个大城市的环境容量是有限度的，如水源枯竭，用地已无发展余地，道路容量饱和，居住拥挤，环境恶化等。城市道路与停车场用地所占比重，一般需随人口密度的提高而增加。但城市道路红线一旦确定，便很难修改（除非整段路旁建筑预留退后红线距离，但是难度较大）。随着道路两侧建筑容积率的不断提高，人口密度增加，道路的容量便趋于饱和，车速下降。当然，修地下和架空多层道路可解决一定的问题，但这需要巨额投资，城市建设须跨越巨大的"门槛"。当人们的收入和生活水平提高后，拥挤的居住环境日益不能满足要求。

改建需降低建筑密度,而加高层数又会带来一些负面的问题(如电梯使用、远离自然、犯罪率、抗灾能力等),因而也不是唯一的出路。总之,居住拥挤将会迫使一些人向外疏散。水资源枯竭迫使城市向更远的地方引水,如天津引滦入津,同样也是工程浩大的。处理环境公害,包括迁移污染源,耗资也很大。城市用地如果平原已无发展余地,转而向丘陵、山地以至地下、高空发展,耗资都是比较多的。

所以,当城市发展到其资源环境容量达到某种"门槛"时,便会产生一波向外疏散的动力。城市要寻求"出路",导致它向外分散发展。

4. 社会经济文化发展水平与居民生活水平的提高

随着国民经济的发展,生产自动化水平与产品的知识与技术含量提高,生产力提高,人均国民收入上升,文化教育水平提高并日益普及,中心城市的辐射力可影响到更偏远的地区。小城镇和广大农村的社会经济文化生活也日益发达起来,变得愈来愈有吸引力,而中心城市的吸引力则相对降低。这时,人们往中心城市聚集的趋势将逐步消减,以至反而趋向小城镇文明。因为那里的收入和生活质量并不比大城市的差,甚至还有独特的优点(如风景优美,环境清幽等)。因而,随着社会经济文化的发展和居民生活水平的普遍提高,大城市文明将向小城镇文明转化。

5. 环境生态平衡需求

在生态文明时代,人类对环境的需求要同大自然更有机地结合在一起。特大城市无论怎样强调绿化与绿地的可接近性,即使做到像堪培拉、莫斯科、华沙那样,毕竟也还是城市中的绿地,而不是绿地背景中的居民点。勒·柯布西埃虽然提出了"公园中的城市,而不是城市中的公园"的概念,但他的乌托邦充其量也只能在城市的局部地区实现。所以总的来讲,人类对环境生态平衡的需求,将导致在社会经济文化发展到发达状态的条件下,居住形态向分散发展,或形成网络状。

6. 农业现代化的影响

如果农业实现了现代化、产业化、知识化,引用了生物工程技术,广大农村将呈现普遍的高度文明状态。农业生产将不再是大量消耗体力的劳作了,机械化、电气化可代替主要的人力操作。产前、产中、产后服务配套成龙,农、工、贸相结合,农、副产品加工附加值日益提高,产品可远销国内外。农业生产的科技含量不断提高。农民的生活水平提高了,住房宽敞漂亮,许多人买了自用车辆。这样的先进农村在我国已经开始出现了。有的地方还出现了城市青年下乡打工、嫁到农村或城市居民迁居农村的事例。可见,农村的生产、生活现代化产生的吸引力是巨大的。它将促成大批现代化小城镇的提前诞生,而从根本上彻底解决我国的"二元化"社会结构和"双重城市化"恶性循环问题。

这里顺便指出,目前我国有些经济发达地区(以浙江省的县级市义乌为典型,其人均GDP已超过1万美元),由于城市土地资源紧缺,近郊农村拥有土地关联的利益(土地承包经营权、宅基地建房出租权、集体经济分红利权、征地补偿金等),因而农村户籍的含金量上升,吸引不少城市居民以至公务员迁返农村户籍。也有些出身农村的大学毕业生因在城市就业困难而要求返回农村户籍,以获得农村的相关权益。不过这仍属"二元社会结构"下基于政策的一种利益权衡行为,与农业现代化的影响关系不大。

7. 城乡壁垒

城乡壁垒是指用行政命令或制度来限制城乡间的交流(主要是农民转入城市)。我国自 20 世纪 60 年代初以来实行的城乡户籍分割制度,因当时农村人口占 80%,城市主要强调生产,消费与服务业萎缩,且城市职工实行福利分配制度,于是不得不采取这种户籍制度来限制人口的自由流动。改革开放以后,随着农村改革和经济的发展,农村剩余劳动力的增加,出现了小城镇和乡镇企业的迅速发展和民工潮等现象。城乡"二元化"社会结构和"双重城市化"(基于原有城市的城市化和基于农村的"准城市化"并存),日益显出不适应社会主义市场经济的发展。这种城乡壁垒是计划经济体制的产物,它阻碍资源的合理配置并导致社会成本的浪费;在人口分布和城市化发展上造成强制的分散形态。我国政府在邓小平理论和"三个代表"重要思想的指引下,采取了一系列惠农政策,大力支援农业现代化,并努力解决"二元化"户籍管理问题,已经取得了初步成果。这些政策将有利于促进广大农村和小城镇的发展,将我国的"双重城市化"引向良性循环。

在集中的计划经济体制下,"有计划地分布生产力"主要是指分布工业生产;"充分就业"和福利政策主要是限于城市范围。前苏联的农业和农村政策并未取得成功。针对我国人口众多、耕地紧缺的国情,如何处理好农业、农村和农民这"三农"问题,是至关重要的关键问题。既要促进农业现代化,又要处理好农民流动问题,是我国在社会主义市场经济体制下面临的攸关成败的问题。其优化的解决途径,应是在充分提高国力的同时,大力支援农业现代化,建设好社会主义新农村,并做好农村剩余劳动力的就业辅导和进城生活安置工作。从城乡两个方面齐头并进,争取走出一条我国独特的城市化优化途径。

5.2 影响城市内部布局的动力因素

5.2.1 城市地块的吸引潜力

租金水平是城市中决定土地利用的最重要动力因素。它与地块的吸引力相关,强烈地依赖于地块周围的条件。如果地块所在的位置集中了有利于某种活动的因素,它就会吸引这种活动集中于此;而随着租金的上涨,又会产生一种斥力,使这种活动分布开来。

地块吸引力和租金强烈地依赖于地块周围的条件,使问题适于用元胞自动机(cellular automata)方法来建模求解。

我们用一种称为"区位法"(positional method)的半定量方法来度量地块的吸引力(Nägely and Wengen, 1997),用它估计房屋的价值和相关的租金与房价。

基本假设是,处于某地的房屋价值可分为两部分,即房屋本身的造价和用地的价值,后者依赖于地块与其周围地块的关系及与城市系统的关系。

Nägely 和 Wengen 编制了一张核对表,列出许多影响地块价值的相关因素,如其与市中心的接近程度,与交通网络的关系,与服务设施、公园绿地、文化设施的接近程度,地块周围土地利用的分布情况等。

对于建筑所在地的每种土地利用 X,给以评分值 Q^X,其值在 0 与 10 之间变化。评分按照定性与半定量的准则,它通过详细的实例列于核对表中。地块价值与房屋价值的比值用

经验的正值函数 $q(Q^X)$ 求得。

设 W_T 与 W_I 分别表示地块与房屋的价值,则总的价值为
$$W = W_T + W_I = q(Q^X) \cdot W_I + W_I = W_I[1 + q(Q^X)] \tag{5.8}$$

租金近似地估计为总价值 W 的一部分 $\gamma > 0$。设建筑的体量为 V,单位建筑体量的房屋价值为 w_I,则单位建筑体量的租金为
$$r^X(Q^X) = \frac{W}{V} \cdot \gamma = \frac{W_I[1 + q(Q^X)]}{V} \cdot \gamma = \tag{5.9}$$
$$w_I[1 + q(Q_X)] \cdot \gamma$$

式(5.9)只是对单位建筑体量租金的粗略估计,它没有考虑该类土地利用的市场动力若干因素的影响。然而,租金动力的一些基本方面,如地块与城市系统的关系,则已经估计到了。

此理想模型可视为明确包含更细经济层面的较完整模型的初步近似。元胞中对活动的吸引度(潜力)$P_\alpha(C)$ 通过评分 Q^X 及估计的租金 $r^X(Q^X)$ 来评估,其中 X 包含与 X 活动相关的所有土地利用。下面简介此法的基本概念。

应用区位法于计算机模拟,需将核对表中以口语表述的定性准则翻译成定量表达式,使能通过计算机用于状态向量及局部参数向量。基于模糊逻辑及模糊集理论(参见如 Dubois and Prade, 1980;Bandemer and Gottwald, 1995)来完成此任务。

区位法联系于元胞 C 中的地块为土地利用 X 的评分,归一化为 0 与 1 之间的数值,可如下陈述 P^X:= "元胞对于土地利用 X 是有吸引力的"表为模糊真实值 $\mu^X(C)$,它可在 0 与 1 之间取连续值,0 表示"完全假",1 表示"完全真"。这样,可在元胞空间 Γ 中($C \in \Gamma$)构建以成员函数 μ^X 刻画的模糊集 A^X,它是所有对土地利用 X 有吸引力的元胞的集合。

陈述 P^X 可视为由更基本的陈述 P_j^X 构成的复合体,后者关联于区位法核对表中指明的相邻元胞中的某种条件。用模糊逻辑来分析主陈述 P^X 的结构,对其成员 P_j^X 赋以真实值 μ_j^X,并以(逻辑符号)连接词如"和"、"或"、"否"和形容词如"很"、"多或少"来重构模糊集 A^X 的成员函数 μ^X。用区位法所得到的评分由下式给出
$$Q_X(C) := 10 \cdot \mu^X(C) \tag{5.10}$$

按照模糊决策理论,活动过程 $\alpha \in A$ 可视为行为人在约束条件下为达到目标所作的决策过程。例如,若 $\alpha = 1$ 表示行为人选择住所的过程,目标是要有居住空间的元胞吸引力最大,约束条件是租金不太高,且元胞中有空置房。按照模糊决策的标准概念,行为人需考虑下列以逻辑符号表示的陈述语句 $P := P^R \wedge (\neg r^R) \wedge U^R$,它可读作"元胞作为居住场所是有吸引力的,租金不太贵,且有空置房。"其中关联于陈述 P^R 的成员函数 μ^R 由区位法求得,已如前述。关联于陈述 r^R(租金太贵)的成员函数及关联于陈述 U^R(元胞中有空置房)的成员函数,分别依赖于用区位法得到的房租 $r^R(Q^R)$ 和空置房数量。这两个成员函数可用图 5.3 和 5.4 表示。

通过模糊补语和模糊连接词,将成员函数组合起来给出陈述 P_1 的成员函数 μ_1。我们可遵循类似上述的概念直接使用为每种 α 过程所得到的成员函数 μ_α 作为吸引潜力。但我们更倾向于将成员函数乘幂
$$P_\alpha(C) := (\mu_\alpha(C))^{\rho_\alpha} \tag{5.11}$$

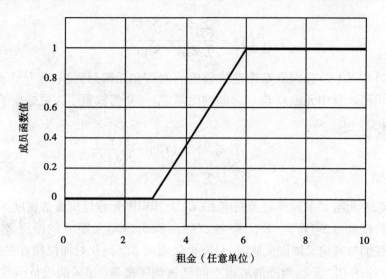

图 5.3 联系于陈述"租金太贵"的成员函数

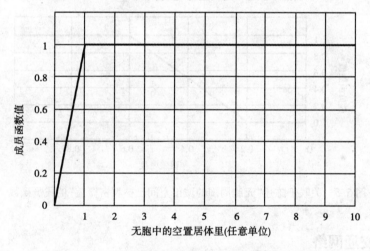

图 5.4 联系于陈述"元胞中有空置房"的成员函数

式中 $\rho_\alpha > 1$ 为实指数,它将具有较大成员函数 $\mu_\alpha(C)$ 值的元胞的吸引力予以提升。由观察可知,成员函数 $\mu_\alpha(C)$ 和潜力 $P_\alpha(C)$ 分别代表行为人对元胞吸引力的评价和元胞被选为决策目的地的可能性,故选择对前者乘幂具有合理性。在最有利的情况下,评价的细微差别可导致强烈的极化取向。乘幂恰能反映行为人对最有利的元胞选择的极化效果。

用区位法为不同土地利用 X 构建成员函数 μ^X 可遵循类似上述的概念,但问题还是较复杂的。我们在此仅通过两个实例来说明某些概念。

【例1】 有关居住用地 R 的实例

构建 μ^R 所包含的基本陈述都关联于能表为状态向量的简单函数的数量,如建筑物的平均高度,建筑体量的密度,建筑覆盖密度等。后者的陈述可以是 P_1^R "元胞周围的城市空间已被稠密地覆盖了"。为简单起见,我们仅就此例予以若干详述。考虑元胞 C 周围的元胞建筑覆盖密度的影响,要把距离也考虑进去。

$$I^S(C) = \frac{\sum\limits_{C' \in I} Z_{CC'}^S \cdot S(C')}{\sum\limits_{C' \in I} Z_{CC'}^S \cdot S_T(C')} \tag{5.12}$$

式中 $S(C)$ 和 $S_T(C)$ 分别是 C 中建筑覆盖的面积和元胞总面积(未计入固定的土地利用如铁路用地等)。其中元胞 C 与 C' 之间的距离 $Z_{CC'}^S \geq 0$ 为权重。为更好地了解其意义,可将上式重写为

$$I_S(C) = \frac{\sum\limits_{C' \in I} Z_{CC'}^S \cdot S_T(C') \cdot \dfrac{S(C')}{S_T(C')}}{\sum\limits_{C' \in I} Z_{CC'}^S \cdot S_T(C')}$$

可见,关联于元胞 C 的建筑覆盖密度 $I^S(C)$ 为其周围元胞建筑覆盖密度 $S(C')/S_T(C')$ 的加权平均值,权重为 $S_T(C') \cdot Z_{CC'}^S$,即与 C' 的面积 $S_T(C')$ 及距 C 的距离 $Z_{CC'}^S$ 有关。稍后就可看到,当我们精确定义周围元胞时,只有少数距离 $Z_{CC'}^S > 0$ 对加权和有贡献。

对于基本陈述 P_1^R "元胞周围的城市空间已被稠密覆盖"相关的成员函数 μ_1^R,如图 5.5 所示。

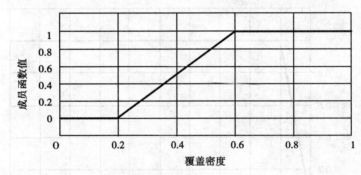

图 5.5 关联于陈述"元胞周围的城市空间已被稠密覆盖"的成员函数

5.2.2 交通网络

区域与外界的联系是通过公路、铁路、河流、飞机场等来进行的。在构建的模型中,这些主要的交通联系区别于区内交通网,后者指街道网或区内铁路系统。在区域对外交通联系的情况下,此种联系对城市系统的效果可由一个函数来描述,该函数给出每个元胞对网络进入点(如铁路车站、公路出口等)的接近程度。它以距离或到达时间来度量。

其结构更具灵活性的区域系统,需要一种更精确的方法来评估各种交通网络进入点整合城市空间各部分的能力。为此,我们将交通网络描述为一个"图"(gragh,按数学中的图论),用其顶点(vertex)的"整合指数"(integration index)来评估该顶点整合城市空间的效果(此数量是在图论中定义的,以相当不同的方式用于构形分析,Hillier and Hanson,1984)。我们将交通网络模拟为一个图,由有限集的顶点以边连接起来而组成。图的顶点(vertices)即为交通网络的进入点;边(edges)即为连接线。给出两个顶点 $v,w \in V$,定义其间的距离 $d(v,w)$ 为从 v 移动到 w 需经过的最少边数。此距离区别于 v 与 w 之间的最短路径长度,因为它是以拓扑学的方式计数边数来定义的。以地下铁路为例,此距离可表为从一个车站到另一车站间所需经停的站数。如果在每条边上每隔 l 米设一虚拟顶点,我们也可视此拓扑 d

距离为近似于长度距离的 $1/l$。此法在如下情况下也会是有用的:当某种空间阻抗(例如由交通堵塞引起的)存在于交通网络的线路上时。在此情况下,可根据相似的空间阻抗值设置(虚拟)线段来分出新的顶点。有了空间阻抗的概念,我们可将上述定义的距离解释为交通网络两点之间的空间阻抗的度量。

一个顶点 $v \in V$ 的整合指数通常表为(平均每边距离)

$$i'(v): = \frac{\sum_{v' \in V} d(v,v')}{N-1} \tag{5.13}$$

式中 N 为图中的顶点数。为避免规模效应,可用下列归一化的整合指数来取代上式(Steadman,1983),即

$$i(v): = \frac{2 \cdot [i'(v) - 1]}{N-2} \tag{5.14}$$

容易证明式(5.14)的值在 0 与 1 之间:式(5.13)中 $\sum_{v' \in V}$ 在每两个顶点间重复一次(每条边来回共计两次),故所得总距离应乘以 $N/2$;最大的拓扑距离为 $N/2$(绕半圈)。故式(5.13)之值 $i'(v) \leqslant \frac{N}{2} \cdot \frac{N}{2} \cdot \frac{1}{N-1}$,则

$$i(v) = \frac{2(i'(v)-1)}{N-2} \leqslant \frac{2\left(\frac{N}{2} \cdot \frac{N}{2} \cdot \frac{1}{N-1} - 1\right)}{N-2} =$$

$$\frac{N^2 - 4(N-1)}{2(N-1)(N-2)} = \frac{N-2}{2(N-1)} < 1$$

当顶点的整合指数较低时,表明它与图中其他顶点的平均距离较短。因此,该指数的意义在于区别最具整合性与最具隔离性的顶点。可以肯定,对于某些土地利用如居住与商业来说,接近一个整合性良好的顶点是具有吸引力的性质。

整合指数的应用可能会受到批评,说它只描述交通网络与城市各部的连接程度,却忽视其所连接点的性质。其实,该指数的应用是基于城市系统与交通网络历史发展的某种程度的一致性假定。例如,整合性良好的顶点,至少就一般的倾向而言,总是对应着城市的重要地点的。对此可做场地调查来予以验证。

【例2】 元胞与交通网络的整合

考虑对每个元胞 $C \in \Gamma$ 距离最近的网络顶点 v_C 及其距 C 的距离 r_C。陈述 $P_{R2}: = P_1^C \wedge P_2^C$ 是说:"最近的顶点有很好的交通联系,且其距离元胞 C 不太远"(上标 C 表示连接)。成员函数 μ_1^C 与交通整合指数 $i(v_C)$ 有关。成员函数 μ_2^C 与 r_C 距离相关。

通过适宜的 t -准则(例如相乘)将二者组合,形成关联于陈述 $P_2^R: =$ "元胞与交通系统整合良好"的成员函数 μ_2^R。对之加以修饰,例如乘幂,可引入可变的如"联系很好"或"颇有联系"的成员函数,它们适于表达对不同土地利用的连接效果。

通过将模糊逻辑中的标准操作(t -准则,t - co 准则,一般平均,修饰)施于成员函数如 μ_1^R 和 μ_2^R,可构建模糊集合 A^R,它由所有对居住土地利用有吸引力的元胞 $C \in \Gamma$ 及相关的成员函数 μ^R 构成。

此法主要的优点是它接近于行为人在通常决策过程中所遵循的准则。另一优点是用于构建潜力的成员函数包含与模型所用参数一致的部分。这些参数之值并非可直接度量的

数量;然而,它们反映人们对元胞周围空间的孤立而简单性质的判断,可以有意义的方法来选择,而无需通过计算机仿真来进行校正(有若干给予专家判断的方法,参见如 Yager R. R.,1977)。这样,必须校正的参数量就不致太多。

现在就如何定义元胞的相邻部分略作说明。例如,用于定义基本性质 j(比如覆盖密度)的权重 $Z_{CC'}^j$ 是需要校正的参数。为避免这种参数量过大,我们将围绕元胞 C 周围的所有元胞划分为少数组群(典型地三或四组),并对每组元胞赋以相同的权重:为每种基本性质 j 我们得到围绕元胞 C 的 n_j 个"环"的元胞 $U_k^j(C)$,$k = 1, 2, \cdots, n_j$,并赋以权重 $Z(U_k^j) > 0$。更准确地说,我们有

$$C', C'' \in U_k^j(C) \Rightarrow Z_{CC'}^j = Z_{CC''}^j = Z(U_k^j)$$

显然,为得到局部相互作用,只需考虑少量权重不为零的元胞。

为对相邻部分 $U_k^j = U_k^j(C)$ 进行有意义的定义,对于两个元胞是否给予元胞 C 几乎同等作用需有判断准则。最好的情况是在元胞之间有有意义的距离(不必是城市空间的长度距离)。在许多情况下需以到达时间来度量距离(例如上下班适于乘坐地铁,而购物适于乘坐私家车)。有了如此度量的距离 d,我们可以定义元胞 C 的相邻部分为所有位于距 C 在两个确定距离 d_k^j, δ_k^j 之间的所有元胞的集合,即

$$U_k^j(C) := \{C' \in Z : d_k^j \leq d_j(C, C') \leq \delta_k^j\} \tag{5.15}$$

如此构建相邻部分,一般会导致其在空间伸展成不规则的形状。当然也可用长度距离来构建相邻部分,例如得到三、四个对称的环状元胞群围绕中心元胞(其自身可算第一环)。

5.3 利益驱动对城市发展的影响

社会中的各种利益集团以至个人由于利益驱动以及各种社会因素导致的人的行为,对城市的发展会产生何种影响?这要从行为科学及其效果来进行分析。这是社会系统工程中的一种新的分析视角和方法论,但目前还不够成熟,有待于进一步深入研究(参见本书 15.5 节)。

第6章 城市发展的形态模式

按照波兰萨伦巴教授的研究（据其20世纪50年代在华讲学时由建筑工程部整理的讲稿和文选），城市发展的形态模式，可分为三个层次来进行考察，即：城域的（Urban），区域的（Regional），国家的（National），分别以其首字母代表之。后二者可应用与前者相同的术语。

6.1 城域发展的形态模式（代号 U）

6.1.1 单中心发展（代号 A）

1. 单中心集中式 U/A1

形式简单，用地紧凑，能节约道路和管线。以方形和圆形为基本形式（图6.1）。特别是圆形，紧凑度等于1（紧凑度为城区面积与外切圆面积之比），适合于小城市。中国古代城市多以方形为本；只有极个别的如北京的团城和个别的八卦形村寨，属于特例。欧洲古代则有圆形或多边形的理想城市模式。随着现代交通的发展，城市的规模和面积会变得愈来愈大，沿快速干道发展得很快；若不采取相应的规划干预措施，就会连片摊大饼式发展，导致城市环境日趋恶化。

2. 单中心辐射式 U/A2

如果能控制城市只沿辐射干道发展，在其间保持楔形绿地，则对城市环境有一定积极意义。但要注意防止绿楔被侵占，因为这种压力是始终存在的。在各突出部分可设副中心（图6.2）。

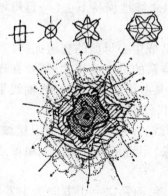

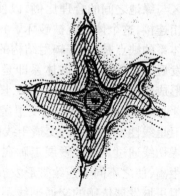

图6.1　U/A1 单中心连片密集发展　　　图6.2　U/A2 单中心辐射密集发展

3. 带形发展 U/A3

城市沿某一高速干道或沿河、海岸线呈带形发展，可充分利用高速干道或亲水岸线所提供的方便和利益,且城市沿窄向接触自然比较方便。沿轴线可设若干副中心。但若过分狭长,则不利于城市合理的功能划分(图6.3)。

4. 组团式发展 U/A4

上述连续密集发展的模式,总是不免(至少在连续较长的方向上)限制了城市与自然环境的联系。如果把城市分为若干组团,在组团间保持绿带,则有利于改善城市的环境(图6.4)。著名的芬兰建筑规划师沙里宁(Eliel Saarinen)所主张的"有机分散"规划理论,是主张使每个组团都成为一个"功能性的集合体",使日常生活以至工作都可在其中进行,而与组团以外的偶然联系则可通过布置在绿带中的高速干道进行。

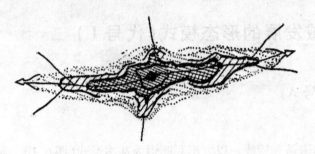
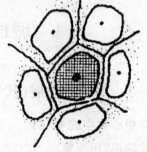

图6.3　U/A3 单中心沿轴线密集发展　　　　图6.4　U/A4 组团式

5. 卫星式发展

城市组团式发展的进一步引申,就会走向城市的卫星式发展。当城市发展到成为一个大的城市地区的中心部分时,控制它的发展是可能的,即将城市限制在最优规模内,把新的发展项目放到周围的卫星城(satellite city)中去,原来的中心城市称为母城,用围绕的绿带限制其发展。应保持母城与卫星城之间便捷的交通、通信联系,以利发挥母城的"辐射"作用,促进卫星城发展。另一方面,卫星城可充分发挥其新城的优势,试验各种先进的规划、建设体系,以增强其吸引力,成为强大的"反磁力中心",以疏散母城的企、事业与人口。要注意保持建成区与绿地之间的合理比例,以使这个体系得以永续地保持下去(一旦母城与卫星城的发展相连接,这个体系就被破坏了)。

这种体系的缺点是,由于辐射结构的汇聚性,可能造成中心母城的交通拥挤(第二次世界大战后发展的大伦敦卫星城体系即是一例)。这种体系的进一步扩大,需要在现有的卫星城附近形成新的次级卫星城(U/A5,图6.5),或者沿某些设施良好的交通轴线呈线性发展(U/A6,图6.6),这样会适当改变卫星城完全呈辐射状分布的状态。

作为卫星线性发展轴线的交通干线(包括水路或管线)不应插入母城或卫星城中心,而应沿其边缘切线通过。线性发展走廊在主要城市(节点)附近形成交叉。卫星城之间要保持足够的距离,使之不同于连续带形发展。

如果卫星城发展依赖的交通轴线不是沿辐射线发展,而是以一个方向为主发展(如沿河流或山谷走向等受地理条件限制的情况),那就叫沿切线分布发展(U/A7,图6.7)。其他的方向不是主要的,或不发展。但沿轴向的延伸不宜过远,以免外端的卫星城镇离母城太远。对远端的卫星城应安排较重要的次中心,或专门化的大中心,那里也是整个城市体系的入口。

发展轴线也可以只有一条（U/A8,图6.8）。

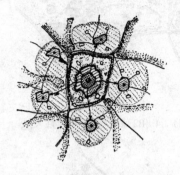

图6.5 U/A5 单中心卫星均匀分布发展

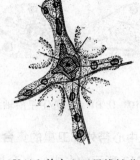

图6.6 U/A6 单中心卫星线性分布发展

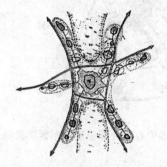

图6.7 U/A7 单中心卫星切线分布发展

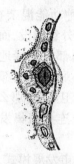

图6.8 U/A8 单中心卫星沿轴线分布发展

6.1.2 多中心发展（代号B）

1. 多中心线性发展体系

单中心的线性体系虽然环境条件好，但远端卫星城需要加强功能，导致独立性的增强，而发展成新的中心城市，从而形成多中心的线性体系。

如果在两个中心城市（节点）之间安排环状线性卫星体系（U/B3,图6.9），则环内可保持一大块农田绿地；主要交通要引到这个体系之外，而且各城市之间的直接联系线路同内部绿地都不相干扰；两个发展节点之间的发展走廊，都能直接同外部的和内部的绿地相接触，以提供良好的环境条件；而两端的中心城市则保持在合理的规模内发展。

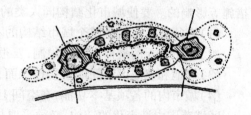

图6.9 U/B3 多中心环状线性发展

多中心线性体系可沿交通轴线呈线性分布（U/B1,图6.10）；或沿半环线性分布（U/B2,图6.11）。后者交通干线距中心城市较近，而距卫星城较远，以免受其干扰。在交通干线与半环线之间应保持为绿地，供农业及休憩之用。

69

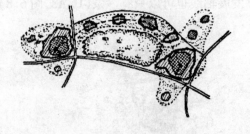

图6.10　U/B1 多中心卫星沿轴线分布发展　　　　图6.11　U/B2 多中心半环线性发展

2. 多中心带外部卫星的集合体系 U/B4

图6.12 所示的多中心集合城市体系,各中心城市在功能上相互依赖,不允许把各种功能混杂在一起;卫星城只允许在外缘建设,而在中央保持一块大的内部农田绿地。如果不注意防止中心城市向内部绿地发展或在内部建设卫星城,那么该体系就可能变成一个连片密集发展的城市(U/A1)。

上述各种城市发展模式,都体现了追求良好环境要求的思想。

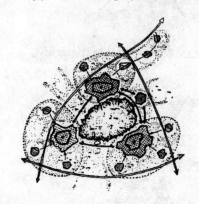

图6.12　U/B4 多中心带外部卫星体系紧凑发展

6.2　区域的城市化模式(代号 R)

城市的规划和设计,从宏观到微观的各种尺度上,都应满足人们对良好环境的要求。城市的环境是受整体的城市结构、街道的格局、城市单元之间的组合关系和一系列改善空间的措施等影响的。要使城市化结构同人类的环境要求一致起来,就应满足以下基本条件:

(1)必须承认绿地是整个城市结构的不可缺少的部分。
(2)城市单元的规模要得到限制,要很好适应人的需要和人的感受。
(3)绿地和建成区之间的直接接触面,要足够地广阔。
(4)城市内的各项基本功能,在空间上要相互分开。

区域范围内城市化的结构,必须采取与城域城市发展相同的准则。国家范围内的城市规划,则是区域规划成果的综合,并对地方的发展路线指出方向。

区域规划与城市规划如果在各个规划阶段同步进行时,则总是相互影响、相互依存的(图6.13、6.14)。

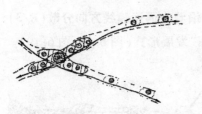 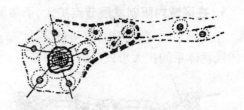

图 6.13　线性的城市化形式对区域发展的影响　　图 6.14　区域的线性发展形势对城市地区内部发展的影响

区域范围内聚居地体系的基本形式如下。

1. 区域内连片集中地发展城市(R/1)

在已有城市的基础上,吸引更多的活动在其周围进一步集中,发展成重要的大城市节点,使之过度集中拥挤,而其周围却又缺乏中、小城市的发展和支持。若不采取对策,则人口密度失衡的情况会愈来愈明显(图 6.15)。治理的方法只有一种,即将其中的某些城市活动迁移到附近新建的卫星城或没有充分利用的现有小城镇中去。

2. 区域内均匀分散的城市化体系(R/2)

主要中心城市(发展节点)的发展受到限制。

限制中心大城市使之在合理规模内发展,将新的城市活动和新的投资向周围分散,在理论上虽可给不发达地区以发展的机会,但均匀地分散却是不现实的,因为交通、通信等基础设施网络必须相应地发展,这是相当困难的;而且从环境上讲也是不好的,忽视了自然价值的保护。因此,从经济、环境上考虑,可取的方式还是优先沿主要交通线或河流、海岸发展。

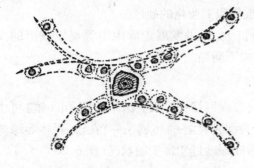 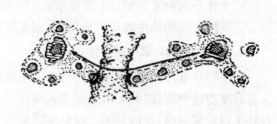

6.16　城市发展的切线预示了区域的线性发展方向　　图 6.17　两个城市中心的发展要避免相连

图 6.15　R/1 在区域内不发展其他城市而形成一个城市过度的集中

3. 在区域内限制发展节点扩大,而将城市活动沿着交通运输线方向分散(R/3)

在区域和国家范围内,这可称之为"节点与走廊"发展形式(图6.18、图6.19)。它是地方的线性体系的扩大形式。

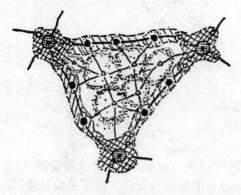 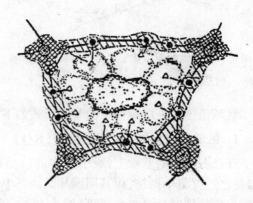

图6.18 与农村的发展相结合的区域范围的节点与走廊发展形式

图6.19 区域范围的节点与走廊发展形式(保留有一块绿地)

就积极创造环境价值而论,城市的线性结构已在地方范围内取得了好的结果,也成为区域城市化体系的最好形式之一。它把国家或区域分成以下部分:

(1) 密集发展地区沿主要交通线形成网络,内含节点和走廊。
(2) 在城市化主要网络中间的地区,成为许多"网眼",是要予以保护、防止发展的地区;保留作为农田、野外活动区和国家的"肺腑"。
(3) 有特殊环境价值的地区,即完全排除城市化和工业化的地区。

这个体系限制了大城市(发展节点)的无限扩大,促进发展走廊内中等规模城市的发展。这些城市之间的距离应严格限制,避免连接成不间断的带形。

4. 星座式集群(R/4)

当区域高度发达时,高速道路可以遍布各地,形成网络;相对密集的大小城市(镇)可由这些高速道路网连接起来,形成星座式城市群。为保持良好的环境条件,农田、森林等绿地最好也能形成网络,穿插其间。避免城镇相连,形成绿地过于稀少的状况(图6.20)。

6.3 城域与区域城市化结构的相互关系

发展节点(大城市或城市地区)的结构一经选定,就会影响整个区域发展的结构;反之,区域范围内采纳的空间发展形式,对选择地方的城市发展结构体系也会产生影响。图6.13、图6.14是表示这种相互影响的例子。

原来密集发展的城市结构(U/A1、U/A2),如受到配备很好的区域或国家发展轴线的影响,会自己改变它原来分散的卫星体系(U/A5),直接地成为一个线性放射的卫星体系(U/A6)。单中心的卫星体系(U/A5)如得到控制,逐渐向一个规划得很好的轴线卫星结构转变

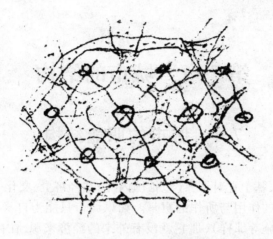

图 6.18 R/4 星座式集群

的时候,这个结构就会成为区域或国家线性发展结构的一个部分并开始其结构体系的形成。像巴黎那样的以切线卫星城体系为基础的城市地区,会影响到区域甚至国家的空间发展体系。

如果允许一个大城市以密集的集中方式发展(U/A1),或以密集的放射方式发展(U/A2),开始超越合理的尺度,那就会削弱区域内的较小城镇的发展,城域的发展取代了区域的发展。

在城市和城镇之间,应保持合理的距离,中间隔以绿地。发展节点之间的平均距离大约是 200~300 km,每个节点的规模不超过 50 万人;在其间的走廊内可容纳 2~3 个中等规模的城市,每个的规模不超过 20 万人,以符合"人的尺度"。

在平原发展的"节点与走廊"体系可形成三角形网络;在山区和沿海地区倾向于沿山或沿海呈线性发展。大的港口城市往往既是通向内地的放射发展走廊的核心,又是沿海岸伸展的重要的线性发展体系的中心(图 6.21)。

只有认真地在城域和区域范围内同步进行物质规划,借助于一个一贯的实施政策的力量,才能保证达到创造较理想的城市体系的目的。

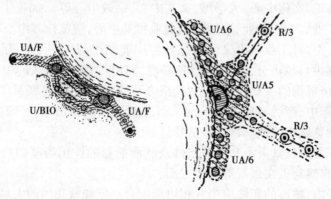

图 6.21 港口大城市的节点-走廊发展模式

第7章 城市的结构

7.1 城市的职能结构

城市的生存与发展,基于它对外界(包括国内外)在经济上、文化上、政治上、宗教上、生活服务上等各方面所起的作用与所作的贡献。如果城市只能为自身的人口服务(如中、小学校、一般商店、市政设施等那样),那它就没有外来的经济来源,在社会化生产的时代,失去了生存的基础。城市对外界的作用与贡献属于城市的基本职能,城市为自身人口的服务属于城市的非基本职能。城市的基本职能取决于它在区域、国内以至国际上所处的地位和所起的作用。城市间在区域中的分工协作关系对城市的职能结构有重要的决定作用。城市职能的区域分工是生产社会化所要求的,也是它的结果。特别在我们社会主义国家,一个城市的发展,绝不能以另一城市的衰落为基础。因此,我们对一个城市的职能的分析研究及规划,一定要建立在有充分科学依据的基础上,切忌心血来潮,头脑发热,任意夸大城市的职能、作用和性质,导致各职能间相互抵触,区域经济发展受损等恶果。

城市的职能怎样分类？它的资源与经济基础是什么？这是城市地理学、城市经济学等研究的课题之一。

城市的职能分类研究,是探讨不同性质城市空间分布规律性的必要前提,也是研究不同城市成长的规律性所必要的。例如,综合性城市比专业性城市成长快、作用大。这要从城市中各种职能之间的相互促进作用来分析和理解。

我们研究城市的职能结构,是在城市职能分类的基础上,了解这些职能在区域与城市中是怎样组合、协调和相互影响的。

奥隆索(M. Aurousaeau)于1921年提出的城市分类法中,含有下列城市职能:行政中心,防御堡垒或军事基地,文化中心(大学城、文艺中心、宗教中心等),加工工业中心,交通运输中心,采集中心(矿业、渔业、林业、仓储等),商业贸易中心,游览疗养中心等。

我国的城市分类,对工业城市又分为综合性工业城市与单一工业为主的城市(如资源采集型城市);交通港口城市分为铁路枢纽、海港、河港等;省和地区的中心城市既有政治、文教、科研等非经济机构的主要职能,也有经济方面的职能;县镇是联系广大农村的纽带,具有为农业的产前、产中、产后服务的工业,也是工农业物资的集散地;特殊职能的城市分为革命纪念地和风景游览城市、边境口岸、经济特区等。

可见城市的职能是以其资源和经济条件及其所能起的作用为基础的。资源包括物质、金融、人才、科技、自然与人文景观等许多方面。

在一定的地区内,城市的职能应当互相协调配合。比如就我国的大城市而言,在苏南长江三角洲地区,南京是六朝古都,政治、文化中心;上海是港口和工业、金融中心。在四川成渝地区,成都是历史文化名城,政治、文化中心;重庆也主要是港口和工商业中心。在京津唐地区,本来天津是工商业中心;唐山是重工业城市;北京是历史文化名城和政治、文化中心。

但可惜北京没有保护好举世无双的古城（故宫总算保护下来了），一度在工业发展上与天津雷同，并与津、唐互争原料、能源与市场，陷于紧张和不协调状态。后来中央明确定性：北京是政治中心、文化中心和国际交往中心。2005年初公布的北京市总体规划修编，明确北京是国家首都，国际城市，文化名城，宜居城市，淡化了经济中心的提法。

在现代城市中，单一职能的城市，如钢铁城市、汽车城市或单一资源采集型城市等，都会向产业和职能多样化和复杂化发展。单一的重工业城市，往往在人口的性别构成上也会发生失衡危机。资源型城市面临着资源的枯竭，也要寻求转产的出路，否则城市将难以继续生存。比如我国的石油城大庆，已成为集石油开采、炼油、化肥、化纤、乙烯等于一体的大型综合性石油化工生产基地，同时，化工、塑料、纺织、机械、食品等工业门类也有了很大的发展；建设了国家级的高新技术产业开发区，已在精细化工、电子信息、机电一体化、新材料等领域形成了高新技术产业框架。经过重新规划的大庆市已发展成黑龙江省重要的区域中心城市。

在城市职能结构较复杂的情况下，辨别城市的主导职能，可借助于统计的方法。一般以各行业就业人数占城市就业总人数的百分比作为指标。若某行业的就业比例超过一定的临界值，就认为该项职能活动是该城市的主导职能。对经济职能也可用产量或产值所占比重作为衡量指标。此外，也可分析用地结构的主次，以用地所占比重的大小来表示。

但是对临界值尚无一致的看法，有的仅凭经验作出判断，带有一定的主观性。此外，有的城市同时具有若干种突出职能，若只用单一指标来衡量城市的主导职能则不够充分。

纳尔逊（H. J. Nelson）于1955年对美国1万人口以上的897个城市的职能进行了统计分析。他把就业部门划分为9种类型，而后计算出每一个城市的劳动力在这9个部门中的就业比例，并计算出各城市在同一部门就业的百分比算术平均值 M 与标准差 σ，即

$$\sigma = \frac{\sum_{i=1}^{n}(x_i - \overline{X})^2}{n} \tag{7.1}$$

式中 x_i——第 i 个城市中某部门的就业百分比；
n——城市总数；
$\overline{X}$——n 个城市该部门的平均就业百分比。

如果某一城市在一特定部门中的就业百分比，超过所有城市在此部门中就业百分比的平均值并达到一个标准差（$M+\sigma$）的话，就认为该就业部门是该城市的主导职业部门，专业化程度为一级；若就业百分比达 $M+2\sigma$，则其专业化程度达二级；若达 $M+3\sigma$，则其专业化程度达三级。

他分析的结果是，有一个主导职能的城市占 75.7%，有两个主导职能的城市占 16.6%，有三、四、五个主导职能的城市分别占 6.9%、0.7% 和 0.1%。

但这样分析只同本部门的就业平均值相比较，而没有部门之间的横向比较，所以有的部门虽然在本城市中就业比例较高，但未达到本部门的全国统计量 $M+\sigma$，不能成为该城市的主导职能部门。此外，该法也未考虑城市规模的影响。例如，大城市的某项职能即使没有达到 $M+\sigma$ 的专业化程度，但它发挥的作用可能远比较小城市的大。

哈里斯（C. D. Harris）1970年对当时前苏联304个5万人口以上城市的职能进行分类，把城市的职能和人口规模结合起来考虑。其结果表明，前苏联绝大多数城市是"综合性行

政中心"和"工业城市"。这反映了集中计划经济对城市职能的影响。且其约1/3的城市（103个）中，50%以上有收入的人是在加工工业和矿业部门工作。这同美国城市形成鲜明的对比。在美国，综合性的经济是大城市的特征，而且服务部门通常是十分重要的产业。

以上的城市职能分析，都是根据城市各部门就业人口占城市总就业人口的百分比来进行的。我们知道，城市的基本职能活动与城市的成长直接相关。因此，有人使用城市各部门基本就业人口的百分比来分析城市职能，并体现出城市规模的影响。

比如马克斯韦尔（J. W. Maxwell）1965年对加拿大80个城市的分类，使用了三项指标来测量城市的职能结构：

（1）城市的优势职能（基本就业人口比例最高的城市职能）。
（2）城市的显著职能（基本就业人口比例超过 $M+\sigma$ 的）。
（3）专门化指数。

专门化指数 S 是基于某城市各部门基非比之和与该城总的基非比之比，即

$$S = \sum_{i=1}^{n}\left[\frac{(P_i - M_i)^2}{M_i}\right] \Big/ \frac{(\sum_{i=1}^{n}P_i - \sum_{i=1}^{n}M_i)^2}{\sum_{i=1}^{n}M_i} \tag{7.2}$$

式中　P_i——该城市劳动力在第 i 项职能部门中的就业百分比；

　　　M_i——第 i 项活动的最低必要量，即第 i 项职能活动中的非基本就业人口百分比（参见本章第7.4.4节）。

分子取平方是为了排除负数，因在某些职能部门，最低必要量（在统计时撇去了一部分最低的数字）可能高于其就业百分比。

当专门化指数为1.0时，表示该城市的专门化水平最低，它的经济活动基本上都是为本城居民服务的。

此外，当对城市职能结构的分析，超出经济职能的范畴时，尚可采取多因子分析的方法。

要从城市体系发展中确定城市的职能分工，须进行城市定位分析，即从区域社会经济的发展中，根据城市在其中的社会文化联系、经济分工和空间区位，及城市自身的发展条件、基础、潜力、发展方向和战略模式，分析城市在一定时期内的作用、职能和地位，以指导城市的发展。

城市定位工作具有战略性、综合性、地域性和动态性。其基本原则是：

（1）保持发展弹性，留有余地。
（2）突出城市的地域特色，注重个性发展。
（3）立足当前，把握未来趋向。
（4）依托竞争优势，调整区域分工。
（5）强调综合发展，提高职能层次。
（6）抓住要点，高度凝练。

影响城市定位的主要因素有：城市的历史基础和地位、经济地理位置、其发展的国际国内背景、发展条件和基础、产业现状和区域地位、城市人口与经济规模、与其他城市的关系、与区域的关系、国家或区域对城市的要求和分工任务等。城市与区域之间职能联系的分工和预测非常重要。规模大、等级高、综合性强或专业化分工程度高的城市，腹地区域与影响区域的范围较广；反之，则较小。通过研究城镇体系中城市之间的合作、竞争、层次、依存等

关系,来合理确定城市的发展空间、职能空间、市场空间。

城市定位可从以下几方面考虑：

（1）空间定位。空间定位是对城市的区域地位及空间影响尺度的确定。

（2）产业定位。产业定位是对城市重点产业、潜力产业的确定和筛选过程。要与市场定位、技术层次定位、专业化生产对象区域的定位等有机结合起来。

（3）城市特色。城市特色是指能综合反映城市及其腹地区域的文化、经济、景观状况的地域化个性特征。其核心是地域文化特色。

（4）城市功能与性质。城市功能与性质是指城市在区域社会经济发展中的地位和作用,其中城市性质特指城市的主导性职能。要通过纵横对比和科学测算,合理确定城市职能体系的发展方向和重点领域,尤其是那些支配腹地区域发展的重要职能和更大尺度范围的专业化分工职能,并由主导性职能最终确定城市性质。

仇保兴认为,城市定位理论在经历了长期的实践之后,已呈现出某些不足之处。它假设城市内外环境的变化及不确定性很低,城市自身的产业结构及组织结构都处于稳定状态,因而追求有利的准确定位。由此所获得的城市竞争力优势取决于选择的市场定位多大程度上是稳定不变的。

由于现代的城市外部环境、科学技术及产品(尤其是对以自然资源为原材料的产品的替代品)更新变化迅速,消费者的口味变化,朝阳行业的转移,都会使城市竞争力发生变化。在"信息爆炸"、竞争环境迅速变化的时代,要想把握未来变化的全部信息,使城市"准确定位"在未来变化有利的位置上,实际是不可能的。

由于大部分城市都采用类似的分析方法追求几乎相同的目标定位,造成各城市产业严重同构,重复建设盛行,大量企业产能过剩,区域城市之间恶性竞争,城市建设千城一面。

定位理论往往仅以邻近的竞争对手城市为参照而构思战略,但实际威胁不仅来自已存在的竞争对手,而是来自拥有崭新思维的"创业型城市"。

因此,必须以基于增强城市自身适应性的城市竞争力理论来补充完善传统的定位理论。

城市竞争力,是以城市发展的质量、效率和潜力来衡量其获得外界发展机遇和加快自身发展的能力,强调的是与其他城市的横向比较,是动态的,表达城市发展的后劲。

在不同的社会发展阶段,影响城市竞争力的主导因素是不同的,每个城市所体现的城市竞争力也是不同的。如农业经济时代的城市竞争力,主要表现在剩余产品交易范围及数量的大小(与交通便利及土地肥沃程度有关),以及对外敌入侵的抗御能力等方面。工业经济时代的城市竞争力,主要表现为资本、劳动力、工业原料的集聚、加工和交换的能力、交通便利的程度等。知识经济时代的城市竞争力,则是与其他城市相比较所具有的吸引、争夺、拥有控制转化人才资源以创造价值和占领市场的能力。城市和企业一样,要在激烈的市场竞争中生存发展,必须要有一个核心竞争力。它可突出城市独具的竞争力要素,并抓住城市发展的主要矛盾。

应通过培养城市的核心竞争力,使城市在迅速变化的环境中立于不败之地。

城市核心竞争力理论的重心在于研究城市内部的因素,力求合理地组织城市内部的各种资源,以形成别的城市不易模仿的独特的竞争能力。进一步的探讨,将研究重心置于城市和外部环境之间的界面上,兼顾城市内外各种主要因素,使抓住转瞬即逝的机会成为可能,成为一个对发展机遇时刻有准备的城市。

城市核心竞争力理论还讲求努力超越自己过去成功的经验和发展历程。特别是在传统计划经济下运转的"生活型"和"生产配套型"职能的城市，更需超越过去的经历，以适应市场经济和全球化的竞争。

当前较流行的城市综合竞争力的提法，是与社会的全面进步相联系的，包括政治文明、精神文明、社会素质、文化水平、信息、道德、价值观等。它内涵很庞大复杂，难以抓住城市竞争力的主要矛盾。城市核心竞争力的概念并不否定社会、政治、人文等范畴对竞争力的影响，而是将它们的作用抽象归纳到那些对城市未来发展起到决定性作用，及对城市捕捉发展机遇有直接影响的"人才资源"这样的子系统之中了。

城市综合竞争力与核心竞争力都是不可偏废的概念，两者不仅是互补的，而且各有其独特的用途。大城市往往因其功能的多元化，前者更为适用；而对大量的中、小城市而言，显然后者更易被接纳应用。

7.2 城市的经济结构

7.2.1 概　论

城市的经济结构，主要是描述构成城市经济的各要素，其间的相互关系及其运作机制，可包括经济系统的层次、产业结构、行业结构、技术结构、产品结构、朝阳产业与夕阳产业结构等等。其描述可包括定性的与定量的两个方面。

就城市经济结构的层次而言，可分为实体经济（实质生产）与虚拟经济（fictitious economy）两个层面，实体经济又可按其通过历次产业革命出现的顺序分为不同的层级（第一、二、三……六产业等）；且各层级产业又可按其通过历次技术革命而达到的技术水平而不断地升级。

在各层级产业中，第一产业（从大自然中提取生活资料与工业原料的产业）是基础；第二产业（各种加工工业与建筑业）是生产各种实用产品的产业，其产品的附加值（劳动、知识、技术含量）愈高，则其价值也愈高；第三、四、五等产业是产生效率、信息、舒适、安全，提高生活质量的产业，在发达的社会中其产值比重占主要地位，表明城市的生活质量较高。在第二产业中，重工业一般耗能、耗水、占地、污染都较大，对城市生活影响较大，对其选址布局要特别慎重，宜接近原料产地、电力中心、水源等。产业的比重对城市的性质、职能有直接影响。比如，北京作为我国的首都、文化中心与历史文化名城，安排了钢铁、石化等大量重工业，1970年重轻工业产值比重达65.7%∶34.3%，造成了严重的环境污染，加剧了水资源的极度紧张（北京市人均水资源只有世界平均值的1/13），这是很大的失误。进入21世纪之始，北京迅速发展高新技术产业，其产值很快超过全市工业产值之半，同时，逐步淘汰高耗能耗水产业，局面得到改观。

市场经济的实体部分，由企业和市场组成。企业分为从事商品生产的和从事商品流通的两种，它们都有通过经营配置资源的功能。市场体系可分为消费品市场、生产要素市场和产权市场。其中的生产要素市场，包括生产资料（物资）、资金、劳动力、技术、信息、房地产等的市场。产权包括房地产、资金、知识等的产权。产权市场有利于推动生产要素市场的形成和发展。

在现代宏观经济系统的结构中,厂商在组织生产和资本积累过程中,需要各种资源和其他厂商提供的中间产品。各种资源(包括劳动力)和产品可通过市场进行交换,政府发行货币作为交换媒介。

现代市场不仅是交换场所这样的地理空间概念,而且包括新兴的无形的交易平台,如网络交易系统等。

货币具有作为记账单位(价值尺度)和价值贮藏工具的功能。

各经济主体在市场交易中分为供给方和需求方,他们各自根据效用最大化(择优)的原则进行交易决策。通过择优的竞争,可以达到优化配置资源的基础性作用。

市场在供求关系下形成价格,使货币实现价值尺度和记账单位的功能。

在借贷关系中,借出方拥有债权,借入方负有债务。通过利息给借出方以激励。

决定利率的因素有:借入方对投资收益的估计,借出方对利率的要求,以及竞争(多个借入方之间和多个借出方之间)的影响。

银行充当借贷活动的中介,吸收存款或储蓄,负有债务;对外贷款而持有债权。二者需取得平衡方能正常运转。银行对外贷款须保持一定的准备金率。经济主体通过银行取得贷款称为间接融资。

债券即借贷关系中的契约,可在债券市场出售。经济主体发行债券给中介(一级市场);中介在二级市场把债券以债券价格销售给货币剩余者。

企业的合伙经营可采取股份制。股票作为投资份额的凭证,可在股票市场进行交易。

经济主体发行股票给中介(一级市场);中介在二级市场将股票销售给货币剩余者。股票可以股票价格在股票市场中进行交易。从而可实现经济主体的直接融资。

债券和股票的持有者都可在二级市场进行交易,其价格由于多种因素经常发生波动。一些投机者为追逐利润进行债券和股票炒作,虽然增加了资金的流动性,但也可能引起债券和股票市场的价格异常波动;甚至导致金融危机。

上述金融系统的运作一方面为经济主体提供了方便;另一方面也增加了经济系统的不确定性和风险(如投资失败等)。如果银行坏账率(欠账不还)过度增加,也可能引发危机。

为锁定收益避免(减少)损失,经济系统引入一种新的工具——期货。

期货是一种标准合约,可在交易所内以公开喊价的方式进行交易,它规定卖出方在将来某一确定时间以某一确定价格卖给买方规定数量的某种产品、债券或股票。

期货交易可套期保值,降低不确定性。但有些投机者通过不断交易的差价获利,使期货具有了很强的流动性,大量期货交易在合约规定的时间以前就被反向的期货合约冲销,往往只有很小一部分期货以标的物的形式执行。

期货是一种权利和义务对称的合约,在冲销掉可能损失的同时也放弃了可能的高收益。

如果支付期权费购买期权,则在回避了可能损失的同时还能保留可能的高收益。它规定期权持有者在一定时间有权按约定价格买进或卖出一定数量的某种产品、债券或股票。它可分为看涨期权(涨价时买进)和看跌期权(跌价时卖出)。

期权与保险有异曲同工之妙。保险是通过支付保险费来降低可能的损失。

金融系统可促进经济主体进行投资、生产和消费。

债券和股票是基本的金融工具;期权、期货及由它们构造出的金融工具的价值和交易都依赖预期的标的物,称为衍生金融工具。

债券市场、股票市场、期权市场、期货市场统称为金融市场。

金融生产的对象是一系列价值符号,或信用交易,是一种虚拟的价值符号的运动。金融生产活动的时间周期极短,变化极快。金融生产过程中金融资产的膨胀和缩水远较实质生产中繁荣与萧条的转变来得快。金融市场的变化影响到经济主体的行为,特别是当金融工具的价格剧烈下降引起经济主体流动性困难而没有得到恰当的监控时,将导致其破产,并引发连锁效应,最终导致实质生产的崩溃。

追逐利润的资金在实质生产与金融生产之间流动。如果实质生产取得很好的收益,大量追逐利润的资金将进入金融生产,使金融资产膨胀,金融市场繁荣。对技术创新的投资增加,但也扩大了风险。如果投资失败,将引起金融资产迅速缩水而引发金融危机甚至经济危机。如果经济系统中的资金过多或过度资本化,而实质生产又没有有利可图的投资项目,资金将大量涌入金融生产寻求利润,引起金融市场的繁荣,而实质生产萧条。

金融工具的增加,既为经济系统带来方便、促进和保险的作用,但也增加了整体的不确定性。

金融生产特别是股票和期货市场,有为实质生产提供信息集散功能的作用。如股票市场被称作宏观经济的晴雨表;而期货市场对预期标的物的远期价格也不无裨益。

产业结构的发展演变,有一些明显的趋势:

17世纪英国经济学家威廉·佩第就发现,商业、工业利润都高于农业,因此,第二产业所占比重不断增加,第三产业也逐步提高,第一产业不断下降,劳动力逐步从第一产业向第二、三产业转移。1940年克拉克进一步论证了这个趋势。如前联邦德国的产业结构变化所典型代表的那样,第一产业在国内生产总值中的比重大幅度下降,农业就业人数急剧减少;第二产业的产值和就业人数所占比重变化不大;第三产业的产值和就业人数所占比重均有大幅增长。

德国经济学家霍夫曼提出,随着经济的发展,重工业所占比重逐步增加,轻工业比重不断下降,即"霍夫曼系数"(消费资料工业净产值与生产资料工业净产值之比)不断下降。这特别有利于发展中国家迅速摆脱落后状态,为经济腾飞奠定基础。

发展经济学家艾伯特·赫希曼创立"不平衡增长"理论。认为在发展中国家的工业结构中,加工工业与采掘工业所占的比重都将逐步扩大,以实现非农业化和重工业化的发展目标。随着科学技术的发展及其在生产过程中的应用,资本有机构成提高,资本家宁愿多花钱更新设备,也不愿增加雇佣劳动力。这大大地刺激了对生产资料的需求,推动了加工工业与采掘工业的发展。资本主义共同市场的形成和国际大循环发展,为战后一些东南亚国家和地区发展加工工业创造了良好的机会。韩国在20世纪70年代推行"重化学工业化"政策,使其重化学工业及其设备制造业迅速发展,而轻工业投资比重及增长率均较低。

7.2.2 资本主义城市的经济结构

城市发展的深刻原因,寓于其经济结构之中。比如,资本主义经济的一条根本原则是最大限度地获取利润,因此,它所鼓励的人类需求是使之有利可图的需求,并且运转庞大的机械装置来生产和提供这种需求的消费品。在早期的冒险资本主义时期,资产阶级就是追求利润和权力的;在福利资本主义社会,它鼓励奢华的消费;在垄断资本主义制度下,它把所谓

"国家安全利益"的要求伸向远离自己边界的全球各地。早期资本主义曾以"自由竞争"的口号来冲破封建制度和自治城市的垄断;而垄断资本主义则由少数几个寡头组织来垄断市场。整个国家机器的目的是谋取最大数量的经济剥削;政府把"国家利益"导向为工业家和金融家服务。垄断资本主义具有扩张的本性。资本家依靠帝国主义同盟来"保护"其工业的利益。在美国,占支配地位的经济是大都市经济;在这种经济中,一切效益好的企业都得与大都市保持密切联系。大都市是权力高度集中的结果和体现。

城市的产生,主要是基于工商业的发展。17世纪以后,工业和商业迅速分离。18世纪产业革命后,大机器工业作为城市的生产经济,促使城市迅猛地扩展。随之作为城市消费经济的商业也迅速发展起来,它使过去一直限于宫廷和贵族享受的舒适奢华,扩大到整个消费者人群。不断出现的新发明使城市的生产经济和消费经济都极度活跃,而人类生活的一些有机需求却遭到了忽视。

工商业的竞争要求扩大自身的规模。在城市中竞相建立最大的各种单位——工厂、百货公司、银行、金融集团和公司、博物馆、医院和大学等。大都市要有最大数量的发明、科学论文和书籍。要成功,就要追求自身的无限扩大,这成为大都市经济和大都市文明的一个主要特征,也是产生这种经济和文明的动力。因此,我们看到许多发达国家的城市范围无限制地扩大,一眼望不到边。而人类的生活质量、有机需求、独立自主等,却遭到了忽视或被置于从属地位。

向垄断性集中的总趋势是资本主义大都市发展的原因和动力。要垄断市场和高额利润,生产同类产品的资本主义企业组成国际卡特尔(Cartel),成为位于大都市中心区(Central Business District 简称CBD)的一个世界范围的控制中心。伴随着强权外交的辞令和民族主义的狂热,垄断企业的商标在世界各地的市场上流行。这种工业主义增强、扩大了战争的破坏力。大都市也愈来愈变成了增加各种暴力的温床。

支持大都市工商业的主要是三种新的力量:金融业、保险业和广告业。它们直接或间接地加速把资金和物资收集到大都市中心来,从而扩大了大都市的统治范围。都市的经济巨擘与政治力量、社会权威相结合,发挥着统治和影响作用。

在大都市生活中起主要作用的有三大因素:垄断组织,信贷金融,金钱威望。通过银行、经纪人事务所和交易所,将周围农村地区的资金收集起来,使大都市成为资本的蓄水库。如果这个大都市是世界首都之一,它也能收集外国的资金,把投资者和制造商都吸引过来。因为在这样的都市可以更接近大银行,便于获得资金贷款。

资本主义社会的财政权力集中在国家银行、半国家银行或全国性银行系统手中。银行家直接或间接地操纵着政治舞台上的傀儡。

大都市房地产的抵押业务现已成了储蓄银行和保险公司的主要支柱,而房地产的价值是从大都市的不断繁荣和发展中"获得"的。城市越拥挤,房地产的价值越高。因此,清除或改造贫民窟的计划往往收不到效果。腾出地皮盖起新楼,让收入较高的人们来住,常常是密度更高了。主要的受益者不是贫民窟的居民,而是金融投机家和营造商。

当人们遇到灾祸、疾病、事故、死亡、残疾时,保险公司的作用是弥补其损失。他们通过统计社会学的测算确定保险费用,并通过教育和对医疗的援助以促进保护健康和预防疾病的事业。然而,最大数量的保险对象都集中在大都市里,若遇到真正的灾祸,如旱灾、尘暴、经济危机,更不用说战争,又会如何?这种制度不会动摇、崩溃吗?有没有世界和平保险呢?

美国哲学家乔·罗伊斯(Josiah Royce,1855~1916)曾提出过这种建议。

在大都市的垄断进程中,公司尽可能把各地方企业买下来,组成联号旅馆或联号百货公司,以便集中控制,榨取更多的垄断性利润。而且,为加强其控制,还必须牢牢操纵广告、新闻、宣传、文学杂志,尤其是要有效地垄断广播和电视。这些不同的部门本各有其不同的出发点,代表着各方面的利益,在历史上它们一开始就松散地联系在一起,现在又在大都市框架内联合起来,其共同的目标是宣传这种大都市文明的价值和标记,把人类塑造成习惯于消费控制者和调节者所提供的那些商品的动物,为的是满足不断扩张的垄断经济的利益。

财富的集中是一种典型的大都市现象。奢侈也与都市的规模成比例。在大都市里兴起了特种奢侈工业:服装、食品、装饰品、化妆品。仿效富人的奢侈成为时尚,奢侈工业就成为扩张中的垄断经济的必要支柱。

大都市经济还同战争有关。人口的巨大集中使大城市被迫依靠远处的供应和资源。因此,帝国主义国家就用军事力量来扩大供应基地和保护供应"生命线",以保证资本的增长永无止境。

在垄断资本主义的美国,几百个大公司控制着全国大约一半的资本,金融界和经理阶层中较小的集团控制着整个文化机构。其不断扩张的经济是以营利为目的,而不是以满足人民生活需要为目的的。这种经济创造的城市,是一种永无止境日益扩大的无底洞的形象。其工业为了维持产量,必须致力于生产出容易消费掉的商品(如具流行式样或容易过时的商品;我们看到,建筑艺术的商品化也具有同样的性质)。消费是带有强制性的。甚至城市本身也变成可消费的,它在非常迅速地变化。

这种扩张经济的稳定是靠增加顾客数量和刺激顾客的需要。它只满足那些可以用机器来供应并赚钱的需要,而限制另外一些需要。你要享受永恒的艺术,要有美的环境,要得到安逸宁静,这些都是它不关心的。当生产过剩时,它宁肯销毁产品或限制产量,也不去供应需要的穷人。

7.2.3 中国特色社会主义城市的经济结构

我国改革开放30余年以来城市经济有了迅速的发展,目前还处在继续改革创新与经济转型的过程当中。我国在社会主义市场经济体制下,城市经济结构有一些基本的特点。

我国目前尚处在社会主义的初级阶段,在发展经济方面,在充分发挥市场经济的积极作用的同时,要在中国共产党的坚强领导下,坚定地体现社会主义制度的优越性。

现代经济体系的各个层面和各种要素,在我国的经济结构中已经都具备了。我国的经济就整体的产值而言,已经发展成为世界的第二大经济体。

在我国的社会主义市场经济体制下,鼓励勤劳致富,允许一部分人先富起来,追求共同富裕;我们的社会不允许贫富两极分化的现象继续存在和发展下去;我们鼓励企业积极参与国内和国际的竞争,并在竞争中取胜;我们要建立创新型国家;但我们反对垄断资产阶级专政,反对霸权主义和帝国主义,保卫世界和平。

我国的社会主义城市经济,是以公有制经济为主体,其他各种经济成分(个体、合作、集体、民营、外资、合资等)共同发展的,以提高生产力和人民生活水平、提高综合国力为目的的经济。国家的经济命脉(主要是金融、国防、能源、电信、铁路、港口等部门)控制在国有企业手中。我国的经济体制经过改革,从集中的计划经济向社会主义市场经济转轨,并从粗放型经营向集约型经营转轨,向绿色经济、低碳经济、循环经济迈进,正在迈向生态文明的新时代。

我国在改革进程中,针对存在的突出矛盾(如经济效益与社会效益的矛盾、发展经济与环境污染的矛盾、贫富间、地区间、城乡间差别扩大的矛盾等),以及应对国际金融危机与经济危机的冲击,应对各种自然灾害,不断采取相应的政策措施,发挥宏观调控的作用,不断完善社会主义市场经济的环境条件,全面增强其效益。事实证明,社会主义制度具有较强的行政组织领导和宏观调控的能力。

在我国的城市经济结构中,金融机构是为国家的经济政策服务的。国家政策鼓励工业反哺农业,城市支援农村,先进地区的城市企业支援落后和边远地区,扶助贫困人民和少数民族发展经济,支援国家重点建设和灾区重建。这种支援也同企业开辟市场结合起来。我国的公共媒体,包括新闻、广播、电视、音像制品等,是为社会主义服务的工具,宣传国内外新闻和形势发展、相关论述和政策、先进典型,教育人民,引导社会风气健康向上。色情、暴力、罪恶的宣扬,在我国是非法的,不像在一些资本主义国家作为一种商业自由而允许存在并泛滥。

在经济转型过程中国有企业的改革是一项重大的课题。过去在计划经济体制和闭关锁国的情况下,因无竞争机制,实行平均主义、吃大锅饭、铁饭碗等就业和分配政策,生产效率低下,产品质量长期得不到改进,在改革开放初期曾一度大面积亏损。在进入社会主义市场经济体制的条件下,要精简机构,提高工效,更新技术,使产品适应国内外市场需求,其改革必须触及产权制度这根"神经",实行现代企业制度,否则难以根治其痼疾。

目前,某些国有企业处于垄断地位,也不利于市场竞争和分配的公平。垄断市场使这些企业缺乏竞争的激励,不利于其技术和效率的提高;也使它们有条件利用垄断地位对公众进行高收费。它们在经营上遇到困难时,有条件要求国家财政的支持,以此注入资本,并用于注销坏账。全国约12万家国有企业及其许多子公司,其产出约占全国产出的四分之一到三分之一,但得到的资金却占全国的75%以上。它们的有利条件使之可向其员工提供较稳定的工作和较高的工资(达国民人均收入的5~10倍)。这种情况不利于创造公平的、具高度活力的市场竞争环境;也不利于整体的社会效益和国民福祉(大多数人被剥夺了繁荣的机会,也很少分享到经济增长的成果)。近年来中央政府多次表明要打破垄断,为私营企业营造公平的竞争环境。此类问题还有待于进一步的改革。

我国在历史上没有经过商品经济的充分发展,而商品经济包含着促进生产力发展的内在机制。商品经济的高度发展,是马克思当年所设想的社会主义产品经济的首要前提。发展生产力是社会主义的根本任务。发展社会生产力就必须大力发展商品经济,因而,必须建立市场经济体系。邓小平理论认为,中国的发展离不开世界。因此,我国以社会化生产为依托的经济是对外开放的,同世界各国发生经济联系,吸收各国先进的科学技术、管理方法,并争取在世界范围扩大市场来发展我们的经济。因此,我国先后实行了沿海开放、沿边开放、内地开发乃至全方位开放,使一批对外开放的城市迅速发展起来。

市场经济本身是中性的,没有"姓社"或"姓资"之别。但是在不同的社会制度条件下,其发展的方向和目的就有了本质区别。比如企业经营的动机,就其本身而言都是追求最大的盈利。但是社会主义的法制和宏观调控,必须把它纳入利国利民的轨道,绝不允许像垄断资本主义国家那样,维护少数寡头和大资产阶级的利益,而牺牲广大人民的利益。社会主义公有制尽管实现的形式可以多样化,但公有制为主体的性质决定了必须把社会的公益摆在首要地位。

从我国的产业结构来看,我国的工业化已进入重化工时期。大量投资进入能源、交通和通信设施等基础设施。第二产业的比重被持续推高,2000年首次超过50%,其中重化工所占比重为59.9%,2003年跃升至64.3%。

2009年,重工业生产增速比轻工业高出4个百分点。这种情况带来严重的环境和公共安全挑战——主要的能源、化工和重工业制造行业中,废水排放占据总量的50%以上;固废排放占据总量的90%以上,且在持续增高中。另一方面,具有危险性的工业企业(特别是化工企业)选址布局,本应遵循相关的安全和隔离规范,但在市场经济体制下,由于逐利驱动、隔离带地价埋单、监管不到位等原因,违规的现象大量存在。

据中国社会科学院城市发展与环境研究所所长潘家华认为,我国大规模的产业结构调整变化,可能在2020年以后。那时工业、原材料、制造业产能趋近顶峰,不可能大幅再增,在这一水平上保持一段时间,更多的投资逐渐转向服务业,转向提高能效、改进技术的相关产业。到2035年前后,第三产业比重可能达到55%~64%。

7.3 城市的社会结构

7.3.1 概 论

城市的社会结构,广义的含义是泛指基本社会要素之间持久、稳定的联系模式,涉及经济、社会、政治、思想文化等领域,既有宏观结构,也有微观结构;狭义的含义是指由社会分化产生的各主要社会地位群体之间相互联系的模式,如阶级、阶层、种族、职业群体、家庭、宗教团体等。

马克思的社会结构理论,是建立在生产力-生产关系和经济基础-上层建筑的宏观层次格局之上的。社会经济结构是由生产关系的总和及与之相联系的生产资料所构成的。生产力决定生产关系,经济基础决定上层建筑,同时,后者对前者又有重要的反作用。马克思认为社会结构是基于社会成员之间的资源分配。阶级是社会结构的最基本范畴;阶级冲突是影响社会结构变迁的最重要因素。构成阶级的主要因素是财产关系。对生产资料的占有与控制是阶级划分的标准。阶级是生产力发展到一定阶段的产物,又将随着生产力的高度发展与人们觉悟的极大提高而消失。

结构功能主义的社会结构理论,以美国的帕森斯、默顿等为代表。他们继承了人类学中的功能主义传统。认为社会结构是社会体系的静态部分,是由个人在特定瞬间的一切社会关系的总和构成的。社会体系包括其结构、亚结构及其功能。社会结构是其中心,它是社会地位与社会角色稳定的相互关系。各社会成员承担角色参与互动并认同于共同的价值规范体系。社会结构制约着特定类型角色互动的抽象规范模式。结构功能主义把社会体系维持生存所必须满足的功能要求,作为确定结构要素的依据。那些满足某项功能要求的部分被看做社会体系的功能性亚体系,它们相互依存、互为条件的关系维持着社会体系的存在。当亚体系发展到一定规模时,其内部又依同样的功能要求分化出更低层次的亚体系。这一学派过分强调社会结构中价值的一致性,夸大了亚体系之间的结构整合性,忽视了社会结构的冲突方面,否定了人在构建和改造社会结构中的能动性。

微观结构主义的社会结构理论(以心理过程为主),以美国的科林斯为代表。它综合了符号互动论、现象学和日常生活方法论的观点,较全面地探索了微观互动过程,力求概括互动的本质、互动怎样产生宏观结构以及宏观结构又怎样影响互动,从而揭示社会结构形成的微观基础。该学派反对结构功能主义关于社会文化协调方式限制和约束个人选择的观点,强调个人在互动过程中构建社会关系的能动过程。认为社会结构不是恒定的,不是决定社会过程的稳定因素,不再是社会均衡的基础,它是受参与互动的行动者以特定互动情景影响的变量。该学派从微观领域阐明互动与社会结构的关系,其研究向心理过程靠拢。

宏观结构主义的社会结构理论,以美国的霍曼斯、布劳、蒂鲍特和凯利为代表。他们继承了古典社会学传统,用社会成员在宏观社会地位空间的分布状态来界定社会结构。其目标是说明决定社会宏观结构的基本因素,确定社会的宏观结构状态,解释社会结构对基本社会过程的影响。它以交往或交换为基础,涉及共同价值和权力结构等问题,比以心理过程为主的微观结构主义前进了一步。

结构主义的社会结构理论,以索绪尔、列维-施特劳斯、阿尔都塞等为代表。它源于语言研究。认为研究人类的社会与文化结构的方法,必须涉及整体、转化与自我调节概念,必须根据因素之间的关系来解释现实。其基本原理是,可观察的事物只有同一个潜在结构或秩序联系在一起时才有意义;结构分析的任务在于透过表层结构去发现起主导作用的一般原则,并用以解释社会关系结构。阿尔都塞对马克思主义的解释,认为它是关于社会形态的科学,是对社会内在规律及其不同层次或结构之间关系的研究。他指出,只能从整体角度进行分析,才能确定社会形态的性质;该整体是由经济的、政治法律的、意识形态的结构构成的。他坚持了经济优先的原则,又提出了多元论的社会形态观。他强调结构,但否定人在结构中发挥的创造性。

我们分析城市的社会结构,从根本上说,还是要遵循马克思主义哲学及其学说的指导;其他各种学派的学说可供参考。

城市社会结构是社会结构的重要组成部分。它具有开放性、流动性、复杂性、异质性等特点。城市规模愈大,专业性愈强,发展愈现代化,其结构开放性特征就愈明显。开放性是流动性的前提。城市社会流动有水平的、垂直的、代内的、代际的、结构性的、非结构性的、自然的、非自然的等类型,它反映城市社会和经济的调整、发展和变迁。城市社会结构内关系比较错综复杂。农村社会关系主要是血缘、亲缘、地缘的,而城市社会关系则主要体现为以业缘、趣缘、志缘为纽带。城市社会中有愈来愈多的专门职业分工,文化层次复杂,各种人才荟萃,由于职业差异、文化差异、收入差异等导致人们社会经济地位的差异。

促使城市社会结构变化的因素,有经济的发展、科学技术的发展、城市教育的发展、社会体制与政策的变化等。

城市社会结构是否合理,其各要素是否协调,制约着城市向良性或恶性方向发展。城市社会结构的状况,实质上可归结为城市中各种社会群体、阶层或阶级社会利益的实现程度以及它们之间的社会利益关系。

7.3.2 现代资本主义大城市的社会结构

现代城市集聚了当今人类文明的最大能量,成为这种文明的集中体现。城市中集中了各层次产业的从业人员、管理人员、各种文化教育机构的人员、国家机器各部门的官员和人员,以及各种社团组织中的人员。

在各主要西方国家的大城市里,垄断运动使土地所有者、工业巨子、金融巨头、武装力量和官场这些力量结成联盟,以谋取最大数量的经济剥削,并在最大程度上运用有效的政治控制。政府权力的后台把"国家利益"导向为工业家和金融家服务,以实现扩张。工业家们依靠帝国主义同盟在市场捉摸不定的情况下保护其工业,"保护"的形式从关税壁垒到津贴、到军事力量,他们可强行打开关闭的市场或催收债务。警察、侦探、特务对城市生活实行普遍的严密控制。

大城市之所以有吸引力,因为它是国家的工具手段,且是最高权力的象征;它集中了巨大的财富。由于现代化交通便利了大城市的集聚,远方的工人、知识分子、商人、旅游者都蜂拥到大都市。各种企事业中的行政管理工作变得愈来愈重要了,无论是工业、商业、慈善事业和教育事业都是如此。官僚主义加强了对各方面的控制和严密管辖。打字机、复印机、高速速记法、现代化的通信手段和计算机联网等,使商业官僚主义广泛兴起,使能在极远的地方经营商业。繁琐的法律和诉讼系统需要大量律师为之服务,其数量在专业人员中占很大一部分。工商界的官僚主义比官场里的官僚主义有过之而无不及。跨国公司在世界各地都有代理人、商务关系人、市场代销店、工厂和投资者。他们需要大量的职员,包括速记员、档案员、会计员、办事处经理、销售经理、广告主任、会计师和他们的各类助理人员,直到第五副总经理。

这种官僚主义的发展,要求建设大量的事务所大楼、公寓大楼、郊区住宅以及档案库、保管库、陈列场所等。为此在19世纪80年代,首先在芝加哥和纽约发展起摩天楼,作为这种事务所大楼的新形式。摩天楼竞相拔高,不仅是为争取空气和光照,更重要的是炫耀自己的经济实力和显赫威望。对官僚主义的各种服务一直在成倍增加,对各处的无孔不入的控制网络也在向外延伸。伦敦"二战"后由于机关和事务所雇员数量激增(为全国平均雇佣数的二倍),加上第三产业的其他人数,成为新镇计划疏散人口成效不大的原因之一。

印刷和包装是大都市的主要工业之一。这也是同机关与事务所的活动相关的。大都市里一切重要活动都直接与纸及其塑料代用品有联系。新闻、广告、报刊、书籍、学校教育以及戏剧界、文学界、音乐界、商业界,大家都在纸上创造声誉。学者、演员、音乐家……都以他们博得纸的数量多少来衡量他们的权力和重要性。在大都市里,炫耀和展览才是一切。

由于财政权力集中在银行系统,结果把一大部分人口(如投资者、存款者、借贷者、投机者等)都集中到大都市里来。银行家成为至高无上的人物,他们直接或间接地操纵着出现在政治舞台上的傀儡——他们为政党资助钱财,一项政府政策或一个工业企业必须得到他们的同意才能成功,否则就得告吹。在美国,一方面是少数富人拥有大部财富;另一方面,占人口15%的人生活在贫困线以下,贫困儿童占25%,社会福利不能解决他们的问题。

占支配地位的世界性大都市代表着政治、金融和技术力量的大量集中,后来又集中了大量宗教和教育设施,起到了推波助澜的作用,加强其垄断和控制。通过这些力量的运转,大城市凭其人口的规模和多样化,在19世纪养育出许多功能,志趣相同的人们组成各种协会和社团,它们涉及人类生活的各个方面。直到这时,教会、大学、学校、同业公会仍然是各种活动的主要中心。自文艺复兴初期起,这些协会和社团就已开始繁荣,而且采取了多种形式:科学会社、博物馆、交谊俱乐部、保险联合会、政党、经济集团、有历史性和纪念性的学会和团体,以及各式各样的会、社、团体。虽然19世纪的大都市以其私营工商企业的自由而引以为豪,实际上,更重要的是它自愿结合的、种类繁多、范围广泛的社团。美国大城市中具有名目繁多的大量社团,其中部分是大都市集中的副产品。以此为基础,还能组织起范围更加广泛的全国性的和国际性的组织。

大都市集中了政治和经济力量后,产生了出乎统治者意愿的城市公共机构和社会力量,俱乐部和各种社团的大量增加就体现了这种趋势。它对科学技术的发明创造和生产力的发展作出了宝贵的贡献。现代的工业组织也首先可追溯到这些大量的多种多样的社团机构。

总之,大都市的集聚有助于创造更加专门化的更有选择性的新组织。这对将来城市与区域的重建有很重要的意义。

大城市是人类生活最大的集中,是世界的最完全的缩影。它具有包涵各种各样文化的能力,且其重要任务之一是把促使世界团结和合作的文化资源传播开去。在这方面,博物馆的作用并不比图书馆、医院和大学差。它把陈列经过选择的标本和样品,作为让人们了解世界的一种方法。否则,人类将远远不能了解如此庞大复杂的世界。博物馆通过巡回展览和设立分馆,使其作用已超出本城市的界限。而且,大城市本身也是一个博物馆,历史性城市保留着许多文化标本珍品,反映着人类的活动、历史、科学技术的进展、艺术成就、建筑风格等。因此大城市也是人类最好的记忆器官,也是进行辨别、比较和评价的最好机构,它不仅陈列出众多的东西供人选择,而且还创造出许多出类拔萃有才智的人们处理它们。

今天的通信和多媒体技术,已可把城市的功能作用扩散出去,以至联系全球,这等于大大扩展了城市的社会结构。有形的看得见的城市固然是集聚某些功能的不可缺少的地方,同时,还存在着范围远为扩大的无形城市。比如在博物馆里陈列许多世界各地著名壁画的复制品,或通过幻灯、录像来观赏这些壁画。在工业和商业领域中,也可把原来高度集中在少数大城市的活动延伸、散开。例如,可以把联号银行、联号商场、联号百货公司、联号旅馆、联号工厂等跨国跨洲地组织起来,虽然其目的往往是为了金融垄断,利益独占,但其组织方法还是顺应一种经济区域化乃至全球化的趋势,有助于经济文化的交流。

新的功能网络补充了城市容器的老的功能,包括工业的、商业的、文化的、城市的,对好的和坏的用途两者都适合。在工业技术方面,比如电力网和通信网。许多发电站并网发电,比一个中央电力站系统有许多优越性。其中每个发电站虽有相对的独立性,但一旦需要时就可把多余的电力补偿给缺电地区。一个中央电站无论多大,都不能有整体电网那样的效率、灵活性和安全。

在文化领域里,比如图书馆的合作借阅制度。当读者在小镇的图书馆里找不到需要借阅的书时,可通过计算机联网检索各合作图书馆(包括国家图书馆)对该书的收藏情况和借阅费用,并选择办理借阅手续。这样的计算机联网检索系统加上缩微胶卷、复印和快速运输手段,使在乡村里进行学习研究的设施就能赶上大都市——只要国家对图书馆预算慷慨投资。

这种合作网络的参加者不但可利用该网络,而且能把各自的优势贡献给网络。他既保留了独立自主权,又能促进普遍的效益。

新的城市星座,新的有形的和无形的区域城市(regional city)将会借助于这种合作网络系统而形成。这是一种有机改善的方法。如果城市的每一个公共机构、组织和社团以及一些图书馆、博物馆和大学,都能得到这种改造再生,那么,城市的功能及其社会结构,将大大超出城市本身的范围。

西方城市和社会的社会结构存在着"结构病",表现为贫富两极分化、种族歧视、男女不平等、机会不均、信仰失落等。

7.3.3 我国城市的社会结构

按照马克思主义的理论,城市的社会结构,归根结底还是取决于生产力与生产关系、经济基础与上层建筑之间的辩证发展关系。集中的计划经济体制,企图用政治领导来决定经济的发展,但在经济落后、闭关锁国的情况下,终于还是要尊重生产力和经济发展的客观规律,采取改革开放的政策。我国目前处于社会主义初级阶段,实行社会主义市场经济体制,经济转型还处于初始阶段,经济的、政治的、意识的社会形态,还在不断的完善过程当中。

从原则上说,社会成员在社会中的地位,取决于他对社会的价值,或他对社会所作的贡献及其意义。社会设计出相应的制度和规则,来体现这种价值,并据此制定收入分配制度及各种激励制度。这些制度都属于社会的上层建筑范畴,是建立在经济基础之上的。

中国特色社会主义制度和社会主义市场经济体制决定了基本的社会关系和经济关系。国家在中国共产党的坚强领导下,实行多党合作的政治体制。党的宗旨是为人民服务,代表先进生产力的发展要求,先进文化的前进方向,和最广大人民的根本利益。人民政府的所有部门和机构,其官员和干部都是为人民服务的。人民军队和公安警察是人民的子弟兵,服从党的绝对领导。党领导人民同各种反社会的因素和力量进行坚决的、坚持不懈的斗争。

在社会主义的初级阶段,在市场经济的消极因素和种种负面因素的作用下,社会上还存在着种种不尽人意的、不良的、污秽的、罪恶的、黑暗的因素和方面。从社会结构方面来看,比如收入分配贫富和城乡两极分化,城乡二元化社会结构和进城农民工的权利保障问题,官员腐败和各种投机分子的存在,黄、赌、毒和各种犯罪现象的存在,道德沉沦、信仰失落现象的存在,黑社会的存在等。这要从政治、经济、法治、文化、教育等多方面下手来予以治理。

党和政府通过政治文明建设,处理好民主与集中的关系,加强社会主义民主与法制的机制,防治官员腐败和党的变质。在市场经济体制下,逐步实行生活服务社会化,择业自由化,改革了过去由单位行政官员统管一切的局面,减少了封建主义滋生的基础。居民社区的作用趋于加强。随着社会经济、文化的发展,人口和干部素质的逐步提高,机构的精简,社会的和谐与文明程度正在逐步提高。

中国社会科学研究院经过3年调查研究,于2002年1月发表关于当代中国社会阶层的研究报告,认为中国社会已经形成了十大阶层。该项研究抛弃了陈旧的意识形态,吸取了发达国家的研究方法,对社会多样化进行客观的分析。其十大社会阶层的划分是以不同的职业类别为基础,同时,考虑了行政管理权限、财产和教育程度这三种社会资源因素。十大社会阶层依次是:

(1)党和政府的领导干部。
(2)大企业的管理人员。
(3)私营企业家。

(4) 专业技术人员。
(5) 党和政府的一般公务员。
(6) 个体经营者。
(7) 商业服务业的从业者。
(8) 产业工人。
(9) 农民。
(10) 无业和失业人员。

报告书分析说,按照这个顺序排列的十大阶层是中国"现代化社会阶层结构的雏形"。

对社会群体的划分方法,一为从性质上分,另一为从定量因素划分。前者如分为私人企业主、工人阶级、农民、干部、知识分子等。后者可取三个指标(教育指标、收入指标和职业指标)来定量划分,见表7.1。

表7.1 社会阶层的划分及评价

指 标	项 目	评 分
1. 教育程度	研究生毕业及以上	7
	大学本科毕业	6
	大学专科毕业	5
	高中、中专、中技、职高毕业	4
	初中毕业	3
	小学毕业	2
	不识字或识字很少	1
2. 家庭成员人均收入(元)	4 001 及以上	7
	3 001~4 000	6
	2 001~3 000	5
	1 001~2 000	4
	601~1 000	3
	201~600	2
	200 及以下	1
3. 职业	高层管理人员与高级专业技术人员	7
	中层管理人员与中级专业技术人员	6
	一般管理人员与一般专业技术人员	5
	办公室一般工作人员	4
	技术工人	3
	体力劳动工人	2
	临时工、城市农民工、无职业者	1

按表7.1,分为7个层次的社会经济地位综合值的评分标准大致如下:

最上层:总分21分(满分);

上层:18~20分;

中上层:15~17分;

中层:12~14分;

中下层:9~11分;

下层:6~8分;

最下层:3~5分。

社会分层如果合理,就是一种有效益的、能产生动力机制的分层,否则,就会导致社会不稳以至革命。社会学研究发现,社会上至少有三种地位体系:第一种由财产划分;第二种由权力划分;第三种由声望划分。任何个人只要兢兢业业地做事情,善以待人,都能赢得社会或群体中的声望。在党的领导下,我国各行、各业、各民族的先进人物,都有可能受到党的培养,成为党和国家的各级领导干部。

社会精英(elite)阶层,可分为政治精英、经济精英和技术精英。西方市场经济产生了经济精英,已有200多年的历史。中国改革开放后才出现经济精英,还只有30来年时间。三种精英的比例曾在我国是失调的:政治精英所占比例大,而技术精英比例较小。

现代社会的一个突出特点是:中间阶层(西方称中产阶级)在社会上占很大的比例(美国在85%以上)。一个社会如果多数是下层那就有问题了。我国因农民太多,中间阶层比例不高,中下层的比例偏高。我国能进入中间阶层的主要是大城市里从事经营管理、专业技术工作或新型白领职业、新型办公室工作的,以及从事豪华商业服务的外商外企雇员等。万事达卡国际组织2005年估计,我国年收入在5 000美元以上的中等收入阶层人数约为8 000万,约占总人口的6%,增长速度较快。中国新兴的中间阶层主要是由产业结构的重大演变而产生的,如科技密集型产业、新的商业机构、新的公司等,他们往往代表着先进的生产力,与中国社会结构演变的方向相吻合。所以中间阶层会在未来社会上占有较重要的地位。

社会各阶层之间不断在发生流动。如果发生了过多的下降流动,这个社会就是不公正的,所以马克思也主张上升流动。在社会主义市场经济条件下,上升流动的渠道增多了。保障社会流动渠道和公平竞争是政府的主要职责,如制定考试、考核、资格认定、证书等各种制度。

要从政策、制度上抑制社会贫富差距拉大的速度。比如高额累进税、对穷人免税,以及各种社会保障制度(医疗保障、就业保障、住房保障、城市最低生活保障等)。最根本的是要发展教育,提高国民整体素质,改变社会结构。

一般来说,城市的社会结构,是在社会经济和城市功能发展的基础上,城市社会的各种集团利益机制运作的结果。社会主义的城市必须也只能以人民的整体利益和长远利益为依归。

7.4 城市的人口结构

城市的人口结构,可就其数量分布、性别构成、年龄构成、家庭构成、劳动构成与就业分类、文化程度构成、科技人才含量、工商事务所工作人员比重、机关干部人数比重、非农业人口比重、各产业从业人员比重、残疾人口比重、流动人口数量与比重,以及民族结构、宗教信仰结构、收入结构等进行分析比较,这是研究城市化进程以及城市的职能结构、经济结构与社会结构,制定相关政策的重要依据之一。

地区、市域城镇体系以及市内各区之间人口的数量分布及其动态,是研究城市化进程、居住密度和土地利用集约化程度的重要依据。城市人口可分为常住人口、非农业人口与流动人口。后者又可分为常住流动人口(定期、短期和季节性居住者)和临时流动人口。所有这些人口都需使用城市设施。计算城市用地时,一般需考虑常住的非农与农业人口,以及常住的流动人口。计算城市化率时,应只计算常住非农业人口与常住流动人口。

城市的人口结构受许多因素的影响,如出生率与死亡率、城市经济的发展、社会分工、科技的发展、教育水平、城市生活水平等。同时,城市人口作为生产者和消费者,其结构又反过来影响城市经济与社会的发展。

7.4.1 城市人口的性别结构

城市人口的性别结构指标通常用性别比与性比重表示。前者为男女两性人口的比例关系,用每100个女性人口所对应的男性人口数来表示。后者指男女人口分别在总人口中所占的比重。这两个指标既可按城市总人口或各年龄组的人口来计算,还可按地区、文化程度、行业、职业及不同类型城市来计算,以反映男女人口在各个方面的分布状况和特征。

人口的性别结构,既受自然因素的影响,又受社会因素的影响,呈现出许多不同的情况和特点。

如我国解放前由于大量破产农民流入城市谋生(多为青壮年男性),使一些大城市的人口性比例高达124～144(1946年)。1949～1959年间,城市男性人口比例仍很高(约占54%),进入80年代才渐趋基本平衡。但城市男性比重还是高于农村;个别城市,如渡口、新汶、邯郸、平顶山、酒泉、嘉峪关等,性比例高达130以上。这是因为社会经济发展不平衡所致。一般来说,新兴城市的性比例往往超过老城市,重工业城市超过轻工业城市,小城市及镇超过大城市。

人口的性别比例保持平稳也是社会稳定的因素之一。由于性别偏见及滥用性别选择技术,根据第五次人口普查,我国婴儿男女比例已达119∶100,而世界其他国家的比例是107∶103,人口出生性别比一般稍高于老年性别比,这是自然规律对女性寿命稍高于男性的调节。

7.4.2 城市人口的年龄结构

城市人口的年龄结构是指在一定时间内,城市各年龄组人口在总人口中所占的比例。按其指标可将城市人口年龄结构划分为三种类型,即年轻型、成年型和老年型。国际上通行的划分标准如表7.2所示。

表7.2 人口年龄结构类型标准

人口年龄结构类型	老年人口系数	少年儿童人口系数	老少比	年龄中位数
年轻型	5%以下	40%以上	15%以下	20岁以下
成年型	5%～10%	30%～40%	15%～30%	20～30岁
老年型	10%以上	30%以下	30%以上	30岁以上

属于年轻型人口年龄结构的城市,人口自然增长率较高,劳动力资源丰富,但未成年人的抚养、教育,青年的教育、就业、住房等问题占有重要地位。老年型人口年龄结构类型的城市,人口自然增长率较低,劳动人口相对减少,需要赡养的人数增加,加重医疗、保健、社会福利等一系列老年型社会的问题和负担。一般来说,发展中国家的城市、新城市多属年轻型;

而发达国家的城市、老城市多属老年型。

我国建国后头15年,城市人口的年龄构成还属年轻型。到20世纪70年代中期属于成年型。之后到80年代,逐渐进入老年型(1982年人口老化系数或老少比达28.4%)。人口最老化的上海,1982年人口老化指数达41.8%,而青海的格尔木市,人口老化指数只有1.7%。

城市人口的性别构成与年龄构成,一般用百岁图及圆分扇面图来表示。从中可了解被抚养人口数及人口老龄化程度,婴幼儿人口数、各学龄组人口数及劳动力人数等。

7.4.3 城市人口的在业结构

城市人口的在业结构包括两个方面,一是指在业人口在总人口或劳动适龄人口中所占的百分比,即人口的在业率(相对的是失业率);二是指在业人口在各行业、职业间的比例关系。1982年第三次人口普查时,我国城市人口的在业率,为总人口的55.41%和劳动适龄人口的88.12%,均高于全国平均水平,且高于许多发达国家,更高于发展中国家。1989年待业率降至2.6%。后来因国企改革出现许多下岗、转岗人员。进入社会主义市场经济体制后,近年来,一方面有大量农民工涌入城市求职,另一方面高校毕业生也出现了许多待业者,但由于经济增长速率较高,国家从多方面的政策上努力降低失业率。

在业人口的行业结构,系指劳动者在国民经济各个行业部门中的就业比重。参照我国在20世纪80年代对城市行业的分类(15大类),结合当前的情况,可将城市行业分类如下:(1)农、林、牧、渔业,草业、海业;(2)矿业及木材采运业;(3)电力、煤气供应,供排水等基础设施服务业;(4)污染治理、环境保护和循环经济服务业;(5)制造业;(6)地质勘探和普查业;(7)房地产业,建筑业;(8)交通运输、邮电通信及互联网业;(9)商业,饮食业,物资供销及仓储业;(10)住宅物业管理、公用事业管理和居民服务业;(11)医疗、卫生、体育和社会福利事业;(12)教育、文化、艺术事业;(13)科学研究、信息、咨询、综合技术服务业;(14)金融、保险、广告业;(15)国家机关、政党、群众团体;(16)其他行业。

其中(1)属第一产业;(2)、(3)、(5)、(7)属第二产业;(6)及(8)~(16)属第三产业,但其中(13)正在生长出第四产业,(12)正在生长出第五产业。据第三次人口普查资料,当时城市在业人口结构中第三产业只占不到30%,比发达国家差很多。

又(1)~(9)类可划为物质生产部门;(10)~(16)类可划为非物质生产部门。在第三次人口普查时,我国城市在业人口结构中,非物质生产部门所占比例不到15%,也低于发达国家。

城市在业人口的职业结构,系指在业人口在各职业类别中的就业比重。我国将职业分成八大类:(1)各类专业技术人员;(2)国家机关、党群组织、企事业单位负责人;(3)办事人员和有关工作人员;(4)商业工作人员;(5)服务性工作人员;(6)农、林、牧、渔劳动者;(7)生产工人、运输工人和有关工作人员;(8)不便分类的其他劳动者。

在1989年时,我国城市在业人口的职业结构表明,体力劳动者多,脑力劳动者少(只占约20%);城市中还有近1/5的农业劳动者;专业技术人员比重偏低(仅占约12%)。

7.4.4 城市的基本与非基本就业人口

本章第1节已论及,城市的职能可分为基本职能与非基本职能。城市的存在与发展,都依赖于它对外界销售货物与提供服务的能力（基本活动），即依赖于它对外界所起的作用。相应地，城市就业人口也可分为基本就业人口与非基本就业人口。后者只为本城市内部进行生产和服务。

非基本就业部门，如服务业、商业、政府机关，以及为本城市提供货物的制造业等。研究表明，不同城市的非基本就业结构差别不大，而基本就业结构则随城市的职能不同当然有较大或显著的差别。

基本就业人口（B）与非基本就业人口（N）之比率 B/N 称为基本－非基本比率，简称基非比，表为 $1:x$ 的形式。发达国家人民的消费水平较高，需要较多的服务人口为本城居民服务，故 x 值较高。1950 年美国 1 万人口以上城市的 x 值为 0.6。但在实际上，划分基本人口与非基本人口存在着很大的难度。例如企业的产品，往往一部分销往外地，一部分在当地销售。商业服务业也有一部分是为外来人口服务的。而且，这种对内对外的比例不断变化，难于掌握。此外，有些对外提供产品的企业所属的附属企业，往往被划归非基本活动范畴，其实它们可能是为基本活动提供中间过渡产品的。所以，基本、非基本活动只能就其基本性质作概略的划分。

城市的范围愈大，为当地服务的非基本人口比例也会愈高；反之，城市范围愈小，基本人口的比例便会愈高。

为了区分城市就业人口中的基本人口和非基本人口，国外有些学者使用最低必要量（minimum requirements）法。该法就是通过统计来确定某一部门为本城居民提供最低必需的商品和劳务所需的从业人员百分比。

1964 年，美国经济学家阿历山德逊考察了美国 1 万居民以上的 864 座城市的经济结构。他把城市的经济部门划分为 36 类，将各城市同类部门的就业人口百分比，按从小到大的顺序排列，取第 5% 序数上的城市，即第 43 序数上的城市，以其该部门就业百分比作为一般城市所需的最低必要量，以 K 值表示，作为一般城市各该部门的非基本人口标准。

之所以不用最小的就业百分比，而取第 5% 序数上的，是为了避免某些城市极不正常的就业结构。就像若干专家或裁判的评分，要撇去最低分和最高分再取平均那样。

所有 36 个经济部门的 K 值之和为 37.7%，这个数字表示了美国城市为自身服务所需的最低必要就业百分比。

研究表明，K 值是随城市规模上升而增加的，即大城市非基本人口占有更大的比例。在制造业占优势的地区，产品大多供外销，K 值较低，城市的专业化程度较高。

在不同时期，产业的最低必要量也会有变化。

7.5 城市的空间结构

城市的空间结构，可从城市的规模、形态、布局、骨架、形体几个方面来考察。克里斯塔勒的那句话："城市在空间上的结构是人类社会经济活动在空间的投影。"表明了城市空间结构与社会经济活动的关系。

城市的空间结构属于城市形态学的研究范围。城市形态学（urban morphology）中"形态学"一词来源于希腊文 morphe（形）和 logos（逻辑），意指形式的构成逻辑。形态学（morphology)始于生物学研究方法。城市形态学是将城市视为有机体加以观察和研究,以了解其生长机制与表现形态的关系。狭义的城市形态是指城市实体所表现出来的具体的空间物质形态;广义的城市形态则不仅指其有形的表现,而且包括人们对城市感知的意象总体,由物质形态和非物质形态两部分组成。后者如城市的精神风貌、文化特色、社会分层、分布特征及居民的心理反应和认知等均属其列。

城市形态演变的影响因素有:历史发展,地理环境,交通运输条件,经济发展与技术进步,社会文化因素,城市职能、规模与结构,政策与规划控制等七个方面。

7.5.1 欧美现代城市的空间结构发展

1800年时,西方世界的城市没有一个超过100万人口。最大的伦敦也不到96万人,巴黎人口只有50万稍多一点。到1850年时,伦敦有居民200多万,巴黎有100多万。到1900年时,就出现了11个人口超过百万的大都市。1930年有27个。这是由于资本和金融的集中,城市里的大机器生产和各种机械装置可使资本家获得丰厚利润,城市也有了向拥挤和延伸发展的手段。到20世纪中叶,出现了一群新的大都市地区,连同其膨胀蔓延的郊区环,使大都市地区更加扩大了。

到20世纪80年代,许多发达国家的城市用地面积已与耕地面积差不多了。所谓巨型城市带(megalopolis,即围绕若干特大城市的城市稠密区)正在迅速变成普遍形式。希腊建筑师与城市规划师多克西亚迪斯(Konstantino Doxiadis)早在20世纪60年代就预测,这种城市连绵区发展下去将超过国界、洲界,所以建议用"世界城市"(world city)来命名之,按希腊文为ecumunopolis。城市权力高度集中,大都市经济及其文化占着支配地位。

有些地方如美国的北卡罗来纳州,本来人口分布较均衡,各城市的人口都不超过10万人,互相隔开,像星座一样。后来,它们日渐连成一个没有差别、无一定形式的城市团块,或如盖迪斯所称的集合城市(conurbation)。超过10万人口的城市不断发展起来,它们也都有郊区环。1930年时,美国约一半人口(近9千万)居住在距离10万人口以上的城市约30~80 km半径的范围内;到1950年时,他们居住在168个5万人口以上的城市地区内。在世界其他地区也有类似趋势。1950年时,世界总人口的13.1%居住在10万人口以上的城市内。

在发达国家城市化的进程中,城市的影响不断扩大。城市分布的范围与数量,大致随该地区最大城市规模的大小而变化。在一些人口稠密区,农田反而像绿色孤岛,陷在一片建成区的海洋之中。

19世纪中叶,由于采煤、炼钢和铁路的发展,居民点从煤矿、铁矿和铁路网一带迅速发展起来。英国学者盖迪斯(Patrick Geddes,1854~1932)在20世纪初指出,人口正在向城市集中,城市团块在扩大,全省和全郡在城市化。他建议将这种扩散形成的城市团块取名"集合城市"(conurbation),以有别于历史上的著名城市。

在20世纪,又发展了电力网、电气化铁路,后来又有了汽车和汽车路。这样,城市化运动就得以到处发生,而不限于铁路网一带。在过去,由于工厂的兴起产生了许多新城市,或大大增加了原有中心的人口;现在的特点是居民点地区的扩散,基本上阻止了上述围绕中心的增长,却大大地产生了外表上无大区别的城市组织结构,它既无内部紧凑的核心,也无外部的任何边界。这样发展下去,就有全球各处都形成集合城市的危险。不过人们现在不这样叫它,而称之为"巨型城市带"(megalopolis,也有译为巨型城市连绵区或特大城市者。法国地理学家戈特曼 Jean Gottmann 于 1957 年以此名称形容美国东海岸自新罕布什尔到弗吉尼亚北部围绕 5 个大城市的城市连绵区)。美国城市学家芒福德(Lewis Mumford)认为这个名词并不合适,如果把它用于发展过大的历史上著名城市也许倒还可以,它还有一个残存下来的实体;而集合城市却不是一个实体,它只是向外铺开而没有中心,而且它代表了一种相反的趋势(不是集聚而是分散——编者)。

这就是说,量的限制被取消了。这标志着从一个有机系统改变为一个机械系统,从有目的性的增长变为无目的的盲目扩展。纽约的集合城市范围已达 6 436 km²。芒福德认为,如果人类不是有目的地去阻止这种抹掉农村的趋势,不对城市的生长和蔓延确定出一个限度,那么,整个美国东海岸沿岸地带,从缅因州直到佛罗里达州,非常可能结成一个无区别、无特点的集合城市。如果把这种巨型团块叫做"区域城市"(regional city)并认为现代人应适应这种尺度的话,那就意味着允许这种表面上看来似乎是自动发展的机械力量来代替人类的目的和意志。

大都市无定型、无目的地扩展。技术和公用事业被用作加剧拥挤的手段,而不是用来疏散,因为拥挤有利于获得利润,要减缓拥挤必须付出代价。大楼盖得愈来愈高,交通设施(道路、停车场、桥梁、隧道、立交、公路)修得愈来愈多,但它们限制城市内可利用的土地做别的用途。这样城市的最终形式将使 1 英亩土地的建筑物配上 1 平方英里的快速路和停车场。一个以营利为目的而不是以满足人民生活需要为目的的扩张中的经济,必然会创造出这种无止境扩大的无底洞似的城市形象。

按照芒福德的分析,在垄断资本主义国家中,形成这种特大集合城市的力量,是权力的高度集中。这种权力是表面上看不见的,它通过无所不在的机械设备,控制着城市中的生产、消费和生活。其目的是垄断权力,获取最大限度的利润。他们控制了秘密知识,制造大规模毁灭性武器,在控制室里掌握着人类的命运。

随着社会发展到后工业时代——信息时代,社会劳动力中的大部分从事处理资讯的工作,而从事农业和工业的劳动人员降为少数。这时城市形态的变化可从美国近年发生的情况略见端倪,即在许多大城市的周围出现一圈圈的所谓"边缘城市"(edge cities),其中心有高层办公大楼和购物商场,在其周围的车行上班距离内散布着居住区。

资讯工作具有高科技、无污染的特性,在城市布局上无须将它们按功能分区布置,便于安排成工作-居住混合区,从而大大减少车流交通量。

交通和信息科技的发展也会影响城市的空间形态。铁路列车的出现曾导致中心城市沿铁路线辐射发展成指状,然后指间空隙逐渐借助汽车交通而填满;并沿铁路停车站形成串珠状小镇。中心城市的大小,一般遵从所谓"45 分钟定律",即居民出行时间可不超过 45 分钟。现代磁浮式高速列车的发展,时速可达 480 km,则城市有可能在直径 360 km(45 分钟)的巨大范围内发展;而且磁浮列车无需火车头,各车厢可灵活地集合和拆散,分赴各支线。因此,在中心大城市周围,城镇可分布成网络状,与广阔的农田相间,形成所谓"磁浮郊区"。

资讯科技向光纤和数字化方向发展,可大大增加信息传递的容量和清晰度。许多人可以在家上班,工作、办事、开会、学习等都可以远距离进行。虚拟现实(virtual reality)和遥作技术(telescience)的发展,不但可使人们感觉如身临千里之外的情境,而且可以操纵机器人替他工作。这样,甚至像外科医生、厨师、管线工人这些不容易靠资讯传递完成工作的人士,也有可能足不出户就完成任务了。那么,城市在空间上集聚的必要性似乎就真的不存在了。

不过,通过虚拟现实技术,要在视、听、嗅、触等感觉上都如身临其境,还是难免要带上头盔、手套,或穿上紧身衣。这总不是很舒服和自由自在的吧?科技无论怎样精密发达,总不能代替人与人的真实交往。如果人们完全沉浸在虚幻的世界中,会有怎样的消极后果呢?我们从今日沉湎于计算机互联网媒体的青少年(所谓"@一代")的身心发展也可略见端倪。今天有些完全可以在家上班工作的人,每周还自愿有一两天开车到班上与同事们聚会一下,为的是寻求归属感。即使有一天从技术上说,城市真的无需存在了,但是人类要求聚会交往的心情大概是不会消失的,孤独和寂寞总是难以长期忍受的。也许这就是各种城市还会持续存在的原因吧。

7.5.2 我国城市的空间结构

我国城市发展的条件与资本主义国家,特别是与美国有很大的不同。我国的土地资源很紧张,人口多,耕地少,平原比例小;许多城市,特别是大量小城镇的土地利用集约化程度很低。在土地公有制的条件下,国家对土地实行严格的管理控制。农业人口比例仍较大,城乡二元结构的完全消除还有待时日。我国城市内和市际的交通,直到20世纪80年代以后才有较显著的发展。我国社会主义制度的性质决定城市的发展必须以满足人民生活的需要为最终目的。

我国百万人口以上的特大城市的数量,相对于世界各国来说较多。目前处于城市化快速发展的关键转型阶段。单个城市的发展形态,一般多数是在原有城市周围选择发展方向继续呈团块或组团式发展,少数呈带形发展。资源采集型城市(矿业、石油、林业等)原布局较分散,现在多趋于逐步适当集中。如石油城大庆的城市形态,在20世纪60年代总结为"工农结合,城乡结合,有利生产,方便生活"。后来他们对这十六字方针作了新的解释,使城市发展成适当集中的生态型。

在经济较发达地区,如长江三角洲、珠江三角洲、京津唐地区等,也开始出现了类似西方集合城市的情况(都市圈):城市和人口都比较稠密。但发展还处于较初级阶段,还存在着"城中村"现象。我国应注意有目的地将它们引向有机发展,而不应盲目地仿效西方那样无目的地盲目扩展。

我国有着数量众多的历史性城市。在历史性城市的基础上发展新城,对原有的城市结构,或是改造利用,或是保护避开,必须有正确的决策。比如,我国有许多封建时代沿袭下来的古城,往往是十字形主干道交叉于商业中心,过境道路也由此经过,致使城市中心人车混杂,交通负荷与矛盾日益尖锐。这种布局结构当然不能适应现代化交通的要求。我们在重新规划时,应将过境交通车流引开,进而还可将机动车流引至两侧的道路,而将原有的十字形主干道辟为步行林荫路或带街心花园的道路,使商业中心具有优美的环境。

如果原有的城市是历史文化名城,需要完整地保护下来,那么新的城市中心就应避开此古城,另选新址。欧洲的一些历史名城都受到了精心保护,如意大利的罗马,瑞士的伯尔尼等古城都被定为绝对保护区;巴黎把古代直到18世纪中叶奥斯曼改造的城市格局都完整地保留下来;土耳其的伊斯坦布尔,也对历史性半岛实现了严格的保护。古城保护好,新城建新貌,这样的历史文化名城既充满历史文化的魅力,又体现出蓬勃的朝气。20世纪30年代初,前苏联建筑界围绕莫斯科的重建问题展开争论。当时提出了保留老城,另建新城的方案,以及保留市中心区不动,在外围建8个卫星区的方案,均被斯大林否定,而确定了以克里姆林宫为中心向周围环形辐射的方案。20世纪50年代初,我国首都北京的改建遇到了同样的问题。前苏联专家把莫斯科的经验照搬到北京,否定了由梁思成与陈占祥先生于1950年2月提出的完整保护古城,将行政中心迁往西郊的建议,以致我国最宝贵的历史名城保护遭到严重损失,且给北京的城市建设留下一系列难以处理的后遗症。

我国解放后,各城市政府财政与城建资金主要依赖于工商利税,这就迫使所有的城市都尽力发展其制造业和商业。北京历年的固定资产投资,约有一半来自中央财政,故其发展快于一般城市。北京在第一个五年计划期间,就开始在老城区外围集中发展制造业。1958年的城市总体规划,根据消灭三大差别的设想,在近郊区布置了12个分散集团,形成工农结合、城乡结合的格局,成为北京空间发展的基础。建国后北京的城市空间结构发展,深受前苏联城市规划模式的影响,即突出城市中心广场与放射式几何构图,强调功能分区与卫星城建设,以及郊区公园绿带。沿长安街布置了许多重要建筑和中央部委大楼,形成了新的东西向城市轴线,与原有南北向皇城轴线形成巨大的十字型架构。改革开放以后,由于经济制度的变革,使城市社会空间结构发生了巨变。一方面进行老城区改造,同时城市边缘区与外围迅速发展。建设了中央商务区(CBD)和国际商务区(IBD)、外国人居住区、研究开发基地、高质量居住区与新的制造业区。城市空间结构将从同心圆结构向沿高速公路发展的带形走廊结构转变。城市出现了社会极化与不平衡的城市空间增长。

但北京市迄今的"摊大饼"式发展仍然势头不减,人口压力持续增长,势将超过城市的资源环境容量极限,并未形成有效的卫星城体系与"反磁力中心"结构使之得以缓解。比起第二次世界大战结束前后伦敦、巴黎等的卫星城体系规划建设落后了不下半个世纪。新的京津冀区域规划正在编制之中,我们希望看到在空间结构规划方面能出现创新的举措。

我国的一些大城市,往往倾向于"摊大饼"式的发展,不断一圈一圈地增辟外环路,导致交通流量的集中和拥堵。这与"拿地"的冲动及缺乏及时有效的规划干预有直接的关系。城市政府通过高价拍卖土地获利并建立"土地财政",促使其急于向城市外围迅速扩展。要实现科学发展,就必须建立合理的城市发展机制。

城市的经济结构影响城市的空间结构。第一产业要依附于大片的土地,所以一般不宜布置在城市;但有些蔬菜、水果生产及工厂化农业生产、养殖业等则可能同城市布局相结合。第二产业生产必须占用一定的空间,其中重工业占地多,污染也较严重,对交通运输影响较大,应与城市保持适当的距离。一般来说,第二产业破坏着人和土地之间的天然循环,对环境会造成程度不同的恶化影响;有些高新技术产业(如超净车间)则影响较小或无影响。第三产业也需要占用一定的空间,有些可以高度集聚在城市中心区,形成城市空间构图的核心。第三产业也会产生某种程度的污染,破坏人与自然的关系,其影响比第二产业小得多,耗费的能源、资源也较第二产业少,但要求较现代化的城市基础设施。

当城市以不同的产业为主时,空间组织及其面貌会有明显的差别。旅游城市与煤矿城市,金融中心与工业中心,重工业区与轻工业区,在布局、建筑、景观上显然会有很大不同。

由此可见,城市的空间结构与城市的经济结构、社会结构及城市功能是密切相关、相互依存、相互影响的。

城市的空间结构除受客观因素与规律的制约外,人的主观意图也能予以影响,特别是先进的城市规划、设计与建筑理论以及科学技术,都会影响城市的空间结构。如众所周知的田园城市理论、带形城市理论、工业城市理论、卫星城理论、有机疏散理论、广亩城市理论、邻里单位理论、划区理论、现代主义理论、城市集中主义理论、结构主义理论、簇群城市理论等,都是有关城市布局的一些新理论、新思想。它们是近100年来一些先驱规划思想家针对城市发展中存在的各种问题提出来的。20世纪60年代以来的环境-行为研究则深化了人们对城市环境的认知。

为了对城市的空间结构采取战略性规划举措,需要有深邃的思考,并据此充分发挥远景规划与概念性规划的作用。如果规划只着眼于解决眼前的问题,缺乏前瞻性是不行的。在我们这样一个城市现状较落后、存在问题较多,且处于矛盾多发阶段的国家,这点有必要引起充分重视。

7.6　城市的有机结构

这里用"有机"一词,试图概括影响城市的生存、生命和城市中人民的生活质量和需求的自然要素和有机构成。1977年的《马丘比丘宪章》曾经批评过分追求功能分区清楚却牺牲了城市的有机构成。这里的有机构成是同城市的生活结构有关的概念。美国城市学家芒福德所主张的有机规划是同人文主义规划相关联的概念。

芒福德针对当今资本主义大城市的发展,认为它是用机械的方法,排挤并取代了有机的人工方法,最后总的结果是取代活的形式。他认为,现代集合城市无目的、无限度的扩展,像一支溃散的军队。要想加以控制,首先要组建成易于管理的小部队,弄清其机能作用并对之进行训练。"区域城市"是可能实现的,且是非常必需的。但成功的关键在于要认识有机限制的必要性并强制实行有机限制。这意味着要用一种重视生命的目标和利益的经济来取代重视机器的大都市经济。

大都市没有有机结构,就像肿瘤般地生长。有机的进程是有目的的,是追求目标的,是自我限制的。一切有机体内都有天生的控制来协调动作,限制发展。在大都市里,血和肉还不如纸、墨水和赛璐珞真实。人们远离自然界,也远离内在的本性。他们不是真正地生活着,而是降低为一堆不由自主的条件反射物,没有自己启动的冲力或独立存在的目标。

限制大都市发展的物质条件有三条:一是水资源数量;二是保持生态环境所需的土地;三是交通运输上时间和金钱的代价。

随着大都市人口的集中,当地的泉源和井逐渐被废弃,建立了较大的储水池。地面和地下水源受到不同程度的污染,依赖氯气消毒以供饮用。加上巨量的工业耗水和空调用水,水源日趋枯竭。引水距离愈来愈远,单位成本不断增加。地下水被超量开采,水位迅速下降,形成巨大的漏斗形水位面。一旦遇到干旱之年,整个城市就会处于危险境地。大都市往外扩展,不但封闭了当地水资源的供应,而且由于填平了沼泽,伐尽了树林植被,减少了地下水储量。缓解大都市地区长期缺水的唯一前景是大规模地蒸馏海水,但是,即使通过利用廉价的太阳能或核能使之成为可能,其质量也许不会比现在船上制造的水更适于饮用,且水价将更贵。

城市要保持良好的生态环境,就不能无限制地铺盖建筑材料吞噬自然植被。城市建成区与绿地、农田应当相间布置,使每个城市居民都能接近自然环境。在土地私有和土地投机的资本主义国家,要做到这点很困难。他们的办法是由政府买下私人土地,建成公园(这个过程很复杂），以及充分利用居住稀疏的宅旁土地进行绿化。我国实行城市土地国有和使用权转让制度，只要规划和管理工作有一定水平，要达此目标应是不难的。城市是人工生态系统，与自然生态系统大不一样。前者自组织能力低，要靠人来调节、修复、维持和发展。我国有的学者提出，在城市结构中引入农业圈，其中以种植蔬菜与水果为主，是值得考虑的。

许多城市中实际存在着城市农业用地。除利用自家庭园或边角废地生产果蔬自用或零星出售者外，也有专门从事农业生产向城市提供产品的。据称，在中国18个大城市中，城市农业提供了85%的蔬菜和50%以上的肉类和禽类。城市农业在各国农业中占有重要地位，但往往未受到应有的关注。其实，发展城市农业可大大节约运费，产品更新鲜而富营养；能就近利用城市排出的有机废物施肥，用净化后的污水灌溉或养鱼，对城市环境具有巨大的净化和绿化的作用；还能解决一大批城市贫困人口的就业问题。当然，城市农业面临的问题也应注意得到解决，如使用的垃圾和污水处理不当，汽车含铅尾气的重金属污染，以及产品被盗窃等。垃圾和污水应经无害化处理后再使用；可选种对有毒物质不敏感的品种，如西红柿和果树等，而不是那些贴近地面生长的蔬菜或有肥厚叶片的蔬菜（容易积累铅等物质）。如果加强规划和相关法制建设，城市农业能够成为一种绿色行业，有利于城市的可持续发展。对于贫困国家或地区具有更大的意义。

一个大城市交通系统的费用也是极为巨大的。地下铁道网、隧道、桥梁、公路、立交等，开挖建造非常困难，耗资巨大；且建成后每年的维修和营运费用也很大。除此以外，还得加上人们在生理上、心理上和时间上的损耗这笔无形的费用。任何改善大都市地区生活质量的计划，都必须减少其日常交通上所花的时间，缩短其距离，这是最起码的。

在拥挤的车厢中容易传染疾病，精神沮丧紧张，引起肠胃功能紊乱；而步行一段路，或骑自行车，倒是有利健康。若在大都市地区范围内建立以步行和自行车交通为主的次中心，可以解决相当大一部分的城市交通困难。按照伦敦交通警察总监屈普（Tripp）的"划区（precinct）理论"，以及伊里尔·沙里宁（Eliel Saarinen）的"有机疏散理论"，如果用快速干道将城市划分为许多"划区"或"功能性的集合体"。其中的局部交通可充分发挥自行车和步行的作用。在城市中规划出自行车专用道系统和步行系统，做到人车分流、机非分流。在一些多中心的、已经部分疏散开的城市，如伦敦，由于重新组成许多个自治区，约40%的常住人口能在他们本区内找到工作。在城市规划中应力求使住家与工作场所之间的距离安排得较接近。

随着商业区和居住区内每公顷建筑密度的增加，容积率和人口密度的提高，道路和停车场面积比重的不足，使市区车速持续下降。汽车行驶速度还不如马车和自行车，由此而造成的经济损失，庞大得无法估计。

城市拥挤会造成巨大的损失，许多发达国家的城市人口纷纷向郊区疏散，其代价也是很高的。每天往返城郊，代价高昂，且原来郊区的低地价和低征税也会上涨。所以归根结底，还是要在城市规划中采取有机结构。

尽管芒福德对资本主义大都市的无限扩张表示了忧心忡忡，认为这是崩溃的前兆，认为这种大都市文明会给人类带来毁灭性的灾难，但他还是看到了希望，看到了人类有极其丰富的潜力。他从英国的新镇和像伦敦巴比干城市中心改建那样的计划中看到了新的前景。

芒福德面对人类开始进入生态文明时代，提出了有机规划和人文主义规划设想。他认为，总目标是把未来社会和城市向有机状态进行改造：

(1) 创造各种条件开发人类智慧多层面的潜在能力。

(2) 重新振兴家庭、邻里、小城镇、农业区和小城市。

(3) 在沿河生态极限内建立若干独立自存而又相互联系的、密度适中的社区,使之构成网络结构体系。

(4) 把符合人类尺度的花园城市作为新发展地区的中心。

(5) 创立一种平衡的经济模式。

(6) 复兴城市和地区内的历史文化遗产,将其建成优良传统观念和生活理想的主要载体。

(7) 更新技术,大力推广新巧、小型、符合人性原则和生态原则的新技术。

美国的结构主义建筑师亚历山大(Christopher Alexander)在其《建筑模式语言》中认为,在空间上过分集中的人口会给区域的整个生态系统造成巨大的负担;而比较均匀地分布于全区域的人口,对环境生态平衡的冲击就会减少到最低程度。一般来说,只有通过分散这一途径,我们才能提高自给自足的能力。

不过过于均匀的分散布局对于基础设施建设和靠近河流等要求或许是不够现实的,实际上城市往往还是首先沿交通干线和河流等水面分布。

为了便于城市居民接近农村,他建议使市区呈指状带蜿蜒扩展,宽度不超过1英里(1英里=1.609 km);与之毗邻的农田也呈指状带,宽度不少于1英里。在丘陵地带,乡村指状带位于山谷,而城市指状带位于山冈顶部的斜坡。

第8章 我国城市化的基本情况和特点

8.1 我国建国后的城市化进程概述

从我国历史发展的进程来说,自鸦片战争以来至今的160余年,是处在一个历史的拐点:帝国主义列强打开了中国的大门,使我国处于被宰割的状态;3 000多年的封建制度被推翻,进入民国后北洋军阀混战,经过北伐战争,又出现了共产主义运动、抗日战争、解放战争内战;解放后发展至今,是一个剧烈动荡的时代。其背景一方面是帝国主义的全球化势力,一方面是世界共产主义与社会主义运动,其中又遭遇了"苏东剧变"。中国从救亡图存,到探讨富强和复兴之路。这又是一个充满探索和创新的时代。

我国在1949年解放以前还是一个半殖民地、半封建的十分贫穷落后的国家。经过百余年来帝国主义列强的侵略、掠夺和国内战争,社会与城乡面貌千疮百孔。内地大多数城市还停留在封建社会的状态;少数具有现代资本主义因素的大城市,主要处于各帝国主义殖民势力控制和影响的地区,多位于东南沿海、沿江或交通要冲;民族资本的力量较弱,官僚资本则同买办相结合,控制了一些经济命脉。在第一次世界大战前后至1936年前,民族资本主义有所发展。1936年,我国有5万人口以上的城市191座。1949年有城市138座,城市人口5 765万,城市化率10.6%。

我国建国后城市化的发展,大致可分为四个阶段。

1. 第一阶段(1949~1957)

新中国成立后,经过三年恢复经济,1953年开始第一个五年计划建设。当时主要是借助于前苏联的援助进行工业建设。围绕着694个重点建设项目,采取"重点建设,稳步前进"的发展方针,新建了6个城市,大规模扩建了20个城市,一般扩建了74个城市。在这期间,城市人口迅速增加;整个国家的经济得到显著发展,钢铁、煤炭、电力、棉花、粮食等产量都超过了建国前的最高水平。新兴的一批工业城市逐渐发展为我国区域经济的中心。

同时,为了解决城市的口粮问题,不得不实行粮食统购统销和生活资料定量供应政策,并厉行节约。

1957年比1952年全国城市人口净增2 786万,城市化率上升至15.4%。

2. 第二阶段(1958~1978)

城市化进入畸形和停滞、倒退的阶段。

1957年前苏联撤销援助,并追讨债务;加以我国自身的经济战略失误,造成巨额的财政赤字和经济的萧条。1959~1961年三年严重的经济困难,政府不得不从1961年起执行三年调整政策,紧缩城市经济,并动员几千万人到农村生产自救以缓解城市的失业压力。城市人口下降。1958年"大跃进"时,农村人口进城总数约达1 950万,使1960年城市化率升至16.84%,而三年调整期间城市人口则减少约2 000万,1965年城市化率降至14.0%。

始于1966年的"文化大革命"十年动乱,更使城市化进程再次出现倒退。城市规划荒废,城市建设陷入混乱。解放后迅猛增长的人口使此时大批青年的就业和上学问题难以解决。自1968年起,政府在全国动员知识青年"上山下乡",共有1 800万城市知识青年迁入农村。随后,结合备战、疏散,又动员干部和知识分子上山下乡,插队落户。在这一阶段,我国高度集中的计划经济和政治运动制约了城市经济的发展。国家制定的"控制大城市"发展战略,与自1962年(三年困难之后开始进行调整)以来长期实行的城乡户籍管理制度,阻碍了人口的流动,把占80%的农村人口束缚在土地上。

在当时困难的情况下,城市的规划建设,受到"先生产,后生活","变消费性城市为生产性城市"等方针的指导而受限。当时视城市基础设施为"非生产性建设",长期不予重视;并强调布局分散,规模小型,将大庆的分散城市模式和干打垒建筑作为学习样板全国推广;将军事工业布局分散、进山、进洞等。这些指导思想将工业化和城市化对立起来,与现代社会工业化与城市化同步发展的规律不符,也表现了对城市化发展的片面观点。这种极左思想也是致使我国的城市化水平严重滞后在主观上的原因。

1973年后,城市人口开始缓慢增长,但因农村人口自然增长率大大超过城市,故到1975年,城市化率反降至12.1%。1976年后,由于落实政策和大批知识青年回城等原因,城市人口增长较快。

自20世纪70年代初我国与欧、美、日恢复外交关系之后,得以依靠西方投资加快工业化的进程。自1974年到1979年,由于大规模举借外债,引进设备,造成巨额财政赤字,使经济再次进入低谷。

3. 第三阶段(1978~2005)

1978年党的十一届三中全会,开始全面纠正了极"左"的路线政策,决定党的工作中心重新转移到经济建设上来,并实行改革开放的政策。国家与城市建设开始逐步走上正轨。改革从农村开始,使粮食生产和经济迅速增长。农村焕发出的活力促使乡镇企业和小城镇蓬勃地发展起来。这种自发的自下而上的发展同时导致农村工业过度分散、环境的严重污染和小城镇的低素质。全国县改市和乡改镇的数量增多,也使城市人口猛增。新设城镇不仅使城镇土地规模扩大,而且原有居住于其上的农村人口也同时变成了城市人口。

1978~1979年,城市人口增加了1 300多万,城市化率1979年升至13.3%,1981年为13.6%,1982年猛升至20.6%。

1980年,城市规划与建设的法制开始恢复,机构与法规逐步建立,城市与区域的规划、建设与管理逐步纳入轨道。

1986~1988年物资匮乏,物价上涨,企业陷入三角债循环;1989~1991年陷入三年市场疲软。国有企业亏损面超过50%。政府财政连年赤字,不得不推行城市福利和保障制度改革。

1992年邓小平同志南行之后,经济复苏并转入高涨。这时资金环境比较宽松,市场需求上升,促使工业升级。各级城市迅速发展起来,并开始形成若干都市圈的雏形。

随着土地制度从公有制的无偿划拨转向有偿使用,土地的价值作用开始体现出来。各地方政府在"经营城市","大办经济开发区"等名义下,大规模圈占农村土地,使城市面积和城市人口大幅度增加。这种圈地运动迫使为数约4 000万的失地农民流入城市,并使城市的许多食利者得以暴富。但圈地运动也刺激了经济和城市的发展。1996年底全国城市化率为29.4%。

自2000年以来各地大中型中心城市的发展呈现出极大的活力。城市经济活跃,城市建设加速,城市规模迅速扩张。2002年公布的第五次人口普查数字表明,我国城市化率已达36.09%;至2004年年底,已达41.8%。全国城市总数为661个。

但由于种种原因,我国的城市化发展水平仍然滞后于经济社会发展水平与工业化发展水平。至2003年,中国城市化率比世界平均水平低10个百分点,比世界发达国家平均水平低30个百分点。这已经成为严重制约我国综合实力的提高与国家竞争力增强的"巨大瓶颈"。

另一方面,在经济与城市迅速发展的同时,社会与城乡两极分化的程度超越了警戒水平;生态系统与环境的恶化以及资源与能源的过度消耗呈现了不可持续的态势。亟待发展方式的根本转变。

4. 第四阶段(2005年以后)

2005年10月,中国共产党第十六届五中全会制定我国第十一个五年规划发展纲要,明确规定一系列实施科学发展观、构建和谐社会的具体政策。2006年3月的全国人民代表大会第十届四次会议和全国政协十届四次会议予以法制化,标志着我国经济与社会发展方式的质的变化。但由于各级官员的政绩观念转变需要一个过程,2006年减排降耗的预定指标并未完成,反略有上升。2007年全国两会后,国家采取一系列坚决有力的措施,在减排降耗方面取得了初步成效。

未来20年,是中国经济社会发展的战略机遇期。大力推进中国的城市化进程,并切实转入经济、社会与环境协调和谐发展的轨道,具有关键性的意义。因此可以说,中国的城市化进程已经进入了一个新的战略发展阶段。在这个新阶段中,要遵循党中央所提出的一系列国策,统筹城乡发展,工业反哺农业,城市支援农村,推动大、中、小城市和小城镇协调发展。我们遵循钱学森资深院士的学术思想,提出惠农式环境友好型城镇化的新概念和新模式。运用国家的力量,以主要中心城市和都市圈为龙头,带动小城镇和农村的发展。以推动新的(第六次)产业革命为动力和基础,实施多元化和多层次的新的城镇化道路。

8.2 我国的农村城镇化运动

我国传统的小城镇在悠久的封建时代就有了。它们是农村地区的活动核心。农民通过其集市的交换而实现其需求。这种小城镇基本上没有工业基础,但有一些手工业。直至近代,小城镇的发育程度有了很大的提高,其经济独立性大为增强。有的有了较稳定而复杂的商业,有的有了独立的第二产业(如纺织业、矿业、冶炼等),有的规模增至数万人;有的在分布上脱离了农业的影响,而受商品经济所左右;有的逐渐与大、中、小城市发生联系。解放前,因外敌入侵和内乱不断,小城镇的发展十分艰难,限制了其对我国城市化的作用。建国后至改革开放近30年期间,小城镇基本无大发展,一度趋于萧条,影响了我国城市化的进程。20世纪80年代初改革开放以后,我国小城镇的迅猛发展及其对城市化的促进作用才引起世人瞩目。

1978年党的十一届三中全会以后,改革首先从农村开始。党中央及时肯定了安徽凤阳县小岗村农民自发的创造,在全国农村推行家庭联产承包责任制(现改称"家庭承包经营制"),取消了"一大二公"的人民公社制度。从1981~1985年,每年发布关于农村改革的"1号文件",放宽了设镇的条件,并实行了镇管村的体制。农民从本地的实际情况出发,创造出了许多行之有效的发展农村经济社会事业的模式。如苏南模式是适应市场经济,大力开展农村各业,特别是乡镇企业,使生产要素实现优化组合,引进先进技术与设备,通过科技兴农,培育优良品种,改造自然环境,发展集约化经营,走上了致富新路。温州模式是以乡镇企业的发展带动农村经济全面发展,其乡镇企业产值远远超过农业生产产值,农民的非农化程度很高。珠江模式是依靠港台资金的注入,通过改善生产条件,改造种植结构和改良品种,使农村经济获得大发展;并促进了该地区农村城镇化水平的提高。晋江模式是农、林、牧、副、渔全面发展,实现农工商一体化,"以副养农","以工补农"。宝鸡模式是发展特色农业,依靠丰富的自然资源,大力开发名特优产品,发展出口创汇农业。威海模式是依靠养殖业带动农业,以渔业为主,大力发展农村乡镇企业和出口海产品创汇。此外还有浙江模式、兴福模式等。其中苏南模式被认为具有较为普遍的意义。

由于农村经济的发展,大量农村富余劳动力(一般地区达20%~30%,发达地区则高达67%)进入城镇务工经商,从事工、商、运、建、服等行业。农村从单一的农业经济向多种产业经济转变,农业人口向非农人口转移,这种情况促使小城镇迅速发展起来,并使全国城市人口猛升。

我国的小城镇在20世纪50年代发展较快,后来萎缩了20年,进入20世纪80年代后,又重新发展起来。在1984年的一年中,建制镇的数量增长了1.2倍,由2 786个增加到6 211个。1984年以后的几年,一直保持每年增加1 000个左右。1987年增加了1 650个。1998年初,全国有建制镇19 124个,镇中非农业人口数已占42.8%。1999年底,建制镇19 875个;2001年达21 312个;但到2002年底,全国乡镇总数比1997年减少了15%,表现了一种集聚的趋势。2004年全国建制镇数为19 171个。

随之设市的小城市(人口在20万以下)也发展起来。1980~1982年,全国每年增加10个左右;1983年一年增加了44个;1983~1987年,每年增加20~30个。其中撤县建市的占80%。

与此同时,乡镇企业也雨后春笋般地发展起来。如苏南城市集聚区,中心城市的辐射力强,人口密度高,水陆交通发达,具有传统的农工相辅的家庭结构,于是农村富余劳动力就近转移到乡镇企业中当工人。这样用较小的代价,解决了农村富余劳动力的出路问题。但乡镇企业的普遍涌现亟须正确引导。有的主管部门过于强调就地转移,将这种所谓"离土不离乡,进厂不进城"的农村富余劳动力就业转移方式,当作普遍适用的模式在全国倡导。这就难以避免"村村点火,户户冒烟"的局面,而导致对环境的严重污染。实际上,1992年全国2 079.2万个乡镇企业的80%仍在自然村,12%在集镇,7%在建制镇,只有1%在县以上的城市。到了20世纪90年代淮河水已不能饮用。国家环保部门于1996~1997年采取严格措施,限令关停了6万多家污染严重的"十五小"企业(如造纸厂、皮革厂、电镀厂、化肥厂、印染厂、水泥厂、小火电、小炼钢等)。但关停后又有部分回潮,环保执法过程甚为曲折艰难。好在国家高度重视,进行了全面的研究部署,下决心投巨资力求从根本上改善全国的生态环境。

当然,乡镇企业和城市小企业在吸纳城乡劳动力、解决就业问题上所起的作用,是其他类型企业所不能比拟的;在产值上也做出了相当大的贡献。但这毕竟是一条牺牲环境来发展经济的、不可持续的道路。要解决其环境效益方面的严重破坏性影响,唯有提高产业的清洁生产和循环经济技术水平,淘汰落后产能,如我们在20多年后的今天所大力推行的政策这样。

改革开放以后小城镇发展很快,不但一些旧的并曾衰落过的城镇开始得到恢复,而且新的小城镇不断涌现。特别是一批明星小城镇(如张家港、东莞、深圳等),有的还发展成了中等城市以至特大城市。

小城镇的经济社会角色和地位发生了变化。1982年国家取消了农产品统购统销政策,促进农村商品贸易市场的发育和发展,鼓励乡镇企业的发展等政策,不但恢复了小城镇往日在农村地区的核心社会经济地位,而且还担当起城市与农村社会交流的角色。小城镇的类型也趋于多样化,不仅有集贸型小城镇,还有工业型小城镇(如天津的大邱庄,江苏的华西村等),贸易型或市场型小城镇(如浙江的桥头镇、金乡镇、柯桥镇、路桥镇,河北的白沟镇,福建的石狮镇等,分别靠兴办大型的纽扣市场、徽章市场、轻纺市场、小百货市场和皮包市场而发展壮大起来),文化和政治型小城镇,以及港口、边境口岸、风景旅游区、林区、矿区、农垦区、牧区、渔港等多种类型的小城镇,其中作为县镇政府驻地的小城镇,往往更偏向于发挥其农村社会的政治和文化中心的功能,且其经济实力也相当强,有的既是文化和政治型小城镇,又是工业型或贸易型小城镇。

截至1998年,我国共有乡镇45 462个,其中包括建制镇19 060个,其中中心建制镇约占5%(950个左右);在2 126个县级区划中有437个县级市。后三者属于一般所指小城镇的范畴。而一般乡镇、行政村(当时有739 987个)和自然村(数百万个)则属于村镇范畴。

我国小城镇的规模、分布密度和经济发展程度很不平衡。一般来说,经济与交通愈发达的地区,其小城镇规模愈大分布密度愈高。如长江三角洲、珠江三角洲、闽南地区、胶东半岛、京津唐地区、辽东半岛等经济发达地区,1992年乡镇企业总产值已占社会总产值的1/3强,占工业总产值的1/2。小城镇的分布密度东部地区每万平方公里平均56个,中部地区每万平方公里平均17个,西部地区每万平方公里平均8个。小城镇的数量,东部地区占全国的45%,中部地区占全国的30%,西部地区占全国的25%。有的地方小城镇发展过密,如珠江三角洲地区1993年有392个建制镇,平均每个县有20个,每万平方公里100个,小城镇之间的距离不到10 km;福建省福厦公路沿线的小城镇都连在一起;江苏省南部的情况也类似。这样占用耕地过多,缺乏有机形态,与缺乏区域规划有关。此外,小城镇还存在社会和文化发展程度较低、工业技术落后、浪费资源及对环境造成严重污染等问题;小城镇的管理体制也需进一步改革以适应市场经济的要求。

"百强县"无疑是全国县域经济的领跑者,但从其发展面临的问题也可窥见一斑。据国家统计局2005年的统计,80%以上的百强县(市)分布在长三角、珠三角和环渤海地区。浙江省占有全国百强县的1/3。这些强县目前普遍经历着土地、水、电、劳动力等要素资源短缺的"成长烦恼"。土地资源紧缺是"百强县"目前最突出的问题,也是其未来经济发展的最大障碍。

这些强县的高速成长,与对土地、水等不可再生资源的过分索取不无关系;有的甚至以挥霍和破坏人类赖以生存的环境资源为代价。这种粗放型发展模式,实际是"吃祖宗饭,砸子孙碗"式的发展。

浙江是中国经济最活跃的地区之一,但其经济飞速增长的背后是对水、电、煤、油等基础性资源的掠夺式利用。自 2003 年以来,浙江在短时期内陷入大规模的短缺危机。因为缺水、缺电,浙江企业成本飙升,出口订单无法完成,外商考虑撤资,一些企业已经开始被迫外迁。

小城镇仅靠自发的发展必然难免会存在种种的问题。近年来,在国家大力支援"三农"的政策运作下,我们欣喜地看到,一些地方的农村建设出现了新的面貌。例如,黑龙江省的农业机械化程度达 90% 以上,居全国之首。有些农田作业使用了农用飞机。最近出现了一百多座新的农业城镇,是由过去的农场改建而成的。经过迁村并点,建设了崭新的城镇社区,腾出了大量土地用于耕作。农民每天从居民点乘坐公共汽车,一直开到种地的工作地点上班。

8.3 对我国城市化进程的分析和评论

8.3.1 关于我国小城镇的发展

我国是一个发展中的人口和农业大国。工业化与城市化起步较晚,而且由于种种主、客观原因,城市化进程严重滞后于工业化进程。在改革开放之初,农村人口约占总人口的 80%。随着农业经济的发展,出现了愈来愈多的农村富余劳动力,据估计,在世纪之交时,约占农村总劳动力数的 34%(所谓农村失业人口)。除其一部分流向大城市寻求工作外,大部分就近在村镇中从事非农工作,发展乡镇企业,并促使小城镇迅速地发展起来。

这种自发的发展是在很低的水平上起步的。除其中的少数借助于优越的条件和机遇发展较快外,大多数的发展则缺乏拉动因素。这种发展是在城乡隔离的二元化社会结构的背景下被迫进行的。由于动力不足,素质较低,缺乏吸引力,因此总的来说,在农村城镇化系统与主体城市化系统之间存在着断裂,即前者的发展难以跟上后者的发展并很好地衔接起来。

一般来说,对于发展小城镇,需要从两个方面来看问题。一方面是从其必要性来看,小城镇是农村发展的龙头和中心基地,发展好小城镇,可使农业、农村、农民的一系列深层次问题得到解决;另一方面是从发展的规律性来看,小城镇的发展还受到发展条件的限制,一般显得底气不足,动力不足,需要外力的扶持。

1. 小城镇发展的必要性

改革开放后由我国的广大农民在二元社会结构条件下所创造的农村工业化和农村城镇化,尽管付出了环境代价,尽管这种农村城镇化是不充分的城市化(被称为准城市化或半城市化),但还是为我国的经济、社会发展做出了重大贡献。它不仅贡献出了相当大一部分工业产值,吸纳了大部分农村富余劳动力,而且促进了农村居民与产业的集聚过程,节约了土地,有利于解决农村的一系列深层次的矛盾问题。

从促进农业的现代化方面着眼,则小城镇作为其产业的龙头所在及中心基地。所起的作用尤为关键。

党的十五届三中全会指出,发展小城镇,是带动农村经济和社会发展的一个大战略。2000 年 7 月初,中共中央、国务院出台《关于促进小城镇健康发展的若干意见》(以下简称

《意见》)。指出,当前,加快城镇化进程的时机和条件已经成熟。抓住机遇,适时引导小城镇健康发展,应当作为当前和今后较长时期农村改革与发展的一项重要任务。

《意见》在分析了发展小城镇的形势和问题后指出,发展小城镇,有利于解决现阶段农村一系列深层次矛盾,优化农业和农村经济结构,增加农民收入;有利于缓解当前国内需求不足和农产品阶段性过剩状况,为整个工业和服务业的长远发展,拓展新的市场空间。《意见》进一步指出,加快我国城镇化进程,实现城镇化和工业化协调发展,小城镇占有重要的地位。发展小城镇,是实现我国农业现代化的必由之路。

《意见》指出了发展小城镇应遵循的原则:尊重规律,循序渐进;因地制宜,科学规划;深化改革,创新机制;统筹兼顾,协调发展。发展小城镇,既要积极,又要稳妥。力争经过10年左右的努力,将一部分基础较好的小城镇建设成为规模适度、规划科学、功能健全、环境整洁、具有较强辐射能力的农村区域经济文化中心,其中少数具备条件的小城镇要发展成为带动能力更强的小城市,使全国城镇化水平有一个明显的提高。

《意见》要求,发展小城镇要统一规划,合理布局。并对规划提出了具体要求。

(1) 要抓紧编制小城镇发展规划。重点发展现有基础较好的建制镇。规划要注重经济、社会和环境的全面发展,合理确定规模,既要坚持建设标准,又要防止贪大求洋乱铺摊子。要严格执行法律法规,与土地、交通、环境、社会规划相协调。

(2) 要积极培育小城镇的经济基础。根据小城镇的特点,发展特色经济,培育各类农业产业化经营的龙头企业,兴办各种服务行业、各类综合性和专业性批发市场,发展观光旅游业,吸引乡镇企业进镇,并吸引国有企业改组腾出的技术、人才、相关产业和大、中城市的工商企业到小城镇发展。

(3) 要充分运用市场机制搞好小城镇建设。走出一条在政府引导下主要依靠社会资金建设小城镇的路子。金融机构要积极参与和支持小城镇建设。国家在农村电网改造、公路、广播电视、通信等基础设施建设方面给予支持。地方政府也要重点支持小城镇公用设施和公益事业建设,严禁乘机铺张浪费,大搞楼、堂、馆、所。

(4) 要妥善解决小城镇建设用地。发展小城镇要统一规划,集中用地,做到集约用地和保护耕地。要通过挖潜,改造旧镇区,积极开展迁村并点,土地整理,开发利用荒地和废弃地,解决小城镇的建设用地。小城镇建设用地要纳入各级土地利用总体规划和土地利用年度计划。对重点小城镇的建设用地指标优先安排,除法律规定可划拨者外,一律实行有偿使用,其收益留给镇级财政,统一用于小城镇的开发和建设。

(5) 要改革小城镇的户籍管理制度。从2000年起,凡在县级市市区、县人民政府驻地镇及县以下小城镇有合法固定住所、稳定职业或生活来源的农民,均可根据本人意愿转为城镇户口,并在子女入学、参军、就业等方面享受与城镇居民同等待遇,不得实行歧视性政策。且不得对之收取城镇增容费或类似费用。还可根据本人意愿,保留其承包土地的经营权,也允许依法有偿转让。

《意见》还要求,各地要积极探索适合小城镇特点的新型城镇管理体制,完善小城镇政府的经济和社会管理职能,搞好小城镇的民主法制和精神文明建设,大力提高镇区居民和进镇农民的思想道德水平和科学文化素质,用社会主义精神文明占领小城镇的思想文化阵地。

2. 小城镇发展的规律性

(1) 在不同的经济社会发展阶段,发展小城镇有着不同的基本特性。在封建性小农经济条件下的小城镇,尚未摆脱农村集市的性质,即尚未跳出农村的封闭状态,同现代商品经济还缺乏联系。到了近现代,已由当代的商品经济和第二、三产业带动的小城镇,开始有了现代城镇的一些基本要素,其发展动力是基于这些要素具备的充分程度。将来到了经济社会的高度发达阶段,人类文明由点向面广泛铺开,那时的"小城镇文明"可代表人类文明的高级形式,体现为高度现代化的小城镇,并具有强大的吸引力。我国目前还处于社会主义初级发展阶段,小城镇的发展还是需要帮助的。

（2）在城市化的初、中级阶段,城市发展的总趋势是趋于集聚。城镇的产业和人口都趋向于到条件更好的地方,取得更大的规模效益和集聚效益。这时小城镇要想具有足够的吸引力,就需要充分发挥和改善自己的条件才行。因为这时人类文明的高级形态还是大城市文明。但小城镇的建设若能在某种程度上借鉴高级文明的成果,也会反过来促进城镇经济、文化的发展。只有到了经济社会发展的高度发达阶段,集聚的趋势才会被分散的趋势所取代。

（3）生态文明的发展有赖于社会经济、文化的高度发展。愈是低质的小城镇,愈难以摆脱工业时代的特征,而距生态文明较远。当然,尚未跨入工业时代门槛、仍停留在农村集市性质的小城镇,可能还暂时保有自然生态环境的某些特质,但其发展将趋向工业文明。所以,低质的小城镇具有对环境保护不利,且会造成对土地和资源利用的浪费等消极因素。只有重点发展具有较高的经济、技术、文化潜力与素质的小城镇,才对整体的经济、社会、环境效益较为有利。

（4）我国在目前阶段发展小城镇,一方面是促进农村的经济和生活、促进农业现代化的需要;另一方面,就解决农村人口非农化的流动压力而言,是带有某种不得已的性质,即需要创造较均衡分布的人口容器和农民非农化过渡站。不论从哪种性质的需要来说,小城镇都不宜也不能独自发展,而是要借助于中心城市的辐射力和国家的政策倾斜,并依托各种有利条件。也就是说,农村城镇化系统需要同主体城市化系统形成良好的配合关系,始能共同协调发展。故不能脱离外部条件,孤立地考虑小城镇的发展。

（5）我国城市化的发展,要避免陷入恶性循环,而导向良性循环。我们要看到,目前在我国的主体城市化系统和农村城镇化系统之间,是存在着差别和断裂的,即在发展的动力、吸引力等方面,总的来说,农村城镇化系统条件较差。这是受到整个社会的经济、文化发展水平和阶段性所限。如果任其自然发展,则各种较高级的因素总是倾向于向中心城市集聚,而使这种断裂的鸿沟日益加深。为了使这种断裂趋于弥合,有赖于国家各级政府实行各种必要的扶助和倾斜政策。另一方面,我们也不能采取平均主义或非城市化政策,硬要消除城乡差别,或硬要大城市的企业和人口向小城镇分散（只有通过吸引来分散才是合理的）。

因此,所谓恶性循环,主要是指如下情况的出现:

①农村人口压力过重且小城镇衰微—农村人口冲击中心城市—中心城市的衰败和崩溃导致社会经济、文化发展的中断—人口压力更加恶化。

②小城镇的发展缺乏动力而需要中心城市的支援—非城市化政策导致中心城市的衰败和解体—社会经济、文化发展停滞—小城镇的发展更缺乏动力。

上述恶性循环的形成可能是基于某种极端的倾向或政策。诸如忽视对小城镇的发展给予重视、扶助和政策倾斜（导致第一种恶性循环）;或是忽视中心城市的优化发展,乃至实行非城市化政策,片面强调分散式发展,或不要城市化的工业化（导致第二种恶性循环）等。

曾经有一种看法,把发展小城镇过誉为中国城市化的唯一途径和唯一战略,这也是不全面的,是对城市化发展规律及其阶段性认识不足所致。

8.3.2 我国城市化的质量

城市作为人类社会经济活动的载体——物质空间和活动场所,在其发展过程中,主体和载体是紧密地联系在一起的。因此我们对于城市化发展水平和素质的评价,也必须把主体和载体联系起来,不能只见物,不见人,即要从经济、社会、环境三个方面来进行评价。

传统上衡量城市化水平的指标,主要是城市化率(城市人口比率),城市化用地和空间形态的变化,或再加上某些相关的物质技术装备的指标等。然而,特别是当城市化进入快速发展、矛盾多发的关键阶段时,要衡量城市化发展的水平和素质,就离不开对其主体——经济和社会结构的分析,而且还要联系到环境和生态系统的状况。总之,要着眼于系统的整体进行全面的分析。

对于城市化系统的分析,既要看其物质空间发展水平,也要看其经济、社会子系统的发展水平,其结构是否稳定?各子系统之间是否平衡?存在哪些主要矛盾?环境效益如何?对国家的发展是否提供了优化的条件?

我国自改革开放以来,城市化即进入快速发展期。自1978年至2008年,城市化率从17.9%升至45.68%,平均每年增长0.93个百分点,与自1949年至1978年平均每年只增长0.25个百分点(且曾有剧烈的曲折与倒退)形成鲜明的对比(前者为后者的3.72倍)。在此期间,城镇人口从1.7亿增加到6.1亿;全国城市总数由193个增加到655个(1997年城市数为668个,后因撤(县级)市设区等原因而有所减少)。

在城市数量增加的同时,城市规模不断扩大。从1978年至2008年,100万人口以上的特大城市从13个增加到58个(其中200万人口以上的城市23个,均按市区非农业人口统计),50万~100万人的大城市从27个增加到82个,20~50万人的中等城市从59个增加到233个,20万人以下的小城市增至282个。

经济体制从集中的计划经济逐渐向社会主义市场经济转型;政治体制逐渐从人治向民主与法治转型;国内生产总值(GDP)在自1979年至2005年的26年间,保持了年均9.6%的高速增长;总值到2010年已位居世界第二(先后超过了德国和日本,其实若按购买力平价计算,这个时间点还可以提前)。人均值于2008年已超过3 000美元(3 266.8美元);2011年约为5 400美元(相比日本与德国均约4万美元,美国约4.7万美元)。

城市基础设施和社会文化设施的建设力度加大,整体功能逐步提升,人居环境明显改善,城市面貌发生了很大变化。2007年,城市用水普及率93.8%,人均日生活用水量178.4升;燃气普及率87.5%;集中供热面积30.1亿平方米;城市平均每万人拥有公共交通车辆10.23标台;城市人均道路面积11.4平方米;城市污水处理率62.9%,其中污水处理厂集中处理率为49.6%;城市建成区绿化覆盖率35.3%,建成区绿地率31.3%;人均公园绿地8.98平方米。

建成了几个作为经济发展引擎的城市群。其中长江三角洲地区实力最强,规划到2020年建成为亚太地区重要的国际门户、全球重要的先进制造业基地和具有较强国际竞争力的世界级城市群。珠江三角洲地区是我国改革开放的先行地区,规划到2020年要率先基本实现现代化,基本建立完善的社会主义市场经济体制,形成以现代服务业和先进制造业为主的产业结构、具有世界先进水平的科技创新能力、粤港澳三地分工合作、优势互补、全球最具核心竞争力的大都市圈之一。重庆市是我国中西部地区唯一的直辖市,它集大城市、大农村、大库区、大山区和民族地区于一体,是全国统筹城乡配套改革试验区,是实施西部大开发战略的中心。

在城市社会发展方面有喜有忧。城镇就业人员每年新增一千多万,2008年年末登记失业率为4.2%,自2004年至2008年,城镇居民每年收入增长率在7.7%~12.2%之间变化,恩格尔系数在36%~38%左右。城镇居民的社会保障参保率有所增长,其中养老、医疗、失业、工伤几大保险覆盖率分别为52.7%、58.7%、20.7%和16.2%,但社会贫富与城乡的两极分化仍在持续,基尼系数已超过了警戒水准(0.4),据2010年8月报道达到0.49,意味着分配不均匀程度达到49%。城乡收入差距,2007年就达3.22∶1,若计入城市人口的福利待遇,实际已达6∶1(全球平均城乡收入差距为1.58∶1)。按照联合国的标准,我国目前仍有1.5亿人生活在贫困线以下。

城市环境逐渐好转,但仍不尽如人意。

在空气质量方面,2008年,全国环保重点城市优良天数比例平均为90.5%,比上年提高1个百分点;60.2%的环保重点城市空气质量达到或优于国家二级标准。

在水环境质量方面,2007年,全国城市水域功能区水质达标率86.5%以上,城市饮用水源水质平均达标率达88%以上。2008年,全国七大水系Ⅰ~Ⅲ类水质断面比例为55.0%,比上年提高5个百分点;劣Ⅴ类水质断面比例为20.8%,比上年下降3个百分点。但5个城市内湖中有4个是劣Ⅴ类水质(只有北京昆明湖较好)。地下水方面,浅层地下水水位多数基本保持平衡,深层地下水水位下降地区(在148个监测城市和地区中)占30%。地下水水质近90%基本保持稳定,少数的略有上升或下降。

城市区域声环境质量和城市交通声环境质量,自2003年以后有持续明显的改善。

在乡村建设方面,2007年,全国共有建制镇19 249个,乡15 120个。全国建制镇建成区面积2.84万平方公里,平均每个建制镇建成区占地170公顷,人口密度5 459人/平方公里;乡建成区0.76万平方公里,平均每个乡建成区占地54公顷,人口密度4 768人/平方公里。全国已有13 874个建制镇编制完成了镇总体规划。

2007年,全国村镇建设总投入6 904亿元。村镇人均住宅建筑面积29.2平方米。在建制镇的建成区范围内,现状用水普及率76.6%,人均日生活用水量97.1升,燃气普及率43.1%,排水管道密度3.08公里/平方公里,人均铺装道路面积10.7平方米,人均公园绿地面积1.76平方米。同时,全国43.2%的行政村有集中供水,用水普及率44.7%,人均日生活用水量77.4升,49%的行政村通公交车或客运班车,57%的行政村对主要道路进行了硬化,26.8%的行政村有生活垃圾收集点。农(居)民的生产生活环境得到了较大改善。

我国距离现代化的标准还有多远?以常用的标准,即美国社会学家英格尔斯提出的现代化十项指标来衡量,其指标如下:

(1)人均国民生产总值达3 000美元以上。

(2)农业产值在国民生产总值中所占比重不超过12%~15%。

(3)服务业产值在国民生产总值中所占比重超过45%。

(4)非农业就业人口在总就业人口中所占比例超过70%。

(5)有文化的人口在总人口中所占比例超过80%。

(6) 青年适龄年龄组中,上大学的人数比例超过 30%。
(7) 城市人口占总人口的比例超过 50%。
(8) 平均每名医生负担的人口为 800 人以下。
(9) 平均预期寿命在 70 岁以上。
(10) 平均每 3 人及以下每天有一份报纸。

这十项指标只为衡量现代化水平而设,并未包括诸如收入分配、社会保障、环境质量等属于社会和环境方面的指标。以我国 2008 年的相关数据来衡量,可以说第 1、2、5、9 诸项业已达标了,其他各项尚有差距。我国正在为实现全面小康社会而努力。

近 30 年来,一种新的衡量国民财富的指标——"国民幸福指数",逐渐引起了国际社会的关注。它不同于传统经济学只用人均 GDP 来衡量国民财富,而是在现代经济学研究的基础上,建立了 4 个新标准:

(1) 社会经济可持续的、均衡的发展。确保人们有工作,有必要的物质生活条件。
(2) 保持良好的自然环境。
(3) 文化的保护和推广。各国人民应在不丧失其个性特点的条件下融入全球化。
(4) 良好的、为人民谋福利的政府。

物质福利是人民幸福感的基础,但并非不惜一切代价都要达到的目标。

"国民幸福指数"可用问卷调查国民中认为自己非常幸福的人数所占百分比来表示。该指数美国为 39%,瑞典 36%,法国 31%,德国 20%;而尼日利亚、委内瑞拉、墨西哥和坦桑尼亚则为 50% 以上。我国未进行过这种调查统计,但我国的社会保持了长期的基本稳定,以及我国各项事业的有效开展,表明了人民对政府行政的拥护和对国家的热爱。

1990 年联合国采用"人类发展指数"来进行国别等级评定。该指数所搜集的数据包括预期寿命、受教育年限、人均国内生产总值和国民收入等内容。据 2010 年 11 月联合国开发计划署公布的报告显示,挪威排名第 1 位,紧随其后的是澳大利亚、新西兰和美国,日本排第 11 位(比去年下降 1 位);上升速度最快的是阿曼和中国,后者在近五年中排名上升了 8 位(主要得益于收入的增长),居第 89 位。如果将男性与女性获得医疗与教育机会的差异融入发展指数之中,则荷兰排名第 1 位,其次是丹麦和瑞典,而日本排名第 12,美国第 37。从总体来看,自 1990 年以来,该指数提高了 18%;与 1970 年相比则提高了 41%。平均来讲,近 40 年来,富国比穷国发展得要快。自 1980 年以来,国家之间发展的不均衡进一步拉大。一个令人惊讶的结果是,经济增长与健康和教育的改善之间并没有大的关联。

8.4 我国城市化的基本特点

(1) 我国在非常贫穷落后的基础上实现社会主义工业化,是在公有制、国家计划控制的体制下进行的。同时伴随的城市化,为了保证城市国有职工的福利体制,自 20 世纪 60 年代初以来实行了城乡隔离的户籍制度。

(2) 由于城乡隔离的二元社会结构,把农民束缚在土地上;同时由于非城市化的指导思想,抑制了城市化与工业化的同步发展,造成了城市化进程的严重滞后。

(3) 1978 年党的十一届三中全会之后,实行改革开放政策。改革从农村开始。约占总人口80%的农民在二元社会结构的条件下,自发地发展乡镇企业和小城镇。农村城镇化作为一种准城市化或半城市化的形式发展起来。它与主体城市化之间存在着断裂。这两个城市化子系统组成了我国特有的"双轨制"城市化系统。

（4）"双轨制"（或二元化）城市化之间的断裂鸿沟在自发状态下有扩大的趋势。要使之逐步趋于弥合,有赖于国家各级政府在长期内实施一系列相应的扶助政策措施,如近年来提出的"三农问题,重中之重"和"工业反哺农业,城市支援农村"等方针政策。

（5）改革开放以来,社会主义中国的工业化和城市化进程,都体现了"自下而上"与"自上而下"两股力量的共同作用;前者主要体现市场的作用,后者包含社会主义国家的作用。应当强调社会主义国家的领导和干预作用。社会主义的城乡关系在本质上不应是对立的。但在实践中如果任由市场经济的消极因素（唯利是图和权力寻租等）肆虐或急功近利式的自发发展,缺乏国家高瞻远瞩的领导和干预,则传统的城乡对立关系也有可能在社会主义力量退缩的情况下卷土重来。

（6）在城市化的初、中级阶段,空间分布总的趋势是集聚。农村城镇化（准城市化或半城市化）既有初级集聚的性质,也有被迫分散的性质,它导致在城市化的集聚阶段人口分布形态相对分散。为了保持有利于惠农和环境友好的人口分布形态,国家必须发挥主导作用,对二元化城乡空间结构进行必要的调整,而不可任其自流。

（7）要将"双轨制"（二元化）城市化逐步引入良性发展的轨道,而力避其陷入恶性循环。方法是充分发挥国家和中心城市的主导作用;并防止指导思想上的片面性（如忽视小城镇在一定历史阶段发展的必要性或忽视中心城市的发展等）。二元化城市化是历史上形成的,其融合需根据情况逐步推行,以全国的城镇体系得以优化发展所能承受的限度为准则。

（8）我国的城市化虽起步较晚,但及时引进了当代的一些先进文明成果,如交通文明、信息文明、生态文明等,它们有助于我国城市化进程的加速和良性发展。

（9）社会主义制度的优越性有利于维护整体优化的利益,政府有较强的组织、领导、动员和宏观调控的能力,这是以广大人民的根本利益为依归的社会主义制度的本质所决定的。但必须强调学习实践科学发展观;对城市发展的客观规律和机制,必须予以尊重,不可犯主观主义或片面性等错误,以免铸成重大失误。

（10）在有中国特色的社会主义市场经济体制下,充分利用当前的机遇,运用先进的指导思想,我们有可能寻求一条优化的城镇化途径。

第9章 城乡发展对策基础

9.1 城乡发展的一体化与一元化

我国的城乡二元化结构是在计划经济的强制工业化体制下形成的,导致改革开放后的"双轨制"城市化。一方面是城市要素集聚产生的城市化(称为主体城市化);另一方面是改革开放后由于农村的活力释放,主要基于农村推力的自发的准城市化(称为乡村城镇化)。我国作为社会主义国家,在发展中不能保持城乡对立、城市剥夺农村的格局,而是要城市支援农村,城乡协调地发展。故我国的城市化进程在总体格局上,必须处理好"双轨制"城市化的两个子系统之间的机能衔接和良性循环问题,并处理好城乡之间的一体化与一元化发展。

我国城市的健康发展,同农村、乡镇的健康发展息息相关。在我国的城市化开始起步时,农村人口在总人口中所占比重高达80%。对于农村的大量剩余劳动力,中心城市的吸收能力甚为有限,需要依靠广阔的乡村城镇化系统予以均衡吸收。所以,乡村城镇化系统对于主体城市化系统起着保护和保证的作用。但前者中多数城镇还缺乏现代化产业的带动,且承担着落后带来的沉重包袱,故在城市化的两个子系统之间,由于前者先天的不足而缺乏机能衔接,形成断裂。如果任其自然发展,这种断裂将趋于扩大,导致乡村城镇化逐渐丧失其动力,并将压力转嫁于中心城市。

双重城市化之间存在着断裂的根本原因在于我国的发展水平还不到位。也就是说,我国的经济、文化发展还没有达到能够均衡地普遍提高的程度。被迫的均衡发展是不成熟的,不稳定的。我国每年有约两千万的农村剩余劳动力向中心城市流动,寻求打工谋生的机会。在改革开放初期,他们被称为"盲流",城市没有做好接待的准备。但他们在艰苦条件下通过辛勤的廉价劳动,却对城市建设作出了重大贡献。自从党的十六大提出构建和谐社会之后,政府和社会逐步对农民工的处境和权益给予越来越多的关注,2008年全国人大开始出现了农民工的代表。

在城乡之间上亿人口每年(特别是春运期间)的流动,给交通运输系统造成了巨大的压力。这种流动的形成,固然同城乡分割的户籍制度有关,但城乡户籍制度的统一,需要经历一个过程,不可能一蹴而就。我们要使农村人口城市化的过程纳入良性的轨道,需从两个方面采取相应的政策措施:一是在各中心城市方面,要做好农民工的相关生活安置和业务培训工作,这涉及一系列的制度建设和基础设施建设;另一方面,是要运用国家各方面的力量,对小城镇和农村的建设以及农业的现代化进行系统的扶助。

根据2008年2月公布的我国第二次农业普查结果,2006年末,全国共有农业生产经营户22 592万户,农业生产经营单位39.5万个,农业从业人员34 874万人,农业技术人员207万人。农村劳动力资源总量53 100万人,其中男劳动力占50.8%,农村从业人员47 852万人，占农村劳动力资源总量的90.1%，农村外出从业劳动力13 181万人，其中男劳动力占64%。

普查对象包括40 656个乡级行政单位，其中乡15 365个，镇19 391个；656 026个村级组织，其中637 011个村。

社会主义新农村建设的经济基础是农业的现代化。其根本在于大农业的产业革命。我国作为社会主义国家，有条件系统地运用国家的力量，以小城镇作为中心基地，提前推动第六次产业革命。

中心城市的产业日益向着高层次化发展，劳动密集型的产业将会逐步减少，其技术含量与知识含量将不断提高，其所需的劳动力将需要经过更多的培训。所以中心城市所吸纳的农村剩余劳动力，数量将会逐渐减少，质量要求逐步提高。另一方面，新的第六次产业革命，是直接利用现代化的科学知识和技术，使传统的第一产业高层次化，变成知识密集和技术密集型的产业，使城乡差别和工农差别、体力劳动和脑力劳动的差别趋于消失，使农民变成新型的劳动者，使广大的农村演化成小城镇。这样来实现我国城乡的一体化发展，使城乡二元结构一元化，是最优化的方法，最有利的途径！

为推动第六次产业革命，可根据各地不同的农业、沙业、草业、林业、海业的特点，在适当的小城镇中设置相应的生态产业链和教育、科研设施；当然，各小城镇还可根据地方特点，设置相关的特色产业；有的还可设置医疗、卫生、体育、健康中心等。为了支持各地小城镇中心基地的建设，国家要有计划地培养和输送各类相关的专业人才和技术设备，不断完善基础设施建设。这是一个巨大的系统工程和崇高伟大的事业！

9.2 城市的规模及其有机形态模式

城市系统的发展，要立足于其经济成效在竞争中取胜，并保证良好的环境效益，采取最优化的系统结构和形态。遵照邓小平理论中"三个有利于"的指导思想，即"有利于发展社会主义社会的生产力，有利于增强社会主义国家的综合国力，有利于提高人民的生活水平"来决定城市的规模和形态模式。自20世纪80年代初以来，我国奉行"控制大城市规模，合理发展中等城市，积极发展小城市"的城市发展方针。到20世纪80年代末修改为"严格控制大城市规模，合理发展中等城市和小城市"。当时这些方针的制定还受到计划经济思维的影响。在社会主义市场经济和二元化社会结构渐趋统一的条件下，城市的规模已非行政手段可以控制的了，而是要服从市场规律，需代以宏观调控和规划策略等手段。在现代化进程中，城市必须充分发挥其集聚效益。这种集聚并不是说城市人口越多越好，而是要把社会的各种力量高度集聚起来，包括财力、物力、人力、智力、科学、技术、设施及政治、文化、军事力量等。集聚产生的效益，是一种综合的系统输出，它远大于各因子简单相加的结果。这就是说，我们必须利用城市容器，组织好这种高效益的综合系统，使之在全球化的竞争中，立于不败之地。

我们社会主义国家的城市化进程，必须从全社会的整体利益和长远利益出发，实行必要的宏观调控。西方资本主义城市化那种基于个人利益短期行为的完全自由迁徙制度导致的城市无序和无限制发展以及由于私人汽车泛滥而导致的城市空间尺度的膨胀，是不可取的。

例如目前在我国比较突出的每年反复的大规模人口流动，以及私人汽车的迅速发展，就是需要加以宏观调控的，不可任其自流。

城市体系巨系统的发展演化，随着经济、社会、文化的发展，而有一定的规律性。随着时间的推移，在各时期均应有相应的顾及全面的城市发展指导方针。如果只着眼于控制城市规模，或在一般意义上争论应以发展何种规模的城市为重点，乃至试图调高城市规模划定界限来适应既定的城市发展方针，往往难以得到正确的结论，并会给具体的城市规划和城镇体系规划编制工作带来困惑。

因此，中心大城市的功能系统要通过充分的集聚，发挥最大的效益。在这方面不应受到人为的限制，只应受到环境容量的限制（充分的功能性集聚，调控吸引性集聚）。这就要找到某种有机发展的模式，它使城市的规模不超过其环境容量（主要取决于水资源、有机用地资源和交通容量），保持有机环境和生态平衡，并充分利用现代文明的成果（首先是现代化交通、信息系统及其他基础设施）。

不仅中心大城市本身的发展形式要采取有机模式，而且大城市所在地区的城镇体系也应当是有机协调地发展。我们要避免像资本主义国家发达地区的大都市圈那样，扩展成无限制的一望无际的大团块，城镇连着城镇，郊区连着郊区，到处都没有区别，即所谓"集合城市"（conurbation）或"类属性城市"（generic city），以至"区域城市"（regional city），农田绿地反倒变成稀罕的小岛。从英国兴起的"新镇运动"（new town movement）就是一种基于"田园城市"理想的对有机发展形态的一种追求。

自19世纪末以来，近现代的先驱城市规划思想家们提出的一系列城市规划理论，不论是城市集中主义，城市分散主义，或有机规划等理论，都离不开某种有机的发展形态，即受到环境容量的限制，人工建筑与自然生态系统相结合。

在我国，某些中心特大城市如上海等，也已发展了卫星城市体系。近来上海的城市规划专家还强调指出了卫星城体系的优越性。要注意的是：①卫星城与母城之间应保持必要的农田间隔，绝不可连成一片，但交通联系又要便捷；②卫星城要试验各种先进的系统，发展成具有强大吸引力的"反磁力中心"（anti-magnetic center）。卫星城体系，是一种既有利于发挥中心城市的辐射作用，又有利于缓解中心城市的压力，在形式上又是有机的城市发展模式。对于我国现阶段的城市发展，是很有借鉴价值的。

我国某些经济较发达地区，由于小城镇的自发发展，形成了过密的小城镇连绵区，有悖于有机发展的理念。对此应通过区域规划，加以适当的引导，促进小城镇向更有利的中心城镇集聚的过程，并组织进自然生态和农田系统，使之纳入有机发展的轨道。

当社会的经济、文化进入较发达的阶段时，小城镇将显现出对促进城乡生态与经济良性循环的越来越重要的作用。在当今的发达国家，重视小城镇的建设，逐步实现乡村城镇化，已经形成潮流。英国的"田园城市"运动在这方面起了先驱的作用。自从霍华德于1898年提出"田园城市"理论以后，英国于1903年、1919年、1933年先后建设了几个实验性的田园城市，并自1942年大伦敦规划开始，在英国各大城市附近规划建设了数十个"新镇"，从而在世界各地引发了"新镇运动"。法国、瑞典、原西德、意大利、美国等都建设了一批新镇或卫星城。原西德有6 200万人口，万人以上的城镇有1 039个，而50万人口以上的城市只有12个，全国74%的人口居住在20万人口以下的城镇里。前苏联的城市发展方针也是控制大城市的发展，促进有条件的中、小城市的发展。当时其城市化率已是62%（目前，俄罗斯的城市化率已超过73%）。如当时的乌克兰加盟共和国（城市化率为61%），在第九个和第十个五年计划期间，中、小城市得到了高速发展，特别是人口在5万~20万之间的城市迅速地发展起来，发展最快的城市是区间中心（高于地区中心，低于州中心），这有利于对农村剩余劳动力进行更均衡的地区再分配。当时的东欧社会主义国家，如罗马尼亚有3万人口以下的城镇269座，在20世纪70年代每年新建5座小城镇，十年中有600万农民搬迁进去。前南斯拉夫当时有2/3的城镇人口住在10万人以下的城镇里。建设小城镇的动因已由过去消极地疏散大城市的人口和工业，逐步转向积极地国土整治和均衡分布生产力，同步提高经济效益和生态效益上。

以上所举各国多为发达或较发达国家，后者当时还是社会主义国家，实行计划经济。我国是在一个落后的农业与人口大国，采取合理发展中、小城市和推行农村城镇化政策。但我国作为社会主义国家，党和政府有较强大的组织和动员能力（这是党和政府为人民服务的基本性质所决定的）。为了以较快的速度在20世纪中叶发展为中等发达国家，可以充分运用社会主义制度的优越性，运用国家的力量，系统地推进新的第六次产业革命，建设现代化的大农业，从而促进小城镇的建设和发展，使我国经济、社会的发展纳入优化的快捷的轨道，在人类的城乡和社会发展中做出历史性的贡献。

9.3　城市交通与道路系统发展策略

城市的交通容量是城市环境容量的重要制约因素之一。一旦城市交通严重堵塞，城市的生产与生活便会面临瘫痪。因为城市的生命依赖于各种内外交流，它们就像有机体的血脉，血脉不通，新陈代谢过程就会终止。

城市交通分为私人交通与公共交通两大块，二者是相互补充、相互替代的关系。在城市中，后者既不能完全取代前者，前者更不能完全取代后者。但后者如能发展得比较完善方便，则前者的数量便可减少。所以，二者应取得某种程度上的平衡，其程度比例应根据实际情况而定；其优化组合的结果，应使平均出行时间最少。不过无论如何，根据世界各国的经验，已经得到公认的是，在城市中，特别是在其中心区，应以公共交通系统为主，私人交通必须从属于公共交通。否则，如果私人小汽车泛滥，那么无论怎样进行道路分类、增加车行道和设计各种交叉口方案等，都根本不存在最理想的解决方法。

城市人均道路广场用地面积，我国规范规定是每人7~15 m^2，道路广场用地应占城市规划建设用地的比例为8%~15%，低于发达国家的指标。从一个方面表明我国城市中发展私人汽车受到较大的限制。

在城市道路、停车场面积所占比例一定的情况下，随着道路两侧建筑容积率的提高，道路交通容量将趋于饱和。城市如要继续在原地发展，道路建设就必须跨越一个"门槛"，即开发地下与地上多层道路系统，需要投入巨额的资金。

城市交通是一个复杂的系统，其组成结构要根据城市的用地布局和内外交通需求的发展不断地进行研究和试验。下面仅就当前的一般情况提出一些建议。

（1）城市形态不能总是单中心"摊大饼"式地发展。1942年的伦敦总体规划尽管采取了卫星城体系，但母城的交通系统还是单中心的放射环形式，结果向中心汇集的交通量持续增加,规划通过外环路绕行的过境车辆实际上也多进入伦敦市中心。因此,我们规划的城市形态应采取有利于分散车流量和保持干道交通畅通的形式,如多中心分布的方格形或三角形道路网,有利于均匀分布车流;有机分散形式,将主干道布置在绿带中,出行量被许多分布的"功能性集合体"所吸收;划区(precinct)形式,主干道与支路实行严格的隔离;此外还有拉德伯恩式人车分流道路系统等。

(2)对城市原有的道路系统进行改造,使之尽可能适应现代交通。我国现代化城市交通的迅速发展还不到 30 年(汽车进入家庭时间更短),而原有的城市道路系统多是在步行、马车时代规划建设起来的,一般狭窄、交叉口过密、没有按功能和车速分类分级,难以适应现代化交通的需求。近年来城市机动车(特别是私人汽车)的数量持续迅猛增长,使矛盾更显突出。改革开放以来对城市道路系统的改造,主要注重了拓宽取直,打通断头路,修建立交桥等。但在道路系统模式上,则缺乏本质性的改造;往往是在棋盘式的基础上向单中心放射环形式发展,往外增加环路和放射路。在道路的分类分级上模糊不清,存在着严重的人车混行、机非混行、快慢混行和交叉口混乱堵塞现象,导致城市行车速度持续下降,交通事故率上升。

英国屈普(H. Alker Tripp)提出的"划区(precinct)理论"(或称"围区规划"理论)对改造城市原有道路系统不失为一种较有效的方法。即以城市主干道网划分城区,各区内的支路与主干道实行交通隔离(时间隔离或空间隔离),主干道相互的交叉口则建成高效的现代化交叉口(根据经济比较采取平交或立交),这样能保证主干道的快速畅通,使道路的分类分级明确化,而且交通流量也比较均衡,不是集中于一点。在这个基础上还可结合我国国情,规划自行车专用道系统,趋向较彻底的机非分流分道(目前盛行的"三块板"式道路是机非分流不分道,到交叉口还是混行)。

我国的许多城市,特别是中、小城市,还保留着陈旧的城市街道规划概念和模式:在主大街两侧布满商店和公建,在十字路口的四个转角布置大型公建,而同时,这种主大街往往又是交通性主干道。这种步行和马车时代的概念早已不适合高速机动时代了。今日的城市要求保持交通性主干道的高速畅通,要求步行与车流,以及机动车与非机动车流的明确区分,即道路要按其功能和车速明确地分类分级;人流集中的商业中心要规划为步行街或步行区。当然,人车分流不等于要绝对隔离,人还要去停车站乘车,或在站台打出租车,所以人和机动车之间还有联系,不能隔绝。

(3)向现代化道路交通系统趋近。现代交通系统体现为机动运输工具的多层级的网络系统。除航空及水运交通外,陆上交通有铁路系统、城市轨道交通系统和道路机动车交通系统等,后者又分为高速干道、主干道、次干道、支路等层级;而且,按其空间层面又分为地面、地下、架空等类别。这些网络的几何形式,有方格网式、三角网式、放射式、放射环形式、树枝式(尽端路式)、自由式及混合式等,各有不同的适应性及特性。网络结点(交叉口)的间距,就汽车主干道而言,倾向于加大到 0.8~1.2 km,以利于提高车速;而主干道所围的地区(网眼),可以是一个居住邻里单位(neighbourhood unit)、小区或超级街坊(super block)。这样相应的主干道网密度约为 $2~3 \text{ km/km}^2$。但为方便起见,次干道与支路的间距却不宜过大,综合路网的密度约在 6 km/km^2 左右。而高速路则可围成一个"功能性的集合体",或兼有居住与工业的综合区。

在规划中常遇到的问题是追求排场宏大的视觉效果:主干道追求宽阔、笔直,两侧布满高楼大厦,在交通性干道中间安置过宽的绿带,采取"三块板"、"四块板"横断面等;至于采取星形广场和放射式道路等古典主义手法,或要求形成巨大的轴线,以彰显权力等做法,都在规划中屡见不鲜。还有的城市建造许多立交桥,片面追求视觉美观,要求互不重样,结果不便交通,且遮挡建筑观赏。凡此种种,反映出有些人过于偏重形式,而忽视实效。有悖于现代民主社会重视公众实效的时代潮流;也不符合"有机城市"、"山水城市"的理念。如果道路宽度、密度适当,分工、分道明确,绿带与人亲近(为此,绿带在交通干道两侧比在中间有利),快速路线形流畅,在绿带中穿行,则可能比较适用而又有人情味。

方格形道路网只有两个向度,当斜向通行时弯折过多;而放射环形式则又导致车流过度集中,且将用地分割得过于零碎。"十次小组"(Team X)提出的三角形干道网,有三个向度,既有利于直接抵达,又有利于均衡分布车流;若为地块划分整齐,要求道路在交叉口相交成直角,则使线形稍微弯曲(弯曲系数为$\frac{\pi}{3}=1.0472$),也是可以做到的,稍弯的线形还有利于避免疲劳驾驶。

(4)我国的城市交通,要特别重视贯彻实施以公共交通为主的方针。从能源消耗和土地利用方面来说,我国的国情不能支持照西方的模式发展以私人汽车为中心的交通体系。有人做过计算,如果中国人对汽油的消耗达到美国人的水平,每天就需8 000万桶石油,超过目前全球的石油日产量(6 700万桶)。中国也没有足够的土地在养活本国人口的同时用于修建汽车所需的道路、高速公路和停车场。美国修建公路和停车场,平均每辆汽车需要0.07 hm^2的土地;欧洲和日本的这项指标是0.02 hm^2。即使按照后一指标计算,如果中国的汽车拥有量达到平均每两人一辆(6.4亿辆)时,就要占用1 300万hm^2土地(大部分是耕地),相当于现有稻田面积2 300万hm^2的57%。加以我国城市用地紧张,目前,城市汽车数量激增所导致的种种问题,已可在某种程度上证明这种论断。

因此,在我国对私人汽车的使用会受到较大的限制,尤其是在拥挤的中心城市和中心城区。在这些地区,应发展尽可能便捷舒适的公共交通系统和信息系统。同时,要发展电动汽车和绿色能源汽车(我国已在这方面赶在世界较前列)。发展汽车产业和促进内需等经济政策,要同城市的汽车交通政策取得平衡。汽车市场的发展,除出口外,可逐渐侧重于国内的中小城市和城镇以至农村。在拥挤的中心城市,除公共交通外,作为代步的工具,还可重视发展小型迷你汽车、摩托车、电动脚踏车和人力的三轮车、自行车等。后者更具有节约能源、有利健康的优点。不过我国的特大中心城市,如能采取某种有机发展的形态(如卫星城体系、有机分散模式、卧城、花园式郊区等),而不是凝聚成大的团块,则对私人汽车的使用还有一定的空间。

在城市地区发展便捷的公共交通系统来解决一大部分居民出行的需求,是需要合理的城市规划、土地利用政策、交通经营政策和必要的公共资金补贴的;具体做法可借鉴一些城市的成功经验,如我国香港、巴西的库里蒂巴等。

(5)在交通规划与管理方面,要重视采取严格的人车分流与机非分流措施,采用现代化的交通信号、标志和信息管理调度系统,并培养优良的交通文明行为。交通运输系统的硬、软件设施和人的精神面貌,是体现城市面貌的重要方面。

(6)发展通讯信息系统,将大大减少出行量,并加快社会运转的节奏。许多本要出门接洽的事,现在可由愈来愈方便的信息系统所代替。所以,信息系统也被称为"信息高速公路"。

（7）自行车仍有其优点：方便，少占地，无污染，有益健康，还不断出现新型的设计——碳素纤维的、可折叠的、太阳能的、电动的，还有三轮可载人载物的……在一定范围内方便实用。在城市中规划自行车专用道系统，它可穿越风景优美地带和日常购物场所，但应与交通主干道实行全系统的严格隔离。还可在城市中的某些节点设置公用自行车，供人们灵活取用，以方便人们出行换乘（我国杭州等城市已开始实行）。

9.4 居住形态的发展与住房政策

居住是人民的基本需要之一，住房是建筑的第一类型，是城镇最基础的设施。自从人类有了私有财产之后，住房就是家族的固定资产，可以世代相传。人民的居住条件取决于社会的财产分配。随着工商业资本经济的发展和富裕阶层消费水平的提高，居住建筑的供应才逐渐地商品化了。

我国在计划经济时期，城市职工的住房是由工作单位作为福利待遇分配的；农村住房则主要靠自建。到20世纪之末，对于城市职工住房的分配与维修，国家财政已不堪重负。1998年实行城市住房制度改革，由福利分房改为商品供应住房。随着市场经济迅速发展中的贫富两极分化，出现了住房分配不合理的现象。2002年党的十六大提出了构建和谐社会；2007年党的十七大提出了"住有所居"的原则要求。据此，住房分配不能完全推给市场了，政府结合市场机制保障人民（特别是社会弱势群体）住房的责任再次得到了明确。

随着社会的发展，居住形态也要发生变化。我们使用"居住形态"（Residential Formation）一词，以包含居住建筑的规划和设计的总的形态，即包含宏观建筑学与微观建筑学的全面概念。在当今我们迎来了交通文明、信息文明与生态文明的条件下，对人民的居住形态会有什么影响呢？

现代化城市交通的发展，对居住形态的规划设计带来了深刻的影响。人们既要求交通出行方便快捷，又要防止交通噪声和污染的干扰，保持居住区的安静、舒适、方便和安全。自从私人汽车开始普及以后，一些现代规划学者提出了一系列新的居住规划模式，如"邻里单位"（Neighbourhood Unit）、"社区"（Community）、"超级街坊"（Super Block）、"拉德伯恩人车分流体系"（Radburn Road System）等。这表明，现代城市交通系统与居住系统业已发展出各自新的越来越高的要求，要找到新的规划形式来合理处理二者之间的关系并保持各自的完整性。交通干道要求快捷畅通，较少交叉口；居住小区要求生活便利舒适和环境幽美。设置相应的道路、车库和停车位的要求增加了居住用地的需求。上述功效因子也成了决定房地产价格或租金的重要因素之一。这类新的需求也在某种程度上促进了城市郊区化和分散布局的发展。

前苏联的"居住小区"规划理论吸取了"邻里单位"理论的基本内容，主要是保持其公建配套和小区内部环境的完整性。我国从前苏联规划理论中借鉴来的居住小区规划模式，经过改革开放30年来在城市发展中的实践，其体现的完整程度不一。一方面建设了许多优美的社区；另一方面，在不同的城市交通与街道系统的条件下，与"邻里单位"那种基于汽车社会的理论初衷还有相当大的差距。有的楼盘临街而建，建筑都是无电梯的多层公寓，间距密集,不符合日照要求,环境不够理想。

自进入20世纪90年代以来,信息文明在我国有了迅猛的发展。邮电通信引进了卫星、光缆、程控三大技术。从1996~2000年,每年投资1 000亿元,建成覆盖全国的大容量光缆干线,并辅之以数字微波和卫星通信网,为大规模的网络化建设奠定了雄厚的基础。全国电话普及率2007年已达到67%;2010年手机用户已达8亿部;电视机、传真机、电子计算机网络、多媒体技术等迅速推广,到2012年,互联网用户已达5.3亿,居世界首位。今后,国家还要重点发展电子工业。这种趋势将促进"无形的网络城市"的发展。人们可以在远距离相互交流、快速通信、传达文件、进行文化娱乐,以及办公和进行商业、金融、医疗、教育、科技推广等活动。当这种技术达到某种程度的普及时,城市生活组织和结构会发生根本性的改变;城市在空间上集聚的必要性及其程度会大大降低;而且,这也是促进农村和小城市(镇)发展的重要因素之一。

生态文明要求建设生态城市、山水城市和绿色建筑。生态城市的住宅规划设计,要考虑自然生态、社会生态和经济生态。在自然生态方面,要尽可能地腾出土地,建造园林,创造立体绿化,保持高绿化率。在社会生态方面,要体现以人为本,创造和谐的邻里和社会。在经济生态方面,要节约资源和能源,综合和循环利用资源,创造绿色建筑,提倡可持续的生产、消费、交通和居住区发展模式。

遵照"山水城市"的理念,要创造高品位的文态,即具有中国传统山水文化意境美的环境。它是建立在生态城市的物质基础之上的。

对于居住建筑的评价,一般可从其功效性(utility)与经济性(cost)两方面来考虑。评价功效性的因子,主要有环境质量、与大自然的融合(亲地性)、可达性、空间容量、舒适性、便利性(配套齐全),以及私密性、安全性、可交往性等;评价经济性的因子,主要是售价(或租金)、容积率等技术经济指标。一般来说,庭院式独立住宅(别墅式),环境优越,可达性好,如果设备是现代化的,则更为舒适、方便,但占地率高(容积率很低),售价贵。联排式等类别墅形式则次之。具有现代化设备(包括安全电梯)的高层公寓式住宅,可达到相当高的容积率,如果其环境质量得到保证(日照、通风充分、可眺性好,有宽敞的庭院),则也可认为是舒适、方便的,其可达性可由电梯得到弥补。但一般认为高层建筑存在某些问题,如易致犯罪、对儿童教育与孕妇不利、相互干扰等。目前,我国城市里广泛建造的无电梯的多层公寓式住宅(一般建为5~7层),则可达性和方便程度都不及前二者,庭院环境也较狭窄,加之开发商为求利润而建得过密,或临街而建,导致环境质量较差。

随着人民生活水平的提高,人们对住房的需求有逐渐侧重其功效性的倾向。

按一般的规律,在城市稠密区多建设高层公寓式住宅,靠边缘区可建低层的,在郊区或小城镇,地价较便宜,则可建容积率较低的形式。按容积率从高到低的排序,有高层(10~35层)高、中、低密度;低层(1~4层)高、中、低密度。前者有塔式与板式;后者有联排式(有天有地)、叠户联排式(上户有天无地,下户有地无天)、双拼式、合院式、套院式、院落组团结构式、独立庭院式等多种形式。其中,高层低密度,即符合当年柯布西埃所设想的"用提高(人口)密度来降低(建筑)密度"的构想(super block),是一种城市集中主义构想,有利于在实现较高建筑容积率的同时创造较宽阔优美的庭园环境。高层中、高密度可在城市稠密区较低档的公寓式居住区(如保障式居住社区)实施;尤其是在低纬度日照高度角较大的地区;也可充分利用其庭院、阳台、屋顶、墙面实现丰富的绿化。至于低层的各种院落式,只要善于运用中国传统的庭园艺术手法,都可在小小的空间创造出丰富的景观。低层低密度是属于高档(别墅或类别墅式)居住模式,只能在布局较分散的地区实施。低层高密度则可在城市稠密区实施,如昔日上海的石库门和弄堂住区属于最大限度追求经济效益的做法。当然,在城市稠密区还是以高层公寓(apartment)为主,独立式住宅(house)只能在一定的条件下起补充调节作用。

城市化(城市的集聚)主要是工业时代的产物,因为工业生产要求作为生产要素的人聚集到工厂。而信息社会则是把作为生产要素的信息传送到人,电脑将使人从生产流水线中解放出来,以崭新的形式回归前工业时代的居住和劳动单位。人们随时随地都能工作。"远程工作"将成为最通常的工作方式。

在信息经济中,收入的多少首先取决于技巧原创性和迅速发现新问题以及使用创造性方式解决问题的能力。新的工作岗位主要是通过更多的创新来实现的……国家可促进将信息和知识推向广阔的农村,这样将可以避免收入分配的两极分化加剧的问题。

住有所居(香港称"居者有其屋"计划)体现了人民的生存权利。我国在历次自然灾难中动员国家的力量,冲破千难万险,为灾民提供这种权利,更突显其攸关生命的性质。如果贫困的人民流离失所,丧失了生存权,社会也不能保持稳定。所以人民享有居住权,应当立法予以确定(许多国家或地区都有《住宅法》)。为了确保住有所居,我国近年来不断地进行了探索和实践。

在社会收入分配失衡的情况下,各级政府要在房地产市场经济中发挥主导作用,确保为弱势群体提供保障性住房,并制定公平透明的分配制度。对于公益性住房的投资,要以公益性基金和划拨的低价土地供应予以补贴。作为社会再分配的一种措施,可对高档和豪华住宅提高征税率,并用于公益性住房基金。

地方政府追求土地财政收益;片面追求房地产经济对 GDP 的贡献;既推高了房价,又对房价高企缺乏管制机制;房地产商追求暴利;社会上投机购房猖獗……各种利益集团竞相追求最大限度的利润,使房地产经济畸形发展到面临泡沫崩盘的境地。目前全国的空置住房达到 6 千多万套(可容纳 2 亿居住人口)。抑制房价面临着两难:怕力度太大会导致房地产经济的萧条,呈现积重难返的现象。为促使房地产经济转型走上健康发展的轨道,需要制定全面的系统规划和方针政策。

我国的房地产经济从 20 世纪末住房制度改革开始蓬勃发展起来,至今还只有十几年的时间,其生产要素基于廉价的劳动力,工业化水平还较低。要实现较高度的建筑工业化,需要跨越提高资本有机构成的"门槛"。一旦建筑工业化水平提高了,其生产效率和产品质量都将显著提高,市场将显著扩大,成本将会降低。那时,建筑市场将不仅是销售成套的房屋,而且还可发展各种建筑产品和构件的销售市场,向各级城镇和广阔的农村推销,促进和方便各种形式的建房和维修工作。

为了促进住房的规划、设计、建设、分配和保障工作的有序化和规范化,可借助于应用住房评价指标体系。它基于对住房的功效因子和经济因子的系统描述并赋以分值和权重,使住房的评价和用户的收入水平相适配。

怎样建设最适宜居住的城市(宜居城市)呢?邹德慈院士指出,宜居环境有三个基本条件:一是物质条件,二是精神条件,三是自然条件。

①物质条件:要有安全防御设施,能抵御自然灾害和人为灾害;有适宜的住房;方便的交

通系统和购物场所;足够收入的就业;良好的教育、医疗设施,和谐的城市形象,丰富的休闲娱乐等。资源、能源、交通、土地等,是创建宜居城市的物质基础。

②精神条件:安全的社会环境,卫生的生活环境,文明的道德风尚,较高的文化教养等。

③自然条件:清洁的空气、水体,适宜的土地、岩层,良好少灾的气候,多样的山林、植被等。

如上海市在 2005 年已有了这方面的设想,其要点主要是:

经济发展是基础,目标是人均 GDP 达到 10 000 美元(现已达到)。社会进步,机会均等,分配公平合理,受教育水平高,服务水平高,生活体面,人的素质高,环保意识与公益意识强,人均寿命长。

生态平衡,环境保护好,绿色体系占 1/3 以上。

城市、社区与住宅的规划设计、建筑、设备与经营管理达到高水平。

9.5 城市的精神风貌

著名的芬兰建筑师与规划学家伊里尔·沙里宁(Eliel Saarinen)曾说:"让我看看你的城市,我就能说出这个城市居民在文化上追求的是什么。""城市是一本打开的书,从中可以看到它的目标与抱负。"

城市不但是人们聚居的场所,而且也是人民的精神寄托的载体。每座城市都有它独特的风貌特色,它是自然特色与人文特色的总和。

9.5.1 城市文化保护

每座城市都有它继承下来的遗产,包括各种文物古迹,其中凝聚着先辈的业绩、智慧和文化艺术才华;尽管就政治或意识形态而言,有的可能也带有某些历史的负面因素,但从历史文化的角度着眼,它总是值得妥善保护的。例如,我国有些城市曾有过殖民地的历史,其中有些文物带有殖民色彩,甚至是发指罪恶的见证;但是,即使作为历史记忆,也是必须留作反面教材的;至于那些具有艺术价值的建筑物,凝聚着劳动人民的智慧和创造性,则更应作为文化遗产保护下来。正如我们对封建皇帝的宫殿也要当作宝贵的文物来保护一样。无数的文物古迹,几乎无不是当时的统治阶级所拥有的,今天都成为人民的财富。从国外的实例来看,前南斯拉夫曾先后受过土耳其、威尼斯帝国和奥匈帝国的统治,它现在保护着三种类型的前古城。美国对原英国的殖民统治中心威廉斯堡古城,也划为绝对保护区,作为生动的美国历史博物馆。

在历史上,产业革命、新建筑运动对历史传统的虚无主义态度,以及对城市大拆大建的做法,都曾对历史性建筑造成过破坏。二战后,各国逐渐重视对历史性建筑的保护;到 20 世纪 60 年代末以后成为世界性的潮流。我国在这方面也有过沉痛的教训。改革开放以前,曾受极"左"思潮的严重干扰;"文革"中又遭到严重破坏。1982 年,国家颁布了《文物保护法》,各地开始采取措施,如划定保护等级,挂牌子等。但实际的保护情况却不尽如人意,有的文物建筑破损不堪,有的被翻新改造得变了形,有的周围环境被堵塞、遮挡,混乱不堪。不少人对此还不够重视,似乎主张保护旧建筑是一种守旧、向后看的保守思想,阻碍了经济建设。一方面,用于文物保护的资金不足;而另一方面,人们却不惜重金去建造"人造景观",其中有的审美层次不高,甚至迎合一些庸俗趣味和迷信心理,目的主要是赚钱。不过可喜的是,近年来有的市政府采取坚决措施对历史文化名城进行保护,制定了规划,并实施了整个街区的保护性建设工程。

对古建筑的修复,各国都有不少经验,也产生了若干学派。特别是作为古罗马帝国中心的意大利,在这方面经验较丰富,成绩卓著,成为各国借鉴的榜样。一座古建筑,可能经历了成百上千年的沧桑变化,今天应当怎样去修复它呢?有的主张要设身处地作为古建筑师去对原风格进行再创造;有的主张要把它当作历史文献档案来保留它的一切历史痕迹;有的主张要充分运用各种科学资料和手段来进行研究和修复;还有的主张要在审美评价的基础上恢复它审美价值最高的形象。这些学派各有优缺点,要看保护的主要目的是考古、审美、纪念、教育、存证等不同而有所取舍。总之,对古建筑的修复是一项很严肃的事情,要对历史、对学术价值、对后代负责,切不可随心所欲地把它弄得走了样,致其真正的价值受损以至丧失。就此,冯纪忠教授提出了八字箴言:"修旧如故,以存其真。"可谓是言简意赅的。

对于有价值的古城,许多国家都划为绝对保护区,予以完整保护,宁可在别的地方另建新城。当年梁思成和陈占祥先生就我国北京的紫禁城和古城区的完整保护问题所提的建议正是如此。这样完整和规模宏大的古代都城在全世界是独一无二的。当然,在保持旧城形态格局的同时,如何使其中的生活和产业实现现代化,需做全面系统的规划设计。使旧城系统也能高效运转。

对于规模较大的古城,若要完整地保护,则与新建的矛盾比较突出,处理矛盾的难度较大。例如,苏州早在春秋时代就是吴国的都城,其规划有五对水旱城门,独具特色;在宋朝是平江府城,保存有宋代碑刻的全城图像,具有高度文物价值;而且城内外水道纵横,桥梁数以百计,被誉为东方威尼斯,是世界上有特殊价值的文化遗产。此城若能较完整地保护下来,其文化与旅游价值是很高的,并有可能作为整体来申报世界文化遗产。自1982年以来,该城当局对古城风貌保护作了系列努力,使许多古迹和著名的景点得以保存(如盘城、虎丘、寒山寺、留园、拙政园、狮子林、怡园、西园、网师园等);但可惜的是小桥流水的古城风貌和古城轮廓,已几乎荡然无存了;新辟的干将路将古城拦腰截断。经过经商与开发的热潮,苏州古城终未能以完整的面貌呈现在世人面前。

对历史文化传统的尊重,是城市人民精神文明体现的重要方面之一,也是形成城市风貌特色的重要方面之一。近来上海市在规划建设中有很好的做法:在旧城改建中沿街保留了老房子,把高层建筑退后建到街坊的中部,使街上的行人仍能见到老上海的风貌。在许多历史性街区注意保护老建筑,与新建的部分和谐并存,保留着上海的历史记忆。

若要完整地保护一座古村镇,最好的办法当然也是另辟一地,以供富裕后的村民建房居住,而将原古镇辟为发展旅游事业的场所,为接待并服务游客而利用并维护古镇建筑。不过未必有这么多土地来另辟新村,除非能找到开辟新空间的途径。若要在原地改建,那就要精心处理好重点保护与新建的矛盾。

当然,古文化保护的规模要与经济运营的能力取得平衡;否则,没有充分的城市经济发展水平,城市趋于衰败,其文化保护所需的维护管理费用也就失去了基础。

9.5.2 城市的建筑艺术

建筑是不是艺术在历史上是有过争议的。在新建筑运动中,如 A. Loos 曾一度反对把建筑列入艺术范畴;现代派建筑大师也曾对建筑风格持否定态度,但并未影响建筑艺术和风格的存在和发展。有人认为建筑艺术与纯艺术(音乐、美术等)相比,其艺术的层次较低。但人们不能不承认(特别是对国家性、历史性等大型公共建筑和建筑群体而言),建筑艺术的宏伟的、多元的、多层次的感染力,是其他任何艺术所代替不了的;而且建筑艺术还有综合多种艺术的功能。它是国家的艺术,是人类文明的体现者。因此可以说,建筑艺术是一种不轻易体现出来的艺术(但不应有空白),一旦充分体现出来,则是一种具有文化代表性和高度感染力的艺术。

钱学森院士曾就美感与建筑美问题指出:"美感是主观的,不同文化的人有不同美感。"并且说:"建筑是科学的艺术,也是艺术的科学。"对于建筑艺术,我们或许可以说,是在实用的基础上,通过与环境相处的建筑的群体、序列、空间、形象所表现出来的人的意境、审美取向、情感、心理以至哲学、伦理、礼仪、信仰、世界观等精神因素,它是通过形象(可能还伴以听觉、嗅觉、触觉等多维感受)所折射出的人的内心世界。

美感固然受到某些客观条件的制约,如建筑美就受到地理、气候、历史、技术、材料等因素的限制;但这些毕竟是外在的、次要的因素,决定建筑美和建筑风格的因素,归根结底还在于人的内心世界。比如上海世博会上各国的展览馆建筑设计,就以丰富多彩的形式,反映了各国人民的深层次的理念。

这样的认识是符合辩证唯物主义的。人类的建筑活动是在客观条件的限制下,充分发挥主观能动性和自身能力的结果。美的因素既有客观的,也有主观的,由主观的美感来欣赏。有些人强调所谓唯物主义美学,却往往陷入机械唯物主义。

城市通过其建筑艺术来表现城市人民的文化水准和对建筑审美的追求。人类总是要追求美的享受的。即使是农民自建土草房,他们也是要讲究形象比例之美的。即使是经济发展水平不高,我们也不应忽视对建筑的美和艺术的追求。因为穷并不等于没有文化,没有内心世界。一位好的建筑师应当像一位好的裁缝或艺术家,无论用什么简陋的材料,都能创造出美好的艺术品来。当然,在资金、材料和技术条件充分的情况下,建筑师的创作可以涉及更宽广的领域。西方有些有钱人玩弄建筑,或通过建筑表现某种玩世不恭或颓废的心态,则是我们无需效法的。但问题是,我们的城市里出现了不少品位低、趣味庸俗的建筑,钱并不少花,却降低了城市的品格。所以,有些问题我们不得不谈一谈。

一是关于千篇一律、千城一面的问题。在经济发展水平低的条件下,主要是解决有无、温饱的问题,人们对建筑艺术一时还无暇顾及,主要强调适用、经济,这也是自然的。前已述及,建筑艺术是一种不轻易体现出来的艺术(但不应有空白),因为其表现是建立在相应的物质技术基础之上的,也需要一定的酝酿时间才能成型。但在可能条件下还是要注意美观的。

古代的建筑艺术,主要是体现在统治阶级的建筑上;民居建筑艺术主要体现在大户富宅上;但一般民居当然也有风格,其建筑与规划布局、空间概念、对整体与细部的处理,形成了某种定式,反映其审美取向和某种民族传统心理的深层结构。就拿农村土草房来说,不同的民族也有不同的定式,不容混淆。所以无论如何,我们对建筑总不应粗制滥造,毫无一点传统价值和审美情趣。这要求建筑师具有敏锐的发掘民族审美因素和艺术创作的能力。在20世纪60~70年代,我国许多大量建造的房子,如住宅楼像火柴盒那样光秃秃的,各个城市几乎都一样。改革开放以后,这个问题已经引起了建筑界和城市领导的重视。但现在的问题是,贴上一些任意的装饰、古典元件或象征符号,往往做得不伦不类,不讲究建筑美的基本原理。而最近又出现新的千城一面,即到处都仿效纽约、香港等繁荣城市的建筑,失去本地特色,例如玻璃幕墙在寒地城市也大行其道。这些问题的通病,就是没有自己的审美观点和取向。所以,我们应当提倡从事建筑与城市设计的工作者和相关决策者有较高的建筑艺术素养。在我们的建筑教育与各级教育系统中,都应当重视美育。前苏联在各城市设总建筑师的制度,有利于控制城市的建筑艺术品格。

二是关于传统与创新的问题。至今,在一些主要城市都不能说解决好了。比如,历史文化名城,一般都有保护和创新两方面的问题,往往分撇不清,互相混淆牵扯。某些主事者一说要维护古都风貌,就都要在建筑上戴上古亭、大屋顶;一说要维护城市传统欧式风貌特色,就要把欧洲古典柱式和细部线脚任意贴用。哈尔滨市建筑学会曾就什么是哈尔滨建筑风格问题讨论了多年,后来才发现所谓哈尔滨建筑风格其实并不存在,只是把哈尔滨传统城市风貌特色与哈尔滨建筑风格两个不同的概念混淆在一起了。前者是历史的客观存在,是需要保护的;后者是属于创新范畴的问题。建筑创新需体现当代人的审美取向。虽是历史文化名城,其新的建筑创作也不能老是沿袭历史上的建筑手法,那样建筑艺术就僵固停滞了,丧失了生命力。

历史文物性建筑一定要保护好,决不允许任意修改,只可在精心研究的基础上进行修复。一般新建筑都可放手创新,但要讲究建筑艺术,要注意在不同层次上保持同传统之间的联系,同自然和环境相协调。哈尔滨工业大学的侯幼彬教授提出了继承古典建筑的"软传统"的概念,即建筑传统的深层结构,包括价值观念、生活方式、思维方式、行为方式、哲学意识、文化心态、审美情趣、建筑观念、建筑思想、创作方法、设计手法等。只有特殊的历史性建筑或为满足某种怀旧的情结才可做仿古建筑,一般建筑应免受古典形式的束缚。

如果历史性建筑没有保护好,新建筑又同传统建筑纠缠不清,有的新建筑被裹在厚重的古式包装中,好像人被涂上厚厚的脂粉,实在使人透不过气来,那么美又何在呢?

古典复兴与折中主义的历史时代早已消逝了。尽管复古的幽灵有时还可能借机还魂(历史往往呈波浪式发展),但它绝不会成为主流。任何一位当代著名建筑师,如果单靠仿造恐怕是难以功成名就的。每个时代的建筑师都有责任创造他当代的美,同时,又要注意继承传统的气质。据华裔美籍建筑师卢伟民先生介绍,其父卢毓骏先生是在中国和法国接受的教育,在巴黎学完建筑回中国后,一生努力尝试将现代建筑与中国传统建筑相结合。我想这是值得我们学习的。

当代的建筑美是建立在当代的文化、经济与技术基础之上的,同时,与传统建筑保持着文脉关系。如果对往昔辉煌时代的建筑艺术形式盲目地作过多不必要的仿效,可能就是缺乏自主性或文化没落的表现。

三是关于建筑艺术与建筑语言问题。建筑艺术通过其空间布局、序列、形象、意境及其各种素材的安排和表现,来陈述或表达某种意义。所以,在后现代主义时期,有人称之为"建筑语言"、不过,比起中国古代建筑规划设计像做文章那样讲究"起、承、转、合"来,美国的后现代主义者对此作出的解释就未免显得过于肤浅了,而且还有雅俗之分。赵鑫珊教授的《建筑是首哲理诗》在这方面有深刻、细腻的分析。但另一方面,我们在我国当前的建设中却看到了值得商榷的实例:许多城市的政府大楼都倾向于规划设计成高大威严的形象,控制制高点,深长的中轴线,巨大的广场和庄严对称的古典形式……为什么人们热衷于采用17世纪欧洲古典主义(绝对君权)或中国封建时代的建筑语言,却与新时代社会主义社会人民政府的形象显得格格不入呢?后者如能表现出民主、亲切、优雅、精干、高效和提供良好服务等特质,岂不更能体现出新时代精神和社会主义的优越性吗?其实,早在20世纪50年代初,芬兰著名建筑师阿尔托设计的珊纳特赛罗镇中心主楼,就已经一反传统的市政厅形式,创造了亲切民主的政府建筑语言的典范。

　　四是城市的风貌,像人的风度一样,要讲品格。哈尔滨著名建筑师李光耀先生认为,建筑要讲性格、风格、品格。我们理解,建筑的"性格",是基于建筑的功能所表现出的特质,如居住建筑的宁静幽雅,娱乐性建筑的华丽、银行建筑的严谨等;建筑的"风格",是基于建筑的时代的、地方的、民族的、某种精神特质的或创作的特征;建筑的"品格",是基于建筑审美的品位和创作素质。城市也是这样。在建筑文化水平还不高的情况下,有些人把个人的喜好强加给城市,往往倒使城市背上视觉污染的重负。

　　建筑创作的立意与构思,有品格高低之分,这要基于建筑师的美学与建筑艺术素养。所以,在文明的社会里,建筑师的创作应受到尊重,不可妄加干扰。这同建筑师与规划师应广泛征求各方面包括用户的意见是相辅相成的。与此同时,建筑评论也应当在社会上广泛而及时地开展起来,以提高人民的建筑文化水平,并引导建筑市场。建筑陷入纯粹的商品化竞争,如当代资本主义这种一次性商品的漩涡,也是不健康的;再加上社会种种不健康心理的影响,使资本主义建筑有其不健康因素,我们须加以分析,不可盲目崇尚。社会主义建筑应当提倡高尚的美学和建筑文化。

　　五是关于建筑风格与建筑学派问题。既然我们不能否认建筑也是一种艺术,那么,它也是会有种种风格(style)和学派(school)的。尽管建筑更多地受物质条件的制约,而在精神表现方面受到更大的限制,与各种所谓"纯艺术"(音乐、绘画等)有很大的不同。但如果把建筑的精神表现方面完全排除,成为纯粹的物质产品或"机器",那毕竟是(无论中外建筑史都证明)不能令人满意的。因为人类是有精神生活、有心理和情感需求的,在这方面远高于其他动物。人类的一般物质产品往往都还要讲究式样美观,不同时期有不同的流行样式;但建筑与一般的物质产品还不同。建筑同人们生活的关系是十分密切、全面且长期的;建筑不仅是人们物质的(生理的)蔽所,而且也是人们的精神的(心理的)蔽所。而一般的物质产品,大至汽车、火车、飞机、轮船等交通工具,只不过是解决人们一时的个别功能需求而已,不像建筑和城市,是人类文化的体现。可能也有性质接近的物质产品,如居住拖车、载人宇宙飞船等,人们可能要较长期地生活于其中,但它们毕竟是特殊种类的产品,要受交通运行或发射的严格限制,与量大面广的地面建筑以及城市还是不一样的。现代确有一些建筑,设计成外表像机器以至宇宙飞船那样,但人们往往还要用绘画、雕塑等其他艺术手段来补充精神表现方面的不足。现代派(Modernism)建筑师为了摆脱学院派复古主义(Beaux-Art)的顽固羁绊,使建筑适应工业时代的需求,曾经否认建筑风格,结果自己因奉行机器美学(Machine Aesthetics)而走向否定人有精神、心理与情感需求的极端,乃受到后现代派(Post-Modernism)的批判,而且他们还是不免被人冠以"国际式风格"(International Style)的头衔。可见,建筑风格是否定不掉的。

古代和中世纪，建筑发展得较缓慢，品类较少，受材料、技术等限制较大。种种建筑风格都是在一定的时代、地区和文化背景下，经过长期酝酿形成并相对稳定的。到了近、现代，由于人类的经济、文化、社会、科学技术和物质生产迅猛发展，建筑的类型、材料、技术和表现途径大大地多样化了，建筑才进入多元的境界。这使影响建筑的因素变得越来越多样了，建筑师处理建筑的条件、要求、手段、思维方式和学术观点，也变得越来越多样了，加上建筑市场的竞争，于是，建筑思潮五花八门，变化迅速，也出现了种种学派，如格拉斯哥学派、阿姆斯特丹学派、维也纳学派、草原学派、芝加哥学派、鹿特丹学派、柏林学派、新陈代谢派，以及种种的"主义"等。同一位建筑师在一生中，其学术观点与风格也可能发生许多变化。

建筑的风格或学派，从建筑历史来看，虽然也受客观条件的影响，但主要还是基于人的精神、思想、观念、心理等某种深层的主观因素，例如，某种美学的倾向、动机、空间概念或处理手法、信念、乃至哲学思想等，也反映人的生活理念和性格。为什么恩格斯说："希腊建筑好像阳光灿烂的白昼，回教建筑好像星光闪烁的黄昏，哥特建筑好像朝霞"？这反映了建筑对人的精神感染效应。所谓建筑文化，是指有关建筑的物质和精神因素的文化。这样看来，建筑就不仅是科学技术产品而已。我们对先进国家的科学技术可以引进，而对其建筑作品，就须考虑其文化的层面。在全球化浪潮汹涌的今天，要谨慎小心，要有深刻的文化判断标准。在我们的历史文化名都，对于外国建筑师的作品，不能以其新颖奇特就认为是超现代的作品，而要分析其深层的思想和哲学基础，是否能与我们的文化和环境相容，以免授人以笑柄。另一方面，我们自己的建筑学派和风格，也要积极发展，要在世界的建筑文化之林和国际建筑市场上占有一席之地，不能总是在发达国家的建筑文化面前甘拜下风。这也有利于改变我们"千城一面"的面貌。

我国在改革开放以前，由于极"左"思潮盛行，建筑学与学者遭受批判；加以受到前苏联建筑学的影响，与西方建筑学相互隔绝和对立，致使建筑学的发展受到压抑，建筑艺术几乎成为禁区。改革开放后出现了一批有作为的建筑师和优秀的建筑作品。但毕竟为时尚短，难以形成有世界影响的学派。近年来一些重大建筑项目引进了外国建筑师的设计，也是难免之事，但在操作上也难免还带着某种盲目性。有的在发达国家都难以实现的方案，在我们这里却可不惜耗费巨资来实现，成了他们实现建筑理念的实验场。

我们高等建筑院校的建筑历史与理论教学中，近年来也出现了偏向：脱离了马克思主义原理的指导，不用历史唯物主义来进行分析，对于资本主义国家的建筑理论，一概认为是先进的，而讲究马克思主义思想指导则被视为保守思想。这种全盘西化的观点，同社会主义的教育是不相容的。

建筑风格与建筑学派的发展，是建筑的创作繁荣、建筑文化趋于成熟的表现。这有赖于社会经济、文化的繁荣与建筑创作条件的宽松。我国还将长期处于社会主义初级阶段，我们应明确建筑发展的方向和目标，并为提高我们的建筑创作水平和创造出更合理的建筑创作环境而奋斗。

9.5.3 城市的生态环境风貌与人文风貌

在生态文明和环境觉醒的时代，城市的生态系统保持得怎样？环境是否清洁、卫生和优雅？也是城市人民生活质量和精神风貌体现的一个重要方面。我国目前正经历着经济发展模式转型，城市环境污染还存在着较严重的问题。但国家的政策侧重于发展绿色经济、循环经济和清洁能源,已经取得了初步进展。我们将争取有朝一日,看到城市的各种场所都有树荫如盖,绿草如茵,鲜花盛开,清水长流,空气洁净,环境优美,各种野生动物也愿来此与人和睦共处,则人们对这个城市的人民自然会产生羡慕和敬意。我国有些先进的城镇,已在这方面取得了较好的成绩。当然,这涉及整个经济、文化的发展和相关许多方面的工作。要有良好的城市规划和设计,城市基础设施建设、公害防治、卫生设施、园林绿化等各方面的工作都要跟上。我国一般的城市绿地比重低,污水处理率低,垃圾处理不到位,公共厕所脏臭等较突出的问题,亟待抓紧解决。

  城市不仅有它的人文历史遗产,而且当今的人文风貌更具鲜活性,这包括民族风情、风俗习惯、道德风尚、人民性格特征等。其中有的是民族、地理、历史和社会背景的产物,有的是城市文明的产物。后者主要是城市的精神文明和道德风尚。比如,遵守秩序,讲究公德,待人热情友好,乐于助人,诚实正直等。街道交通秩序井然,各行其道,驾车行为文明,在公共场所互相礼让,爱护公物和公共环境,对外来客人热情友好,都表明城市人民的文化道德素养高,有良好教养。我国各城市近年开展"讲文明,树新风"活动,城市志愿者主动参加各种服务活动;各地还兴起了许多社区志愿服务队,以及拥军爱民服务活动等;特别是救灾及灾区重建的斗争中,可歌可泣的感人事迹层出不穷。这些活动取得了良好的社会效益,体现了社会主义制度的优越性。

第 10 章 城市土地集约化利用的途径

在我国土地资源紧缺的情况下,对城市土地的集约化利用提出了要求。除严格控制城镇总用地指标,实施严格的城乡土地管理法制,合理提高城市用地建筑容积率,以及控制过于分散的布局,实行合理集中等之外,本章主要从技术方面介绍某些可能的途径,以供参考。

10.1 开发新的城市利用空间

10.1.1 利用地下和山体空间

在某些情况下利用地下空间可得到经济的效果。比如,寒冷地区冰冻线较深,或地基土软弱,需要做深基础,可利用基础间的空间;丘陵地带道路穿行岗地,可减缓道路纵坡。山区本不宜建设城市,但利用山体空间则可减轻上下之劳等。

我国有些城市,利用人防坑道建设地铁、医院、商场、车库、仓库等,并开发岗地地下空间,建设地下商城。如哈尔滨市在这方面成绩较显著,该市本来就有利用地下空间的传统。日本城市用地较紧缺,有些城市建设大规模的多层地下商城,且达到很高质量。如大阪、札幌等市的地下城市都很著名。日本和美国等都开发了用电脑控制自动跟踪太阳的反光镜,将阳光经过镜片组及光缆导至地下,使生活在地下的人们能得到同地面上同样的日照。美国堪萨斯市利用开采石灰石矿遗留的洞穴(距地表 100~200 m 深)开办公司,已有数千人在其中工作。美国明尼苏达大学已建成一幢距地表 110 m 深的地下摩天楼。有些科学家已设想,在地下可创造与地面自然环境接近的条件,使植物也能在地下空间中生长。

有的学者认为,城市向地下发展已成为一种发展方向。在地表以下 10 m 左右的范围内,主要可用作商业、文娱和部分业务空间;在地表以下 10~30 m 范围内,主要可用作客、货交通和部分仓储空间;地表以下 30~50 m 深层空间,则可留作新技术系统用空间。如尾岛俊雄建议在东京地下 50~100 m 深处建造直径 11 m 的"城市整合回路",内设供热、中水、垃圾输送焚烧发电、输电和余热回收,以及电信系统。

在风景区,如法国的卢瓦尔峡谷,利用山洞建造旅馆、公寓、别墅等,可满足田园生活的猎奇,吸引了不少人前来居住,成为一种时尚。

10.1.2 利用地上架空空间,向空中发展

20 世纪 60 年代下半期,英国在旧城中心改建中提出的"新陆地"(New Land)概念,是建造架空平台,房屋和行人在平台以上,把地面层留给机动车交通与服务设施,以便行人不受机动车干扰。

柏林市中心的架空步行道系统,把市中心的主要公共活动内容联系起来。这种设计构

想出自英国建筑师史密森夫妇,与"新陆地"有共同之处。类似的城市中心设计在发达国家已是屡见不鲜了。

传统上道路用地是非建筑用地。但有的建筑师为了争取城市用地,考虑在道路上空架设巨型结构,用作建筑空间。

如钱学森院士所介绍的,1972年以来,日本的建筑学家们开展了跨越公路、铁道、河流等非建筑空间的巨型结构的研究,成为"分层建筑",如图10.1,和10.2所示。采用装配式巨型钢管,斜杆倾角一律45°,可最大限度地减少构件类型。所创造的架空建筑面积为其所覆盖地面面积的1.5倍。其结构可采用预应力钢筋混凝土、水冷钢管和球状接头组成的立体桁架和平面桁架。

分层建造系统分为多个子系统进行了精心设计,对室内外环境都能控制(有环境过滤系统),可用于地形各异的居住、工业、商业、农业、文化娱乐、旅游以至公墓、桥梁等各类建筑,适应性很广。预计在21世纪将在日本得到广泛应用。

在摩天楼的建造方面,20世纪80年代就有日本的建设公司指出,建造高1英里(1 600 m)的摩天楼在技术上已经完全可能了。有的计划建造200~500层的超级摩天楼。这种超级摩天楼本身就是一座完整的城市。有的设计还把多座摩天楼互相连接起来(在顶部及在中部每隔20~30层用步道廊相连接),在提供流动通道的同时还提高了建筑的抗风能力。这样的"摩天城"里,住进几百万人是不成问题的。不过,这种高密度的人口集聚所带来的超量用水、耗能、污染、疾病传染及安全等负荷,势必造成巨大的问题,而与"有机城市"的理念相悖。

由前苏联建筑师莫略尔等设计的两种方案(图10.3,图10.4),是利用架空的空间建设房屋,尽量减少建筑占地面积,从而腾出绿地,并提高建筑容积率。

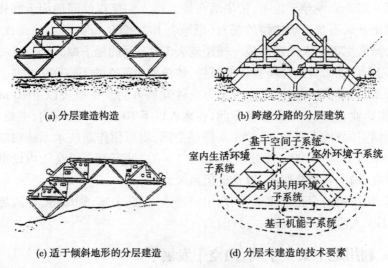

(a) 分层建造构造　　　　　　(b) 跨越分路的分层建筑

(c) 适于倾斜地形的分层建造　　(d) 分层末建造的技术要素

图10.1　分层建造系统

第10章 城市土地集约化利用的途径

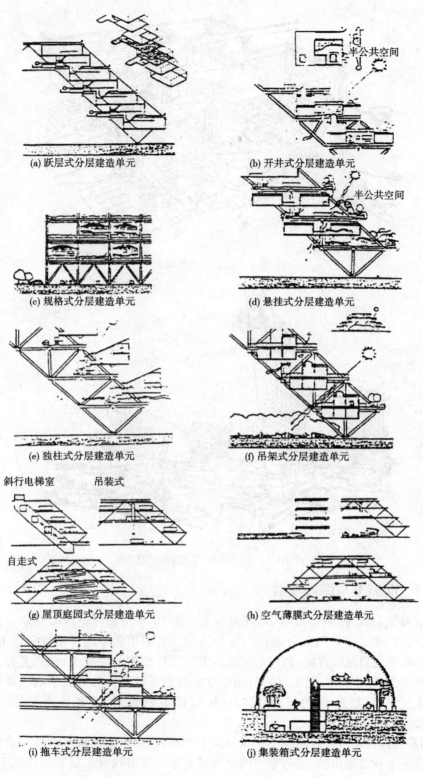

图 10.2 分层建造单元

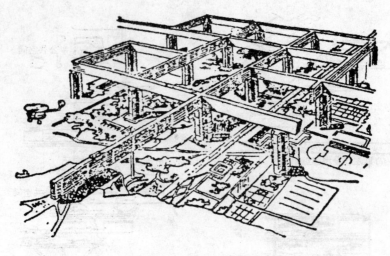

图 10.3　地面上空的城市

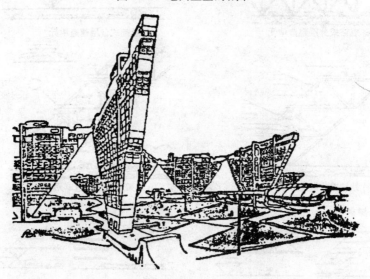

图 10.4　三十层楼的居住综合体

10.1.3　向海上与海底发展

在海上(特别是浅海)发展城市,有许多方案。图 10.5 是法国建筑师波尔·麦蒙设计的摩纳哥海边的"水上卫星",其外表像巨大的飞檐。大家很熟悉的丹下键三于 1960 年设计的东京 2000 年规划设想方案,利用东京湾浅海架设巨型钢筋混凝土栈桥,上有三层高速公路网,两侧布置生活单元,把东京的封闭型中心放射系统转换为开放型的线型发展的城市。丹下键三的水上东京的设计,被认为是日本的结构主义代表作品之一(图 10.6 ~ 10.8)。

该规划是为弥补东京建设用地不足而向海上发展,利用东京湾海底深度只有 50 ~ 80 m 的地方,建设一个新的都市轴,把东京湾两岸连接起来。都市轴有三层平行环状交通系统;中央规划有中央机关、技术情报中心、交通控制中心、商业服务中心和文化娱乐设施。都市轴的两侧布置生活单元。

第 10 章 城市土地集约化利用的途径

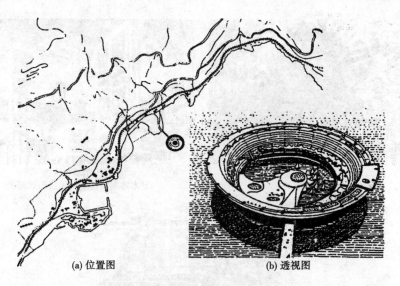

(a) 位置图　　　　　(b) 透视图

图 10.5　摩纳哥海边的水上城市

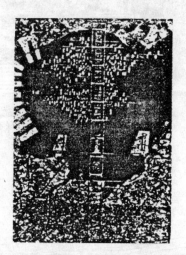

图 10.6　东京 2000 年规划方案

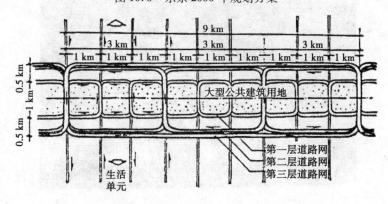

图 10.7　都市轴功能布局示意图

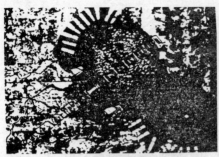
(a) 新市区总平面

(b) 巨大型事务大厦
(与日本木结构建筑的民族形式相似)

(c) 线型都市模型(用横向桥与住宅群联系)

图 10.8　水上东京的设计

图 10.9~10.11 为日本 Harmony Technology 公司设计并获得美国专利的水上飞机场方案。

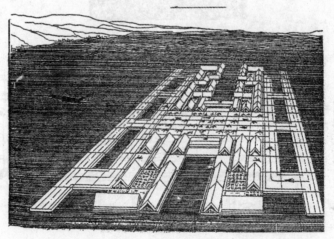

图 10.9　21 世纪的海上飞机场鸟瞰图

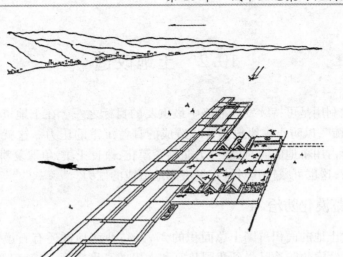

图 10.10　最小面积海上飞机场鸟瞰图

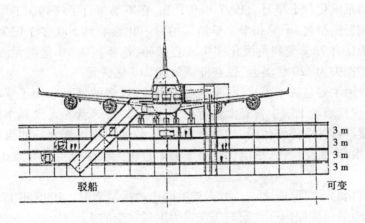

图 10.11　海上飞机场剖面图

美国的世界城市公司开发了一座海上浮游城市,称为"凤凰世界城",是一艘可容纳 5 000 人的游船,船上建有几幢多层住宅楼,并有商业大楼、会议中心、影剧院、图书馆、夜总会、游乐场、电视广播中心及游艇船坞等。

日本已制定出在海上建造办公楼的计划,并探讨过在海上建设浮游城市和海底城市的设想。据预测,21 世纪世界人口的 10% 将迁至海上城市居住。

以现代科技水平修建各种可以想象出来的形态的城市,在技术上已几乎不存在什么限制。但人们需从经济、政治、文化、土地、安全、生活与教育质量等多方面进行选择决策。一方面有城市土地集约化利用的要求;另一方面是城市有机形态和生活质量的要求。人们需进行全面的权衡。

10.2 土地改造

资源的持续利用是可持续发展战略中最重要的目标之一。在土地资源的利用方面，要求保持"动态平衡"，以防止耕地数量锐减造成的日益沉重的压力。这就是说，在各种建设等非农用途持续占用耕地的同时，要努力防治荒漠化，改良土壤，争取复耕地，使人均耕地数量保持动态平衡；这也可减轻其对城市发展用地造成的压力。

10.2.1 荒漠化防治

我国荒漠化土地的面积占国土总面积的27.3%；西南地区还有石漠化现象，即土壤流失后石块裸露。荒漠化防治已受到我国政府和人民的高度重视，也已引起世界各国有识之士和领导人的注意。

1994年6月17日在联合国通过了由120个国家缔结的《防治荒漠化公约》，并宣布这一天为世界防治荒漠化和干旱日。1997年9月底，在罗马举行了缔约国的第一次会议。据联合国环境规划署的材料，干旱和半干旱地区的荒漠化影响到100多个国家的10亿人口。非洲农业干旱地区有73%受到荒漠化损害或者威胁，每年损失90亿美元。荒漠的扩散每年在全球造成的损失为420亿美元，仅在亚洲就达210亿美元。

荒漠化的成因主要是树木被砍伐，土地垦殖过度，过多的牲畜吃光了草场，干旱耗尽了地力，使沃土变成荒地。土壤中含有大量有机质、氮、磷、钾等营养元素和水分，才能生长庄稼和植物。土壤经耕种后需要休闲，或种草或轮种，使地力得以恢复。如果植被被破坏，水土流失，干旱失水，受风化侵蚀，荒漠化就会发展。过量的取水也可能导致土壤退化和荒漠化。

贫困是荒漠化的重要原因之一。穷人被迫向土地尽量索取。1996年12月26日《防治荒漠化公约》的生效可能使国际大家庭关注世界上最贫穷的人。

治理荒漠化的主要方法是引水滋润土地，恢复植被。首先，选择抗干旱、生命力强的植物品种（如胡杨、速生杨、灌木柳、红柳、塔克拉玛干怪柳、大芸、沙棘、沙柳、沙枣、踏郎、黄柳等，其中沙棘是效益较全面的优良灌木；内蒙乌海一带的四合木，是防治荒漠的优良珍稀物种）。要尽可能慎采地下水，以免补充不及，造成生态破坏。目标是使沙漠中逐渐恢复有机质和水分含量。

我国的治沙科学技术在世界上处于前列。如建造柴草或石垒沙嶂（呈方格形布置）、生物沙嶂，培育耐旱沙漠植物，将深根植物与浅根植物间种，合理利用珍贵的沙漠水资源等，已能做到"人进沙退"。由永青扎布创造的治理荒漠土地的"永青模式"，已在内蒙古草原上大面积推广。如先种骆驼蒿子把沙固定，然后再插种黄柳等树。草地可种沙打旺。

据说已在研究利用腐木培植菌株形成地衣植被，覆盖于沙漠化土上，可减少蒸发量，促生有机生态系统。有人主张用工业方法生产仿真草，固定在细砂层上，覆以粗砂，有利于固沙保水。还有人建议投资建设提水工程，将渤海淡化海水提至西部荒漠化土地，促进湿地生态系统的形成。

以色列本-古里安大学的沙漠农业专家培育了1 500多种适于沙漠种植的杂交植物，包括 80 多种果实型野生仙人掌。

沙漠蕴含的巨大经济潜力也是值得重视的。联合国环境规划署经调研后发表的一份报告《全球沙漠展望》中提到,墨西哥沙漠中生长的尼帕(nipo)草耐旱,且其谷粒可作为粮食食用;龙舌兰、辣椒、丝兰、仙人掌等也是很有用的作物;以耐旱植物与其他植物杂交,可培育出所需灌溉量较小的品种;沙漠植物的医用潜力也待开发;沙漠养鱼可取得较高效益,因沙漠水含盐量高,适合鱼类生长,且较种植业蒸发量低;沙漠中太阳能和风力发电的潜力也是巨大的。

荒漠化土地的治理改造,仅靠行政指令和财政拨款是不够的,还需配以制度、产权、法制等方面的政策措施。比如要充分体现"谁治理谁受益"的原则,政府可与治理者签订协议,规定承包治理者可得到必要的贷款、补贴和奖励,经验收合格之后,可授予一定时期的使用权或产权等。对于过度放牧、破坏土地植被等行为,要立法严格禁止。比如为制止群众蜂拥挖取发菜,要严禁对发菜的收购和销售牟利。

张新时院士指出,沙尘暴形成的原因主要有三种,除自然原因外,还有人为原因和全球气候变暖。而人为原因引起的荒漠化是完全可以逐渐减少的。

他指出,在地球干旱半干旱区的地质演化过程和西风急流高压带的控制下形成了三个生态圈:第一是荒漠生态圈,其中应完全禁止放牧、樵采、开垦等人类活动,并在初期进行人工促进沙漠植被的恢复重建和必要的物种回引和重新风土驯化。第二是草原生态圈,其中天然草原的功能,应从放牧转向以发挥生态效益为主,草地畜牧业必须从数千年传统、落后和粗放的放牧方式,全面地转向以人工饲草基地为基础的现代化舍饲畜牧业生产方式。第三是农牧交错带生态圈,其中应退耕还林还草,建成以人工草地和饲料地为基础的舍饲畜牧业基地,使之成为西部草原的饲料支撑带,和东部农区与城市的生态屏障和畜产品供应地。

他向国家有关领导部门提出了一份"优先发展高效光合生产力——建立4亿亩速生人工林与6亿亩高产人工草地(4+6)绿色固碳工程的建议",对于我国改善生态环境建设、农业结构的调整、可持续发展等方面都提出了现实可操作的建议和战略性的思考。

10.2.2 土壤盐碱化的防治

人为因素造成了全球大约7 700万hm^2的土地盐碱化,其中约4 500万hm^2位于灌溉区,另外3 200万hm^2是由于地质地理原因、干旱和高度蒸发造成的。土壤的盐碱化主要是因为土壤受水浸渍,起化学反应,产生盐类与碱类结晶,使土壤板结,失去肥力,且使水质变得苦涩滑腻,不宜饮用。

土壤盐碱化的原因是多方面的,包括地质地理因素、植被遭破坏和灌溉不当。如果供水量超过了植物的吸水量或当土地表面没有任何绿色植被覆盖时,盐碱就会在土壤中聚集,从而造成更多的水分从土壤中蒸发。

为防止水田土壤的盐碱化,改造沿海滩涂,江苏沿海一带于20世纪80年代创造了生态农业的方法,即在水田中饲养鱼、鸭、蛙类等,保持土壤的营养富集,防止土壤的退化,同时还增加了经济收入。黑龙江省有些地方盛产泥炭,据1996年报道,人们用泥炭覆盖的方法改造盐碱土,取得了良好的效果。

对盐碱地可进行生产性和可持续性利用,最好是无需巨额投资,并使含盐地下水也派上用场。

已知有数百种植物是耐盐性的,包括各种草、灌木和树木。种植它们可以获取能源或木材。种植金合欢、滨藜、桉树或耐盐性草类,并利用含盐地下水灌溉,可以得到饲料,有的还可用于造纸;多年生灌木钾猪毛菜的籽可以榨油;还可以种植转基因的各种耐盐作物。但必须防止灌溉水供过于求,可应用核技术(中子湿度计)以监测土壤的湿度和盐碱水的流动情况,及分析地下水的构成。

用生物方法改造盐碱地有许多长远优势。农业种植不但能迅速产生经济收益,且将通过植物生物量的作用逐渐改善土壤的结构和肥沃性。被植物覆盖能减缓土壤侵蚀、提供树荫、形成有机质并提高土壤的生物效能,从而把不毛之地改造成充满生机、富有活力的土壤。在盐碱地上种植水稻,对改造盐碱土有显著效果。

2003年,我国首次利用纳米技术改良盐碱土获得成功。在纳米级通过离子作用使土质疏松。

驻新疆炮兵团官兵采用挖掘排碱沟的方法,为少数民族改造了盐碱土。

10.3 土地管理

我国作为社会主义国家,实行土地公有制(城市土地国有,农村土地集体所有)。但在经济体制转型的情况下,问题暴露出来了。实践表明,在土地管理法制不健全的情况下,土地资产流失、侵占耕地和农民利益以至影响粮食生产等问题是严重存在的。20世纪80年代、1992年前后和2003年前后,我国发生过三次大的圈地高潮,圈占农民土地。在市场经济条件下,出现了官商勾结,炒作土地,从中牟取暴利的现象。近年来在"经营城市"的口号下,据国土资源部调查统计,仅2003年一年全国城市占用耕地就达3 800万亩,大搞开发区、房地产和高尔夫球场等,是导致粮食减产和官员腐败的原因之一。时至2010年,又有许多省市为了达到土地占补平衡,通过迁村并点,强征农民的宅基地,形成了新一轮圈地运动。

在市场经济条件下,土地的价值是会在市场中体现出来的(土地的绝对地租和级差地租),不像在计划经济条件下土地不作为商品而体现其价值(无偿划拨)。当社会主义社会从计划经济向市场经济转轨时,如果对土地的价值及其增值收益的操作和分配没有详细的法制规范作为各利益法人的行为依据时,就必然会发生某些弱势群体(主要是农民和城市弱势群体)的权益被某些掌握着权、钱的利益群体所侵占的现象,从而土地投机和权、钱交易也会应运而生。在这种情况下,对于城市当局来说,征地愈多,所得利益也愈大。这种利益机制恰好与国家保护耕地的国策背道而驰。从2004年以后,国土资源部等有关部门着手对土地管理和耕地保护方面制定更细致的法规和对策;并清退了2/3以上的开发区和大部分高尔夫球场。而这种反复耗费了巨大的社会成本。

我国在土地管理方面存在的问题,如农村集体所有制土地产权不够明确;城市政府对土地的支配权力过大,缺乏有效的监督机制;城市规划缺乏公器的严正地位,可被城市政府官员任意修改;违反国家政策的违规批地行为大量存在等,近年来通过完善法制和管理体系正在陆续得到解决。

城市政府经营城市的各种资源,包括土地的升值收益,以及其他的各种有形的和无形的资源,本是城市发展建设的手段之一,但其效益一定要保证符合国家的整体利益,并为城市的公共利益服务,特别要照顾农民的利益,要在公开、透明的机制下运行。

对国有土地和集体所有土地的监管,既要体现国家的整体利益(如耕地的保护及其总量的平衡、生态利益等),又要保证依赖土地生存的广大群众的利益;要防止地方利益集团对国家整体利益和弱势群体利益的侵害。因此,要建立完善的法制体系。国土资源监管部门要受中央的统一垂直领导;政府行为要做到充分的透明化和民主化,经常接受自下而上的民主监督和自上而下的监管。在土地制度方面,让农民对土地的使用权在不违背国家公共利益的条件下有一定的支配权,对宅基地享有充分的物权,并受物权法保护,有利于农民的致富和维权,也有利于土地肥力的维护;对于国家公共利益也要有明确的法律界定。对保障性住房的土地供应,应纳入项目管理操作的轨道;应保证农民和城市居住业主有权直接从土地管理部门获得土地使用权或办理流转手续,从而享受土地增值或使用权变更时的应有权益,避免被中介人、服务者(如开发商等)所盘剥。

地方政府要充分体现为人民服务的职能。为此,国家应保证地方政府有足够的财政资源,作为服务型政府运行的物质基础。

根据卫星图片统计资料和相关预测计算表明,只要我们能充分挖掘我国土地的潜力,则我国城市发展用地的问题是可以得到解决的。

此外,节约耕地的目的是解决粮食供应问题,这要从多方面影响因素综合解决。如坚决实行计划生育,控制退耕造林还牧,搞好农村规划,实行合村并点,控制农村建房与基本建设占地,控制国家基本建设占地,控制水土流失,保证农民收入的提高,避免厌农撂荒,防止耕地污染减产及受灾、病、虫、鼠害减产及产后环节(收割、脱粒、干燥、储存、运输、加工等)损失,控制酒类生产与生物燃料生产等。另一方面,解决粮食问题,除依赖于传统的绿色农业外,还可依赖于蓝色农业(水产捕捞、养殖)和白色农业(微生物型农业)。

据统计,城市建设新增用地在耕地减少量中只占约3%～5%的份额。如果过分向城市规划施压,以至人为造成城市环境恶化,那将是得不偿失的。

第11章 全球化与新经济时代的城市

11.1 全球化与新经济时代

"全球化"(globalization)一词出现于20世纪80年代,一般是指由市场力量推动一个开放的世界向前发展。就其发生的领域而言,既有经济和企业全球化,也有文化和政治全球化。这个时代是伴随着计算机和互联网的普及,以及人类基因工程和纳米技术等的启动而出现的。于是,一种全新的国际主义传遍全球。其实,回溯历史,其概念可追溯到一个世纪前国际贸易大帝国时期的英国、西班牙、葡萄牙和荷兰在全球扩张的时期。但20世纪30年代的经济灾难致使各国闭关自守,使全球化趋势处于低潮。第二次世界大战结束后,为防类似的全球冲突重演,成立了联合国和十几个国际组织。随着冷战告终,全球化更成了一股势不可挡的潮流。现在,有数不清的跨国公司、大型国际银行、全球性新闻机构(如CNN),还有跨国组织(如红十字会),以及游说团体(如绿色和平组织及地球之友社)。500家公司控制着全球33%的国民生产总值和75%的全球贸易。世界上有7 500万人就职于外资公司,全球货币市场每天的成交额为10 000亿美元(通过互联网上的"电子货币"即可实现大笔资金转移)。

人类科学技术的重大突破和飞速发展被认为导致了新的产业革命和高层次产业的诞生,为人类的未来开拓了美好的前景。但是,当前的全球化首先是市场的全球化,是以资本自由为目的的全球化。其投资、竞争、兼并、裁员……一切行为的目的都是获取最大的利润,是在私有化和垄断的不断发展、竞争和缺乏规则的环境中发展的,这种制度的发展同广大人民福祉的提高却是背道而驰的。

"新经济"是指以"e经济"(以电子为基础的经济)为基础,再加上各种生物工程技术和纳米技术等的高新技术经济,似乎地球将淹没在无边无际的信息和媒体的高速公路中。各种新的生物工程技术和纳米技术可用于改善人类健康和所有人的生活条件。但在垄断资本主义制度下,我们要看到其正反两方面的影响。

垄断资本主义的掠夺,不仅是表现在传统方式上,例如,对各贫穷国家廉价劳动力的剥削,而且还表现在当今各种生物化学、药物学和农业食品等方面的私人跨国企业可占有世界各地的生物资源(92%在亚、非、拉),而专利权和"知识产权"则使这种占有合法化了。为什么外国公司到中国来廉价收买各种基因?就是因为它可据此制成新的基因药品,然后,以专利权向我们高价倾销。

垄断资本把人降低为"人力资源",其生存权只能依赖于资本的效率。"人力资源"的权利被禁锢在全球化和技术之间。机器人改变了工厂,电脑改变了办公室。数以百万计的人手变成多余的。在20世纪80~90年代许多大公司减少了层级,缩小了规模,裁减了中级管理层,把蓝领工人所从事的工作包给或输出到第三世界。由此,全球化(尤其是劳务市场的全球化)剥夺了其他"人力资源"的劳动权利。无论"人力资源"是否替代人力劳动,技术都在决定着"人力资源"的就业水平。为尖端技术和"智能"技术提供的资金愈多,人的发言权就愈少。因此,资本在利益的重新分配中,能够占有大比例的剩余价值,而"人力资源"则没有任何"自然"的权利,只有证明自己工作的义务。

垄断资本还把所有的货物和服务都商品化了,都被置于市场"规律"之下。在空运、电话、保险、银行、铁路和邮政等方面是如此,在医疗卫生、社会保障、退休金、就业、教育、电力、煤气甚至水等方面也是如此。"共有财富"愈来愈少,"私人财富"愈来愈多。调节"共同生活"的原则是而且愈来愈是偏重于个人的利益、金融效益、生产率、收入等。公民的权利只是以消费者的权利和股东的权利等形式存在的,而贫富两极分化却日益加剧。如果一个人不是有支付能力的消费者,也不是较重要的股东,就没有多少实际权利。

从理论上讲,各种信息和通信新技术可以成为民主化以及发展个人创造力和文化多样性的一种强大而有效的工具。但是,在垄断资本主义的技术社会里,善于并有条件获得新知识经济的人与不善于和没有条件的人之间隔离的社会鸿沟却愈来愈深。因特网首先是为受过教育的人、白人、领导、讲英语的人、年轻人和城里人建立的。新"种族隔离"的合法化就是建立于教育和知识不平等的基础之上的。

世界许多大企业竞相并购,给劳动者带来了痛苦。2000年2月举行的联合国贸易与发展会议上,非政府组织联合提交的一份报告说:"公司全球化导致劳动力朝不保夕,非正式行业中体弱多病的劳动者受到排斥,这种趋势正迅速蔓延。"

许多慈善机构和环保组织认定,全球化是工资降低、全球变暖、乱砍滥伐、社会服务项目减少和贫困现象加剧的罪魁祸首。他们指责跨国公司把生产活动从发达国家转移出去,以便压低工资和强迫劳动者在恶劣条件下做工。

全世界的贫富两极分化日益加剧。世界最富有的三个家族的财富总和比最不发达国家6亿人口的年收入还要多。穷国愈穷,富国愈富。

文化全球化表现为文化的传播呈现从富国向穷国传播一边倒的趋势。西方文化的传播势不可挡,地方文化行业则趋于消亡。耐克、索尼等全球品牌在世界各地蔓延,树立了新的社会标准。外国文化的入侵对文化多样性构成威胁。因此,必须扶持本土文化和民族文化,使能与外国文化并驾齐驱。全球化也许会导致一些"逆向殖民化",如巴西电视节目进军葡萄牙,洛杉矶的拉美特色日益浓厚等,但这些只是个别现象而已。

庞大的"全球化都市"在西方与东方不断涌现,成为文化全球化的主要动力之一。1995年,人口超过500万的城市有38个,到2015年将增加到71个。10个最大的城市中将有9个位于亚、非、拉,它们可能会成为文化的源泉。

全球化已经导致国家政府的权力一落千丈。政治家不再掌握一切——更加强大的力量发挥着作用。相当大一部分权力日益旁落到国际机构,如世界银行和国际货币基金组织,新闻媒体以及非政府组织(如世界野生生物基金会和绿色和平组织等),大企业是政府的幕后操纵者。

跨国公司可以通过互联网对别国进行投资,或招聘别国人员为其远距离工作,都可越过该国权力机关并逃避赋税。

马来西亚副总理阿·艾·巴达维对全球化的正反两面进行了较系统的分析。他认为,全球化给发展中国家人民带来很多好处。商品、服务、资金、思想和信息的流通比过去更加自由。与世界经济的融合有助于东亚经济的迅速崛起（1997年以前的20年）。卫星通信和因特网使人们能获得大量信息和宝贵的知识。各种文化交流丰富了人们的精神生活。国际文化融合的势头不可低估。全球化促进了民主化、知识经济的发展和国家的富裕，使国家的生产力更强，更具竞争力，更具创造力和创新精神，更加高效灵活，在增值链上不断前移。但他也认为全球化在某些方面对我们的安全和福利构成巨大的威胁。全球资本市场，特别是货币、短期证券投资和短期贷款极易发生变化，影响社会经济的稳定，具有很大的破坏性，近期的东亚金融危机充分证明了这一点。全球化使贫富差距拉大，并在穷人试图改善自身条件的道路上设置愈来愈高的障碍。全球机构被富裕和有权有势的人所控制，他们制定的规则和日程使除极少数勇往直前者外，弱者变得更弱，穷者变得更穷。国家的权力被销蚀，受到全球和地区机构及其规则的限制。跨国经济网络突破了国界，市场、跨国公司及各种国际和地区非政府组织都在入侵国家的领地。这对发展中的弱小国家的影响尤其令人担忧。因特网在帮助人们致富、获取权力的同时，也隐藏着巨大的破坏力量。人们可利用它匿名发表言论、进行秘密宣传攻击、打心理战、搞政治文化颠覆、煽动蛊惑人心、制造谣言和谎言。技术先进的国家还能随意削弱受害国的国防和经济。

针对上述全球化的负面影响，有的政治家主张加强欧盟和联合国等机构的权力和作用以遏制大公司的势力，建立健康的世界秩序。也有些政治党派力主推行"国家第一"的政策，谋求本国或本地区与外界隔绝。巴达维提出的全球化成功的前提条件，包括要对金融市场特别是货币市场加强规范，强化国内金融机构、完善规章制度，在国际政治中摒弃双重标准，完善国内和国际管理系统，不能盲目追随国际社会的变化等。

为了安全使用因特网，欧洲将制定打击网络犯罪的公约。为了提高电子服务机构的安全，"e－欧洲"建议的重点是加强信用卡使用的力度，解决确保数据传输安全的技术问题，以及在打击计算机犯罪的活动中，欧盟15个成员国加强协调。在打击通过因特网传播儿童色情的斗争中，加大惩罚和跨国合作的力度。要推进研究，以便及时发现因特网和其他网络上的非法和有害内容。在打击网络犯罪的斗争中，要求官方机构、数据保护机构和经济界（包括企业热线）密切合作。公约将制止电脑黑客的行动，将非法窃取数据的行为宣布为犯罪，也将禁止盗版和盗版传播行为。一个昼夜运转的国家联系网将为跨国界合作提供保证。还有保护本国经济利益的课题，避免公民和企业的数据传输系统遭窃听。在数据保护方面，美国企业有鉴定个人特征的技术。在进行商务活动时，应尊重保护隐私权的原则。

江泽民同志在联合国千年首脑会议的讲话中，阐述了中国关于促进人类和平与发展的崇高事业、关于国际关系民主化、加强联合国的作用、维护《联合国宪章》的宗旨和原则的立场，并呼吁在经济全球化进程中应实现各国共同发展和繁荣。他指出，要解决和平与发展这两大战略性问题，要建立公正合理的国际政治经济新秩序，要建立以互信、互利、平等、合作为核心的新安全观。为了支持和促进广大发展中国家的发展，努力减少和消除贫困……国际社会应该高度重视帮助发展中国家形成和提高自我发展的能力，使广大发展中国家同发达国家一道，共享经济全球化和共享科技进步的成果。

我国的城市和乡村要在国际竞争中立于不败之地，必须迎接全球化与"新经济"的挑战。我国的IT（信息技术）产业的发展很迅速。随着进入世界贸易组织（WTO），这种挑战更不容掉以轻心。我国作为社会主义国家，在充分利用全球化和"新经济"的有利因素的同时，为防其不利和有害因素的影响，有必要注意以下各点：

(1) 维护我国的主权和利益。对全球化体现国际资本的经济、政治、文化侵略的一面必须予以坚决抵制。为此,一方面要加强相应的国际法制(通过联合国等国际机构及国际谈判),在与西方发达国家的各种关系中注意维护主权;另一方面要努力加强本国经济、文化的竞争能力和充分发挥我国在国际政治中的主动权。

(2) 加强对因特网及各种网络的监督和管制。对其涉及侵犯主权、散布非法、腐朽和有害因素的内容予以查禁并给予相应惩罚,打击网络犯罪。为此,在加强相应技术手段的同时,要动员国家安全、公安、检查、新闻、教育等一切有关方面和全社会的力量,并加强宣传教育。

(3) 针对全球化和"新经济"的负面社会效应,如加强两极分化、提高失业率、削弱社会保障体系等作用,采取相应的社会保障措施。我们社会主义国家把保持社会稳定、加强社会凝聚力、提高精神文明放在重要地位,而不像资本主义国家那样形成全面商品化、金钱与个人利益主宰一切的社会。

(4) 提高人民的共同富裕和生活水平,实施扶贫和扶助弱者、不幸者的各种工程,防止两极分化。

(5) 在加强发展科学技术和发展教育的同时,努力普及科学技术和教育,提高人口素质,使社会上更多的人能享受全球化和"新经济"带来的好处,避免更多的人被排斥在外。

11.2 面对信息化与全球化的城市理论

针对信息化与全球化给城市发展带来的重大影响,西方学术界提出了一系列城市发展理论或假说。当然这都反映了当今跨国资本主义的城市观点,供参考。

1. 世界城市/全球城市(world city)

约翰·弗里德曼于1986年综合这方面的研究成果,提出了"世界城市假说"(World City Hypothesis),认为在全球经济一体化、发达国家后工业化及新的国际劳动分工的背景下,现代世界城市的本质特征是拥有全球经济控制能力,其来源是跨国企业总部与作为生产者服务核心部分的跨国银行总部,因此,世界城市是国际资本流动的决策中心。

新技术革命尤其是信息技术创新,降低了跨国企业内部协调、监督的成本,使生产与管理可在空间上更加分离:管理控制功能向中心区集中,生产向边缘低成本地区分散。另一方面,信息通达性的提高也降低了外部市场交易的成本。跨国公司的扩张增加了对生产者服务的需求,而生产者服务是信息高度密集的生产过程,需求的不断提高使生产者服务的专门化大规模生产成为可能,这就使服务(非物质产出)性的生产与物质产出的生产分离开来,这同样促进了管理控制功能区和被控制功能区的分离。

城市增长的最基本动力由国家转向了全球。一个全球统一的城市等级体系正在形成,其中国家的城市等级体系只是它的一个子系统。

2. 信息城市(information city)

M·卡斯特尔斯重新分析了世界城市形成的力量基础,包含"发展的信息模式"(information mode of development)。他认为世界城市就是他所指的信息城市,是信息社会的体现。

他认为,技术革命最重要的影响是服务转变。经济生产、文化主流、政治军事赖以依存的社会结构都将依赖于对信息和知识的收集、储存、处理和生产。信息成为所有社会过程和社会组织的原材料。

世界经济将由"地方的空间"(space of place)转向"流的空间"(space of flows)。信息经济的流通过全球性网络,消除了国家壁垒。这充分表现在以通信联系为基础的世界资本市场的金融交易之中。获得这种信息空间的进入权和取得对信息空间节点(即世界城市)的控制权是在国际资本积累博弈中取得最终胜利的关键所在。

3. 后福特城市或柔性城市(flexible city)

20世纪80年代早期,全球化伴随着某些生产活动出现明显的区域化趋势。战后的经济秩序正在崩溃,大生产的组织模式出现了转变;就业与产出的部门组成由制造业向服务业转变,在制造业内部向高技术生产转变。

第一种柔性城市的理论是交易成本经济学的延伸,认为交易费用和生产成本决定如何组织生产(包括企业内部和外部网络关系)。当生产区位的接近可有效降低交易费用时,企业就会将更多的关系外部化。20世纪80年代,国外城市增长的复兴显示出城市是新兴产业(生产者服务业和高技术产业)实现集聚经济的地域。这些产业需要外部性发展以达到柔性。城市就是这些复杂的、不确定的、高成本和柔性化的公司之间投入产出关系的结点;柔性城市的经济基础是由这些需要通过集聚来获取柔性的产业构成的(它不是传统的大生产部门,而是建立在与之不同的组织模式上的)。

第二种柔性城市理论,提出城市是一个统一的巨型的"柔性综合体"(flexible pool)系统,其中的要素和子系统相互作用与联系,组成一个柔性投入与产出的地域。

第三种柔性城市理论与新工业区理论有关。20世纪70年代以来,本地的网络化的企业正在代替垂直一体化的公司,成为经济变化的主要现象。工业组织结构方面的相互联系的转变体现在:社会(从大规模生产到柔性专业化)、空间(区域工业区的出现成为世界经济动力的中心)、制度(现代企业制度对城市的影响)及政治(地区发展的主动性)方面。城市的产品面临更大的竞争;绩效好的本地企业在建立好共生的城市网络后,往往将它们的某些活动移植到远处;只有城市持续的改进以保持相当的柔性,才能保证城市不被逆工业化。被支配的城市地域要想在外来产业的基础上建立内生的本地经济,就必须构筑自己具有代表性和多样性的生产基础,逐步使城市变得更加柔性。因此,处于不同发展环境的城市都需要柔性化。

第四种对柔性城市的理解是,在城市向郊区扩张中,须避免其对整个地区发展的负面效应。新区域主义者们认为区域才是参与全球经济的竞争单元。目前,一些郊区的繁荣完全是建立在其他毗邻郊区和中心区的衰落的基础上的,这种缺乏区域整体性概念的发展必然导致城市在竞争中失利。只有"柔性城市"——在地理上有扩张能力、能抓住郊区财富的城市——才能解决内城贫困等问题。

4. 学习城市/区域(learning city/region)

学习城市或区域将创新和学习放在发展的中心位置。其共同要素包括:

所有的合作者(公共权威部门、私人企业、教育研究机构、市政组织、民众个人)都将学习和知识散发作为发展的中心。

他们决定培养全球性竞争力、知识密集型的产业和服务活动,将他们的工作建立在当地学习、创新与应变的能力基础上。

集聚于相同区位的企业和知识机构更有可能共享文化和理解,这更能促进社会相互作用和学习的过程。

"学习"包括个人学习和机构(制度)学习。个人需要终身学习,使社会得益于一个更柔性化的、具有先进技术的劳动力群体。更重要的是在全球化背景下,使城市或区域的制度(机构)也感觉到学习和创新的必要,并且有能力这样做。

学习城市是建立在信息化、网络化基础之上的,尤其是集体的学习依赖于一个持续的关于产品、流程和工作组织等信息的交流。全球公司寻求将其研发行为融入本地集聚体内,以能获得高度本地化的研究和技术能力,充分利用和发展高水平的企业间网络、本地商业支撑和制度资源以及本地市场的全球化。

城市的不同主体之间的一种有共同目标、认同和信任的感受是一种驱动力量,培养它们共同的价值趋向和城市的网络,这可被称作社会成本,它对于学习性城市的运行至关重要。

5. 智能社区(smart community)

智能社区的地理范围可从街区(neighborhood)到多县区域(multi-county region)。其最本质的特征是其中的居民、各种组织和政府机构都在使用信息技术来明显地改善他们所在的区域。

一个城市要想在全球竞争中吸引居民与投资者,它的地方政府必须具有强大的竞争力并且善于合作。

智能社区须是已经拥有或追求以下特质的区域:①高新技术投资及人才可获得性;②人才和职业培训;③竞争经验与合作习惯;④透明的城市财政;⑤有将债务转换成资产的能力;⑥制定让公众共同参与的战略。

有的学者将智能(SMART)一词分解为:

S——学习与策略(Studying and Strategizing),将远程通信和信息技术用于自己的区域;

M——对信息技术和经济、居民需求的趋势与变化的快速反应(Monitoring);

A——对利用信息技术改善区域达成共识(Arriving);

R——与周边区域的合作与协调(Reaching out);

T——快速行动,争取竞争优势(Tension)。

与智能社区概念相似的还有"智慧城市"(intelligent city)。依靠高级的远程通信和信息技术基础结构,以获取竞争优势,吸引能创造知识性质增长的新型企业。

6. 经济反射能力中心(centre of economic reflexivity)

现代的城市是地方或区域的经济反射中心。城市作为一种特殊的、差别化的、本地化的社会关系的综合体作用于全球资本主义。城市里集聚的经济活动(制造业与服务业)都是相互依赖的(间接的或非贸易性依赖);城市的惯例、习俗与关系等要素组成了经济反射能力(reflexivity)——在现代资本主义的企业、市场、政府、家庭及其他主体的不同制度层面上,各组要素通过反射性的行为作用于经济演变过程。这类似于智能社区中城市各主体快速反应的特质。

由于经济全球化和信息网络的发展,各主体的行为更多样化,速度更快。为适应其他主体的快速变化,他们就要增强组织和集体反射能力。在经济中,"反射能力"意味着积极参加竞争性学习;在社会和消费中,反射能力是为了获得"满意",应付风险。城市的这种反射能力同时存在于生产和消费领域,依赖于城市内各主体的关系以及城市内组成的不同惯例习俗,每个城市的反射性都不同。

当全球企业或机构选择入驻大城市时,它们要利用地方的特殊性:进入地方市场,从中获利;并获得当地特殊的反射性,将其作为它们全球生产和营销体系的投入。

Michael 认为,"世界城市"、"全球城市"、"信息城市"和"柔性城市"的理论假说有着共同的理论基础,即将城市看做一部机器(machine)。推动这部机器运转的力量的转变——从国家资本主义到全球资本主义,从制造业到服务产业,导致了社会经济变化,通过特殊的本地因素的综合作用,这些形式的推动力"创造"了城市,城市成为全球资本流动和力量的机械结构的部件。城市作为反射中心的理论则着眼于地方反射性,从另一方面补充了上述理论。

当今跨国公司的信念是:global thinking, local reaction(全球思维,本地反应)。

11.3 信息社会中的城市发展与对策

社会的信息化对城市的影响是当前学术界研究的课题之一。有人鉴于信息技术使地理摩擦趋近于零,人口分散,由此,预言城市作为传统的事务集聚地将最终消亡。但是无论从城市发展的现状还是趋势来看,这个预言并没有实现。在信息社会中,城市依然是社会经济的中心,特别是对于世界大城市来说,这种功能正在被加强;它强调信息、知识、学习、快速反应能力和对信息网络的支配控制力。

远程通信并不能完全代替城市功能。如面对面交流的需要、高频接触活动(high-touch activities)、企业与顾客的密切关系等。

远程通信虽可部分代替人的移动,但它也可补充和刺激人的移动。通信方便,倒促进了商业向大城市集中,使经济活动、人口和资源更具流动性。欧洲各区域可达性的提高刺激了竞争,同时,也增进了城市与区域之间的相互依赖性。

城市的集聚促进了创新,其文化中心(大专院校、文娱设施等)也有利于企业的发展。城市的传统优势在信息社会中依然发挥作用。

信息社会中的经济活动同样追求集聚效应。信息基础设施的规划建设仍是集中在城市。只有人口密集的城市大众市场才能给高投资的通信设施带来规模经济;尽管信息技术带来的成本降低允许分散,但集聚的原理依然存在。城市巨大的市场需求促使远程节点的形成,城市是主要终端用户集聚之地。城市一直是信息处理和交换的中心。随着整个经济社会活动对有效的信息管理的依赖程度加深,城市的轴心作用也会加强,成为以网络为基础的经济的节点和控制中心。

总之,城市提供了社会和经济发展所必需的资源、制度框架、现代技术和世界价值观等,使它们成为信息社会中必不可少的孵化器和驱动器,是信息时代社会与经济活动的中心。

从另一方面看,信息成为城市获取竞争优势的战略性资源。

在信息社会中,城市和区域的竞争将会更加激烈。信息化使国家和区域经济的全球一体化成为可能。在这个结构转型的激烈竞争中,城市与区域之间的差异会被信息技术挖掘出来的地区差别潜力所扩大,比如,劳动市场条件、文化设施、制度结构等。居于网络节点地位的信息富集区完全支配和控制着边缘的信息贫乏区,在全球网络的基础上形成二级体系。信息的可获取性及与之相配套的信息基础结构成为城市吸引投资者、居住者和旅游者的重要资源。

大多数世界城市主要从事的产业活动有:

(1)金融和商业等生产者服务业。包括银行业、保险业、商业服务业(如法律、会计、广告、公共关系)以及设计服务(如建筑、市政工程、工业设计等)。

(2)力量和影响(或"主宰力和控制力")。国家政府、跨国组织(包括跨国公司)的总部。

(3)创造性产业和文化产业。包括艺术中心(如剧院、歌剧院、音乐会、芭蕾舞会等)、博物馆、艺术馆和展览馆、传统媒体和电子媒体中心。

(4)旅游业。包括商务旅游和休闲旅游。

这些服务产业都是以生产、传播、消费信息为中心的,都是高素质的人员即时处理和传播专业信息,很多活动都包括面对面的交流。因此,不仅在四类部门内部,而且在四个部门之间,都存在很强的集聚倾向。可见,城市要想在全球范围内获取竞争优势,必须要发展这些与信息收集、处理和分配高度相关的服务功能,进而通过信息流控制全球,成为全球网络中的重要节点。

政策含义:区域和城市在信息网络革命下的竞争将会更加激烈。在这种竞争中,生活环境的质量、文化服务的层次、信息或知识的可获得性等因素成为重要的区位要素。相对于传统的"硬"区位要素(如地价、空间可达性等),可称为"软"区位要素。

以往的城市政策集中于信息技术(IT)制造产业和高技术生产密集地区的区位,力求给城市创造新技术生产的条件,如建设科学园、技术城和基于企业间新的柔性分工的新工业区。这种单独强调新技术的生产并没有抓住信息网络革命下城市发展的主要问题。

城市政策须从强调IT的研究开发方面扩展到经济增长和社会发展中更为广泛的信息的生产、采集、传播、应用诸多方面。未来城市发展的战略重点将集中在城市如何最大限度地利用信息技术发展经济和社会,获取全球竞争力。因此,我们必须加强对于信息通信技术在广泛的城市经济和运行管理扩散中的影响的研究,认识到信息革命带来的不仅仅是产业的转变,而是信息化、数字化、网络化的生活生产方式的转变。

我国的城市应该抓住历史契机,充分利用后发优势,实施城市信息化为主导的城市经济社会发展战略,在信息社会中获取网络的控制权与支配权,从而实现城市的可持续发展。

11.4 智能技术城市

在世界人口不断增长、资源日益紧缺的情况下,给城市基础设施提出了特别的挑战。为改善人们的生活质量,并保证城市节约资源的能力,需给城市装备新的智能结构。

西班牙北部18万人口的省会城市桑坦德,将安装2万个传感器(固定的或移动的),以搜集该市的重要数据,提供城市不同生活领域里有关使用、消费、频率或最大负荷等方面的信息。诸如有害物质排放、噪音干扰、水温、交通流量、停车场的饱和度、城市绿地灌溉、城市照明的最优负荷等,都将受到监控。

这个名为"智能桑坦德"的项目由坎塔布里亚大学和西班牙电信集团共同发起,目标是掌握并分析该市基础设施领域的可靠信息。通过对各领域实施优化联网,将改善城市居民的生活质量,提高该市作为经济发展基地的吸引力。

监测技术的运作,是通过"M2M"技术(机器对机器技术)和"物联网"、汽车计数器、湿度计和温度计等,定时或随时用无线电发送数据。各网络依靠移动通信系统、无线局域网或全球微波互联接入等维持运行。"这使得基础设施更开放,更独立。"城市将因此变成"智能城市"。

目前世界上还有很多"智能城市项目"的方案和实例。如斯德哥尔摩的智能交通系统,帮助避免拥堵并减少尾气排放。圣保罗的智能水管理系统,改善了饮用水质量。阿联酋新建的城市马斯达尔,其基础设施都是智能联网的,所有城市系统都能被实况监控,并随时得到精确调整。该市可能成为世界首个零碳且最环保的城市。

广州对城市提供智能供应系统,例如,地铁列车通过使用智能技术,能节省40%的电力。

城市建筑物消耗的能源增长较快,提高其节能能力的新建筑技术很受欢迎。

亚洲地区通过"绿色城市项目"设计新的智能城市。欧洲使其现有的基础设施智能化。2010年在柏林举办主题为"智能城市:未来城市的生活质量和商业可能性"的专业研讨会。柏林夫琅禾费研究所"智能城市"倡议项目的领导人伊纳·席费德克尔教授解释说:"只有当一个城市充分使用数字化领域的新用途并推动普遍联网,它才是智能的。"要为所有居民提供高效宽带网,使家庭和机构都能把它们的设施连接到相应的高性能网络上。

柏林市监控微尘污染的超标天数,检测交通电动化的各个方面以及可能性,促进电动车的使用。把电动汽车和自行车融入拥有"汽车共享"(car sharing)新模式的公共交通系统,把交通服务和住宅服务结合起来。

腓特烈港(博登湖畔)模式是智能化城市的典范

该市正在推进"T-城市项目"。通过大约40个子项目打造联网城市的未来模式,以改善城市居民生活质量和经济发展基地的质量。它把不同生活领域的基础设施实施联网。

移动看病系统使患者能在家中和医院互动。

Edunex学习平台为居民受教育提供支持,可和中、小学的课程对接,且能交流作业。

文化与旅游管理网站,可办理旅游的相关事宜。

电子市政局,政府提供网上服务。

eDesk项目为雇主和雇员提供支持,使不受时间和地点限制的工作成为可能。

关注人口老龄化问题(该湖畔港口城市老人较多),便利老人独立生活,并减轻敬老院等机构的负荷。

存在的问题:要促进人们的接受能力和同新技术打交道的能力。数据(隐私)保护还有待改善。

城市居民将能随时获取智能城市提供的信息。

11.5 全球化城市

根据《外交政策》杂志、科尔尼管理顾问有限公司和芝加哥全球事务学会联合发起的2010年全球化城市指数调查表明,在所分析的65个城市中,前四名为纽约、伦敦、东京、巴黎;前十名中有一半在亚洲,即东京、香港、新加坡、悉尼和首尔。

全球化城市指数,主要衡量该城对外发挥的影响力,即其对全球市场文化和创新力量的影响及其融合程度。考察方面从城市的商业活动、人力资本、信息交流、文化风貌和政治参与度等无所不包。调查数据包括:

全球财富500强企业在该城市设立总部的数量,城市资本市场的规模,机场和港口的吞吐量,使领馆、智库、政治组织和博物馆的数量。

中国一共有7个城市受到调查,它们是:香港第5,北京第13,上海第20,台北第39,广州第57,深圳第62,重庆第65。

11.6 帝国主义的全球化

德国共产党主席海因茨·施特尔指出,"全球化"一词今天被普遍解释为一个经济、文化和政治进程,它源于跨国垄断资本的利益,已在资本的历史性国际化进程中形成了一个新的阶段。在全球化的概念下,技术的进步、资本的集中以及对利润的追逐充斥着整个地球,它改变了国家与资本、战争与和平的关系以及人类所有的生活领域(生产与消费、工作条件、文化、教育和价值等)。

帝国主义的全球化意味着:

(1)战争和干预成为维持"新的世界秩序"的手段。

(2)工人阶级以及所有劳动者的工作和生活条件受到全世界范围的侵害。科学与技术智慧的创造力被用来扩大剥削,无限地增加一小部分人的财富,越来越多的人被剥夺了工作、受教育和获取信息的权利。

(3)破坏资产阶级启蒙运动的成就,剥夺了工人运动在一个世纪漫长的斗争中从资产阶级那里获得的人权、民主和社会权利。跨国资本的专制独裁正越来越明显地露出水面。

(4)一种新的殖民主义,附属国尽可能被固定为原料供应地、商品的倾销地和严重危害环境的生产场地;附属国无法获得现代化技术,也没有独立发展的可能。

(5)危害国家独立、主权和国际法。

(6)社会军事化,扩大资产阶级国家的镇压机制,并将其转变为跨国集团的一个权力机构。

(7)攻击民主和进步文化,并代之以统一的、平庸的和敌视人类的帝国主义宣传工具"文化"。统治者试图以市场、金钱和残忍的暴力为偶像征服被统治者。

(8)极大地破坏自然环境和人类赖以生存的基础。

(9)从政治和军事方面限制移民。

(10)反对各国政府将跨国资本用于社会主义和所有为了更加美好和更加民主的世界而斗争的事业。

全球化是一个客观的、必要的进程,它伴随着人类的整个历史过程。这一社会进程与各阶级的目标和利益紧密相关。

局限于阶级利己的本性,资产阶级不能按照人类的意愿建设性地解决全球化问题。这一问题有可能通过一种新的社会秩序——社会主义来解决。

出现了对全球化危害方面的反对力量,因为当代世界的一个特征是各民族的社会经验具有共同性。

工人阶级必须团结成一个国际阶级;工会所关注的,应不仅限于劳动问题,而且也要关注政治和经济问题。

我们现在正经历着一个全世界范围的反对新自由主义、资本主义全球化和帝国主义战争的新运动,它同工人运动是相互促进的。

全球运动应能推进社会变革,使政权与财产问题得到基本解决。资产阶级政权应被工人阶级和所有反资和反帝力量的联盟所取代。

资本主义经济方式是通过剥削人的劳动力和挥霍自然资源获得最大利润,与资本主义经济方式彻底决裂将走向社会主义。

"全世界无产者和被压迫人民,联合起来!"这句口号在今天比以往任何时候都有现实意义。

第 12 章　现代理想城市

在人类的文明发展史中,曾经出现过许多种理想城市或理想村镇的模式,它们代表了当时的某种目标和理念。如中国周代王城的模式,由《周礼考工记》所总结,是围绕中轴线的方形城池方格形道路网的模式,体现了当时皇权的礼制,影响了中国两千多年封建王城的布局格式。古罗马维特鲁威提出的八角形理想城市方案,神庙居中,采取放射环形道路网,安排了城墙碉楼的位置,对后世文艺复兴的城市规划有重要影响。文艺复兴时代的理想城市,设想了星形城市的选址、布局、街道网和棱堡防御结构等,影响了欧洲城堡的建设。15~18 世纪的一些空想社会主义思想家,也曾提出过他们的理想城市设想,如"太阳城"、"新和谐村"等。

我国有些传统居民点的规划布局,体现了风水理念和八卦迷阵的防御等思想。

工业革命之后的近现代,许多城市规划先驱思想家提出了各种城市规划理论,实际上也是一些理想城市的模式,如:田园城市、带形城市、工业城市、现代城市、有机分散城市、卫星城体系、广亩城市、有机与人文主义城市、簇群城市等。

为适应当代的后工业文明和生态文明,人们又提出了各种理想城市的设想。本章试就此做一些归纳和评介。

12.1　生态文明的曙光——城市的有机发展

城市是一个经济系统与生态系统相结合的生态经济系统。其生态系统又可分为人工生态系统与自然生态系统。前者是由人造元素(包括一切人造的环境元素及生态基础设施、环境保护设施)构成的人类生存环境;后者则是自然环境中的动、植物群落。城市生态系统的主要特点是人口集中,人是环境中的主体,因此,不同于自然和农业生态系统(不过,都市的建筑密集区与自然界的峭壁生态系统也有某些雷同之处)。

由于工业革命造成城市环境的严重污染、全球生态系统的破坏和各种资源的危机,导致 19 世纪 60 年代以来生态学(ecology)以及与之有关的各种学科的产生。

在资本主义国家的城市里,由于土地投机,使内城空间愈来愈拥挤狭窄。像纽约曼哈顿的建筑容积率可高达 22 之多。其街道像狭窄的深谷,不见阳光和绿地。城市建筑像一头凶猛的巨兽,不断地吞噬着大自然。这是资本主义城市畸形发展的结果。赖特(F. L. Wright)曾在 20 世纪 40 年代前期发表"不可救药的城市";塞尔特(J. L. Sert)发表了"我们的城市能否存在"。但如果不是土地投机把地价抬到吓人的高度,如果有贯彻始终的正确的城市政策和规划,情况可能不致糟到失控的程度。美国首都华盛顿由于从开始就有总体规划,尚能将城市建筑高度控制在 10 层以下,呈现着优美的城市风貌。

在环境觉醒与生态文明时代,人们认识到人类生存与自然生态环境平衡的重要性。任何人工生态系统或人造环境都不能取代自然生态系统。因此,产生了以有机规划、有机建筑、绿色建筑及以维持生态平衡为特征的各种经济形态与城市形态,如生态农业、城市工矿生态经济系统以及生态城等。

"有机"(organic)一词应用于建筑与城市规划,一般是指要效仿自然界有机体的形态和组织规律,体现生命的特征,同自然环境密切结合,或结合人的心理、情感等活的因素(相对于"机器美学")。比如,人们所熟知的美国建筑师赖特(Frank Lloyd Wright)一生致力于创作的"有机建筑";第二次世界大战后被称为"有机的建筑"的多元论建筑;芬兰著名规划师与建筑师伊里尔·沙里宁(Eliel Saarinen)所主张的"有机分散"城市规划模式;以及芒福德(Lewis Mumford)所主张的"有机规划"与"人文主义规划"等。将人类生态环境与生态学相联系的研究,至少从20世纪20年代就开始了。著名希腊规划家多克西亚迪斯(C. A. Doxiadis)于1963年创建了人类环境生态学(ekistics)中心,研究城市居民与其生态环境的关系,研究城市建筑对自然条件、环境质量的作用与反作用。1969年,美国麦克哈格(I. Mc Harg)教授所著《结合自然的设计》(Design with Nature)一书被誉为城市环境生态学方面的指导性学术著作。他认为人与自然必须是伙伴关系。日本70年代的列岛改造,计划在全国建立800个"定居圈",以此作为生态学规划的最小单元。

从近百年来城市规划的先进理论与实践中,我们可以看到人类对居住环境的有机结构与生态环境的关注。英国霍华德的"田园城市"理论,是一种城乡结合的"社会城市",人口不超过6万的花园城市组群散布在广阔的田野背景之中。伊里尔·沙里宁的"有机分散"城市模式,主张使城市分散成许多称为"功能性集合体"的小块,人们的日常活动都可在其中进行;各小块之间用绿带隔离,在绿带中布置高速干道;人们偶然的活动可经高速干道进行。

马塔的"带形城市"(linear city)理论则是沿高速干道布置居住带,用这种带将原有城镇连成网络,分布在农田之间。

英、法等国建设新城,有的以主干道网把原有的许多村庄联系起来,在其中建设若干核心,新城镇与农田、森林相互穿插。

勒·柯布西埃改造现代城市中心的理论,是将摩天楼与建筑布置在广阔的绿地背景之中,是"公园中的城市"概念,而不是"城市中的公园"概念。他设计的印度昌迪加尔新都城,用沿南北向贯穿所有标准街坊的绿带系统形成城市的肺叶。其城市首脑部分(行政中心)的4幢大型公建(总督宫、议会大厦、政府大楼、高等法院)布置在800 m×800 m的公园绿地背景中,并以雄伟的喜马拉雅峰峦为背景。

将农业引入城市,并在城市中发展屋顶绿化、垂直绿化等各种绿化形式的主张和实际技术,常可见于报刊之上。王有文、童水栋主张在城市结构中引入农业圈,其中以种植蔬菜与水果为主,认为这样可大大改善城市生态系统,远比引入森林为优。

我国有些资源开采型城市,原有布局甚为松散,他们在城市的规划改建中,提出因势利导,建设有机生态型城市的设想。

在城市内部的空间利用方面,针对自然植被被建筑铺装大量吞噬的弊端,也出现了一些相应的理论和做法。如把建筑架空,把土地腾出来,在上面建设架空的"新陆地"(new land);或把房屋建在地下或半地下,在屋顶上保持自然植被;以及将整个城市架空在巨型结构(megastructure)上等。

美国有一种建筑学派,叫"大地节能建筑"(earth-energy architecture),主张把整个居住区或村庄建在地面以下,屋顶与地面基本持平,并在屋顶上保持自然植被。地下的房屋能自动提高保温隔热效能,节约能源,并可利用太阳能,通过天窗采光,还利用无下水道排污技术(用干燥及堆肥技术处理粪便等)。这样,除道路占地之外的全部地面植被都可得到保留。

上述办法只适宜建地下单层房屋。但如果同勒·柯布西埃的办法结合起来,就可建多层或高层房屋了。众所周知,柯布西埃的主张是把房屋底层用支柱架空,把土地腾出来用于绿化和交通;平屋顶上还可做花园;不过,损失了底层建筑面积。但如果在地面以下再采取大地节能建筑学派的办法,就可把底层建筑面积补回来了。

这种种思想与理论表明,人们是在想各种方法,来保存人类所十分珍爱的土地和自然植被,来使我们的城市与自然生态系统相结合。

其实我们有的城市,本来有较好的环境与空间条件,但后来由于片面追求经济效益,或片面追求发展工业,或由于其他的原因或不当的决策,而逐渐被破坏掉了。

在城市空间的处理方面,历史上曾有不少好的做法可向我们提供借鉴。比如,欧洲中世纪的修道院和学院规划,自成完整的空间体系,与喧闹的街道交通隔离开。中国古代用单层建筑围成一层层的庭院,民居围成四合院,内植绿化。自19世纪以来的"开敞规划",到20世纪初形成高潮:城市中有许多便于使用的公共空地,包括露天运动场和树林,还有各种宽大的私人花园。居住区采用大的"超级街坊"(super block),内有宁静的"尽端路"(cul-de-sac)、带状公园和公用地。"花园城市"的主干道两侧,大型建筑从红线退后,留出一些"蜂窝式空间",避免形成两道呆板的"街道墙"。城市各处散布一些公园、绿地、苗圃、沿河绿带。城市的"开敞空间"(open space)敞向公众,避免被封闭的围墙圈为私有。可惜的是,在近年经商的热潮中,许多城市开敞的空间和绿地都被挤占了,优美的花园城市的风貌被破坏了。这说明法制还不健全,规划控制不到位。有人建议,在城市规划图中设置"绿线",像用"红线'控制道路用地那样控制绿地。还可以用"蓝线"控制水面用地,像"黑线"控制铁路用地那样。这些都是城市中不可侵犯的用地。

衡量城市绿化程度的指标,按我国政府的规定有三项:一为城市绿地率(open space ratio),系绿化用地面积(包括公共绿地、环境绿化用地、生产绿地、防护绿地、风景名胜区)占统计面积的百分比,城市新建区不低于30%,旧城改建区不低于25%;二为城市绿化覆盖率(percentage of greenery coverage),为城市范围内园林植物的垂直投影面积所占的百分比,包括不计入城市绿地率的行道树和零星树木,重叠绿化只计一层,可用航空遥感与电脑测算;三为人均绿地面积(包括公共绿地及生产防护绿地,不包括专用绿地、园地和林地),不低于9 m^2,其中公共绿地不低于7 m^2。绿地所占城市建设用地的比例为8%~15%。

如果采取有机生态型规划的种种办法,上述指标都有可能被突破。

有机生态型城市,可认为是运用各种有机的建筑与规划手法所建设的具有自然生态特征的城市,它与集约化利用土地的矛盾怎样解决呢?勒·柯布西埃的办法,是在商业与行政中心,将几十层的摩天楼布置在宽阔的绿地中,其周围是高层板式别墅公寓连续延伸,其绿地面积可占85%;城中另设大的英国式公园。这是在低建筑密度的条件下提高建筑容积率与人口密度的做法(见其所著《明日的城市》)。巴黎西部的德方斯中心区建设,适当地应用了他的办法,在那里建造了六层人工平台。

日本著名建筑师菊竹清训认为,自然和人工相互依存的蜜月般的环境时代将要终止,现在要依靠设备和技术创造"人工生态环境"。他提出了"人工土地"的概念,包括多层水平板结构和垂直的"墙",并提出了在这种"土地"上建设新的居住系统和"超建筑"的种种设想,从而实现"环境革命"(见其所著《城市规划与现代建筑》)。这毕竟是缺乏自然生态环境条件下的不得已的做法。至今我们尚未看到他所描绘的那种极端的"人工生态环境"的真正实现,也不希望自然生态环境真的离我们远去。

12.2 生态城市

前苏联城市生态学家 O. Yanitsky 提出的生态城(ecopolis 或 ecoville)是一种理想栖境,其中,"技术与自然充分融合,人的创造力和生产力得到最大限度的发挥,而居民的身心健康和环境质量得到最大限度的保护"。其"生态"的含义包括人与自然环境的协调关系和人与社会环境的协调关系。其规划的 5 项原则是:①生态保护策略(包括自然保护,动、植物区系及资源保护和污染防治);②生态基础设施(自然景观和腹地对城市的持续支持能力);③居民的生活标准;④文化历史的保护;⑤将自然融入城市。

生态城市的创建标准,要从社会生态、经济生态、自然生态三方面来确定。社会生态原则是以人为本,满足人的各种物质和精神方面的需求,创造自由、平等、公正和稳定的社会环境。经济生态原则是保护与合理利用一切自然资源与能源,提高资源的再生和综合利用水平,实现资源的高效利用,采用可持续的生产、消费、交通和居住区发展模式。自然生态原则是给自然生态以优先考虑,最大限度地予以保护,使开发建设活动一方面保持在自然环境所允许的承载能力之内;另一方面减少对自然环境的消极影响,增强其健康性。

生态城市创建的具体标准可简要概括如下:

(1) 用生态学原理规划城市的功能与空间结构,使其所在区域对之有持久的支持能力。

(2) 保护并高效利用一切自然资源与能源,保证产业结构合理,实现清洁生产。

(3) 采用可持续的消费模式,物质、能量的利用率和循环利用率高。

(4) 有完善的社会设施和基础设施,生活质量高。

(5) 人工环境与自然环境相融合,环境质量高,符合生态平衡的要求。

(6) 生态建筑得到广泛应用,有宜人的建筑空间环境。

(7) 保护和继承文化遗产,尊重居民的文化传统和生活特性。

(8) 居民的身心健康、生活满意度高,有一个平等、自由、公正的社会环境。

(9) 居民有自觉的生态意识和环境道德观,倡导生态价值观、生态哲学和生态伦理。

(10) 建立完善的、动态的生态调控管理与决策系统,自组织、自调节能力强。

1990 年、1992 年和 1996 年分别在美国洛杉矶、澳大利亚阿德雷德和塞内加尔的达卡举办了三届国际生态城学术讨论会。

此外,还有一些关于未来生态城市的设想。如意大利建筑师索莱利(Paolo Soleri)于 20 世纪 60 年代初设计的"仿生城市",及 1965～1971 年构想的"巴贝尔塔"(Babelnoah)圆形"微缩化"生态城市,这些都还只是纸上的设想而已。

12.3 山水城市

12.3.1 钱学森提出的"山水城市"理想模式

钱学森先生提出的"山水城市"是个高层次的概念,是从中国几千年的对人居环境的构筑与发展总结出来的,它预示了 21 世纪中国的新城市。它以生态城市为其物质基础;它要靠现代科学技术来建设;山水城市是以中国传统文化为底蕴的,必须要有山水意境美;山水城市是属于广大人民的,是社会主义中国进入现代化美好未来的理想的城市模式。其思维既结合实践,又有社会主义的目标——共产主义的世界大同。

钱学森所倡导的"山水城市",是要把我国独特的和高尚的园林艺术、诗词艺术和山水画艺术同城市建筑艺术结合起来,而且充分运用当代的先进技术,把城市建设成人工的山水艺术生态环境,并为广大人民所享用。

钱学森认为,中国的园林艺术,比西方的所谓风景(landscape)、园技(gardening)和园艺(horticulture)具有更高的意境和层次。中国的园林艺术,从小到大,可分为若干层次(数量级)。第一是小的盆景艺术,观赏尺度仅几十厘米;第二是窗景,观赏尺度几米;第三是庭院园林,观赏尺度几十米到几百米;第四是宫苑(大型园林)如颐和园和北海,观赏尺度几公里;第五是风景名胜区,观赏尺度几十公里;甚至还有更大范围的,几百公里的风景游览区。今天的园林艺术,突破了旧社会园林只为少数人享乐的框框,走向为广大人民群众服务的广阔天地,更有新意和创意,并吸取国内外园林的优点。比如,在色彩上更柔和,更明亮,引进某些动的因素以及运用现代的结构、技术和材料等。

钱学森设想,绿化种植可以上楼、上屋顶,搞"立体绿化",不仅是用攀缘植物。楼群应参差有致,高楼也有台级,让古松侧出高楼,把黄山、峨眉山的自然景色模拟到城市中来。据说莫斯科城绿化地带占城市总面积的 1/3,那么,我们的大城市、中心城市,按中国园林的概念,绿化面积应占 1/2。在日常生活工作的小区中,房上房下都有绿地园林,在小区之间可布置大片森林。如果人均有 70 多 m^2 的林地,那就可同基辅、华沙、维也纳、堪培拉等城市相比了。

所以,山水城市的设想是中外文化的有机结合,是城市园林与城市森林的结合。钱学森的这种设想,在技术上可运用当代最先进的成果,在艺术上则比西方的名城还要高出一筹。

"山水城市"是具有深刻人民性的概念,它具有深刻的生态学哲理,且将生态环境、历史背景和文化脉络综合起来。"山水城市"反映了中国特色社会主义城市环境观。它融合了祖国优秀文化中的诗词、园林、绘画三个部分,具有独特的中国文化风格(中国传统的山水文化是其"文态"),同时,又是可以同高度的现代化相结合的。比如,钱学森提出,在信息社会一座座容有上万人的摩天大楼之间,可建设大片的山水园林;把我国传统的园林艺术与立交桥结合起来,建设园林化的立交桥小区。

钱学森所主张的"山水城市",不仅是把自然山水优美景色结合到城市中来,而且还包含把城市建造成人造山水的意思。实际上,我国古代一些历史名城的建造,如北京、南京、济南、绍兴、杭州等,都不仅善于把自然山水风景结合进城市,而且有些湖光山色还是经人工筑造的结果,如北京的景山、北海、昆明湖,杭州的西湖等。当然,我们在建设中切不可违反自然规律,搞大挖大填,破坏植被和自然生态环境。那就适得其反了。

实际上,中国古典园林是由诗人和画家设计的,与自然山水紧密结合,成为有机的整体。其建筑的"有机"性可谓达到极致。建筑依山就势,几乎可以消除其与自然环境的对比性,被誉为世界园林的典范。它与欧洲古典主义的几何形园林大异其趣,在18~19世纪影响到欧洲,导致英国浪漫主义景致园林的形成。

钱学森的"山水城市"思想,有几点是需要深入领会的:

(1)钱学森的"山水城市"概念是把中国的传统园林艺术在空间上发展到整个城市范围,并引进现代科学技术,体现传统园林艺术在现代中国的新发展;不仅是城市与自然山水的结合,而且可以建造"人造山水"。包括将高楼建成错落有致的形态,利用屋顶和垂直绿化、阳台绿化及庭院绿化等,以及利用立交桥等人造景观元素,赋以山水的意境,"在没有自然山水的地方也可建造山水城市"。

(2)从微观空间到宏观空间,小到盆景、窗景,大到区域宏观尺度,都可体现中国传统的山水文化,即将山水文化及其意境贯彻到城市的全部空间设计中去。

(3)充分利用现代科学技术,如现代的城市学与城市规划设计理论、经济学与生态学理论以及建筑技术、绿化技术、生物工程、信息技术、交通技术、绿色能源技术、资源循环利用技术、基础设施技术、环保技术等,构建现代化的山水城市。朱大明指出,充分开发城市地下空间,可腾出大量地面用于园林绿化,有利于山水城市的建设。而建设地下、高架或高层建筑,都需要现代建筑技术。

(4)"山水城市"以生态城市为其物质基础,不仅体现自然生态,而且还体现文化生态、经济生态和社会生态。为全体人民而不是为少数贵族所享用,因此具有社会主义的性质。

(5)"山水城市"作为社会主义中国未来的新的城市理想模式而提出来,是一个完整的系统的城市模式概念,是钱学森的建筑科学思想的集成,其内涵既深且广,具有深远的意义。

(6)"山水城市"的实现是有步骤的,将随着社会、经济、文化、科技的发展而逐步实现。其发展可循着一般城市—园林城市—山水园林城市—山水城市的步骤来发展。随着社会主义从初级阶段(占相当长时间)向较高阶段的发展而逐步发展。

12.3.2 中国传统文态城市的基本特征

在关于"山水城市"的学术讨论中,有些专家学者认为,中国古代的建筑与城市、居民点的选址与设计,一贯非常重视与自然山水的共生关系,而且中国古代的建筑文化很崇尚气势与意境美的创造,与文学及绘画、音乐等艺术关系非常密切。由此他们指出,从中国古代文化中孕育出的风水学在其中起着重要的作用;我们应揭示并继承其精华,而剥除其浓重的封建迷信糟粕。

风水学源于我国古代的《易经》文化。它把古人的宇宙观、世界观用数、象符号(阴阳、五行、八卦、天干、地支等)的关系(相生相克等)予以表达,并与卜巫术相结合。在长期的封建社会中,其卜巫术与迷信及封建思想密切结合,裹上了历史糟粕的尘埃;但其中体现古人智慧的合理内核,毕竟是宝贵的遗产,它通过古代城市、建筑和园林的规划设计体现出来。我们应当予以科学的分析、总结和提高;但同时要谨防其封建迷信思想的乘机还魂和炒作。

风水学选择生活基址模式,要求位于背山面水之处,是为了"得水为上,藏风次之"。要求南向而立,正面临水环抱多情。风水讲究"察生气",要求环境围合,"气不外溢",使能阻挡寒风,迎纳季风,增加雨量,争取日照,形成相对稳定的良好小气候区。要求地形地貌完整,有生气;并讲究"相土",以土沃、气聚为佳。风水学主要追求的是人与自然的和谐共生关系,且人能从环境得到心理上的满足。

风水学根据环境容量界定堂局大小,即"明堂"的范围。明堂即城镇的居住场所用地。选择用地,关键在于找到"穴位",即生气聚集的中心。它由地形、堂局、土色、景观四者综合评价择定。

风水学的"纳位"观念,是探究河流运动变化的规律与趋势,以争取堂局面积得以扩大。在河湾处因河水冲刷,河道趋于外移,处于纳位的河岸(冲积扇)面积将会扩大。所以风水术讲究"水局",要求"冠带水"、"金城水"、"眠弓水"等所谓吉贵方案。

在城镇建筑格局中,风水术追求相互关系和谐,避免"犯冲"、"犯忌",比如大门位置要吉利;避免以屋角房尖正对邻居大门,或两房正门互对等。

风水术将构成元素的性质概括成金、木、水、火、土五种基本属性,进而研究其相生相克相乘相侮的机制,以求"生克致用"。这是一种相反相成的内在协调机制。比如,居宅定向选址,以"比和"、"生入"、"克出"的协同断吉,以"生出"、"克入"的组合断凶。

风水美学追求圆满、安定、祥和,其基本原理是将大地气韵生动的自然美与人伦社会均衡端庄的中和美相结合。在景观组织上尊重生态原貌,人工构筑宜少贵巧,在关键处画龙点睛,使全盘皆活。在重要观赏点(如街巷口、建筑出入口、内外水口等处)注重采用"借景"手法,在轴线上常营建亭台楼阁与主山和城镇隔水形成"对景",四周砂山亦组成连环式对景以相呼应,在关键处设置"点景"(如建于冈阜上的塔、楼,水口处的桥、亭、阁等),并于自然山水有缺陷处加以"补景",以"培风脉"、"补风水",如以塔增高,育林增秀,培土、疏水,宅后植风水林,宅前凿畔池等。

风水论不仅注重自然环境的选择,而且还注重人文环境的创造。如对一些文化性或行政性建筑的风水状况予以特别重视,以致称之为"风水建筑",诸如学宫、书院、文庙、魁星阁、文昌宫、文笔塔、九宫十八庙等。在风水宝地伴有不少文化建设,既环境优美而且文风鼎盛。如四川大足古城,石刻艺术名著中外,风水架构也格外奇异,构成以儒即城镇为中心,儒、释、道三教同轴相映的风水大环境。

中国古代的建筑文化,有两个较鲜明的特色,即内涵富有哲理,外形注重意象。建筑大都不是孤立地表现个体本身的完美,而是凭借周围的自然环境,以群体组成一个和谐的空间。其空间序列讲究层次和虚实变化,追求高尚而深刻的理想。人们从故宫、帝陵、三大名楼(黄鹤楼、岳阳楼、滕王阁)以及醉翁亭、兰亭等的布局设计,都可有所体会;如同作文章,有起、承、转、合之层序。这比之西方以"构图原理"作为建筑美的最高原则具有更丰富的内涵。

比起生态城市、园林城市等概念来说,山水城市更多了一层中国传统的文化意蕴。生态平衡的良好环境,是属于生物科学和环境科学的概念;园林是一种生态环境,而且还可以有艺术性,但可以有不同的文化意蕴。生态城市是山水城市的物质基础;园林是山水城市的必要组成部分,但山水城市还需要有中国传统的山水意境美。

正如鲍世行先生所说,山水城市不仅要有良好的生态环境,而且要有良好的文态环境。不仅是在城市里建公园,而是要使城市变成公园。要体现现代科学技术与环境艺术相结合,体现整体美、特色美、意境美,是为了老百姓和面向未来的。

12.3.3 体现世界优秀文化的中国"山水城市"

钱学森是世界级的科学大师和伟大的思想家,他的学术思想博大精深,对中西文化融会贯通。他既对中国传统的文化艺术怀着深深的热爱,又博采世界科学文化之所长。我们对他所提出的"山水城市"理想模式,也要从这样的高度来理解。

我们继承和发扬中国古代文化、艺术的精华,同时,也要博采世界文化之所长。如西方文化中的人文主义传统,容忍人的个性并使其创造潜力发挥到极致,其文化思想以进取性与开拓性见长。而以"天人合一"为核心的中国古代文化思想,其终极理想是一种诗意性的"和谐",其内涵是主"静"的。在哲学上追求中庸①,安于天命。虽然《易经系传》中说到宇宙"动静有常",世界经常处于动态变化之中;但人是要"奉天命"的,周以后(封建社会)皇帝代表了天,人也要服从天子之命。中国传统哲学也是积极进取的。《周易》大象卦义(乾卦)云:"天行健,君子以自强不息。"不过社会制度没有及时解放,也是在哲学上过于依赖"天"、"君"所致。西方在文艺复兴之后发扬了人本主义精神,其文化的内涵是主"动"的,通过对此岸不完美世界的不断认识和超越,去发现通往彼岸天堂的光明之路,于是,不断解放自己,优化和强大自己。当然,主"动"过分则会导致失衡和走向极端。但历次产业革命首先都是思维方式的变革。为什么工业革命和信息革命都首先发生于西方,而东方在发展视野、思维和构想上还很难超越西方,而陷于被动模仿,是值得我们省思的。西方文化崇尚科学与理性,把它与人生目的相结合,把科学提升到形而上的地位。我国前清的洋务派,主张"中学为体,西学为用",把科学与理性贬到"用"的层次,当然就学不到西方文明的真谛。而西方却从东方传统的"天人合一"思想中学到了环境保护意识。

中国传统的自然哲学也有着自己固有的特长。比利时著名科学家普利高津对此深有体会。他从强调复杂性和整体性的观点出发,发现西方经典科学强调的是实体(如原子、分子、基本粒子、生物分子等),注意的是把对象分解为各种粒子来研究;而中国的自然哲学强调的是"关系",注意研究的是整体的协调和协作。如中医理论、兵法等,都十分重视事物之间的相生相克、相互制约,注意整体性和人与环境之间的协调一致,一贯反对头疼医头,脚疼医脚的形而上学观点;但对于"实体"则不甚清楚,对分析和解剖注意不够。因此,普利高津主张,现代科学革命要把强调实验、分析和定量公式描述的西方科学传统,同强调一个"自发的有组织的世界"的中国传统哲学结合起来,以达到一种新的综合。钱学森关于还原论与整体论辩证统一的思想,对此有更深刻的论述。

著名物理学家杨振宁认为,中国古代思维(以《易经》为代表)虽然取得了伟大成就,但是只用归纳法,而没有推演法(演绎法),因此现代科学不能首先在中国出现。西方科学思

---

① 孔子之孙子思作《中庸》,为儒学经典《四书》之一。按照经典解释:"不偏谓之中,不易谓之庸。中者,天下之正道;庸者,天下之定理。""中庸"乃教人处世为人学会审时度势,进退而不失据。儒家学者认为"其味无穷","终身用之,有不能尽者"。儒家的"中庸之道",讲究"不偏不倚","执两用中",也是一种权术。它主张为人处世,在一定条件下都要讲究"适度"。求中,是要求理之适当处,即事之宜也。这种哲学在中国文化中有很深的根源。但如果把中的范畴绝对化,不讲时间、地点、条件(比如在对抗性矛盾面前还一味求中),则是不符合唯物辩证法的。

维注重深入细致的分析和逻辑推理,因而能达到对事物的深刻洞察。当然这种还原论(theory of reduction)的研究方法有必要与整体论相结合,这正是现代系统科学的发展所代表的方向。

就文化对社会发展的总体影响而言,他还认为,西方的神本文化导致个人主义和以利治国;而中国的人本文化讲究忠、孝、恕、仁和以德治国,具有强大的凝聚力,在世界各大文明中具有独特的优点。

我国改革开放以来,在邓小平理论和"三个代表"重要思想指导下,已经确定要吸收人类创造的一切文明成果。国家鼓励社会中的科学实证实验、创新思维和公平竞争,这是迎头赶上新时代的前提保证。

12.3.4 相关的评论

自从钱学森于1990年提出"山水城市"构想以来,在国内外学术界引起了热烈的多学科讨论。普遍认为这是具有深厚的中国文化底蕴与特色的、意境高雅的、符合生态文明、综合运用现代技术与文明成果的、并为广大人民所享用的社会主义中国理想城市模式。与历史上的理想城市模式相比较,可以说钱学森的"山水城市"构想,开创了一个新的时代。它在近、现代理想城市的基础上,提高到一个新的水准。

关于山水城市的核心,鲍世行先生曾概括为三句话,并受到钱学森肯定:尊重自然生态,尊重历史文化;重视现代科技,重视环境艺术;为了人民大众,面向未来发展。鲍先生并对此作了详细说明。

他还认为山水城市概念、模式和学说,表现出"四高"、"三性"和"一个基本特色",即高文化、高技术、高情感、高级生态城市(包括自然生态、社会生态、人的行为心理状态);科学性、民主性、时代性;具有鲜明的社会主义中国特色。水是生命之源,山是长寿之本。"仁者乐山,智者乐水","寄情于山水之间",追求"天人合一"等,是我们中华民族的优秀传统,也是当今世界各国人民普遍追求的保持生态平衡、保护环境、节约资源和能源等可持续发展的时代要求。山水城市观念主张用现代科学技术,把整个城市建成一座大型园林,让现代中国的居民百姓能享受到"回归自然"、"天人合一"的美好境界。山水城市是我国人民自古以来关于人居环境的理想,也体现了现代人与自然、城市、乡村建筑之间的关系,具有共生、共存、共荣、共乐、共雅五大基本特征,即:体现出生态关联的自然性、环境容量的合理性、构成因素的协同性、景观审美的和谐性和文脉经营的承续性。山水城市构想的核心,是要建设有利于人的身心,有利于自然生态,有利于社会、经济、科技、文化可持续发展的人类聚居环境。本质上,山水城市是规划、设计、建设人类城市(包括正在城市化进程中的乡村)居住生活环境的大问题。[①]

华裔美籍建筑师卢伟民先生在论及山水城市时,提出要遵从道家哲学思想,要法自然,体现山川之美与诗意,创造天人合一的境界;要遵循生态的规律,明了自然的变化过程;要了解土地的乘载容量;要保持河水清洁和土地不受侵蚀,提倡城市再造森林;鼓励太阳能的利用,节约能源,建筑布局确保日照;鼓励水和其他资源的循环利用,有效地处理城市垃圾;鼓

---

① 见《钱学森论宏观建筑与微观建筑》编者鲍世行,顾孟潮,涂元季在书前的介绍性文章《钱学森建筑科学思想的由来与发展》。

励城市农耕;预防自然灾害;建设可持续的城市,并与自然谐调共生。

他还提出城市要有人情味:有许多机会和工作的选择;街道、广场富有生气,有热闹的夜生活,便于人们聚会和休闲;有人性的尺度;有为全民服务的清洁、安全和可负担得起的住宅;花园绿地遍布全城,便于人们进入;街区洋溢着古老而熟悉的感觉,社区邻里守望相助,不同背景的族群可相互融合、和谐相处;是"书香世界",拥有许多书店、茶室、咖啡馆、餐馆以及博物馆、音乐厅、剧院,艺术和文化繁荣。

他还提出城市要有东方气质:要珍视历史肌理,保护地标,并整修使之适于新的高效使用;要热诚地学习本土建筑,并寻找新的途径去表达它;对每个街景细部都要精心设计,对招牌广告要精心管理;要发扬中国书法的魅力;东方气质的城市也可创造性地吸收西方文化的精华。

卢先生以名建筑师世家的笔调,对以生态城市为基础的山水城市作了较清晰的描述。我国古代城市空间的概念,是在大自然山水背景下的,以方格网为基础的网络型空间;是亲地的、依山傍水的、建筑组群与绿化空间相间的、符合人的尺度的、富有诗情画意与人情味的空间。是以先贤的哲理(城市的儒家学说、园林的老庄哲学)为基础的。我们创建新时代的山水城市,应当继承和发扬我国传统的空间概念。

构筑"山水城市",首先要有整体的系统思维。要从宏观到微观,层层贯彻体现山水意境美和有机空间的概念。如钱学森所说,"把中国园林艺术应用到城市大区域建设。"同时,要求城市与建筑工作者具有高雅的美学素养,要深谙祖国的诗词、绘画、园林艺术及建筑与城市规划设计传统,并掌握高超的技巧与现代技术。这当然是很高的要求。这也是钱学森为我们设定的追求目标吧!

钱学森设想,经过一定的步骤(如前所述),可争取在21世纪中期实现山水城市的理想。

为此,我们目前在思想、理论、学术、科研和教育方面,且在城市规划建设实践方面,都要打下充分的基础。我们欣喜地看到,国内许多城市已在这方面进行了深入的探讨,并具体落实在规划建设和管理实践中。

钱学森同志说:"山水城市的概念是从中国几千年的对人居环境的构筑与发展总结出来的,它也预示了21世纪中国的新城市。"

我们的"山水城市",将是我们社会主义新中国新文明的体现。

第13章 城乡系统的可持续发展

13.1 可持续发展与环境经济学

人类在长期的发展中并未意识到同自然环境相处会存在什么问题。自从工业革命导致了对自然资源的掠夺式开发与生态环境的破坏以来，尽管有个别高瞻远瞩的先驱思想家提出了警告，如恩格斯写于1873~1883年的《自然辩证法》中就曾作出告诫："我们不要过分陶醉于我们对自然界的胜利。对于每一次这样的胜利，自然界都报复了我们。"但是，直到20世纪60年代，人类才开始了环境意识的觉醒。

20世纪60年代以前，在世界报刊上还几乎找不到"环境保护"这个词。1962年美国女作家卡逊(Rachel Carson)在《寂静的春天》(Silent Spring)一书中，以大量事实指出了人类行为导致的生态破坏，包括剧毒农药如DDT在生物链中的积淀。尽管这本书使她招致了化学工业界和农业部门的激烈攻击，但她还是为人类环境的启蒙点燃了一盏明灯。

1968年成立的罗马俱乐部，决定开创对人类困境的研究计划。1970年Jay W. Forrester提出一个全球模型。1972年D. L. Meadows所著的《增长的极限》，用系统动力学方法对限制全球增长的五个基本因素——人口、农业生产、自然资源、工业生产和污染，进行了跨学科的考察。

20世纪70年代，生物学家、物理学家和其他科学家以及文明社会的杰出人物开始关注经济、社会和政治现象以及它们与全球环境的关系。联合国的一些机构的专家们开始逐步就环境问题进行讨论。在瑞典、荷兰、加拿大和美国的倡导下，1972年8月在斯德哥尔摩召开了联合国人类环境会议，提出了"只有一个地球"的口号。此次大会成立了联合国环境规划署，它是首先接受新思想的机构之一。例如生态发展思想，它最终导致可持续发展的观念。

直到1984年，世界在环境政策方面取得的进展还很一般。在一些国家，其中大部分是发展中国家，由于不了解环境问题，对环境问题漠不关心，认为目前环境政策与发展是不相容的，因此，在环境政策方面的进展受到抑制。

1983年3月5日，联合国大会向全世界呼吁："必须研究自然的、生态的、经济的以及利用自然资源过程中的基本关系，确保全球的持续发展。"

1987年，联合国成立了世界环境与发展委员会(由挪威前首相布隆特兰(Bruntland)夫人领导)，对环境问题进行全面审查。进行三年研究之后，在同各大洲和各级进行磋商的基础上，委员会发表了题为"我们共同的未来"的文件，它是1992年6月召开联合国环境与发展会议的依据。通过联合国机构，提出了关于气候变化，保护生物多样性，森林保护和重新评价土壤风化和破坏，以及一项名为"21世纪议程"的文件的草案。世界环境与发展委员会提出的"可持续发展"(sustainable development)观念作为新的规范写入了《里约热内卢宣言》，指引各国在经济和社会领域进行的努力，以及国际方面的努力，以保证后代能够通过保护环境和公正性，获得自然资源和到目前为止只有少部分人才享有的良好的生活条件。

"可持续发展"的定义是："当代人在满足生存需求时，不危及后人选择他们的生活方式及满足需求的可能性。"它意味着充分尊重环境和在利用自然资源方面实行节约，包括节约矿物能源、水、土地，保护海洋和大气，并且保护生物多样性。可持续发展有以下四点含义：

需要：指发展的目标是满足人类需要，改善生活质量，促进社会健康发展。

限制：主要是限制人口数量、环境、资源。可持续发展不应危害地球的生命支持系统——环境，同时，发展也不应超过资源限度，使资源耗竭。

平等：包括代际平等与代内平等两个含义。代际平等指当代人与后人的发展机会均等。代内平等指地球上一部分人需求的满足不应影响另一部分人满足需求的能力。

协调：即经济发展、社会进步与环境与资源的共同良性发展。

"21世纪议程"包括了有关采取经济手段的一章，例如，确定实际价格、征收生态税、财政和税收鼓励措施、建立发放商业许可证机制和其他措施。这是对20世纪70年代起作为大多数国家环境政策基础的有关规定的补充。

由于国际合作组织和公共管理模式的建立，使从25年前的完全不关注控制污染物排放转变为采取环境政策。从1992年起，世界各国都接受了有关可持续发展的思想。作为与这种新的进程相适应的一种发展理论，即有关环境的经济理论，出现了环境经济学（或生态经济学）。

环境经济学是在最近30年才出现的一门新学科，它既从古典和新古典经济学，又从生态学和社会学汲取营养。其含义可从以下四个方面来理解。

（1）在宏观领域，集中表现在发展与环境的关系。

（2）在巨大的部门机构方面，特别应考虑经济与其他方面的相互关系，例如，同环境的适当关系。

（3）在微观领域，集中表现在生产单位的态度和行为方面，也就是不同形式的企业和家庭单位。

（4）在全球方面，不同形式的污染造成的各种现象，这类污染不受边界和领土的限制。

世界经济已经开始了全球化。在开放经济中，环境投资是获得国际竞争力和效益的努力的一部分。到目前为止，微观领域采用的环境经济学的想法较多。生产企业为了在市场中生存，必须内部消化其各部门活动在保护环境方面的开支。污染环境受罚，因而难以在竞争中生存。绿色产品将在市场上受欢迎。在这个领域，进行环境投资可能获得的回报较大。为此，企业还必须考虑技术改革，它可降低社会及本企业的环境开支。依据"谁污染谁付钱"的原则，企业不得不减少其环境开支。环境费用不应被认为仅仅是直接的开支，还应包括社会方面的开支和利用自然资源的全部开支。

在仅以"标准和惩罚"制度为基础制定环境政策时，一些企业，通常都是中、小企业，因没有能力进行所要求的保护环境的投资，想方设法逃避按照标准行事。它们最终可能无法生存。为了生存和繁荣，公共和私人机构将必须对获得技术信息和进行人员培训予以支持。这些投资将会使环境得到改善。它以金融和税收鼓励措施为基础，使较落后的中、小企业可在更加有利的条件下进行竞争，不仅给自身，而且给社会带来利益。

就全球而言（第四方面），危害整个地球、人类、动植物和生态系统以及国际和睦相处的突出问题包括:温室效应可能导致的气候变化;生物多样性受到损害;海洋和河流受到污染;水土流失和土地荒漠化。对此进行控制、制止或改变都要付出经济代价。为此,应进行世界性或地区性的国家合作和分担责任,并在世界经济和环境方面取得重大成就。其中之一是逐步减少利用一些自然资源,其中包括某些矿物。

发展中国家的经济一般在承担制止世界环境恶化的责任方面,拥有的物资、人力和财政资源较少。有许多关于环境经济学的著作,考虑的是较先进国家的形势和制度。因此,还应依据各国自身的社会、经济和其他方面的现实情况进行评价。

13.2 我国生态环境问题的回顾和特点

1. 1949~1957年是环境保护的朦胧阶段

当时工农业生产总值增长率较高,但增长基数小,资源消耗和污染物排放总量有限;且按前苏联的规划指标和设计规范,一些新建的大、中型工业项目安排了废水处理、消烟除尘和防噪声装置,在工业区和生活居住区之间建有卫生防护绿带。但此时环境保护尚未提到经济-社会发展的议事日程,许多原有的和新建的工厂还是把污染物直接排入环境。

2. 1958~1972年是我国环保事业诞生的准备阶段,并为此付出了巨大代价

"大跃进"、"人民公社化"等违背自然和社会发展规律的群众运动,包括"大炼钢铁"、毁林和围湖造田等任意和盲目的掠夺性开发,造成矿产、森林、土地等资源的破坏和惊人的浪费,生态系统的毁灭和严重的环境污染。尽管在1961年前后进行了调整,终止了这种开发活动,1963年国务院也颁布了关于保护森林和矿产资源的条例,关、停、并、转了一批工厂,但大办"五小工业","靠山、分散、进洞"的大、小三线建设和"文化大革命"的全面爆发,使我国的资源浪费、环境污染和生态破坏进一步加剧。在这种严峻形势下,1972年召开了我国第一次全国环境保护工作会议;周总理决定派代表团参加1972年6月联合国召开的斯德哥尔摩"人类环境会议"。会后,我国政府决定把环境保护列入全国的议事日程。

3. 1973~1976年是创办环保事业受阻的阶段

周总理指示召开的1973年8月第一次全国环境保护大会,提出了"全面规划、合理布局、综合利用、化害为利、依靠群众、大家动手、保护环境、造福人民"的总方针,通过了《关于保护和改善环境的若干规定》,并于1974年成立了国务院环境保护领导小组及其办事机构,在污染调查、环境质量评价和污染综合治理等方面也有了一个良好的开端。但因当时林彪反党集团的破坏活动还在继续,极"左"思潮流毒甚广,违背上述总方针和规定的开发活动有增无减,城市工业盲目膨胀,城市规划失控导致布局混乱,人口自然增长失控,致使1958年以后形成的环境污染和生态破坏不仅得不到控制,反而进一步加剧。

4. 1977~1992年是环保事业大发展的阶段

1978年修订的《中华人民共和国宪法》中规定有"国家保护环境和自然资源,防止污染和其他公害"的内容。1979年制定了《中华人民共和国环境保护法》(试行)。但因种种原因,1977~1982年期间的环境状况仍在继续恶化。1983年12月国务院召开了第二次全国环境保护大会。会议确定：环境保护是一项国策；经济建设、城乡建设和环境建设要同步规划、同步实施和同步发展，实现经济效益、社会效益和环境效益的统一；强化环境管理是环境保护的中心环节。这为环保事业的大发展奠定了基础。国家用于环境保护的资金达到约占国民收入总额0.7%的水平。1984年5月国务院作出《关于环境保护工作的决定》，成立了国务院环境保护委员会。

5. 1993年开始，进入谋求可持续发展的新阶段

1992年6月，联合国环境与发展大会通过《里约环境与发展宣言》和《21世纪议程》等历史性文件，把中国的跨世纪发展及其环保事业引向可持续发展的新阶段。《中国21世纪议程——中国21世纪人口、环境与发展白皮书》已被中国政府批准，成为制定国民经济与社会发展中长期计划的一个指导性文件。它不仅确立了中国可持续发展的战略与对策，还阐明了与资源开发利用和环境保护直接相关的经济、社会各主要领域发展的行动计划，以及自然资源保护与环境保护的有关行动计划。

党的十六届五中全会以来，中国政府明确提出树立科学发展观，构建社会主义和谐社会，坚持走新型工业化道路，建立资源节约型和环境友好型社会。环境保护的法律法规和规则制度进一步健全。至2005年，全国环境质量基本稳定。荒漠化和沙漠化整体扩展的趋势得到了初步遏制。

进入21世纪以来，中国的经济发展出现了重化工业趋势，资源环境问题日益突出。

党的十六大以后，提出建设社会主义生态文明，发展低碳经济，节能减排，救治全球气候变暖，践行科学发展观。

中国《国民经济和社会发展"十一五"规划纲要》提出，"十一五"期间单位国内生产总值(GDP)能耗降低20%左右，单位工业增加值用水量降低30%，主要污染物(SO_2和COD)排放总量减少10%，全国设市城市污水处理率不低于70%，工业固体废物综合利用率达到60%以上。

"低碳经济"是指碳生产力（单位碳排放的经济产出）和人文发展同时达到一定水平的经济形态，目标是低碳排放，高人文发展。表现为能源效率的提高，能源结构的优化和消费行为的理性。

在全球气候变化的背景下，2003年2月英国首相布莱尔发表了题为《我们未来的能源——创建低碳经济》的白皮书，要率先把英国变成一个低碳经济的国家，推动了世界经济向低碳经济转型的大趋势。

联合国环境规划署将2008年世界环境日的主题定为"转变传统观念，面向低碳经济"。

中国目前正处于工业化的中后期。2006年12月，中国发布《气候变化国家评估报告》，首次提出走低碳经济的发展道路。

联合国环境署于2008年10月提出《全球绿色新政及绿色经济计划》，倡导各国在经济刺激计划中支持和加强"绿色投资"，通过发展清洁能源、节能建筑和有机农业等绿色经济，扭转高能耗、高排放的经济发展模式。

中国正在走一条赶超型或压缩型的工业化道路。欧美部分国家用了200年左右的时间完成其工业化进程，中国有可能在50年左右的时间内完成。

根据Kaya恒等式，一个国家（或地区）二氧化碳排放量的增长，主要取决于四个方面的因素，即人口、人均GDP、能源强度（单位GDP能耗）和能源结构，如下式所示

$$CO_2 \text{ Emission} = \text{Population} \times (\text{GDP/Population}) \times$$
$$(\text{eneray/GDP}) \times (CO_2/\text{Energy}) \tag{13.1}$$

2007年国务院发布了节能减排考核实施方案和办法,对各省级人民政府和千家重点耗能企业的节能减排情况实施问责制。

2007年5月11日,由温家宝总理批示,中国工程院与国家环保总局共同组织的《中国环境宏观战略研究》项目宣布启动。我们要在这方面走出有中国特色的社会主义发展道路。

至2008年,中国万元GDP能耗同比下降了4.21%;前三季度二氧化硫的排放量下降了4.2%,化学需氧量排放量下降了2.7%。这些数据意味着,中国经济在克服困难、平稳增长的同时,资源节约型、环境友好型社会的建设也取得了积极进展。

但温家宝总理(国务院节能减排工作领导小组组长)指出,形势仍有严峻的一面,突出表现在经济增长速度偏快,特别是高耗能、高排放行业(电力、钢铁、有色、建材、石油加工、化工等)增长仍然过快,服务业增加值占GDP比重,高技术制造业增加值占工业增加值比重下降,产业结构重型化的格局没有改变。

2009年12月7日,联合国气候变化大会在哥本哈根召开,中国在大会上作出庄严承诺,到2020年,单位GDP二氧化碳排放量在2005年的基础上降低40%~45%;并将非化石能源在国家能源需求中所占的比重提高到15%。这个碳排放强度降低的量约占世界届时降低总量的四分之一,是需要经过巨大努力才能完成的。

13.3 荒漠化土地的治理

我国目前荒漠化面积达263.6万km²,占全国陆地总面积的27.46%,其中沙化土地面积有174万km²,占国土面积的18.1%。目前每年治理面积只有1万km²。经治理过的沙化土地面积累计已达20%。国家对防沙治沙工作十分重视,采取了一系列有力措施,取得了一定的成效。我国土地沙化总体上实现了从扩展到缩减的历史性转变,沙进人退的局面初步得到遏制。由20世纪90年代后期年均扩展3 436 km²转变为在2000~2004年年均缩减1 283 km²。沙化程度减轻,扩展区域减少。全国已有27个省份沙化面积实现了缩减。环境有所改善,沙区经济社会有所发展。当然防沙治沙工作形势还很严峻,局部沙化仍在扩展,需要在党和政府领导下沙区和全国人民的艰苦努力。

2007年3月26~27日,全国防沙治沙大会在北京召开,表彰了先进集体与个人。这已是建国以来的第五次防沙治沙大会。国务院授权国家林业局与防沙治沙任务较重的12个省区人民政府和新疆生产建设兵团签订了防沙治沙目标责任书。

防沙治沙工作要坚持科学防治、综合防治与依法防治的方针。科学防治就要遵循科学规律,加强防沙治沙的基础科学和应用技术研究,总结和推广先进的防沙治沙技术,探索科学防沙治沙的方法,提高防沙治沙效果。综合防治,就是要实行生物措施与工程措施相结合,重点防治与区域防治相结合,人工治理与自然修复相结合,强化水资源管理,因地制宜造林种草,封沙育林。依法防治,特别要禁止滥开垦、滥樵采,切实保护好沙区植被。国家已制定了防沙治沙法和《中国防治荒漠化行动方案》。2005年,国务院作出《关于进一步加强防沙治沙工作的决定》,并批准《全国防沙治沙规划(2005~2010年)》。

过去我们荒漠化治理的效果并不令人满意,往往是"局部治理,整体恶化"。"绿化不如沙化快"。主要是对其客观规律认识不足,以致陷入某些误区。如重建设,轻保护,为经济利益而对植被滥加采伐;盲目种树,成活率低,且消耗大量水分;忽视人口压力;盲目在荒漠土地上建设各种项目,不让荒漠自我修复等。

过去治理荒漠化主要靠政府主导,投入大量资金,但成效不大。今后治沙要结合市场利益机制。近日中国治理荒漠化基金会提出的产业化治理荒漠化的新思路,引起了国务院的高度重视。如实施沙生植物种植,发展沙产业,种植饲用沙桑、肉苁蓉、甘草等中草药,用塑料大棚生产蔬菜和反季节瓜果等;在盐碱地上种植转基因抗盐碱玫瑰,提炼玫瑰精油;种植大叶麻竹,加工优质竹笋等。这些产业既产生了可观的经济效益,带动了农民受益,又能有效地治理荒漠化。

地方政府的大力支持具有关键性的意义。要建立起以生态需要为目标的创新机制、相应的保障体系和激励机制,鼓励多种性质的投资主体积极参与,并且给予投资主体一定的回报。

13.4 水环境的治理

我国人口占世界人口的21%,而淡水资源只占世界淡水资源的7%,人均淡水资源只及世界平均值的1/4。而且水资源的分布很不平衡,在长江以南占81%,长江以北只占19%。全国668个城市中有400多个处于缺水状态(主要在北方)。华北有许多河流已经严重枯竭。黄河下游完全断流的情况多次发生。湖泊逐年消失。最大的淡水湖、美丽的青海湖正在迅速萎缩。地下水被过度使用,地下水位每年下降达数米之多。

我国水环境的问题,一是水资源不足的问题(资源型缺水),二是水资源被严重污染的问题(水质型缺水)。

13.4.1 解决资源型缺水问题

我国已开始实施南水北调工程,将长江的水分东、中、西三路调往北方;目前中线工程已接近完成,使京、津等华北城市受益。此外,还有人提出引雅济黄的设想,即引导一部分雅鲁藏布江之水来补充黄河。这还需深入论证,而且这可能还涉及国际敏感的问题。

我国每年几乎都发生洪涝灾害,以南方为主,南北都有,大量多余的淡水如何化害为利?对此北京大学马蔼乃教授的设想是,把全国的河、湖实行联网,用管道或渠道连接起来,使受洪灾地区的过多的水能及时地调节到缺水地区或备用的水库。她还建议把渤海改造成淡水湖,便于收集江河的淡水,并通过提水系统输送至干旱地区。

人工影响气候的技术目前还很有限,主要是人工催雨技术已在各地应用。如何利用季风以至单向气压差管道,将东南方的海洋性湿热空气引至西部干旱地区(例如有人建议在喜马拉雅山系的屏障上凿开豁口),以增加旱区的降雨量,这些都是值得深入研究的课题。

在干旱与半干旱地区努力增加森林和绿化覆盖率,有利于固土保水,并改良局部气候。

就较小规模的调节而言,各地将雨水和泉水搜集储存起来备用,将城市排涝系统与储水系统结合起来,已经有许多成功的经验。

水资源短缺与水资源浪费严重和产业设置不合理有关。现在水价仍很便宜,导致经常性浪费。此外,水田作物不适合在严重缺水的北方种植;有些大量耗水的产业也不宜布置在严重缺水的北方和西部地区。如一些高能耗的钢铁、化工产业和能源产业等。

现在,华北地区已经形成了全世界最大的因为抽水导致的地下水漏斗,而且还在不断加大。这是中国地质水资源面临的非常大的潜在问题。只有解决用水和补水的平衡,这个问题才有望得到解决。

13.4.2 解决水质性缺水问题

我国的主要水系受到了严重污染。继黄河、淮河、海河、辽河、松花江等主要河流之后,长江的污染也在加剧,威胁流域500多个城市的居民饮水源,已被列入陷入生态危机的世界十条河流之中。其治理速度赶不上污染速度。污染源主要集中在工业废水、生活污水、农业污染和航运船舶污染。此外,全国2万多个自然湖泊中,75%都被藻类污染,主要原因是过度采水、工业废水、生活污染和养殖场污染。太湖、巢湖、滇池等湖泊严重污染,渤海湾也面临变成死海的威胁。地下水水质也受到了污染。水质的污染已导致疾病的增加,江苏省因水质污染,导致癌症患病率明显增加,已占全国的12%。

经过"十五"期间的治理,城市水环境质量恶化趋势得到控制。2005年全国城市水域功能区水质平均达标率89.17%,全国城市饮用水源水质平均达标率97.7%,均比上年有所提高。参加全国城市环境综合整治定量考核的城市数量为509座。当然,小城镇和广大农村村镇的水环境质量情况比较复杂得多。

2006年7月21日,国务院召开全国水污染防治工作电视电话会议,国家环保总局与"十一五"水污染物削减任务较重的河北等省(区)政府签订了削减目标责任书。会议强调要严格控制污染物排放总量;抓好重点流域水污染防治;加快城镇污水垃圾处理设施建设;防范水环境安全事故;优化经济布局,改善水环境质量;大力搞好饮用水安全保障。会议强调,各级地方政府要逐级签订水污染物总量削减目标责任书。国家有关部门要定期检查、考核并向社会公布。

在松花江发生严重的化工污染事故之后,2007年5月10日,国家环保总局宣布,将采取六大举措力促松花江休养生息:提高环境准入门槛;淘汰落后生产能力;加强饮用水源保护;加大重点工业污染源治理力度;加快城镇污水处理设施建设;统筹水资源开发利用和生态保护。

13.5 绿色增长模式

2007年3月由国务院发展研究中心主办的第八届中国发展高层论坛,要求我国的经济社会增长方式向联合国亚太经济社会委员会所提倡的"绿色增长模式"转变,即必须提高经济活动的生态效率:实现资源利用效率的最大化和环境污染的最低化。

提高经济增长的生态效率的政策措施包括:实施"绿色税收",建设可持续性的基础设施,鼓励可持续的消费方式,推动环保产业发展。

绿色税收将把税收的衡量基准从收入所得转向污染排放量，以确保市场价格正确反映生态成本。

可持续性（生态环保型）基础设施，如现代化的公共交通，以及绿色能源供应系统等。

征收道路使用费及拥堵费等措施，可以遏制不可持续的消费方式。

环保产业，包括污染物处理、废物利用、节能降耗以及一切从事"绿色"生产的产业。它是生态系统改善、环境保护和新的第六次产业革命的基石。

清洁生产将不被视为额外的负担，而是被看做新的商机。比如有的企业生产的产品本身就是节能降耗的，如飞机、汽车等，具有较高的竞争力；有的企业对废料进行循环利用，既降低了成本，增加了产值和利润，又有利于环保；还有的企业推行全面的环保政策措施，降低能源与资源消耗，并鼓励顾客进行环保消费，树立了企业高度社会责任的形象和信誉，有利于融入现代社会生活，促进其产品和服务的推销。北京已经提出了"绿色增长"的六项措施。

我国的"十一五"规划提出了建设节能环保型社会的规划，设定了单位 GDP 能耗降低 20% 及主要污染物排放量减少 10% 的目标。

13.6　绿色国民经济核算

1993 年党中央和国务院就提出要转变经济增长方式。但因监管的手段不到位，且缺乏制度保障，国家多次设定的转变经济增长方式的目标却一再得不到实现。自 2004 年 3 月开始，国家环保总局与国家统计局联合开展了中国综合环境与经济（绿色 GDP）核算的工作，研究课题为"全国绿色国民经济核算与污染损失调查"研究，并于 2006 年 9 月向全世界新闻媒体首次发布了中国绿色国民经济研究报告。2005 年的核算工作业已完成。环境经济核算的理论与方法体系已逐步趋于成熟，年度绿色国民经济核算正在不断发展和完善之中。

绿色 GDP 核算，是要在 GDP 数据中扣除环境损失和环境治理成本，这种核算制度是贯彻科学发展观、转变经济增长方式的一个有效手段。

在 2005 年的绿色 GDP 核算中，对 31 个省、区、市和 42 个部门的环境污染实物量、虚拟治理成本、环境退化成本进行了统计分析。

完整的绿色 GDP 核算体系应是一个庞大的体系，至少应包括耕地资源、矿物资源、森林资源、水资源、渔业资源等 5 大项目自然资源耗减成本和环境污染以及生态破坏等 2 大项环境退化成本，其中环境指标包括 20 多项。

但从技术层面来看，生态成本、环境成本的核算还是一个世界性的难题。

中国科学院可持续发展战略首席科学家牛文元指出：目前进一步开展绿色国民经济核算还面临一些困难，最重要的问题是缺乏制度的保障。他建议：要完善资源环境统计制度，增加必要的资源环境统计指标，建立正常规范的核算数据交换机制，建立相关的标准法规，实施绿色 GDP 核算的工作制度和核算工作报告审查制度，特别要将绿色 GDP 核算制度逐步纳入国家环境法和统计法中。

2010 年，我国推出一项新的"绿色发展指数"，以评价各省市在平衡经济扩张与环境保护方面的表现。该指数由国家统计局和北京师范大学等两所大学共同制定，由 55 个基础性指标构成,包括人均二氧化碳排放量和环境支出占财政总支出的比重。望能被列入正式文件,用作评价官员政绩的一项工具。

13.7 可持续发展的新文明观

南开大学蔡拓教授指出,可持续发展既是一种发展战略、发展模式,又是一种发展理论、发展观念。可持续发展是继原始文明、农业文明、工业文明之后的一种新型文明,从而也是一种新文明观。

可持续发展新文明观的要旨可归纳为如下 8 个方面。

(1) 倡导整体有机论。整体有机论包括整体主义与生态主义两层含义。整体主义认为,世界在客观上是有序变化的整体,整体的性质不能由被机械分割的部分的性质加以说明。生态主义强调万事万物的相互包含与内在联系。世界是由相互关联的复杂网络构成的有机整体。

整体有机论是对机械论世界观的超越,是可持续发展的灵魂。可持续发展是全球整体的发展,是经济、社会、生态、文化复合系统的有机发展。生态系统的高度有机性和整体性,已成为重要的参照系,制约着人类的生产方式与生活方式。

(2) 寻求人与自然的和谐。机械论世界观确立了"人类中心主义"观念。尽管它对摆脱神学中心主义,推动社会物质生产力的提高有过进步意义;但它所培育的人对自然的主宰欲、占有欲、征服欲却把人类推向毁灭的边缘。

可持续发展新文明观要求确立人与自然关系的新观念,以实现人与自然的共生、和谐。这包括:①人类是自然的一部分,人类应学会尊重自然;②人类须自觉约束自己干预自然的行为;③人类须把保护环境、再生自然视作最重要的责任。

(3) 在关注人与人关系的同时,凸现人与自然的关系。在历史上各文明时代,人类最关注的是制约其生存与发展的社会历史环境,人与人的关系总是居于主导地位。今天,人与自然的矛盾已空前地尖锐,它促使人们确立生态的视角与观念。以此一方面改变征服、主宰自然的态度与政策;另一方面通过人与人关系的调整,实现遏制生态危机,缓解生态压力,创造良好的社会环境,以解决人与自然关系的目的。

(4) 坚持科技理性与人文理性并重。科技理性是同工业文明的历史性成就密切相关的。工业文明在创造人间奇迹的同时,不幸滑向了唯物质主义、经济主义、消费主义、实利主义。可持续发展文明观大力倡导人文理性。但它更注重科技理性与人文理性的协调与统一。人文理性是对科技理性的限定与补充,它凸现人类对生命价值和生活意义的追求。

(5) 改变物质消费型生活方式,实现人的全面发展。可持续发展文明观认为,与人的社会属性和文化本质相应的非物质性需求,才是真正属人的需求。当人的视野超越物质需求,转向对真、善、美的追求,创造性价值的实现,自由的获得,社会参与和管理时,伴随而来的必然是人的各种能力的提高,是人自身价值的充分实现,是人的全面发展。全面发展的人才是符合完满人性的人,才是真正的人。

(6) 国家主义与全球主义。可持续发展文明观认为,国家主义与全球主义的冲突是当代社会生活的现实,也是贯穿 21 世纪的主题。在相当长时期内,国家仍将是国际社会的基本单元,人类组织社会生活的基本结构,人们价值和情感的寄托之地。但同时应当看到,全球化与相互依存开辟了人类发展的新时代,更多的人类共同利益正日益显现。可持续发展文明观主张协调国家主义与全球主义,在各自的合理性范围内,充分发挥国家和全球社会的作用。从宏观的历史眼光审视人类社会的发展,人类的共同利益有了更急迫的意义,人类的共同价值有了更现实的基础,人类正迈出从国家本位走向人类本位的第一步。

(7) 超越对抗型政治,确立合作型政治。今天,世界更多地展现了其协调性、统一性,和平与发展成为人类社会生活的主题,从而,历史地要求超越对抗型政治,走向合作型政治。即超越社会制度的差异和意识形态的分歧,立足于人类的共同利益,以对话、合作的方式协调各国、各民族、各个集团和组织之间的关系,为人类的生存与发展创造良好的政治环境。这种政治要求的是伙伴精神,求同存异,共处－竞争意识,相互尊重的观念,以及对"一荣俱荣,一损俱损"的新交往规则的理解与认同。

(8) 从社会伦理扩展到环境伦理。在环境伦理的不同见解中有以下共同点:

①主张重新思考人与自然的关系,改变人类对自然的文化态度与行为模式。

②人类应关心自然、管理自然,明确对自然应尽的责任和义务,重视人与自然的关系对当代人类及自然进化的影响。

③强调应把人对待自然的态度与行为作为衡量人的伦理行为和道德水准的一个新尺度。

从社会伦理向环境伦理的扩展,反映着一种新的文化选择与价值取向,它是与可持续发展文明观的世界观、自然观、技术观、文化观等融为一体的。

可持续发展是一种新的文明类型——生态文明。这种新文明和新文明观要求人类在生存方式、生产方式、实践方式、文化模式、发展模式、价值观念、伦理观念等方面进行历史性变革。必须突破工业文明的视界,突破现代化的视界,突破把可持续发展仅仅定位于发展观的视界。唯有如此,可持续发展的文明内涵和世界观意义才能显现,从而开启人类不断求索、进取完善的新的历程。

第二篇　城乡规划系统工程方法论

第14章 城市系统的模型抽象

14.1 引　　论

　　自从20世纪初叶以来,西方学界针对城市与区域系统,构建了多种多样、数量巨大的模型,它们是不同程度的科学抽象,其模糊性和不确定性从早期的较高逐渐降低。早期的模型尚未能借助于电子计算机的运算和仿真,如中心地理论、单中心城市模型、城市体系模型、熵模型、空间相互作用模型、工业区位模型等。到20世纪中叶,受到耗散结构理论、协同学等简单巨系统研究成果的启发,将其概念和方法推广应用到城市系统的建模分析上,但对其复杂性的认识仍受到局限。到20世纪末叶以后,逐渐对系统的复杂性加深认识,但仍然难以摆脱片面依赖电子计算机的窠臼。直到我国的杰出科学家钱学森,按照系统的复杂性进行分类,明确指出这类系统属于开放的复杂巨系统,需用人－机结合、以人为主的从定性到定量的综合集成法来研究和处理,这种方法体现了还原论和整体论的辩证统一。

　　传统上,科学曾试图用还原论的方法来分析城市系统,其中系统(城市或区域)的行为被以一种平衡的、其成员机械地相互作用来表述。这些成员是住在系统中的不同种类的供给和需求的"代表主体",并假定他们的空间分布反映了利润(供给方)和功效(需求方)的优化数值。近数十年来,有许多尝试引进更具动态的方法,其中不再假定平衡。然而,他们仍然否认城市或区域系统的本质的复杂性,其中各种活动、自然的赋予、文化、技术、教育、健康、交通、房价以及全盘的经济,都结合起来影响系统的演化。正如在生态学中一样,可能出现的长期结构的关键在于人们和社会应付新困难和创造新机会的多样的、创新的和适应的能力。这种流动的、适应的能力是复杂系统的产物,只能模拟和预测到有限的程度。然而,城市和区域会限制这种成功适应的可能性,如果它们过分偏重于人为组织的话。

　　20世纪70和80年代发展的土地利用和交通整合模型,有一些共同的特征:

　　(1)以一些理论为基础,建立方程式求解。这些理论如:空间相互作用理论、经济基础理论、等级原理、随机功效理论等。

　　(2)假定城市系统的复杂性可被限制于某些关键的可度量变量:人口与住房、就业、经济活动及空间主要按距离和可提供的面积来假定。

　　(3)一种经济效率准则引导着人口和活动的抉择。

　　(4)描述和表达的聚集规模(一种中观规模)产生作用,它为种类或类产生一种定义的情景。

　　新的国土问题和时代需求导致运用人工智能(AI)来建模的新范式。它运用数据开采(data mining)和知识发现(knowledge discovery)等技术,能考察数据的结构,发现有意义的关系,并用以推断未来的发展,在以自组织和不确定性为标志的复杂情况中构建发展的场景脚本。

在传统的模拟中,在自上而下的过程中模型导自理论。而 AI 方法则把顺序颠倒过来,通过自下而上的过程内生地构建知识。它们始自数据,而转变规则(transformation rules)则仅是通过归纳(a posteriori)发现的。这些方法采取分布系统,如元胞自动机(CA),神经网络(NN)和多主体系统(MAS),它们处理在微观上发生于个人相互作用水平的数据。神经网络通过其学习(训练)阶段,能对复杂的数据和行为进行定量和模拟。

神经网络(NN)已被广泛地用作为一种对模糊数据分类的方法和作为统计估计器,而在最近则被应用于城市与国土规划以作土地利用预测。比如 LTM 模型将 NN 应用于 GIS(地理信息系统)以学习城市要素如道路、高速路和地方道路系统、休闲设施和农业设置如何能影响城市化模式,估计它们在不同尺度上的效应和效果。

建模仿真技术就其方法而言,主要有以下几种:

(1) 微观粒子方法。仿真在整个系统中追随每个单独的粒子。粒子随时间的演化常用微分方程来描述,并配以相互作用的力量。为了计算机的执行,人们处理单独的粒子,但时间被离散化为步长 Δt 的时步。取极限 $\Delta t \to 0$ 以恢复微分方程。

(2) 场方法。上述通过每个单独的粒子来描述系统往往在分析上或计算上是无效的。在这种情况下可以利用场方法,其中场代表的量是由许多粒子聚合的或平均的,如密度、速度或温度等。场随时间的演化被典型地由偏微分方程来描述。为了计算机的执行,时间和空间都被离散化为 Δt 和 Δx,取极限 $\Delta t, \Delta x \to 0$ 以恢复微分方程。

(3) 元胞自动机(CA)方法。空间、时间和状态空间都被粗粒离散化。其中最重要的或许是状态空间的粗粒,往往降至每个元胞只有两种状态。当同基于连续方程的系统(其一次近似通常是线性的)相对照时,这可被视为强烈非线性的最简单形式。CA 方法通过放弃状态空间解来获得空间解。因此,它们在模拟复杂几何形式,如流经多孔媒体的流时,表现得特别良好。此外,当目标不是注重定量预测而是对机制的了解时,它们往往特别有用。

(4) 智能主体方法。物理粒子通常用少数状态变量来描述,如位置 x 和速度 v。对于复杂的粒子,如人类、病毒或甚至适应型交通信号灯,这就不合适了。具有较多内部复杂性的粒子需要被使用。这类粒子的内部动力机制往往由规则(rules)而不是由连续方程来描述。如果一项仿真是由许多这类主体构成的,它通常被称为多主体仿真(MAS)。

还有上述各类方法的杂交形式。如也被称为粒子方法,但涉及准粒子,它是在计算上许多物理粒子的聚合,因而它是粒子方法与场方法之间的一种杂交方法,或格网波尔兹曼方法,此法与 CA 相关联但允许在每个元胞中有连续的状态。

14.2 城镇体系网络的等级规模分布模型

关于地域城镇体系等级规模分布模型的研究已有相当长的历史。如廖什(August Lösch)的不同等级市场区中心地数目的研究;戚夫(G. K. Zipf)的等级-规模法则;贝利(B. J. L. Berry)的对数正态分布研究以及克里斯塔勒(W. Christaller)的中心地理论等。近年来,还有熵最大化模型,规模-交通价格经济模型,马尔柯夫链模型,工业体系模型,行政等级体系模型,城乡人口匹配模型,各种动态模拟模型,以及应用协同学研究的地域城镇体系等级规模分布的控制论模型等。

城镇体系等级规模分布的幂函数模型为

$$P = b_0 R^b \tag{14.1}$$

式中　P——城镇规模；

　　　R——城镇等级序列；

　　　b_0、b——参数。

当 $b < 0$ 时，式(14.1)可与 M. G. Bradford 和 W. A. Kent 于 1977 年创建的等级－规模分布模型相对应，后者为

$$P_r = P_1 R^{-q} \tag{14.2}$$

式中　P_r——r 级城镇人口规模；

　　　P_1——首位城市人口规模；

　　　R——城镇等级序位；

　　　q——常数。

当 $q = 1$ 时，则表示了 G. K. Zipf 提出的等级规模法则，即

$$P_r = P_1 / R \tag{14.3}$$

如果 $q > 1$，则表示城镇体系中大城市占优势；如果 $q < 1$，则表示城镇体系中中间城市占相对大的比重；如果 $q = 0$，则表示城镇体系中各城镇规模相等。

阿根廷巴尔塞罗学院的 D. H. Zanette 从倍增随机过程（Multiplicative Stochastic Processes）来论证城市等级规模分布的戚夫定律。他说：戚夫定律（Zipf's Law）表明，在一系列按人口数量分等级的城市中，某一城市的等级——良好地近似于——与其人口数量成反比。这一经验的观察，无论对一个国家、一个洲或全球的城市整体来说都是有效的，不论其历史的、政治的和社会经济的背景如何。这样的普遍性要求在形成大规模城市的最基本机制的基础上作出解释。作者讨论了两个基于倍增随机过程的模型，且它们分别受到了 Zeldovich 的和 Simon 的模型的启发，它成功地在城市规模分布中预测出戚夫定律。倍增过程在其他的社会现象中也会出现，在那里也能观察到戚夫定律。

顾朝林认为，幂函数模型式(14.1)较适合我国的情况。他在其 1992 年出版的著作《中国城镇体系——历史·现状·展望》中，据此模型对我国各省、区的城镇体系，作了详细的统计与回归分析，并作了展望与预测。

14.3　拉兹洛·巴拉巴斯－艾伯特无标度网络

拉兹洛·巴拉巴斯－艾伯特无标度网络（Barabasi-Albert scale-free network）是一种具有普遍意义的网络结构形式。对于一个不断成长的、网络成员（起作用的个体）显示出某种偏好的网络，其随结点的联系数而变化的结点数的曲线，是一条不断递减的符合幂法则的曲线（幂关系在分形几何中也是自相似的物理基础），即具少量连系线的结点数很多，具中等数量连系线的结点数是少量的，而具大量连系线的结点数则极少。这同随机网络（即各结点间的连系线是随机发生的）的结点数按其所具有的连系数作正态分布（大多数结点具有近似相同的连系线数，形成钟形曲线）是很不相同的，而显示出更高的复杂性。这种网络形态被称为"无标度"网络。

客观世界中有许多网络都符合这种形态。这是其中起作用的个体的集体行动所产生的网络，它们都遵循一个单一的、明确定义的数学公式。如电脑网络中的万维网及其基础因特网，被少数连线极多的网站（称为"活动中心"，如雅虎和纳普斯特）所主宰，而大量网站都只有少数连线。生态系统中的食物网络，只有少数吃掉大量物种的"核心物种"。在人类社会中，科学家之间的合作网络，都是围绕少数著名人物而建立，形成"无标度"网络结构。在生物学中，使细胞维持良好工作秩序的相互作用的蛋白质和化学物质的格网是无标度的。

这一结构令人好奇的一个性质是，例如，从万维网的一个网站到达任何另外一个网站只需点击很少的次数（平均只需点击19次）。这一表明世界很小的特性对未来的成长至关重要，因为它意味着，随着网站数增加，在万维网上行进仍将是容易的，即使万维网成长1 000%，巴拉巴斯估计，网站仍然会彼此仅仅平均相隔21次点击。

无标度网络无处不在，它们兼具生机勃勃和脆弱的特性。与随机网络相比，无标度网络抗御随机打击的能力很强，即使5%的结点被摧毁，网络的性能仍然不受影响，表现了很强的生命力；而前者却很容易遭受不加区别的打击的伤害。但是，另一方面，如果打击是有选择的，则随机网络所受的伤害与前一种情况（受随机打击）相同；而对于无标度网络，如果打击集中于其"活动中心"，则很容易被摧毁。巴拉巴斯说："这表明无标度网络很容易受到智能性打击的伤害。"

城镇体系具备形成无标度网络的两个至关重要的共同性质：①它是不断成长的；②每个城镇都有其偏好——发展目标和需求，它要在激烈的竞争中找到立足点，需要中心城市的辐射作用，有向高等级中心集聚的倾向。

因此，城镇体系等级规模分布模型符合幂函数规律，也就不奇怪了。

14.4 加林 - 洛里模型

洛里模型（Lowry's Model）被认为是现代可运行城市系统模型开始发展的标志，产生于1964年，在20世纪60年代影响较广，有多种变形版本。加林（Garin）于1966年给以矩阵表达的形式。洛里模型是一种适用于居住用地规划的基本引力模型，在居民对于某工作中心或多个工作中心的可达性基础上，对它们的住处进行预测。然而，很大一部分居民就业是从事服务行业（如零售商业等），其工作地点往往以居民的聚居地点为依归，因而，有理由将居民住处的模型与同其交互作用的就业工作地模型相结合，使之进一步扩大。洛里已经完成了这项工作，他通过匹兹堡大都市地区土地占用预测的应用，提出了他的公式体系。洛里模型已成为对匹兹堡、旧金山海湾地区及英国若干区域进行深入研究的基础。

在洛里模型中，就业被划分成两个主要的层次："基本的"和"为居民服务的"。基本就业的场所由模型外部的因素决定。例如，匹兹堡的基本工业是钢铁，其选址原则是强调易于大量运输、合适的空间以及靠近有联系的部门。对那些由基本就业人员维持的住户住所用引力公式来建立模型。当基本就业住户的居住场所经这样预测给定后，就可根据这些住户要求的服务水平，预测出服务从业人口的住所。将服务业分成三类，即街坊的、地区性的和大都市的，并且对于每一类分别采用校准的引力模型。

但服务人员同样需要服务。故需再一次使用居民的家庭住处模型，来预测其服务业人员的家庭住所。重复这个过程,由此产生出另外一个服务就业的增量,并相对于他们服务的居民来选定工作场所。当仍需要分配服务行业的住户数量变得很小时,迭代过程可以停止。

当区域的经济实力较强时,可能没有足够的场地同时安排就业和居住,而不得不优先安排就业场地,将居住场地另作安排,待一旦出现宽裕空间时再行迁居。

14.4.1 数学规划版本

起初,洛里模型是一种关于空间相互作用模型的数学规划方法。目标函数(功效的度量 measure of effectiveness)按在居住与服务的共同选址过程中消费者得利最大(maximisation of consumer's surplus)选取,其表达式为

$$\max_{\{T_{ij},S_{ij}\}} Z = \frac{1}{\beta_1}T_{ij}\sum_{ij}\ln T_{ij} + \sum_{ij}\ln T_{ij}\left(\frac{\alpha_1}{\beta_1}\ln W_i^{res} - C_{ij}\right) - \frac{1}{\beta_2}\sum_{ij}S_{ji}\ln S_{ij} + \sum_{ij}S_{ij}\left(\frac{\alpha_2}{\beta_2}\ln W_j^{ser} - C_{ij}\right)$$

(14.4)

式中 T_{ij}——自 i 至 j 的工作旅程数;

S_{ij}——自 i 至 j 的服务旅程数;

W_i^{res}——居住吸引因子;

W_j^{ser}——服务吸引因子;

C_{ij}——一般化的交通费用(可能以金额、时间等来衡量);

$\alpha_1, \alpha_2, \beta_1, \beta_2$——拉格朗日乘子。

这两个选址过程的约束函数,考虑二者的相互依赖性,为

$$\begin{cases} \sum_j T_{ij} - \gamma_{1j}\sum_j S_{ij} = 0 \\ \sum_i T_{ij} - \gamma_2 \sum_i S_{ij} = E_j \end{cases}$$

(14.5)

式中 E_j——基本的就业岗位数;

γ_{1j}, γ_2——根据城市经济基础理论确定的参数(参照 Wilson, Coelho, Macgill 与 Williams, 1981)。

由于洛里模型被广泛应用,故从其原型后来又发展出许多种模型。

14.4.2 扩展的(静态)洛里模型

1964 年的洛里模型可考虑按如下步骤进行(按 Wilson 于 1974 年给出的顺序):
(1) 计算总的就业数。
(2) 计算为居住所能提供的土地。
(3) ①居住选址。
  ②住房供应。
(4) ①服务设施使用。
  ②服务设施提供。
  ③服务设施占地。
  ④服务设施就业。

步骤(3)②和(4)②为对常规的(扩展的)洛里模型的主要添加项。

我们从一个静态模型开始,进行各步骤的计算。

(1) 总的就业数。假设基本就业分布 $\{E_j^B\}$ 已经给定,并令 Y^{BW} 为 W 类基本就业所占比例,令 E_j^{gh} 为 g、h 服务设施中的工作岗位数(g 为货物或服务类型,h 为设施类型),并令 Y^{ghW} 为 W 类就业所占比例。从而,我们的居住选址模型中所需的在 j 地 W 类就业数为

$$E_j^W = Y^{BW} E_j^B + \sum_{gh} Y^{ghW} E_j^{gh} \tag{14.6}$$

(2) 为居住所能提供的土地。令 L_i 为 i 区总的土地面积,L_i^{res} 为居住所能提供的土地,L_i^u 为不可用土地,L_i^B 为基本部门用地;L_i^s 为服务部门用地。假定其他部门用地具有较居住用地的优先权,即他们可多占地。那么

$$L_i^{res} = L_i - L_i^u - L_i^B - L_i^s \tag{14.7}$$

(3) 居住选址及住房供应。①居住选址。工作在 j 区、居住在 i 区 k 型住房的 W 类(收入)居民数为

$$T_{ij}^{kW} = B_j^W V_i^{kW} E_j^W \tag{14.8}$$

$$B_j^W = 1 / \sum_{ik} V_i^{kW} \tag{14.9}$$

式中,V_i^{kW} 为居住吸引力因子,其表达式为

$$V_i^{kW} = \prod_l (X_{li}^k)^{\alpha_l^W} H_i^k \cdot e^{-\beta^W C_{ij}} \cdot e^{-\mu^W [P_i^k - q^W(I^W - C_{ij})]^2} \quad l = 1, 2, \cdots \tag{14.10}$$

其中,H_i^k 为住房供应,$e^{-\beta^W C_{ij}}$ 为旅程阻抗。P_i^k 是在 i 区 k 型住房的价格;q^W 是 W 型住户在支付通勤费之后用于房费所占收入之平均比例。X_{li}^k 是其他吸引力因子中的第 l 个。比如,X_{1i}^k 可能是去零售商店的可达性;X_{2i}^{kW} 可能是与其他社会组群的亲近性(或不亲近性),注意这里加了一个上标 W,等。这样,可以发展出一个很"丰富"的模型。对于无约束的模型,仅需的修改可能包括令 X_{li}^k 中的一个因子代表"通勤的可达性"。

②住房供应。住房供应 $\{H_i\}$ 的平衡条件为

$$D_i^k P_i^k = [\gamma^{(1)k} + \rho_i^k \gamma_i^{(2)}(L_i^{res})] H_i^k \tag{14.11}$$

其中

$$D_i^k = \sum_{jW} T_{ij}^{kW} \tag{14.12}$$

式(14.11)来自住房开发的成本模型。假定有两种成本:一种是建筑成本 $\gamma^{(1)k}$,设其与地点 i 无关;另一种是土地成本 $\rho_i^k \gamma_i^{(2)}$,其中 ρ_i^k 为 i 区 k 型住房的平均占地面积;$\gamma_i^{(2)}$ 为单位面积地价,设其与 k 型无关,但随 L_i^{res} 的减少而迅速上涨。

居住区的土地使用机制通过土地成本项 $\gamma_i^{(2)}(L_i^{res})$ 而运行,但这在此静态模型中不如在动态模型中那样令人满意。因此,当模型以静态运行时可能需稍加修改,例如,地价 $\gamma_i^{(2)}$ 可采取按距市中心的距离渐变的形式。后面就要研究模型的动态形式。

(4) 与服务相关的项目。①服务设施使用。采用空间相互作用模型的常用形式,自居住地 i 至服务设施所在地 j 的 W 类居民旅程数为(与 k 型住所无关)

$$S_{ij}^{ghW} = A_i^{gW} e_i^{gW} P_i^W \hat{W}_j^{ghW} e^{-\beta^g W C_{ij}} \tag{14.13}$$

其中

$$A_i^{gW} = 1 / \sum_{jh} \hat{W}_j^{ghW} e^{-\beta^g W C_{ij}} \tag{14.14}$$

式中 e_i^{gW} ——i 处 W 类居民对 g 类服务的人均需求;

P^W——i 处 W 类居民人数;

$\hat{W}_j^{ghW}$——j 处 g、h 型服务设施对 W 类居民的吸引力;

$e^{-\beta^g W C_{ij}}$——旅程阻抗(一般化旅费 C_{ij} 的负指数函数)。

i 处 W 类居民人数 P_i^W 可取自居住选址模型(这成为主要的联系),即

$$P_i^W = \sum_{jk} T_{ij}^{*W} \tag{14.15}$$

吸引力 $\hat{W}_j^{ghW}$ 的表达式为

$$\hat{W}_j^{ghW} = \left(\sum_{h,g'>g} W_j^{g'h} \right)^{\alpha_1^W} \left(W_j^{gh} \right)^{\alpha_2^W} e^{-\gamma^W p_j} \tag{14.16}$$

吸引力 $\hat{W}_j$ 是服务设施规模 W_j 及旅程阻抗的函数。$g' \neq g$,为 g 类服务设施附近的其他服务设施,可使消费者满足旅程的多目的需求,因而有助于提高吸引力。W_j^{gh} 为 j 处出售(或提供)货物(或服务)g 或 h 型服务设施的建筑面积。

式(14.16)右边的第一个因子$\left(\sum_{h,g'>g} W_j^{g'h} \right)^{\alpha_1^W}$代表同等或更高的货物(服务)供应。据称,仅限于计算较高的服务,则顶层的空间结构将统率所有较低者的空间模式。总和的范围需依具体情况下 g 与 h 的定义而定。

式(14.16)右边第二个因子$\left(W_j^{gh} \right)^{\alpha_2^W}$只代表 j 处 h 型服务设施为 g 提供的建筑面积。这些因子都是 α 幂的幂函数,α 随居民类型 W(可能是收入组别)而变。α_2^W 需大于 1,使能出现分叉效果。

式(14.16)右边第三个因子对 j 处所有 g、W 的组合都是共同的。P_j 是 j 处的交通终端费用,如停车费或到公共车站的步行时间等。$e^{-\gamma^W p_j}$ 是它们对吸引力的效果,其强度也为居民收入的函数。

需要时对这类吸引力函数尚可添加其他因子。

②服务设施的提供。平衡条件为下

$$D_j^{gh} = \sum_l \gamma_{jl}^{gh} [X_{jl}^{gh}(Y_{jl}^{gh})] X_{jl}^{gh}(Y_{jl}^{gh}) \quad l=1,2\cdots \tag{14.17}$$

对于活动水平(activity levels) $\{Y_j^{gh}\}$ 求解。

其中,D_j^{gh} 为收益(revenue),由下式给出,即

$$D_j^{gh} = \sum_{iW} S_{ij}^{ghW} \tag{14.18}$$

X_{jl}^{gh} 是供应方成本分解中第 l 种成本量(对于 h 型服务设施的 g 类服务而言),比如,土地、建筑面积、劳动力或资金等成本量中的一种。它是活动水平 Y_j^{gh} 的函数。

γ_{jl}^{gh} 为单位成本量的价格,它是分解成本量 X_{jl}^{gh} 的函数。这可适用于规模生产中经济性或不经济性(scale economies or diseconomies)的分析。

服务设施的建筑面积 W_j^{gh} 与活动水平 Y_j^{gh} 相关,即

$$W_j^{gh} = X^{gh} Y_j^{gh} \tag{14.19}$$

假定是线性相关,则 X^{gh} 为适宜的常数。但如果是分析规模经济之类情况,也可容易地设为更一般的函数关系。

③服务设施用地。用地也可取为与活动水平成正比,即

$$L_j^S = \sum_{gh} \xi^{gh} Y_j^{gh} \tag{14.20}$$

式中 ξ^{gh}——适宜的常数。

④服务设施就业。就业也可用与服务设施用地类似的方法来计算,即

$$E_j^{gh} = \sum_{gh} \zeta^{gh} Y_j^{gh} \tag{14.21}$$

现在整个方程式系统可用迭代方法来求解。开始,式(14.6)中有 $E_j^{gh}=0$,在式(14.7)

中 $L_i^{res} = L_i - L_i^u - L_i^B$，其余变量都经每次迭代循环计算出来。

洛里总是坚持说，在他的模型中用迭代方法只是求解静态模型方程的一种数学手段，而不可解释为代表城市的生长。

14.4.3 洛里模型的"动态扩展"

上述模型实质上是一种平衡模型，我们可设法添加动态的供应方模型，并决定"驱动"模型随时间变化的因素。基本部门的就业岗位数 E_{jt}^B 需给定，需预测参数随时间变化的量，这包括 Y^{BW} 和 Y^{ghW} 的变化——它们有效地代表由于每个 W 组群人数的变化而导致的收入的增或减（通过变更 e_k^{ghW} 值，以及如 α_k^W 和 β^W 等参数的变化）。假设至少对所有这些的合理预估是能够做出的（目前还很难做到超过这点——这里有困难的研究课题），那我们就可进而做出动态模型。

（1）总的就业数。式（14.6）加上时间下标。

（2）为居住所能提供的土地。式（14.7）加上时间下标，并需加上如下的约束条件，即

$$L_{it+1}^{res} = \lambda^I L_{it}^{res} \qquad (14.22)$$

其中，λ^I 为惰性参数，取值在 $0 \sim 1$ 之间。而且当前可提供的居住用地应如下计算，即

$$L_{it+1}^{curr\,res} = L_{it+1}^{res} - \sum_k \rho^k H_i^k \qquad (14.23)$$

即在可提供的居住用地中减去已占用的居住用地。

（3）①居住选址。式（14.8）~（14.9）加上时间下标。

②住房供应。可将平衡条件式（14.10）代之以下列差分方程，即

$$H_{it+1}^k = (1 + \varepsilon D_{it}^k P_i^k) H_{it}^k + \varepsilon [\gamma_{it}^{(1)k} + \rho^k \gamma_{it}^{(2)} (L_{it}^{curr\,res})] H_{it}^k \qquad (14.24)$$

式中 ε——度量供应商即时反应盈利或亏损的能力。

其中，H_{it+1}^k 应经调整满足约束条件

$$H_{it+1}^k > H_{it}^k \qquad (14.25)$$

这一假定可修改得允许相对较慢的拆除率，甚至转换率；或者，这种调整可作为规划过程的一部分而成为模型的外部影响。

（4）与服务相关的项目。

①服务设施使用。式（14.13）、（14.14）加上时间下标。

②服务设施的提供。平衡条件（14.17）被代以下列差分方程。式中作了类似上述住房供应模型的调整，即

$$Y_{jt+1}^{gh} = (1 + \varepsilon^{gh} D_J^{gh}) Y_{jt}^{gh} - \varepsilon^{gh} [\sum_l \gamma_{jl}^{gh} (X_{jl}^{gh}(Y_j^{gh})) X_{jl}^{gh}(Y_j^{gh})] \qquad (14.26)$$

③服务设施用地。式（14.20）加上时间下标。

④服务设施就业。式（14.21）加上时间下标。

如果系统以此形式运行，居住与服务设施部分将典型地不会真正达到平衡状态，尽管其发展轨道将在每个时间点受控于"潜在的"（可能是"接近于"）平衡。这可能是现实的。另一方面，如果时间间隔相对较长，那么，可能存在系统在每个时间间隔是处于平衡态的争议。在这种情况下，静态模型应在其每个方程的每个变量加上时间下标运行，同时，在适当处对变量与参数加以因外部影响而发生变化的假定。

本模型可应用于规划过程中。对某些变量可进行"控制"，也可进行某种程度的实验：

检试其稳定性和可能的方向变化;预测系统的可能模式;直接调整可控制变量如拆除(棚户清除)或主要设施的选址并探讨其影响;或对某些因接近临界点而可能导致巨变的参数寻求做一些调整。此外,由于基本就业的分布 E_j^B 对结构影响很大,故可用不同的规划 E_j^B 分布来做实验并估计其对系统结构的影响。

发展这种整合模型(integrated model)对此有价值吗?它至少可提供一种考虑的框架,以联系那些在特殊的子模型中必须当作外生的变量。这特别意味着,当存在子系统分叉时,其影响将立即传播到别的子模型——而这又会导致别的分叉。如能将工业选址模型也组织到这个网络中来,或把投入 - 产出关系组织进来以代替经济基础模型,则上述争议还会更行延伸。

14.4.4　微缩仿真(micro-simulation)

如在洛里模型中那样,我们被引导用多个下标和上标来定义数组。比如,在非整合商业零售模型中,有数组 S_{ij}^{ghwk},设地区数(i,j)为100,商品类型(g)为10,设施类型(h)为5,居民类型(w)为3,有2种模式(k),则该数组的取值数为上述6数的乘积,即3 000 000。一种代替的表述方法,可在人口中抽取少数样本,每一样本列出其各种特性。比如,可在1 000 000人口中抽取10 000个样本,每个样本给以一个编号("名字")和6个特性(g,h,w,k,i,j)。则需储存的信息单元数为70 000,大大少于3 000 000。在某些情况下,仅为简化计算,用这种直接表述法也是值得的。每一个样本中的各种特性,可从模型数组转换为概率分布并从中选取一随机数而得到。因此,该法称为微缩仿真法(micro-simulation method)。如果整个数组需储存作为此过程的基础,当然,此法便无多大意义;但在多数情况下,数元均可根据需要重新计算。

微缩仿真法最后求得的是一个假设的样本数值,其特性是根据所有已知信息表为概率分布的。其数学表达,设 X_k^r 为第 r 种样本的第 k 种特性,则可写为

$$X_k^r = X_k^r[P_k(X_k^r|\cdots),R_k^r,\Gamma] \tag{14.27}$$

式中　P_k——条件概率分布,是计算 X_k^r 的基础;

　　　R_k^r——随机数;

　　　Γ——一组约束条件。

Γ 的约束条件是附加的相互关系——例如预算约束——可在仿真时加上。如果做到了这点,则该模型可组合进高于假设的概率分布所示的相互依赖维度。

微缩仿真程序在动态模型中有更重要的应用。设取基于计数的微分方程(或差分方程)为动态模型的基础,即

$$\frac{dN_i}{dt} = \sum_k (a_{ki}N_k - a_{ik}N_i) \tag{14.28}$$

或

$$N_{it+1} - N_{it} = \sum_k (a_{ki}N_k - a_{ik}N_i) \tag{14.29}$$

式中　N_i——在某时刻状态 i 的数值;

　　　$\{a_{ik}\}$——转移概率。

状态下标 i 或 k 都可以是指标系列。仍取前例,其状态表为 (g, h, w, k, i, j),$\{N_i\}$ 有

3 000 000 个单元。转移数组 $\{a_{ik}\}$ 的单元数则为其平方，即 9×10^{12}！但该系统随时间的演进可用微缩仿真法来掌握，该法可视为求解方程组(14.28)或方程组(14.29)随时间演进的数值方法。译见 Clarke，Keys 和 Williams(1981 年)。

14.5 经济系统的均衡分析法

14.5.1 投入－产出分析模型

用列表的办法反映社会经济数据关系，可以追溯到 1758 年 F. Quesnay 发表的《经济表》。在 20 世纪 30 年代初，W. Leontief 创立的投入－产出分析法(Input-Output Analysis)实际上也是一种列表分析法(其名词来自会计核算)，又叫部门平衡关联分析法。目前已有一百多个国家用这一方法进行宏观经济综合平衡分析、计划、预测，更多的用于地区或企业经济分析，而且还可扩大用于能源系统和环境系统的分析、对外贸易、人口和教育规划等，是一种用途广泛的建模方法。把投入产出方法作为计划工具用于预测未来的发展，特别适于查明哪些资源数量上不足，而这些资源约束可能妨碍预期目标的实现。

投入－产出建模法的主要优点有：

①本质上是解集模型，可更多地指示经济变量间的因果关系。

②容易采用普遍熟悉的方块图和矩阵代数来予以解释。

③通过投入－产出表能对各种经济因素之间的数量关系一目了然。

简单地说，投入－产出模型描述的基本经济现象是：经济系统中每个部门的产出等于其他部门对该部门产品的消耗加上最终消费之和。换言之，一种工业产品不但用来满足消费，还用来作为中间产品满足其他工业部门的需要。

设有 n 个部门，其中 i 部门的产出率 y_i 应当等于供应其他各部门的投入率之和再加上向该部门提出的最终需求 u_i。计量单位可用不变价格或价值，也可用实物。设向部门 j 投入使之生产出单位价值产品所需部门 i 产出产品的价值为 α_{ij}，那么，使部门 j 产出价值 y_j 的产品则需部门 i 产出的产品价值为 $\alpha_{ij}y_j$，于是平衡方程为

$$y_i = \sum_{i=1}^{n} \alpha_{ij}y_j + u_i \quad (i=1,2,\cdots,n; j=1,2,\cdots,n) \tag{14.30}$$

其中包含 n 个方程。将系数 α_{ij} 排列成矩阵，称为技术关联矩阵。上式写成矩阵形式为

$$\boldsymbol{Y} = \boldsymbol{AY} + \boldsymbol{U}$$

或

$$(\boldsymbol{I}-\boldsymbol{A})\boldsymbol{Y} = \boldsymbol{U} \tag{14.31}$$

$$\boldsymbol{Y} = (\boldsymbol{I}-\boldsymbol{A})^{-1}\boldsymbol{U} \quad ((\boldsymbol{I}-\boldsymbol{A}) \text{为非奇异阵}) \tag{14.32}$$

式中，$\boldsymbol{I}$ 为单位矩阵。$(\boldsymbol{I}-\boldsymbol{A})$ 称为列昂捷夫矩阵；$(\boldsymbol{I}-\boldsymbol{A})^{-1}$ 称为列昂捷夫逆矩阵。$\boldsymbol{Y}$ 和 $\boldsymbol{U}$ 均为 $n\times 1$ 列向量；$\boldsymbol{A}$ 为 $n\times n$ 方阵。

从式(14.30)可以导出满足消费者任何需求 u_i 所需的产出速率 y_i。可见投入－产出分析的基本特点是"保障供给"，即它是面向需求的模型。式(14.32)相当于一个脉冲响应矩阵为 $(\boldsymbol{I}-\boldsymbol{A})^{-1}$ 的线性系统，输入向量 $\boldsymbol{U}$ 激励下的响应为 $\boldsymbol{Y}$。

投入－产出模型是一个线性静态(时不变)封闭模型。因为矩阵元素 α_{ij} 是常数，且系统

没有外生控制变量,全部变量都是内生的。这意味着假定经济结构始终不变。此外,模型中不包括联合产品,产出 y_j 是由部门 j 单独生产的。可见,要比较真实地反映客观经济结构,投入-产出模型就需要引入开放、动态以至非线性等特性。即建模时应把因生产改进而增加产出、生产的社会效果(污染、资源消耗等)、社会对生产的影响(教育、资源供应、税收等)以及投入与产出之间的时间滞后等因素考虑进来。当然,计入因素越多,问题也就越复杂。

投入-产出法的"投入",指生产所消耗的原、材料、半成品、能源、固定资产折旧和活劳动;"产出"是指产品生产出来后的分配流向,包括生产的中间消耗、社会消费和积累等。投入-产出法是根据国民经济各部门相互之间产品交流的数量编制一个"投入-产出表"。表中的各横行反映产品的流向,各纵列反映生产过程中从其他部门得到的产品投入。根据投入-产出表计算投入系数(技术关联系数),编制投入系数矩阵。利用这些系数,可沿横行或沿纵列分别建立平衡方程组。通过求解这些方程组,可计算最终需要的变化对各部门生产的影响;或各部门总产值与新创造价值之间的关系。

在经济分析中最常用的是价值型静态开放式投入-产出模型,根据价值型投入-产出表建模。表 14.1 为一简化的(国民经济)价值型投入-产出表。

表 14.1 简化(国民经济)静态价值型投入产出表   单位:万元

产出投入	中间产品					最终产品	总产值
	部门 1	部门 2	⋯	部门 n	小计		
部门 1	x_{11}	x_{12}	⋯	x_{1n}	E_1	Y_1	X_1
部门 2	x_{21}	x_{22}	⋯	x_{2n}	E_2	Y_2	X_2
⋮	⋮	⋮		⋮	⋮	⋮	⋮
部门 n	x_{n1}	x_{n2}	⋯	x_{nn}	E_n	Y_n	X_n
小计	C_1	C_2	⋯	C_n	C	Y	X
劳动报酬 V_i	V_1	V_2	⋯	V_n	V		
纯收入 m_j	m_1	m_2	⋯	m_n	M		
小计 N_j	N_1	N_2	⋯	N_n	N		
总产值 X_j	X_1	X_2	⋯	X_n	X		

投入-产出表的中部表示各部门间投入产出流量 x_{ij} 的方阵是其主体部分。它表示 i 部门向 j 部门供应的中间产品数量。计算和分析各部门间的流量,是编制投入产出表最重要也最困难的工作。

表中主体方阵的右部表示各部门的最终产出量,它是直接满足社会需求的产品,用于消费、积累和出口等之需。各部门的总产出量减去中间产出量就得到最终产出量。

最终产出体现了社会生产的最终成果和目的,也是社会扩大再生产的出发点。对经济分析有重要的意义。

将中、右两部分联系起来看,即沿横行方向观察投入-产出表,可见各生产部门的产品产出及其使用去向,反映了产品的实物运动。

投入-产出表主体方阵的下部,表示各部门新创造的价值,和国民收入的初次分配。它包括劳动报酬和社会纯收入。从劳动报酬可以推算出生产过程中劳动力的消耗情况(劳动力投入)。

将中、下两部分联系起来看，即沿纵列进行观察，每一列都表示一个部门产品的价值构成。其中作为物资消耗的，也就是由生产资料转移来的价值为 C；而作为新创造价值的，则包括劳动报酬 V 和社会纯收入 M，二者之和为 N。

由于价值型投入产出表是以货币（一般采用不变价格）作为计量单位，因此，可以按行或列来建立平衡方程组。

按横行建立平衡方程组

$$\sum_{j=1}^{n} x_{ij} + Y_i = X_i \quad (i=1,2,\cdots,n)$$

部门间的投入产出流量 x_{ij} 除以总产出 X_j 可得投入系数 α_{ij}。于是上式可写成

$$\sum_{j=1}^{n} \alpha_{ij} X_j + Y_i = X_i \tag{14.33}$$

此式称为产品分配方程组，表明部门的总产品等于从该部门流向其他部门的产品与最终产品之和。在价值表中，上式换写成矩阵形式，为

$$AX + Y = X$$

即

$$(I - A)X = Y \tag{14.34}$$

或

$$X = (I - A)^{-1} Y \tag{14.35}$$

其中列昂捷夫矩阵及其逆矩阵已如上述。按式（14.34）可根据已知的各部门的总产出求出对各部门的最终产品的需求量；按式（14.35）则可根据已知的各部门最终产品需求量求出各部门的总产出。

沿纵列建立平衡方程组，反应各部门产品价值形成的过程，也反映生产与消耗之间的平衡关系

$$\sum_{i=1}^{n} x_{ij} + V_j + m_j = X_j \quad (j=1,2,\cdots,n) \tag{14.36}$$

其中，$V_j + m_j = N_j$。代入 $x_{ij} = \alpha_{ij} X_j$，并写成矩阵形式为

$$A^{\mathrm{T}} X + N = X$$

即

$$(I - A^{\mathrm{T}})X = N \tag{14.37}$$

式中 A^{T} 为直接消耗系数矩阵 A 的转置矩阵。解出 X，得

$$X = (I - A^{\mathrm{T}})^{-1} N \tag{14.38}$$

由式（14.37），可在已知物质消耗系数与各部门总产值的情况下，求出各部门的新创造价值；由式（14.38），则可通过各部门的新创造价值来计算各部门的总产值。

与实物型模型相比，价值型模型具有以下 4 个特点：

（1）价值模型可以包括经济系统中的全部物质生产部门，而实物型只包括大类产品。而且，价值型模型具有统一的计量单位，可根据需要将部门合并或分解，更为灵活。

（2）由于计量单位一致，价值模型中的投入或消耗系数的每一纵列可以相加，即

$$\sum_{i=1}^{n} \alpha_{ij} = C_j \quad (j=1,2,\cdots,n)$$

C_j 为 j 部门的物质消耗系数。还可计算出各部门的净产值系数

$$n_j = \frac{N_j}{X_j} \quad (j=1,2,\cdots,n)$$

在不考虑进出口贸易，并将固定资产的折旧分别计入各部门的中间消耗的情况下，以上二者（物质消耗与新创造价值）在部门单位产值中所占比重之和应等于 1，即

$$C_j + N_j = 1$$

因此,利用价值模型可进一步以价值形成作各要素间的平衡计算。

(3)价值模型可以同时从产品的使用价值与价值两方面反映国民经济各部门产品的再生产过程。由式(14.33)与(14.36)可得

$$\sum_{j=1}^{n}\alpha_{ij}X_j + Y_i = \sum_{j=1}^{n}\alpha_{ij}X_j + V_j + m_j \quad (当 i = 1,2,\cdots,n)$$

即

$$\sum_{j=1}^{n}\alpha_{ij}X_j + Y_i = \sum_{j=1}^{n}\alpha_{ij}X_j + N_j \quad (当 i = 1,2,\cdots,n)$$

从国民经济的总体来看,各部门生产的总量与分配使用的总量也应该相等,即

$$\sum_{j=1}^{n}\sum_{i=1}^{n}\alpha_{ij}X_j + \sum_{i=1}^{n}Y_i = \sum_{i=1}^{n}\sum_{j=1}^{n}\alpha_{ij}X_j + \sum_{j=1}^{n}N_j$$

两边同时消去 $\sum_{i=1}^{n}\sum_{j=1}^{n}\alpha_{ij}X_j$,得

$$\sum_{i=1}^{n}Y_i = \sum_{j=1}^{n}N_j \tag{14.39}$$

这说明,在整个经济系统中,如果不计进出口因素,国民收入的生产量和最终使用量之间具有平衡关系。

(4)价值型投入产出表中的部门是"纯部门",即根据同类产品的原则来划分部门,而不按行政和企业来划分部门。因此,在进行数据采集和处理时要注意这一点。这也是编制价值型模型的难点之一。另一方面,由于价值型表中引进了价格因素,在价格不合理时,就有可能使模型中的消耗系数失真,不能全面真实地反映各部门之间的生产技术联系。

利用静态价值型投入产出模型可以解决下列问题:

(1)分析国民经济中各种比例关系。如两大部类之间的各种比例、积累与消费的比例等。

(2)安排国民经济计划。

(3)估算价格成本。

(4)确定就业水平。

(5)预算投资方向。

(6)进行短期经济预测。

不过,静态投入-产出模型只是对经济系统的近似描述,它没有考虑诸如投资对产出的影响、储备的变化、劳动力的增减、环境污染、技术更新和消费倾向等影响因素。它着重剖析经济系统在某一时点的横向结构,并在假定该结构不变的前提下,规划和预测未来的发展。若进行动态的投入-产出分析,则效果会较好一些。

14.5.2 城市/区域的投入-产出模型

一个城市或区域是全国社会分工的一部分。其经济系统有如下特点:

其经济不是一个独立的体系。其物资对外地有调入调出的关系。

其财政也不是一个独立的体系,它和上级财政之间存在上缴下拨关系。使得城市/区域的国民收入、生产、分配与使用更为复杂。其国民收入的生产额和经过国家重新分配后的使用额并不一致。

城市/区域的物资调入调出、财政收支、信贷收支各自从总体上看都不以相互平衡为条

件。

因此,城市/区域的投入-产出模型,与全国性的相比,具有以下特点:

(1)要考虑产品进出口的数量和与外地之间调入、调出的数量。

(2)部门分类有本地的特点和重点,不必面面俱到。

(3)对本地的重点部门需作较详细的分类。

(4)对从外地调入的产品,可分为竞争性调入产品和补充性调入产品两大类。前者是对本地产品具有竞争优势的产品;后者是本地不生产的产品。

城市/区域价值型投入-产出表的简化形式见表(14.2)。

表14.2 市/区级价值型投入-产出表的简化表式

产出投入		中间产品	最终产品		总产品
			本地使用	外地使用	
			积累消费…	调出出口…	
本地生产	合计 1 2 …	(一)	(二)		
外地调入	合计 1 2 …	(三)	(四)		
新创造价值	固定资产折旧				
	劳动报酬 社会纯收入 合计	(五)	(六)		
总产品					

该表一般分为6部分:

第一部分反映本地各部门生产的产品用于本地生产消耗的情况;第二部分表明本地的最终产品的实物构成及使用情况;第三部分反映本地各部门生产过程中消耗调入产品的情况;第四部分反映调入产品用于满足本地最终需求的情况;第五部分由新创造的价值组成,反映各部门国民收入的初次分配,其中一部分形成劳动报酬,另一部分形成社会纯收入;第六部分可用来反映国民收入的再分配(但与投入产出表没有直接关系)。

上表中设外地调入产品的分类数与本地生产的分类数相同,是为了建立矩阵方程的方便(若实际不同可设虚分类)。

在城市/区域价值型投入-产出表的基础上,首先要求出各种消耗系数,然后沿行或列的方向建立平衡方程组。

本地生产对本地产品的消耗系数(单位产值所消耗的本地产品),分直接消耗系数和完全消耗系数两种。前者只考虑生产中的直接消耗,后者除直接消耗外,还要考虑间接技术联系中的消耗。

本地生产对调入产品只考虑直接消耗系数,不计算完全消耗系数。因为本地生产对调入产品的需要量,在本地不发生间接的技术经济联系,调入的产品是其他地区的最终产品,其间接联系发生在有关地区,应由调出地计算完全消耗系数。

本地生产对调入产品的直接消耗系数计算:设本地 j 部门的年产量为 $X_j^{(0)}$ ($j=1,2,\cdots,n$),同年调入的用于本地生产消耗的各类产品数量为 $U_i^{(0)}$ ($i=1,2,\cdots,n$),这些调入产品中的 i 类产品用于本地生产部门 j 的数量为 u_{ij},则直接消耗系数为

$$r_{ij} = \frac{u_{ij}}{X_j^{(0)}}$$

直接消耗系数矩阵以 R 表示。

将投入-产出表的第一部分和第二部分联系起来,沿行的方向可建立反映本地生产产品的分配使用平衡式。设第一部分中各元素(消耗量)为 x_{ij},第二部分中各部门的最终产品数为 y_i,则平衡关系式为

$$\sum_{j=1}^{n} x_{ij} + y_i = X_i^{(0)} \qquad (i=1,2,\cdots,n) \tag{14.40}$$

把表的第三、四部分联系起来,可建立调入产品的分配使用平衡关系式。设 u_{ij} 表示本地的 j 部门所消耗的由外地调入的 i 部门的产品数量,W_i 表示调入的 i 部门产品用于各项本地最终产品的数量,u_i 表示调入的 i 部门产品的总量,则有

$$\sum_{j=1}^{n} u_{ij} + W_i = U_i \qquad (i=1,2,\cdots,n) \tag{14.41}$$

将表中第一、三、五部分联系起来,就得到各部门产品价值形成过程的平衡关系式

$$\sum_{i=1}^{n} x_{ij} + \sum_{i=1}^{n} u_{ij} + (D_j + V_j + M_j) = X_j^{(0)} \qquad (j=1,2,\cdots,n) \tag{14.42}$$

式中　D_j ——j 部门提取的折旧额;

V_j ——j 部门劳动者一年内的劳动报酬;

M_j ——j 部门的劳动者在一年内为社会新创造的价值,即社会纯收入。

14.5.3　计量经济学模型

计量经济学方法,是把对经济系统的描述性定性分析研究转变为定量分析研究的一种数学方法。它把经济系统中各种变量的统计数据与其结构方程结合起来进行研究。

经济系统中有各种变量:有自变量(释变量)、因变量(被释变量)、内生变量、外生变量、前定变量、滞后变量等。各种变量之间存在着各种函数关系,如需求与供给关系,投入与产出关系,收入与消费关系等。这种种的关系构成经济系统的结构,因而可据以构建经济系统的结构方程。计量经济学方法所构建的结构方程,基本上是多元线性的平衡方程组;即使有非线性的因素,也尽可能设法转换为线性方程,以便于数学处理。

表示变量之间数量关系的系数(或指数等),叫做参数。只要有了各种变量的统计数据资料(按时间序列的或横断时间的调查资料),就可用统计方法(参数估计法)来估算参数值。有了具体参数值的经济模型就叫做计量经济模型。

计量经济学模型可分为不同的种类:静态的、动态的;微观的、宏观的;确定性的、随机性的;线性的、非线性的等。下面做一简要的介绍。

1. 一般计量经济模型的数学表达

一般计量经济模型都表为线性的代数方程。因为在经济现象中,有许多问题与线性方程能较好地吻合。有些问题尽管是非线性的,但可能通过一定的变换将非线性问题化为线性问题来处理。就数学工具而言,对线性方程处理起来较为简单而有效,所以在可能的情况下,人们往往用线性方程来处理实际问题。

一般计量经济模型中的变量分为以下两大类:一类是系统内生的变量 $Y_i (i=1,2,\cdots,G)$;另一类是前定变量 $X_i (i=1,2,\cdots,K)$。后者包括外生变量和滞后的内生变量(以前的变量现在出现),它们都是事先确定的变量;其中外生变量有的可能是控制变量。除此以外,方程中还有随机干扰项 $\varepsilon_i (i=1,2,\cdots,G)$,表示还有不确定的因素;如果某个方程是确定的,则其 $\varepsilon_i=0$。

上述变量 Y_i 和 ε_i 都是 $G \times 1$ 的列向量;X_i 是 $K \times 1$ 的列向量。

那么可以写出 G 个线性代数方程的方程组,用总和符号表达如下

$$\sum_{i=1}^{G}\beta_{gi}Y_i + \sum_{i=1}^{K}\gamma_{gi}X_i = \varepsilon_i \qquad (g=1,2,\cdots,G) \tag{14.43}$$

用矩阵向量表达为

$$BY + TX = \varepsilon \tag{14.44}$$

式中的系数矩阵 $B=[\beta_{gi}]$ 为 $G \times G$ 方阵;$T=[\gamma_{gi}]$ 为 $G \times K$ 矩阵。

式(14.43)代表经济系统结构方程组中的 G 个方程,每个方程式代表了系统结构的一个方面。例如有的反映一种行为关系(如需求函数或消费函数);有的反映一种技术关系(如生产函数);有的反映所需研究的特定关系。有的方程可能是确定性的,如定义关系式,均衡关系式,其随机干扰为零。一般来讲这些确定性方程是可以消去的,从而减少方程的总数和内生变量的数目。如果独立方程数与内生变量数是相等的,则这个方程组所代表的系统是封闭的,方程也是有解的。

考虑方程中应有常数项,在方程(14.43)中,约定外生变量 X_k 取值为1,使该项为常数。另外,有时我们为使模型规范化,在方程组(14.43)中,约定第 i 个方程式的第 i 个内生变量的系数取值为1,即 $\beta_{ii}=1 (i=1,2,\cdots,G)$。

随着结构方程所代表的经济系统规模大小不一,其中方程的数量可多可少。最小的单一函数结构只有一个方程,而宏观经济体系结构会达到几百个方程。

式(14.44)中的内生变量矩阵 B 是非奇异的,则存在逆矩阵 B^{-1},用 B^{-1} 左乘式(14.44)的两边,可得

$$Y + B^{-1}TX = B^{-1}\varepsilon$$

令 $\pi = -B^{-1}T, U = B^{-1}\varepsilon$,则上式可改写为

$$Y = \pi X + U \tag{14.45}$$

称为简化型的结构方程组,它已将全部的内生变量解出。式中 π 为 $G \times K$ 的系数矩阵;U 为 $G \times 1$ 的列向量。

此式也可用总和符号写成

$$Y_g = \sum_{i=1}^{K}\pi_{gi}X_i = U_g \qquad (g=1,2,\cdots,G) \tag{14.46}$$

以上两式都表明:每一个内生变量均以前定变量与随机干扰项的线性函数表达,只要给

定外生变量和随机干扰项的概率分布,内生变量的概率分布便被唯一地确定了。

对式(14.46)中的每一个方程式求偏导数得

$$\frac{\partial Y_i}{\partial X_j} = \pi_{ij} \quad (i=1,2,\cdots,G;j=1,2,\cdots,K)$$

由此可见,π_{ij}是当第j个前定变量变化时第i个内生变量变化的量度(假定其他所有前定变量与随机干扰项均保持不变)。所以矩阵π的元素的估计,对于比较静态结构分析是有关键性意义的。

2. 计量经济学模型的检验

模型经过参数估计以后,需加检验和评定,以确定结果的可靠性。

(1)经济意义检验。检验模型是否符合经济意义,涉及参数的符号和大小。如果模型不能解释社会经济现象的一般规律,那就需重新构模和估计参数。当然也可能问题不在模型上,而在于经济理论方面。总之,模型、理论和实际情况必须吻合,不能有超过允许限度的明显误差。

(2)统计检验。用统计理论来检验模型参数估计值的可靠性。常用的统计检验判据有:拟合优度、显著性、标准差等。

14.6 经济系统的复杂性研究

14.6.1 综　述

在20世纪的50、60年代,在经济学从定性研究开始转向定量研究的初期阶段,一般假定社会供给与社会需求是趋向平衡的;供给方追求利润最大化;需求方追求功效最大化;经济主体是完全理性的;市场机制是完全竞争的;经济系统趋向均衡,其平衡方程式一般表为线性代数方程组。本质上是静态分析的均衡分析成为经济学研究的主流。它认为各经济行为主体为实现自身目标最优化而相互作用,最终达到供求等各方面力量平衡的特殊状态,即均衡。系统的演化模式被描述为逐渐趋于均衡状态;在外界扰动下,在均衡附近波动,或准静态地转移到新条件下的稳定均衡。这种被称为新古典主义的一般均衡理论确能描述相当大一部分经济现象,取得了很大成功。但它一般只能描述实体经济系统中处于平衡态的经济现象,可说是经济系统中的某种特例或特殊的子系统,却不能解释经济系统中的许多复杂现象,特别是与金融系统紧密结合的现代经济系统中的许多复杂现象。诸如经济结构的相变,稳定态的跃迁,非线性的演化,经济快速增长等非均衡演化现象,路径依赖,自组织作用,优化系统态的涌现,混沌现象,金融危机与经济危机现象等。

到了20世纪80年代,随着系统复杂性的研究在世界系统科学界形成热潮,对经济系统中复杂性的研究也不断取得了新的成果。80年代有几位诺贝尔奖得主和数学大师提出了一个分析经济系统的崭新思路,即经济可以看作一个演化的复杂系统,从而拉开了经济系统复杂性研究的帷幕。P. Anderson 和 K. J. Arrow 还给出了一个对演化的经济进行描述的基本思路,他们设想经济系统可能存在内在的核心动力机制,并猜想这种机制可以用少维变量和参量来表示,这个核心机制支配整个经济的发展演化行为。1991年,动力系统领域的权威

S. Smale 指出把经济一般均衡理论发展成为动态理论的重要性。

近 20 多年以来，非线性科学、非平衡系统的研究得到了巨大的进展，相关的概念如突变、分叉、自组织、混沌、分形等，逐步为人们所了解。处理这些非线性系统的数学手段也大大增多了，除了决定论性质的非线性常微分方程、差分方程外，还发展了随机层次上的处理方法，如随机微分方程，包括 Fokker – Planck 方程，Master 方程等。对一批有典型意义的方程进行了深入讨论，丰富了对非线性系统动力机制的了解，如 Lorentz 方程、Duffing 方程、Lotka – Volterra 方程、Brusselators 三分子模型等。特别是 20 世纪 80 年代出现了研究非线性系统中混沌（chaos）的热潮，对经济系统的定量分析有很大的启发。

经济系统的复杂性研究往往以非均衡分析作为出发点，关注经济系统中的非线性因素和微观个体的异质性，强调微观个体的有限理性。不同于均衡系统中只蕴含着负反馈机制，在非线性系统中，正反馈机制起着特殊的作用。如规模效应和自增强机制等。经济系统的投资不可分性、边学边干、合作效应、微观个体的预期等，都是正反馈机制的来源。预期在引起正反馈机制中有特殊的作用。传统的均衡理论以完美预期为基础，这是不现实的和不可能做到的。在经济系统的复杂性研究中，一般把预期看做是适应性的。可采用多主体相互作用的复杂适应系统方法，或通过遗传算法搜寻微观主体的最佳预期等方法，来分析预期在经济系统中的作用。

许多经济事实表明，经济系统的演化未必都是趋向均衡的。如持续观察到的价格变动并不能调节需求失衡，价格调节以外的其他机制如数量调节等也在发挥作用。经济数据在时间上持续地波动，而波动的幅度并不是随着时间而减小，有时甚至在扩大，特别是金融市场表现得特别明显。频繁发生的金融危机和经济危机，更对均衡理论带来强烈的冲击。

在分析方法上，一般均衡理论主要是基于静态的最优化方法，得到的均衡解往往不稳定，难以解释丰富多彩的经济现象。复杂性研究采用非线性动力学、多主体相互作用等动态分析工具，可以描述在一定区域内不稳定而不至于全局发散的现象，为解释复杂多样的经济现象提供了可能性。

经济系统复杂性研究主要是在宏观经济的层次上考察和分析各种经济复杂现象，如边际递增等正反馈效应，金融危机所显示的经济突变和崩塌，以及经济系统在达到均衡状态以后，不仅有保持在均衡状态的稳定性，还有越过势垒脱离稳定态的另一种趋势等。这些研究展示出宏观经济演化、稳定、突变、混沌以及经济系统在一个有限区域内波动的图景。此外，还利用和统计物理类似的办法，从数据出发分析经济系统的特征，并利用微观模拟等手段探讨宏观经济特征背后的微观机制。

许多学者从非线性动力学的角度，指出经济系统中存在如下复杂现象：

（1）多重均衡。非线性的相互作用使得经济系统中可以同时存在两个或两个以上的性质完全不同的均衡状态。系统演化的最终结果不是唯一的。当参量改变时，经济系统可从一个均衡变为另一个均衡。而且经济系统演化的终极状态不仅可是定常状态，还可以是周期、准周期或混沌状态。

（2）低效率的可能。传统经济理论中的均衡是某种最优化的演化结果。但当多重均衡存在时，就必定存在某些低效率的解。

（3）锁定。均衡态在一定范围内（局域）是稳定的，当系统达到某个均衡解后，它将被锁定在该解上，需要积蓄足够的力量，越过一定的势垒，才能产生均衡解的定性变化。

(4) 途径依赖。系统演化的结果取决于它的初始状态和演化途径。途径依赖是经济发展具有历史性的反映。在演化过程中,系统会出现均衡解发生定性变化的分岔点,此时,系统需在不同演化方向上作出随机性选择,一旦选择之后就成了确定的历史,并制约未来的发展。

从一般均衡理论发展到经济系统的演化分析命题的思路已相当清晰,在国内外已取得了一批初步的成果,如美国的 Sandia 国家实验室建立的美国经济微观模拟模型(Aspen),圣菲研究所建立的人工股票市场等,都是多主体相互作用模型;我国的学者从复杂性切入探讨经济增长的方式,指出有三种:渐进增长(如 Solow 模型),阶跃式增长,"J"方式增长;另一些工作根据钱学森教授的综合集成思想建立了综合集成研讨厅,针对中国经济的宏观决策支持展开经济系统复杂性研究,已经在实践中应用。但是经济系统复杂性研究目前还面临着若干困难:

(1) 要做出经济系统的准确的动态行为抽象,还有相当的难度。经济复杂演化系统是包含上千个变量和参量的非线性高维系统,对它进行分析和计算,难度很大,结果也难以检验。通常的做法是将实际的经济系统投影到一个恰当的较低维数的子空间上去,而它能反映所讨论问题的本质特征。Anderson 和 Arrow 已经预言了这种低维空间动力学抽象的可能性,但经济系统的动态抽象还有待去揭示。

(2) 经济系统的多层次性。各层次之间的利益协调成为复杂性的本质问题之一。宏观经济学与微观经济学的联系和协调,也是一个重点问题,在动态理论中较难处理。

(3) 经济系统的子系统演化具有不同的时间尺度。金融系统的变化速度比实体经济系统快得多。不同于物理化学系统中慢变量役使快变量,在经济系统中,快变量有时能引发慢变量的根本性改变,例如金融危机引发实体经济的危机,导致经济系统的崩溃等。

(4) 信息的不完备与不确定性。经济系统时刻存在着各种随机的和不确定的因素,要完全掌握系统的全部信息几乎是不可能和不可行的。在不完备信息和不确定性的条件下寻找经济规律便成为经济分析的特殊困难。而且动态分析要求数据有时间序列,增加了困难的程度。

经济分析中需要考虑各种政策因素,包括政府的政策措施和经济主体的对策等。虽有理性预期等初步理论讨论,但形成完整的动态理论尚需努力。

14.6.2　索罗增长模型

在 20 世纪 50 年代,R. M. Solow 较早把经济的增长看成一个动态过程并建立发展模型,但它还是建立在新古典主义经济理论的基础上的,且只考虑了简单的实体经济系统。

假定在社会经济系统中,有两类(抽象的)行为人,一类是厂商(firms),一类是家户(households)。厂商的行为是把投入的生产要素 K 和劳动力 L 经过生产转化为产品 Y,生产过程中的资本消耗(折旧)为 δK,δ 为折旧率($0 \leq \delta \leq 1$)。设这种抽象的产品既是资本品(如建筑物、机器设备、材料等),又是消费品。家户得到产品后,一部分用于消费 C,一部分用于投资 I 作为下一轮生产的投入资本,且部分家户作为劳动力进入下一轮生产。

为了建立系统演化动力模型,还需要作以下假定:

(1) 生产函数(表示投入与产出之间的关系)表示为 $Y = F(K, L)$,并满足下列条件

$$F(K,L) > 0; F_K = \frac{\partial Y}{\partial K} > 0; F_L = \frac{\partial Y}{\partial L} > 0$$

其含义是：投入的增加带来产出的增加。

（2）消费函数表示为 $C = G(Y)$，应满足 $G_Y = \dfrac{\mathrm{d}G}{\mathrm{d}Y} > 0$，含义是产出的增加会带来消费的增加。

（3）为突出分析资本在经济增长中的作用，假定劳动力的投入为一个外生的自然过程，即劳动力的增长率等于常数

$$\hat{L}/L = n$$

（4）资本存量的增量等于投资减去资本消耗

$$\hat{K} = I - \delta K$$

按照以上假定，系统演化的动力学方程如下

$$Y = F(K, L)$$
$$Y = C + I$$
$$C = G(Y), 且 \ C_Y > 0$$
$$\hat{K} = I - \delta K$$
$$\hat{L} = nL$$

为了得到系统演化路径和更深入的结果，需对生产函数 F 和消费函数 G 给以具体形式。

（5）满足生产规模收益不变，生产函数的形式是一次齐次的。可选择 Cobb–Douglas 生产函数

$$Y = AK^\alpha L^{1-\alpha}$$

式中 α 和 $1 - \alpha = \beta$ 是投资和劳动力的生产弹性系数：

$$\alpha = \frac{\partial Y}{\partial K} \Big/ \frac{Y}{K}$$

$$\beta = \frac{\partial Y}{\partial L} \Big/ \frac{Y}{L}$$

A 为正常数。若要考虑生产技术、资源消耗、投资的动态增加等其他因素 $u_1, u_2, \cdots, u_n$ 的影响，则可纳入 A 中：$A = u_1^{\gamma_1} \cdot u_2^{\gamma_2} \cdots u_n^{\gamma_n}$，且 $\alpha + \beta + \sum_{i=1}^{n} \gamma_n = 1$。这样，该生产函数实际上成了一条相似准则了。

（6）消费是产出的一个比例部分，消费函数 G 的形式是：$C = (1-s)Y$，其中 $s(0 < s < 1)$ 是储蓄率，且储蓄完全转化为投资

$$I = sY$$

根据以上假设，令 $k = K/L$（人均资本存量），$y = Y/L = F(K,1) = f(k)$（人均产出量）。经过简单的推理，模型可改写成

$$\hat{K} = sf(k) - \delta k \tag{15.47}$$

这就是索罗模型。若 $f(k)$ 满足下列条件：$f''(k) < 0; f'(0) = \infty; f'(\infty) = 0$（含义是生产

服从边际收益递减率,初始资本投入的收益最大,且随着资本投入的增加而减少),则索罗模型还存在均衡稳定解,如图14.1所示。

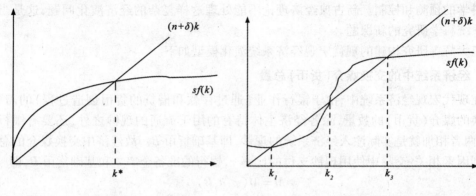

图14.1　索罗模型的定态均衡解　　　　图14.2　索罗模型的多重均衡

生产函数 $f(k)$ 的具体形式还可以选为 S 型的函数,可以得到多重均衡的结果,如图14.2所示。其中,k_1 和 k_3 是稳定的定态,k_2 是不稳定的定态。经济系统要从一个较低水平的状态 k_1 发展到较高水平的状态 k_3,必须克服一定的势垒以越过不稳定态 k_2。

索罗模型是建立在完全市场机制的基础上的,在其总量生产函数中,一个国家各种各样的物质资本被抽象为一个总资本,其中的各种生产要素可随其相对价格的变化而灵活调节、相互替代,使资本-劳动比率趋于一个定态值 k^*。在这个定态中,即在经济的平衡增长路径上,人均产出增长率和人均消费增长率都为0;而总产出增长率、总消费增长率、总资本增长率都等于外生的劳动力增长率 n。

储蓄率的提高只能在短期内促进产出的增长,但由于资本的边际生产率递减,就长期而言,经济仍会回到均衡增长的路径上来。这说明发展中国家在增加储蓄和引进外资时,不应只重视资本数量的积累,而更应关注资本质量的提高,将资本积累与技术创新、技术改造、技术引进结合起来。

索罗模型一方面对经济增长给出了清晰的图像,揭示了深刻的经济含义,为经济增长的研究,特别是技术进步和人力资本在经济增长中的作用的研究开辟了道路;另一方面,索罗模型对经济系统的抽象太过简单,其总量生产函数不能准确描绘现实,其"长期"的概念过于模糊,缺乏政策指导意义,且不能对经济增长中"规模递增"和经济增长的不平衡等事实作出解释。当然这也给后来的研究工作指引了方向。

14.6.3　现代宏观经济系统演化模型

现代宏观经济系统包括实体经济和金融经济两个子系统。前者是进行实质的生产和服务的各种产业;后者包括银行、保险、证券(股票、债券等金融产品和期货、期权等衍生金融产品)等第三产业,是为前者提供储蓄、贷款、融资、风险分担、利益保障等金融服务的,而且证券交易所也成为投机操作追求利润的场所。这两个子系统之间有着相互影响的密切关系。但二者演化的时间尺度大不相同,实体经济是慢变系统,金融经济是快变系统;而且又不像在物理、化学、生物等自然科学系统中那样普遍是慢变系统支配快变系统,在经济系统中,如果金融系统发生剧烈的波动,甚至崩溃(金融危机),则会引发实体经济中企业的破产和经济危机。

因此,现代经济系统是非常复杂的系统,又是攸关国家的发展和生存的社会基础,需要予以科学的预测和控制。新古典经济理论不能处理这样复杂的经济演化问题,这是当代复杂性系统科学研究的新课题。

王大辉等研究构建的现代宏观经济系统演化模型如下。

1. 经济系统中的交换媒介(货币)总量

在现代宏观经济系统中,由于银行作业(通过存款和借贷的货币创造过程)的需要,用作交换的媒介(货币)的数量,除各经济主体持有的用于流通的现钞之外,还要有银行储备金,这两者相加就是实际注入经济系统的现钞,即基础货币 B。故经济中交换媒介的总量 M 与下列因素相关:交易中使用现钞支付的比率 τ,银行的准备金率 ∂ 和基础货币 B,即

$$M = M(\tau, \partial, B) \tag{14.48}$$

其中家户占有 M_H,厂商占有 M_F,政府占有 M_G,于是有

$$M = M_F + M_H + M_G \tag{14.49}$$

2. 经济系统的生产

生产由厂商完成,厂商利用现有资本 K 和劳动力 N 在技术水平 A 下生产,生产函数满足边际递减效应。在生产过程中由于某些不确定性 ε_r 的影响,使实际产出 Y 与潜在产出之间有差距,例如产出后在进入市场之前受到损耗而不能成为供给,或由于资本和劳动力的闲置,未能生产出来而不能成为供给。对这种实际生产中的不确定性和可能的损失,是需要金融系统来分担和管理的。因此在生产函数中把它也列为影响因素之一,即

$$Y = f(A, K, N; \varepsilon_r) \tag{14.50}$$

$$\frac{\partial f}{\partial A} > 0, \frac{\partial f}{\partial K} > 0, \frac{\partial f}{\partial N} > 0, \frac{\partial^2 f}{\partial A^2} < 0, \frac{\partial^2 f}{\partial K^2} < 0, \frac{\partial^2 f}{\partial N^2} < 0, \frac{\partial f}{\partial \varepsilon_r} < 0$$

上列 7 个条件,头 3 个分别表明技术、资本与劳动力的投入导致产出的增加;第 4~6 个表明边际投入的产出递减;最后一个表明不确定性的增加导致产出减少。

3. 产品市场

产品市场是由对产品的需求和供给两个方面构成的。前者包括厂商的计划投资、家户的计划消费和政府的计划采购;后者是厂商当期的产出(假设产品都是易损耗的,不考虑产品的贮存)。

厂商的计划投资包括对技术的投资和对实物资本的投资。

厂商对技术的投资计划 I_A^P,要考虑的因素有:技术对产出的边际贡献 q_A、利率 r、价格水平 p、自己拥有的货币 M_F 以及技术开发的不确定性 ε_A。因此

$$I_A^P = g_A(q_A; p, M_F; \varepsilon_A) \tag{14.51(a)}$$

满足 $\dfrac{\mathrm{d}g_A}{\mathrm{d}q_A} > 0, \dfrac{\mathrm{d}g_A}{\mathrm{d}p} > 0, \dfrac{\mathrm{d}g_A}{\mathrm{d}M_F} > 0, \dfrac{\mathrm{d}g_A}{\mathrm{d}\varepsilon_A} > 0, g_A(1, \infty) = I_{A0}^P, g_A(q_A, 0) = 0,$

其中 q_A 是技术资本边际产出的函数

$$q_A = l_A\left(\frac{\partial f}{\partial A}, r\right), \mathrm{d}l_A / \mathrm{d}\frac{\partial f}{\partial A} > 0, \frac{\mathrm{d}l_A}{\mathrm{d}r} < 0$$

厂商对实物资本的投资计划 I_K^P,要考虑下列因素:资本的边际产出 q_K、利率 r、价格水平

p、厂商持有的货币 M_F 和实物投资的不确定性 ε_K。因而有

$$I_K^P = g_K(q_k; p, M_F; \varepsilon_K) \tag{14.51(b)}$$

满足 $\dfrac{\mathrm{d}g_K}{\mathrm{d}q_K} > 0, \dfrac{\mathrm{d}g_K}{\mathrm{d}p} > 0, \dfrac{\mathrm{d}g_K}{\mathrm{d}M_F} > 0, \dfrac{\mathrm{d}g_K}{\mathrm{d}\varepsilon_K} > 0$。$g_K(1,\infty) = I_{K0}^P, g_k(q_K,0) = 0$,其中 q_K 是实物资本边际产出的函数

$$q_K = l_K\left(\dfrac{\partial f}{\partial K}, r\right), \mathrm{d}l_K/\mathrm{d}\dfrac{\partial f}{\partial K} > 0, \dfrac{\mathrm{d}l_K}{\mathrm{d}r} < 0$$

家户的计划消费 C^P 与家户占有的货币 M_H、利率 r、产品价格 p 相关,由于财富效应的原因,还受金融市场的波动 ε_f 的影响,即

$$C^P = g(M_H; r; p; \varepsilon_f) \tag{14.51(c)}$$

$$\dfrac{\partial g}{\partial M_H} > 0, \dfrac{\partial g}{\partial r} < 0, \dfrac{\partial g}{\partial p} < 0, \dfrac{\partial g}{\varepsilon_f} < 0$$

以上计划的投资和消费都要受到产品价格 p 的影响,而产品价格的变化 $\hat{P}$ 是服从供求规律的

$$\dot{P} = \rho(I_A^P + I_K^P + C^P + G^P - Y) \tag{14.52}$$

式中括弧内是需求与供给之差,以 $G_a p$ 表之。则上式应满足

$$\dfrac{\partial \rho}{\partial G_a p} > 0, \rho(0) = 0$$

含义是供不应求的差距增大,则物价上涨;若供需平衡,则物价不变。

在产品市场通过供求双方的相互作用调整价格后,得到实际的投资 I_A、I_K 和实际消费 C,即

$$I_A = \begin{cases} \eta_A(I_A^P, I_K^P, C^P, G^P, Y), & G_a p > 0 \\ I_A^P & G_a p \leq 0 \end{cases} \tag{14.53(a)}$$

$$I_k = \begin{cases} \eta_K(I_K^P, I_K^P, C^P, G^P, Y), & G_a p > 0 \\ I_K^P & G_a p \leq 0 \end{cases} \tag{14.53(b)}$$

$$C = \begin{cases} v(I_A^P, I_K^P, C^P, G^P, Y), & G_a p > 0 \\ C^P & G_a p \leq 0 \end{cases} \tag{14.53(c)}$$

$$G = \begin{cases} Y - I_A - I_K - C, & G_a p > 0 \\ G^P & G_a p \leq 0 \end{cases} \tag{14.53(d)}$$

4. 技术和资本的积累

$$\hat{A} = G(I_A, A), \dfrac{\partial G}{\partial I_A} > 0, \dfrac{\partial G}{\partial A} > 0, \dfrac{\partial^2 G}{\partial I_A^2} < 0, \dfrac{\partial^2 G}{\partial A^2} < 0 \tag{14.54(a)}$$

$$\hat{K} = I_K - \delta K \tag{14.54(b)}$$

式中,δ——资本的折旧率。

5. 劳动力市场

劳动力市场和纯粹货币经济系统相同,即

$$\hat{W} = \omega\left(N^D - N^S, p\frac{\partial F}{\partial N}\right), \frac{\partial \omega}{\partial(N^D - N^S)} > 0, \frac{\partial \omega}{\partial(P\partial F/\partial N)} > 0 \qquad (14.55)$$

式中　$\hat{W}$ 劳动力价格（工资）的变化；

　　　N^D 是需要的劳动力；

　　　N^S 是供给的劳动力；

$$N^D = \tilde{\omega}(A, K), \frac{\partial \tilde{\omega}}{\partial A} < 0, \frac{\partial \tilde{\omega}}{\partial K} > 0 \qquad (14.56(a))$$

$$\hat{N}^s = nN^S \qquad (14.56(b))$$

式中　n——人口增长率，厂商实际雇佣的劳动力 N 由 N^D 和 N^S 的关系决定，即

$$N = \begin{Bmatrix} N^D, N^D \leq N^S \\ N^S, N^D > N^S \end{Bmatrix} \qquad (14.56(c))$$

6. 金融市场

（1）债券和股票市场

研究债券和股票市场中证券的发行、供给和需求、价格的变化、成交量和价值等情况。债券和股票市场的供给由一级市场中发行的和二级市场上计划抛售的股票和债券构成。一般情况下，厂商根据其资金需求、实质生产的不确定性 ε_r、债券和股票市场的价格 P_i 与波动 ε_i 和利率 r 决定是否发行新的债券和股票。债券除厂商发行外，政府也可能发行（根据宏观经济政策的需要）。债券与股票的计划发行量表为：

$$Q_i^{Pissue} = \zeta_i^{issue}(M_F; I_A^P, I_K^P, p; P_i; r; \varepsilon_r; \varepsilon_i) \qquad i = B, S \qquad (14.57)$$

满足 $\frac{\partial \zeta_i^{issue}}{\partial M_F} < 0, \frac{\partial \zeta_i^{issue}}{\partial I_A^P} > 0, \frac{\partial \zeta_i^{issue}}{\partial I_K^P} > 0, \frac{\partial \zeta_i^{issue}}{\partial p} > 0, \frac{\partial \zeta_i^{issue}}{\partial P_i} < 0, \frac{\partial \zeta_i^{issue}}{\partial r} > 0, \frac{\partial \zeta_i^{issue}}{\partial \varepsilon_i} < 0, \frac{\partial \zeta_i^{issue}}{\partial \varepsilon_r} > 0$

下标 i 分别表示债券和股票。当发行量小于零时指回购股票或清偿债券。

在二级市场上，经济主体决定证券的买卖是根据下列因素：债券或股票的基本价值 P_i^f，对市场价格的预期 e_i 以及市场价格 P_i。债券和股票在二级市场的供给表示为

$$\overline{Q}_i^S = \xi_i^S(P_i, e_i, P_i^f) \quad i = B, S \qquad (14.58(a))$$

债券和股票的供给为一级市场的计划发行量与二级市场的供给之和，即

$$Q_i^S = Q_i^{Pissue} + \overline{Q}_i^S \quad i = B, S \qquad (14.58(b))$$

债券和股票在二级市场的需求表示为

$$Q_i^D = \xi_i^D(P_i, e_i, P_i^f) \quad i = B, S \qquad (14.58(c))$$

其中债券和股票的基本价值 P_i^f 与债券派发的利息 r_B 和股票的红利 r_s 以及利率 r 有关。预期 e_i 和过去的价格水平、现在的价格、利息以及股息有关。

债券和股票市场的价格变化由供求关系决定，即

$$\hat{P}_i = K(Q_i^D - Q_i^S), \frac{dK}{d(Q_i^D - Q_i^S)} > 0, K(0) = 0 \qquad (14.59)$$

经过市场的作用，实际发行的债券和股票，以及金融工具的成交量 V_i 满足

$$Q_i^{issue} = \begin{cases} \eta_i(Q_i^{Pissue}, \overline{Q}_i^S, Q_i^D), Q_i^{Pissue} + \overline{Q}_i^S > Q_i^D \\ v_i(Q_i^{Pissue}, \overline{Q}_i^S, Q_i^D), Q_i^{Pissue} + \overline{Q}_i^S < Q_i^D \end{cases} \quad i = B, S \qquad (14.60(a))$$

$$V_i = \begin{cases} Q_i^S, Q_i^S < Q_i^D \\ Q_i^D, Q_i^D < Q_i^S \end{cases} \quad i = B, S \tag{14.60(b)}$$

由于债券和股票的发行,市场上的债券和股票数量也发生改变,即

$$\hat{Q}_i = Q_i^{issue} \quad i = B, S \tag{14.61}$$

一般不是所有的债券和股票每天都参加交易,但参与交易的部分决定了价格,所有的债券和股票的价值都按这个价格计算,债券和股票的价值为

$$F_i = Q_i P_i \quad i = B, S \tag{14.62}$$

7. 衍生工具市场

经济主体根据金融衍生工具的标的物的不确定性 D_{ε_j} 和对标的物的价值的预期 De_j 形成供给和需求,即

$$DQ_j^D = D\xi_j^D(D\varepsilon_j, De_j) \quad j = 1, 2, \cdots$$
$$DQ_j^S = D\xi_j^S(D\varepsilon_j, De_j) \quad j = 1, 2, \cdots \tag{15.63}$$

历史上很早就有了期权和期货交易,但它们的价格如何确定是一直到 1973 年布莱克和斯科尔斯才取得了突破。直到现在,衍生工具的定价仍是金融研究的一个热点和难点。目前关于衍生工具的定价的研究基本上是考虑衍生工具的价格与标的物的价格的关系,还没有见到直接从衍生工具的供给和需求出发来考虑其价格变化的工作。但是最终决定衍生工具价格的还是市场供给需求力量对比决定的。因此,仍然用供求关系决定价格的方式来描写衍生工具市场,即

$$D\hat{P}_j = D_\kappa(DQ_j^D - DQ_j^S) \tag{14.64}$$

满足

$$\frac{dD_\kappa}{d(DQ_j^D - DQ_j^S)} > 0 \quad D\kappa(0) = 0, j = 1, 2, \cdots$$

成交量由市场决定,即

$$DV_j = \begin{cases} DQ_j^S, DQ_j^S < DQ_j^D \\ DQ_j^D, DQ_j^D < DQ_j^S \end{cases} \quad j = 1, 2, \cdots \tag{14.65}$$

如果不发行新债券和新股票,债券和股票的数量是不变的。衍生工具与此不同,其有效合约数(未平仓的合约数或持仓量)随着交易而变化。在某一时刻的交易中,假定用于建立交易部位(建仓)的部分等于 $\lambda(t)DV_j$,$(1-\lambda(t))DV_j$ 是用于冲销以前的交易部位(平仓),则持仓量的变化为二者之差

$$D\hat{Q} = (2\lambda(t) - 1)DV_j \quad j = 1, 2, \cdots \tag{14.66}$$

一般情况下,把衍生工具的交易是作为表外业务,其价值变化不体现在资产负债表上,因此不被看做是资产。为处理的方便,在这里也把它看做一种资产来处理。因此衍生工具市场上的总资产为

$$DF_j = DQ_j DP_j \quad j = 1, 2, \cdots \tag{14.67}$$

8. 金融总量

债券、股票的价值和衍生工具的价值相加,得到金融总资产为

$$F = \sum F_i + \sum DF_j \quad i = 1,2 \quad j = 1,2,\cdots \tag{14.68}$$

9. 金融市场的波动

金融市场的波动和每一种工具的波动和金融市场的随机因素密切相关,即

$$\varepsilon_f = E(Q_i, \varepsilon_i; DQ_j, D\varepsilon_j; \varepsilon_0) \tag{14.69}$$

10. 实质生产的不确定性与金融生产的关系

实质生产的不确定性表现为:生产中发生意外事故;投资的项目遭遇失败;产品价格的异常变动引起生产秩序混乱,导致生产要素的利用率下降;经济主体在从事实质生产的同时参与金融活动,在金融活动中蒙受巨大损失而引起实质生产的困难。

金融生产设置的初衷是帮助减少实质生产的不确定性,对其可能的损失提供共同承担和转移的机制。假如在没有金融生产帮助融资和承担转移可能损失的情况下,实质生产所有可能投资项目的总可能损失记为 ε_0,称之为实质生产的"本征损失",它仅与实质生产和经济系统所处的自然环境相关。随着金融生产的发展,投资的项目会越来越多。如果实质生产中所有可能的投资项目引起可能损失的因素相互独立或者正相关,那么实质生产的可能损失将随着金融生产的发展而单调减少;如果这些因素并不独立也不都正相关,那么实质生产的可能损失与金融生产发展之间的关系就不再单调。因此,在任一时刻,实质生产的可能损失与金融生产水平和本征损失有关。

针对实质生产中价格的变动,金融衍生工具能帮助微观经济主体锁定收益并保证有利的结果。把意外事件看做是一个随机量 $\bar{\varepsilon}_0$,金融生产虽不能阻止意外事件的发生,但它提供的保险等为意外事件发生后组织恢复实质生产有极大帮助。

厂商的生产除了资本和技术投资,还需要支付工资和原材料等流动费用,如果厂商持有的货币不足以应付这些支出,将直接影响到对现有资本和技术的利用程度,也会引起产出波动,这也是实质生产中的一种不确定性因素。

根据以上分析,把实质生产中的不确定性表达为以下变量的函数,即

$$\varepsilon_r = \Gamma(Q_i, \varepsilon_i; DQ_i, D\varepsilon_i; p, I_A, I_K; \varepsilon_0; \bar{\varepsilon}_0; M_F) \tag{14.70}$$

11. 货币的转移

货币作为产品、劳动力和金融工具的交易媒介,将伴随着产品、劳动力和金融工具的交易而在经济主体之间转移。下面分别考虑家户和厂商持有货币的变化,设政府的财政支出为零。

家户有工资收入和消费支出,且其持有的金融工具还会为之带来现金流。尽管债券和股票是非零和的金融工具,但若仅在二级市场上进行交易,没有新的债券和股票发行,交易的结果除了货币在微观交易者之间重新分配,并不会改变宏观的家户和厂商的货币持有量。期权、期货等衍生工具的交易是零和的,尽管交易者的货币量发生了变化,但在总体上也不会改变货币量,并且认为厂商都是衍生工具市场上的套期保值者,投机者都是家户。厂商发行债券和股票改变家户和厂商所持有的货币。政府为调控宏观经济新增加货币量 ΔM,其中 $\alpha \Delta M$ 到了家户手中,其余的到了厂商手中。因此有:

家户持有的货币变化为

$$\dot{M}_H = W - pC + \sum_{i=1,2} Q_i r_i - \sum Q_i^{issue} P_i + \alpha \Delta M \tag{14.71}$$

厂商持有的货币变化为

$$\dot{M}_F = pC - W + \sum_{i=1,2} Q_i r_i + \sum Q_i^{issue} P_i + (1-\alpha)\Delta M \tag{14.72}$$

12. 货币需求

货币是实质生产和金融生产过程中的交换媒介。设实质生产对货币的需求是 $m_r = m_r(p, I_A^P, I_K^P, C^P, W)$；金融生产需要的货币量包括两个部分：债券和股票市场的交易需求和衍生工具市场的保证金，表示为 $m_f = m_f(P_i, Q_i^D; DP_i, DQ_i^D)$。货币作为交换媒介是否充足可以用利率来反映，即

$$\dot{r} = \beta(m_r + m_f - M(\tau, v, B)), \beta' > 0, \beta(0) = 0 \tag{14.72}$$

(14.48)~(14.72)共 25 个方程，给出了现代宏观经济的一个完整描述，包括实质生产系统、金融生产系统以及两者的相互作用三个部分。在实质生产系统中，刻画了其投资、生产和消费行为，劳动力的就业，以及产品市场如何完成产品的转移和分配（由计划投资到实际投资完成资本和技术积累，从计划消费到实际的消费）。在金融系统中，主要是经济主体的金融生产行为，如金融工具的发行和交换，金融工具价格水平的变化以及金融市场的波动。

需要强调两个系统的相互作用，它包括资金、信息和不确定性三个方面。

(1)经济主体通过发行或交易债券和股票将货币剩余方和货币短缺方联系起来，实现货币在二者之间的转移。这一渠道不仅可从金融市场筹集资金，促进实质生产，也可在实质生产无利可图的情况下，把从实质生产获得的收益投入到金融市场，造成金融市场的繁荣景象。

(2)实质生产与金融生产中形成的信息，如收益率、价格等，在两个系统的相互作用中发挥了重要的作用。在金融市场中形成的一些信息可能直接改变实质生产活动，如金融市场的波动将改变消费的行为，"股票市场是宏观经济的晴雨表"也反映了这个事实。在实质生产中产生的信息，通过资金需求等途径直接传递到金融生产系统。不过信息作用的最终结果还是以资金流动为表现形式。

(3)不确定性在金融与实质生产系统间的相互作用有两个方面：一是金融生产系统为可能损失的共同承担提供条件，改善了实质生产中的不确定性，促进了投资。但是随着实质生产的可能损失被转移或被分散，微观主体对可能损失的感受也发生了改变，以为还能承担可能的损失，但宏观经济系统可能已经积聚了能够摧毁整体的可能损失。第二个方面是金融生产能够将可能损失与收益分离开，给愿意冒险的微观主体在承担可能损失的情况下提供了获得一定收益的机会，同时也保证了厌恶冒险的微观主体付出一定的代价（如支付费用）或放弃可能的高收益获得稳定的资金流，通过资金和信息的渠道实现两个系统之间的相互作用。

这个模型的建立还只是一个形式的理论，模型中的很多方程还没有给出具体的函数形式，只是根据其经济背景和含义确定了函数的一阶或二阶导数的性质。同时由于模型的方程内容太多，求解甚至讨论解的性质都将很困难。这个模型的建立还仅仅是研究宏观经济运行规律，探讨金融和经济相互作用机制的开始。但是，这个模型还是给出了一个讨论问题的出发点，可以在这个模型的框架下考虑一些子模型，并给出具体的函数形式，详细讨论宏

观经济运行规律和金融与经济共同演化机制的某些具体问题,例如金融发展与经济增长的关系,金融发展与经济危机的关系,金融工具的合理规模等。根据已有的工作,已确立了这个模型和索罗模型的联系,给出股票市场对经济增长在长期上有正的作用,但在短期上没有明显关系的结论,并利用模型指出了一些金融工具的合理规模等。

14.6.4 区域经济合作与相空间重构

当区域间经济发展不平衡时,生产要素在不同区域的边际收益就会存在差异,这种差异将带来生产要素在经济区域之间的流动。生产要素流动是区域经济合作的一个重要方面,是带动后进区域经济起飞的因素之一。可考察在边际收益递增条件下,生产要素流动对区域经济发展的影响。已经研究并证明,在收益递增条件下,由新古典经济增长理论所决定的经济增长一般会存在双稳态,对应着不同的人均资本存量和相应的边际产出。

假定两个区域的总量生产函数为

$$Y_i = F(K_i, L_i) \quad i=1,2$$

以人均资本存量和人均产出为变量时,可以写作

$$y_i = f(k_i) \quad i=1,2$$

假定区域 1 为发展中区域,在每一周期内,从区域 2 到区域 1 的资本流入数量为

$$E = Q[f'(k_1) - f'(k_2)]K_2 \tag{14.73}$$

与流入的资本量相应的产出转移(作为回报)为

$$M = \sigma f'(k_1)E \tag{14.74}$$

两个区的资本积累分别为

$$\Delta K_1 = s_1(Y_1 - M) + E$$
$$\Delta K_2 = s_2(Y_2 + M) - E \tag{14.75}$$

相应的索罗增长模型的离散形式为

$$k_1(t+1) = \left[k_1(t) + s_1 f(k_1(t)) + I\left(1 - s_1 \sigma f'(k_1(t))\right) \frac{L_{20}}{L_{10}} \left(\frac{1+g_2}{1+g_1}\right)^t\right] / (1+g_1)$$

$$k_2(t+1) = [k_2(t) + s_2 f(k_2(t)) + I(s_2 \sigma f'(k_1(t)) - 1)]/(1+g_2) \tag{14.76}$$

式中 $I = Q[f'(k_1) - f'(k_2)]k_2$,为资本流入数量 E 的人均形式。上式中从方括弧中的第二项往后,表示各区的资本积累 ΔK_1 或 ΔK_2,如式(14.75)所示,但是以人均的形式。后部是按人口的增长调整人均数值。

在对模型的数值模拟中,取以下具体的生产函数

$$f(k) = \alpha + \beta(1. - \exp(-k^2/2\mu)) \tag{14.77}$$

相应的参数值为:$\alpha = 0.4, \beta = 6.0, \mu = 9.0, \sigma = 1.0, g_1 = g_2 = 0.2, s_1 = s_2 = 0.25, L_{10} = L_{20} = 0.2$。

初始条件为:$k_{10} = 0.7, k_{20} = 7.73$。

模拟的结果发现,只有当参数 Q 大于某一临界值时,资本流动才会导致发展中区域的经济起飞,并且随着 Q 值的增加,人均资本的变化会出现混沌行为。当 $Q = 1.3$ 时,系统出现混沌吸引子。

14.6.5 产业组织结构的形成和演化

本小节应用多主体系统(Multi-Agent System,MAS)方法来模拟产业组织结构的形成和

演化。此法是基于主体行为的"规则"(rules)来构建模型,以研究复杂系统中复杂性的"涌现"(emergence)现象。多主体系统的概念是在分布式人工智能的研究中首先提出来的,并迅速应用到自动控制、电子通讯、计算机网络等领域。其基本特征是:系统由大量的主体(agent)组成,这些主体在变化的、不可预测的环境中,利用不完全的信息,努力寻求对有限资源的充分利用。事实上,多主体系统是一类非常典型的复杂系统,它也是对社会、经济、生物、生态等系统的基本抽象。因此,多主体系统已成为许多学科领域的研究对象,成为探讨一般复杂系统性质的较理想的模型。往往某个领域对 MAS 的研究成果对其他领域也富有启发意义,例如,关于网络计算的计算市场模型和其他一些工作均指出,市场机制不仅在人类社会中是一种有效的运行机制,它同样对分布式计算系统的设计和完善具有重要意义。

经济系统中的组织与结构,是一个非常重要但又非常棘手的问题,而多主体系统的建模思想和方法可让我们方便地探讨系统的宏观行为与个体的局域过程的关系问题,以及简单的个体通过相互作用,如何导致全局的结构涌现出全新的复杂性质。对此深入研究,有助于加深对复杂性的认识,及了解经济系统的性质和演化规律。

产业组织结构是宏观经济研究的主题之一,也是经济系统中涌现性行为的突出表现。在市场经济条件下,产业组织结构是通过一定技术水平条件下的厂商之间的竞争形成的,并可通过该产业中厂商的个数和相应的市场占有份额来描写。由 W. J. Baumol 发展起来的可进入市场理论(theory of contestable markets)指出,一个产业中,组织结构的决定因素是该产业的规模效应及进入和沉淀成本等。对于给定的生产函数 $Y = f(X)$,其中 $X = \{x_1, x_2, \cdots, x_n\}$ 为投入要素,其规模收益 η 由下式决定

$$\eta = \sum_{j=1}^{n} f_j(X)/f(X) \tag{14.78}$$

式中 $f_j(X) = \partial f(X)/\partial x_I$。当 $\eta = 1$ 时,厂商具有最佳的企业规模,此时其所有的生产要素都能充分发挥作用。

显然,在这一理论框架下,对该产业的总需求(是该产业生存的依据)及相应的规模收益状况就决定了产业的组织结构。基于以上概念,将厂商看成适应性的主体,在一个给定总需求的产业中讨论了厂商的竞争和组织结构的形成。

假设该产业的总需求仅随价格变化,其动力学差分方程为

$$D(t) = D_0 \left(1 - \frac{1}{a} \frac{p(t-1)}{p(t-1)+b} \right) \tag{14.79}$$

厂商 i 使用资本 K_i 生产产出 Y_i,其生产函数取具体形式为如下的可变规模收益的生产函数

$$Y_i(t) = \alpha(4\beta_i K_i(t)^2 - 2K_i(t)^3) \tag{14.80}$$

式中参数 β 决定了厂商的规模收益。厂商的生产成本为资本品价格与劳动力价格之和

$$C_i(t) = p_k K_i(t) + p_l L_i(t)$$

厂商的净收益为

$$R_i(t) = p(t) Y_i(t) - C_i(t)$$

其中的某个比例 S_i 用于扩大再生产,再考虑资本折旧率,则厂商的资本变化为

$$K_i(t) = K_i(t-1) + s_i(t-1)R_i(t-1) - \delta K_i(t-1)$$

假定厂商为适应性主体,可以调整其储蓄率以保证最佳的企业规模。所有厂商的产出

构成了总供给

$$Y = \sum_{i=1}^{N} Y_i$$

产品价格的调整则由总需求与总供给之差决定,即

$$p(t) = p(t-1) + \lambda \frac{D(t-1) - Y(t-1)}{D(t-1)} p(t-1), 当 D(t-1) < Y(t-1) \quad (14.81(a))$$

$$p(t) = p(t-1) + \lambda \frac{D(t-1) - Y(t-1)}{D(t-1)} (p_0 - p(t-1)), 当 D(t-1) \geq Y(t-1) \quad (14.81(b))$$

式(14.81(a))表明当供大于求时,降价;式(14.81(b))表明当供不应求时,涨价。

该产业的市场为可进入市场,不存在任何进入壁垒和退出沉淀成本,但由于技术水平的限制,对厂商的资本总量有一最低要求 K_0。厂商之间的竞争及相应的产业结构的演化由下述产生——湮灭过程来描述:当总供给小于总需求时,资本总量为最低要求 K_0 的新企业可以以一定的几率进入市场;随着市场竞争的加剧,当某一企业的收益不能抵消其折旧,并最终使资本存量小于 K_0 时,该企业将破产并从市场中退出。

给定参数和初始条件,就可以模拟产业组织结构的形成和演化,并可以讨论技术进步等竞争策略对市场结构的影响。模拟发现,模型具有非线性经济系统模型的基本性质:存在着多重均衡态,系统演化的最终结果是途径依赖的,并可能稳定在低效率的状态;技术进步及其所导致的规模收益的变化,会调整相关企业的市场份额,但只有当技术革新超过某一阈值时,它才会导致产业组织中厂商个数的变化,技术水平较低的厂商会被挤出市场;作为技术进步和市场竞争的结果,产品价格水平会下降而总需求会得到提高。

第 15 章 区域与城乡规划系统工程新方法探讨

15.1 引 言

本章尝试在中国特色社会主义制度下,运用系统科学中国学派的方法,即钱学森学派从定性到定量的综合集成法——大成智慧工程,对区域与城乡规划这样的开放的复杂巨系统,在进行定性的系统分析的基础上,探讨定量的数学模型构建方法,以便在综合集成研讨厅的硬件与软件的条件下,展开相关专业系统工程的研究工作。钱学森学派的方法在国内外的系统科学界开辟了一个科学的新领域,独树一帜,居于领先地位。本文试图向这一新方法进行趋近,在城乡规划领域属于一种新的尝试。

文章首先是对区域与城乡规划系统工程的概论,简要概述了国内外在这方面的研究和实践情况,并予以简要评论;引入钱学森的相关思想和学说。

第二部分就社会系统的优化、协调、制衡与控制进行简要探讨。区域与城乡系统究其实质而言乃是社会系统,不能仅仅视为物质环境系统。其中的许多深层次问题,都需从社会系统的视角来进行研究和处理,才能得到有效的解决。

第三部分是遵照钱学森的系统论方法,即还原论与整体论辩证统一的方法,提出了社会系统从局部要素整合为整体过程中涌现新功能的若干分析方法——利益博弈推演法(Interests Gaming Inference Method, IGIM),机会目标发展估计法(CGDEM),以及自上而下的整体规划方法;综合成为从整体出发,自上而下与自下而上相结合的综合集成规划方法。

最后部分是简短的结论。

15.2 概 论

为对区域与城乡的发展和布局进行总体规划,需要应用系统工程的方法。它是一种现代的组织管理技术。一个区域系统(城乡系统是其子系统),可包含资源、经济、人口、社会、文化教育、科学技术、城镇、基础设施、生态与环境、灾害等子系统,这是一种开放的复杂巨系统,属于社会系统工程的范畴。其处理(分析、控制和优化)的方法论,应当采用钱学森学派所主张的从定性到定量的综合集成法,即大成智慧工程,以达到最优的效果。

区域与城乡系统是社会系统的子系统,要对之实施系统工程技术,必须保证整个系统是能控的和能观测的。应当指出,在社会主义制度下,社会系统应当是能控的。因为政权掌握在人民和以为人民服务为宗旨的政党手中,实行高度的民主(包括党内民主和人民民主)与高度的集中相结合的民主集中制,政府具有较高的效能和效率;社会主义市场经济制度仍然是以公有制为主体、以社会主义原则为导向的。这同以生产资料的垄断资产阶级所有制为基础的资本主义社会是在本质上不同的,后者的社会在整体上是无序的。因此,我们可以而且必须在社会主义社会通过实施社会系统工程和区域、城乡规划系统工程,把社会主义建设规划好、建设好、管理好,力争取得最佳效果。而在资本主义社会,事实证明,虽有人为此做过尝试(如安培提出国家管理学,维纳提出国家规模的控制论等),但是终究未能实现。

区域的划分,可按照其发展动力机制中的某些共性。这些共性可能是基于地理位置或地理因素,或经济文化发展的动因特点,以至制度或行政管理区划等因素。比如我国国内经济文化比较发达的区域,有长江三角洲、珠江三角洲、粤港澳地区、环渤海地区等;近年来又提出了建设海峡西岸经济区和中原经济区,受到了国务院的肯定和支持;也可以某条河流的流域范围为界,又如东北老工业基地、西部欠发达地区、边境地区等。就世界范围而言,如欧洲经济共同体区域、经济互助委员会区域、东南亚国家联盟地区,大中华经济文化区等。

区域规划按照关注重点的不同,可以分为许多类别。如区域综合发展规划,区域经济发展规划,区域资源开发和利用规划,区域人口规划,区域教育、文化、科技发展规划,区域环境和生态规划,区域交通运输规划,区域基础设施规划,区域城镇布局规划,国土规划,农业区划以及区域灾后重建规划等。

区域规划系统工程的方法,我们在回顾和参考以往的种种方法的基础上,在新的技术条件下,应用系统科学的新成果,应当有所创新。以往在收集区域规划所需的预测信息方面,用到诸如特尔斐法(专家函调法)、趋势法、时间序列法、弹性系数法等;在建立区域规划模型方面,主要有理论模型(如马克思再生产模型、数理经济学模型、状态空间模型)、投入产出模型(静态的、动态的、非线性的)、计量经济学模型(时序列的、非线性的)、系统动力学模型、网络模型、经济控制论模型等方法;在区域规划方案的分析、评价和决策方面,主要有系统分析、得失相当分析、成本效益分析、多目标决策、群决策、层次分析法等;在区域规划的优化方面,主要有线性规划、整数规划、动态规划、数学规划、网络技术、对策论等。在钱学森大成智慧工程方法论的指导下,我们对以前种种方法的的应用需作重新的审视。

自从20世纪60年代以来,西方学界在城市与国土规划建模方面,提出了大量的理论和方法。从其思想方法来看,一方面承袭了近代科学传统的还原论科学推理方法,并随着系统科学的发展而向整体论方向发展;另一方面,逐步认识到系统的复杂性,形成了复杂性研究热潮并且感到了困惑。其系统科学的方法,从处理简单系统、简单巨系统到复杂系统,但还没有达到处理开放的复杂巨系统和社会系统工程的高度,在这方面,中国的钱学森学派走在了前面。

从哲学思想指导方面来看,西方学界的理论和方法,有的不免陷入唯心论或机械唯物论的误区。钱学森曾经指出,例如系统动力学方法,在系统结构上不分层次,其参数和结构有的是基于主观概念,输入计算机可以预测上百年后的结果,在可信度上存在着质疑(对于处理不太复杂的系统可能还是有用的)。另外西方的方法往往是完全依赖计算机,忽视人的智慧的作用。总之,对待开放的复杂巨系统,必须遵循马克思主义哲学的指导,从实际出发,随时注意情况的变化和矛盾的转化。过度的简化假设,片面追求数理逻辑推理,往往难免导致脱离实际之虞。在这方面,我们有马克思主义哲学的指导和社会主义制度的优越性。

我们研究区域与城乡规划系统工程,首先目的要明确,从广大人民的根本利益出发,要有明确的目标,并为趋向目标而进行整体规划。因此我们要采取具体的问题具体分析、马克思主义的辩证唯物主义的方法,才能分析得切实可靠和彻底。我们当然不排除科学抽象,但科学抽象要有切实的根据,不可陷入唯心主义。首先在定性分析上,必须进行全面、系统、详

第15章 区域与城乡规划系统工程新方法探讨

尽的分析,具体的问题具体分析;然后在这个基础上,再提高到定量分析的阶段。自上而下的整体规划,要抓大总,可采取具有抽象性、模糊性和慢步推进的动态规划方法,并与自下而上的规划相结合。

以往在系统建模工作中,关于模型复杂性与合理简化之间的众所周知的权衡,即涉入的因素多、较复杂的模型,往往较切合实际;但为了便于数学处理,却宁愿选择合理简化,当然应在允许的精度范围以内。然而,对于开放的复杂巨系统,其高度的复杂性往往是不可规避的,必须老老实实地面对。例如社会系统的许多问题就是如此。再比如生态系统的发展,人类大脑的活动,乃至作战模拟等复杂的系统,就系统的整体而言,岂是单纯的数理方程式可以一次性表达的!我们并不是要刻意建造大而无当、包罗万象的模型,使问题不必要地复杂化;而是对于不可规避的复杂性,不要硬性地规避而导致丧失系统的重要特性,这时只好老老实实地对待。而且我们不是单纯依赖计算机和数学计算,而是强调人和机器的有机结合(互动),而且以人为主;并在建模方式上,适当地采取自上而下与自下而上相结合,抽象性、模糊性与动态多次性相结合等策略。不过在某种情况下,也有可能针对个别子系统,避开复杂性,在简化的理性框架下来探讨问题。这就是在某种简化的假设前提下,运用抽象思维和推理逻辑,找出事物内部的规律性。比如对于生态系统中因弱肉强食而导致的种群数量的变化,就可以建立微分方程式(Lotka – Volterra 竞争模型),来探讨其发展规律。在某种模型的框架下也能探讨不少问题。在 20 世纪 70 年代,美国经济学家 W·列昂捷夫在联合国的支持下编制了世界投入产出模型,研究世界各种地区(8 个发达地区、4 个资源丰富的发展中地区、3 个资源较贫乏的发展中地区)的经济发展动向、环境污染问题,和促进发展中国家的经济发展并解决其贫困、失业问题的对策、措施和可能性。还有人建立世界经济模型来研究国际贸易问题,或研究世界各种地区的经济发展。

从数学上讲,投入产出法属于用线性(矩阵)方程和均衡分析方法来分析经济系统,还没有用到以后的复杂性研究中所发展出来的种种计算方法,但是当同人的智慧相结合时,或许尚能分析和说明在时间片段内均衡状态的某些问题;不过线性模型用于经济系统的预测,后来被认为是有问题的,例如 B. Berman 在 20 世纪 60 年代分析纽约市经济的投入产出动态模型,过了十多年后来回顾,发现其预测结果是很不精确的,缺乏考虑的主要是衰落的部门和金融、保险等出口部门。另一方面,美国的圣菲研究所所发展出来的研究复杂性问题的方法,如复杂适应系统(CAS)方法,自下而上的多主体系统(MAS)方法,以及 SWARM 计算机软件等,模拟复杂性的"涌现"过程,尽管具有很大的启发性,但是在单纯依赖电子计算机的情况下,却遇到了困惑。因为这类方法先是用还原论方法来设定前提和"规则",然后再用整体论方法来模拟其复杂性涌现过程,得出来的结果同实际经济系统在结构上往往有较大的差别。由此可见,数学建模方法和电子计算机的运算,一方面是系统工程方法不可或缺的重要辅助工具,但是必须同人的智慧相结合,否则还是不能成功的。

我们主要着眼于针对区域与城乡发展和规划的实际问题探讨系统工程方法的新进展。比如海峡西岸经济区,福建省提出了发展纲要,国务院提出了指导性意见,指明了发展任务。要实现科学发展观,就要运用系统工程技术,实现协调、平衡、有控制和优化的发展,即又好又快的发展,避免各种失衡、社会矛盾和冲突、恶性循环等弊端的发生。为此,要找出系统结构中的基本关系、关键点、主要矛盾、主要的反馈回路,展开系统分析、发展预测、控制和优化抉择。这应当是系统工程的任务和着力点。其发展战略和方针政策,要避免左的和右的失误。总之要科学发展,充分发挥"科学技术是第一生产力"的作用,以科学革命引导技术革命、产业革命和社会革命。这种系统工程必须在马克思主义哲学的指导下进行,并从定性认识达到定量认识。

遵照钱学森的学术思想,对区域与城乡的规划和建设要从总体上分析和把握,才能取得最佳效果,即要从社会主义建设的4个方面来分析和把握:

(1) 物质文明建设——科技经济建设和人民体质建设;
(2) 精神文明建设——思想建设和文化建设;
(3) 政治文明建设——民主建设、体制建设和法制建设;
(4) 地理系统建设——生态建设与环境保护、城乡物质环境建设、基础设施建设。

还要考虑其外部环境——区际、国际关系和全球的地理、气候系统的影响。

对于开放的复杂巨系统,用从定性到定量的综合集成法,要从整体上全面地考虑问题,要把成千上万实际的统计数据输入计算机计算,当然钱学森也承认这是个难题。数据先输入底层子系统,再逐层往上综合。要运用各种数学和运筹学的方法,建立许多子模型,再进行综合。要运用巨型计算机和人工智能、知识工程等技术。而自上而下的整体规划,则可以采取较具概略性、模糊性的建模方法,且通过人—机互动、以人为主,进行动态规划。

开放的复杂巨系统,比如一个区域或城乡系统,其结构是多层次、多子系统、多反馈回路的;其子系统的数量甚巨。就其层次而言,我们对它往下分析和往上综合,都要达到适当的层级;往下分析可运用还原论的方法;往上综合要运用整体论的方法。建立各子系统的模型时,要综合运用抽象思维、逻辑推理、形象思维和辩证思维;可以运用各种已经建立、行之有效的理论。要运用现代控制理论,分析系统状态及其输入、输出;建模理论;反馈控制机理;结构的能观测性、能控性、稳定性、可靠性、鲁棒性(robustness);最优控制机理及对策;随机控制机理;自适应、自组织、自学习;混沌和有序等等特性。通过实践不断丰富和完善我们的理论和方法。

开放的复杂巨系统,就其整体而言,是极其复杂和庞大的;而且我们不应当忽视其中的细节,因为某些细节也可能就是关键所在,或可能演变成关键的因素。但是在具体的时间和场合,人们需要通过建立模型来进行分析的部分,却往往是规模有限的,可能只是某个层级中的子系统。自下而上的建模,一般是辅助性质的;首先还是要以自上而下的建模(整体规划)来统帅全局;这是人—机互动、动态规划的模型。

钱学森在《组织管理的技术——系统工程》一文中指出,一个工厂企业及其每一个分系统,都由下列六个要素组成:"人"当然是第一要素;其他五个要素分为物和事两类,"物"包括三个要素,即:物资(能源、原料、半成品、成品等),设备(土木建筑、机电设备、工具仪表等)和财(工资、流动资金等);"事"包括两个要素:任务指标(上级所下达的任务或与其他单位所订的合约)与信息(数据、图纸、报表、规章、决策等)。

我们可以推而广之,对于一个开放的复杂巨系统的组织管理技术,也要考虑物理、事理、人理三个方面的六个要素。"物理"是处理物资、设备(包括建筑)、资金等方面事务的规律性;"事理"是处理任务目标、信息(包括各种形式的信息和规章、决策等)方面事务的规律性;"人理"是处理人事和人与人之间关系的事务的规律性(包括情理和法理)。由此可见,涉及社会系统的特别复杂的巨系统,因为有人的参与,其复杂性是绝不可等闲视之的,同物理、化学、生物领域的较简单的系统相比,是有本质性区别的。如果硬要套用简单系统或简单巨系统的规律,即便或许有所启发,恐怕同实际情况总是相差甚远,而在实际指导意义上大打折扣。

区域与城乡规划针对的是社会系统,是特别复杂的巨系统。但无论如何复杂,总是要用系统工程的方法来解决的。对于开放的复杂巨系统,不实事求是,用主观唯心主义或客观唯心主义的方法不行;完全依赖计算机,机械唯物主义的方法也不行;只用还原论方法,逐层分解、简化,没有综合和整体、全面的考虑也不行;用处理简单系统或简单巨系统的方法也不行。如果能这样处理的话,就不是开放的复杂巨系统了!所以我们研究的方法,是真正处理复杂性问题的方法,正如钱学森同志所指出的,是"一个科学新领域"。

大成智慧工程需在高度现代化的信息系统、巨型计算机、相关人工智能软件和综合集成研讨厅(Cyberspace for Workshop of Metasynthetic Engineering, CWME)的环境中运作。

15.3　社会系统与区域系统的优化、协调与制衡

15.3.1　社会系统与区域系统的优化

社会系统的优化,包括经济基础、上层建筑、地理环境和对外关系,涉及社会各阶层以至每个人的生存、生活和利益,是个多方面矛盾斗争和辩证发展的过程。

中国近代争取独立、自由、主权、民主的斗争,一直持续到今日,还须努力不懈地为富强和兴盛而奋斗。

钱学森从人类文明发展的历史进程中总结出,社会变革发生的顺序,基本上是:科学革命—技术革命—产业革命—社会革命。不过具体到一个国家,在具体的发展阶段上,其主要矛盾可能会有所不同。我国人民经过革命斗争,在摆脱了国内外的压迫制度之后,进入了科学发展的新阶段。今后的发展,也应该遵循这样的规律。

社会系统的优化是人类社会主动的系统行为,是社会系统涌现出来的结果;它是基于人类进步的理念,是吸收人类文明一切优秀成果并坚持不懈地实践的结果。

社会系统的优化,在不同的时期有不同的主要矛盾和主要的矛盾方面;而且由于人们认识上的局限性和制衡措施的不健全,往往是一种矛盾或矛盾方面掩盖着另一种矛盾或矛盾方面(一种倾向掩盖着另一种倾向)。例如我国在改革开放初期,主要矛盾是发展经济,追求在发展速度上尽快地弥合落后的差距;但是在引进市场经济体制的同时,由于市场经济消极因素的膨胀和法制的不健全等原因,导致精神文明建设的受挫和贪污腐败等罪行的猖獗。虽然是"摸着石头过河",但是从系统科学的角度上来说,我们对这类问题的出现能够预见和预防到什么程度呢?我们能够充分运用人的智慧,建立某种定性或定量化的模型,来预先在电子计算机上进行"沙盘推演"吗?

区域系统的优化同整个国家社会系统的优化是息息相关的。因此,当我们考虑区域规划问题时,要善于抓住当前的主要矛盾和主要矛盾方面,充分考虑正面的有利因素和负面的不利因素(机遇和挑战),建立定性或定量的预测模型,进行沙盘推演,从而达到平衡、协调和真正优化的目的。

15.3.2 社会系统与区域系统的协调

社会系统中的各种矛盾与斗争导致不协调。对抗性矛盾或犯罪通过阶级斗争、司法程序或战争来解决；非对抗性矛盾，如人民内部矛盾，通过调解或民事诉讼来解决。在社会的发展过程中，不同利益驱动所导致的行为和利益集团之间的矛盾，需要通过相应的政策措施来予以制衡和消解。社会的精神文明建设和政治文明建设，对于加强社会的协调与和谐有着重大的作用。社会主义的核心价值观，在道德方面体现在胡锦涛总书记提出的社会主义荣辱观（八荣八耻）之中："以热爱祖国为荣，以危害祖国为耻；以服务人民为荣，以背离人民为耻；以崇尚科学为荣，以愚昧无知为耻；以辛勤劳动为荣，以好逸恶劳为耻；以团结互助为荣，以损人利己为耻；以诚实守信为荣，以见利忘义为耻；以遵纪守法为荣，以违法乱纪为耻；以艰苦奋斗为荣，以骄奢淫逸为耻。"党和国家关于构建和谐社会的纲领和政策，就是以建立高度的文明、发扬崇高的精神和道德、消解利益矛盾、加强社会的凝聚力为目标的。

在社会主义中国，在党和政府的英明领导下，一方有难，八方支援；社会上有无数无私奉献的英雄模范人物，他们的事迹振奋人心；还有亿万辛勤劳动和工作着的、默默无闻的人民。这都是促进社会和谐的积极因素。他们都是社会主义社会和中华民族的脊梁。

由此可见，达到并保持社会系统的协调与和谐，实际上与社会主义建设的各个子系统的建设都有关联。从根本上说，这也是建设大同世界的共产主义社会的目标所向。

15.3.3 社会系统与区域系统的制衡

在社会系统的发展过程中，利益驱动起着重要的作用。而合理的利益驱动是可以允许甚至鼓励的，不合理的利益驱动则应予以禁止或取缔。

比如引进市场机制，放开搞活，大大促进了建设的积极性和速度；在土地的运作方面，从无偿划拨转为有偿使用，土地的价格同经营者的利益联系起来了；这时就应估计到土地投机的可能性。土地的经营者包括地方政府和开发商，对他们经营土地和获取利益的关系，可以建立模型来进行模拟和沙盘推演。

对于在社会主义市场经济体制下，各种利益集团可能会怎样地追逐利益、进行博弈，以及怎样来进行平衡和协调，也可建立模型来进行沙盘推演，做出各种可能的预案。

比如房地产业的供需问题。不同收入水平的人民要求得到负担得起的足够数量优质住房；开发商要求获得最大限度的利润；地方政府想获得土地财政及税收收入；某些公权力机关如果以权谋私，企图"近水楼台"获得低房价优惠，从而侵占了公众的保障性住房；腐败官员以权谋私提高了住房的"腐败成本"。通过各方利益博弈的沙盘推演，政府可采取相应的制衡政策使系统做出令人民满意的输出。

总之，就其系统的属性而言，社会系统可视为一个多层次的利益博弈的综合体。从这个视角来分析社会系统的优化、协调、制衡和控制，可能为社会系统工程的研究开辟一条新的途径。

15.4　社会系统与区域系统的能控性

社会与区域系统的能控性,可从政治、经济、法制、文化、宗教、军事等方面来进行研究和考察;而且同对外关系也是息息相关的。

15.4.1　政　治

只有全心全意为人民服务、立党为公、执政为民的执政党,真正"民有、民治、民享"(of the people, by the people, for the people,林肯语)的国家,才有可能实现真正有效地对社会的控制。

执政党要保证其执政能力和先进性,即"三个代表"(代表先进生产力的发展要求,代表先进文化的前进方向,代表最广大人民群众的根本利益),必须依赖于坚持不懈的党的建设,包括理论建设、组织建设、制度建设、思想作风建设、纪律建设等方面。

执政党要防止腐败变质或阴谋篡党夺权,并保证政治路线的正确性,必须发扬高度的党内民主和人民民主,并不断完善社会主义法制。

国家的政治体制,采取中国共产党领导下的多党合作和民主协商制度。

党和国家领导人的培养和选择,采取长期考察、锻炼、民主协商、选举和逐步提升的制度。

国家实行社会主义的民族政策和宗教政策,和构建和谐社会的政策。

执政党和国家公权力,不断地深入学习实践科学发展观。必须保证经济发展的繁荣和稳定、文化发展的健康向上、国家主权的完整和独立、国防和国家安全的巩固、灾害的防治、人民内部的和谐和各民族人民的大团结。建立繁荣、富强、独立、民主、文明、和谐的国家。

15.4.2　经　济

在社会主义市场经济体制下,实行以公有制经济为主体(并吸收民营资金的加入),多种经济所有制并存,充分发挥民营企业的积极性;建立公平的市场竞争机制;微观搞活,宏观控制。

社会主义市场经济的控制,分为实体经济控制与金融控制两个方面。

在实体经济控制方面,主要有GDP(国内生产总值)的发展速度,生产要素的平衡,产业发展的平衡,产业的升级换代,节能、减排和高效,循环经济,绿色经济,外贸进出口控制等方面。

在金融控制方面,主要有控制货币总量和通货膨胀,控制资金的流动性,金融机构与市场的监管,控制利率、存款准备金率、汇率等经济杠杆,控制国家债务与银行坏账等方面。

15.4.3　法　制

包括立法、司法、公安、检察系统,依法制裁各种违法犯罪行为,主持公平正义,保持社会稳定。现代法制社会也是现代人类文明体现的一个方面。

15.4.4 文 化

有中国特色的社会主义社会,吸收人类的一切优秀文化成果,继承祖国优秀的文化传统,不断创造新的社会主义文化,坚持正确的舆论导向,扶持一切健康向上的文化,抵制腐朽没落的文化渣滓。

15.4.5 宗 教

社会主义中国奉行宗教信仰自由的政策和宗教自主的政策,不受外国宗教教廷的控制;尊重民族宗教信仰,扶持有利于社会和谐的宗教教义,引导宗教信仰与社会主义社会生活的和谐共处,抵制并取缔邪教和极端宗教势力的反社会活动。

15.4.6 军 事

社会主义中国在中国共产党的正确领导下,中国人民解放军及其准军事部队是全心全意为人民服务的人民子弟兵,忠于党,忠于人民,忠于社会主义祖国,党对军队实行绝对领导,以确保国家的统一、人民的安宁和社会的稳定。

15.4.7 对外关系

中国社会系统的生存与发展,与对外关系也是息息相关的。从近代一百余年来受尽帝国主义列强的宰割和欺辱,经救亡图存的浴血奋战走过来的中国,深知"弱国无外交"的无助之苦,在保持必要的强大国防力量的同时,在国际关系中主持正义,扶助弱小,与霸权主义相抗衡,主张建设和谐的新世界,并为合作解决当前人类面临的各种重大问题而克尽自己的责任。中国在五千年优秀传统文明的基础上,今天在世界上正在发挥着越来越重要的作用。中华民族的崛起可能给世界带来新的希望。

15.5 社会系统的行为科学沙盘推演方法 ——利益博弈推演法(IGIM)

遵照系统科学钱学森学派的"大成智慧工程"原理,即从定性到定量的综合集成法,并在马克思主义学说的指导和总结系统科学成果的基础上,为处理社会系统工程问题,针对开放的特殊复杂巨系统(社会系统),引进行为科学原理,本文提出一种新的方法——利益博弈推演法(Interests Gaming Inference Method,IGIM)。该法运用辩证思维,从社会中多层次的利益博弈分析中,推演出社会系统涌现的复杂性和发展的可能途径,以便为制定相应的制衡和控制政策措施提供决策依据。该法可能使现有"博弈论"得到提高,使之更加适合于对社会系统辩证发展的分析和优化控制。

在社会系统中,其成员——人及其集团构成种种不同的社会关系,以求得生存。按照马克思主义的理论,这种关系取决于生产力与生产关系、经济基础与上层建筑的辩证唯物主义的发展。

人类社会的发展,从原始社会、奴隶社会、封建社会、资本主义社会,到社会主义社会,经历了不断发展进步趋向合理化的过程。在不同的社会发展阶段，人们之间的社会关系具有不同的性质。

无论在何种发展阶段的社会系统中，人们都是为自身的生存和利益而行动和进行博弈、斗争的；但是在不同的社会系统中，其相互关系受着社会生产力与生产关系、经济基础与上层建筑的制约。其中交织着个人利益、集团利益和整体利益，构成社会系统的复杂属性；并导致社会系统的演变。社会系统的这种复杂性，显然比物理系统、化学系统、生物系统、生态系统等的复杂性更为高级。社会系统整体功能的涌现，是要经过人的制度设计和创造来实现的。

就社会系统总的性质而言，在专制社会中皇权至尊，人民受着压迫和剥削；资本主义社会解放了生产力，但发展到垄断资本主义阶段以后，垄断利益与侵略、扩张相结合，使社会失去了理性与可控性；社会主义制度出现的初期，集中的计划经济和政治向官僚化演变导致社会活力的下降和失败；后来通过改革、开放并与市场经济相结合，走上了快速发展且社会保持理性和可控性的轨道。

社会主义制度的特性使得社会系统工程技术的应用成为可能。

对于社会系统这种开放的特殊复杂巨系统，针对其复杂性的特点，在社会系统工程中必须采取特殊的方法。

要描述社会系统的结构、内部关系、复杂性、目标和演变途径，我们可从其成员的利益博弈、制衡机制、组织、控制和整体目标等入手。社会整体需要趋向优化、协调、制衡与控制，这些特性有助于对社会系统发展前景的预测和把握，特别是对于具有较高组织性的社会主义社会是如此。

在钱学森的"大成智慧学说"和"从定性到定量的综合集成法"方法论的基础上，我们可以引进行为科学，发展出一种用于社会系统工程的方法——基于马克思主义学说的"利益博弈推演法"（Interests Gaming Inference Method，IGIM）。其要点可简述如下。

15.5.1 基本原理

（1）在一定的生产力与生产关系、经济基础与上层建筑的条件之下，社会成员通过利益博弈形成相互之间的社会关系。这种博弈和斗争是社会发展的动力。

（2）广大人民群众争取自身解放与福祉的斗争，是社会发展的根本动力。系统博弈的总体输出应以此为依归。

（3）利益博弈要考虑物理（物资、设备、资金等）、事理（任务指标、信息等）和人理（法理、情理等）三个方面。

（4）利益有层次之分和近、远期之分。一般来说，低层利益服从高层利益；近期利益和长远利益之间要有所权衡和辩证的考虑。如孔子所言："小不忍则乱大谋"，"人无远虑必有近忧"，表明了古人在这方面的认识。

（5）社会成员之间通过他组织与自组织作用，进行利益的协调，从而实现较高层次的系统目标，涌现出较高水平的、优化的系统输出。这里在较高水平上体现出了《协同学》的原理。应当指出，由于社会主义社会的性质以广大人民的根本利益为依归，使社会中的他组织与自组织作用具有巨大的力量，有利于化解系统的复杂性，实现系统的目标。这是在社会主义社会有可能实施社会系统工程技术的原因所在。

(6)在不同的社会系统状态之下,采取不同的利益博弈策略:

①如果利害关系明确、总目标与分目标明确,就可采取有效的他组织与自组织手段,争取实现优化的系统目标。

②如果系统处于相对混沌的状态,则可采取试探性博弈的办法,进行沙盘推演,以厘清各种错综复杂的利害关系,并转入有明确系统目标的、有组织的博弈。

③在存在利益矛盾的双方之间,进行谈判式博弈。通过寻求利益交集与相互妥协,谋求签订协议;如果谈判破裂,则可能转化为对抗式博弈。

④在有对抗性矛盾的双方之间,进行对抗式(零和)博弈。如果双方力量的对比发生变化,也可能转化为谈判式博弈。

(7)辩证发展与螺旋式推进。社会系统的发展,由于其中各利益主体的错综复杂的博弈,系统总体的发展往往呈现曲折、反复或螺旋式发展的路径,而不是直线前进的。这符合"否定之否定"的辩证发展的规律。系统目标的达成,一般也不是一蹴而就的,而是要经过螺旋式推进、逐步趋近的过程。如老子在《道德经》中所言:"反者道之动,弱者道之用。""相反相成",以及"相机而行"等,表明我国的古代文化在这方面已有深刻的认识。

(8)社会系统可视为一个多层网络系统,其中的每一层次网络的每一个节点都是一个相对稳定的关系场或关系网络。这种关系网络的变化导致涌现出新的社会系统属性。这种关系网络变化的总体就构成社会系统总体的演化。

(9)社会系统的结构,体现为各利益主体之间的关系;社会系统中涌现的复杂性,具有通过人的主观意愿、智慧创造和组织的特点,而不仅是客观物质规律生成或计算机生成的;社会系统的演变,体现为系统在多维空间(以各利益博弈主体为维度)的发展轨迹。

(10)社会的发展,在混沌与有序之间交替变化;低层次的混沌中往往孕育着高层次的有序;反之亦然。创新性与活力往往存在于混沌的边缘。

(11)社会系统的能控性,取决于其结构和性质,而同社会制度相关。

具体进行分析时,一般可遵循下述步骤:

①明确系统的总体结构。

②根据当前的主要矛盾,选择分析的层次。

③明确相关的利益主体和要素,构建利益博弈关系网。

④判定系统所处的状态。

⑤进行多层次的利益博弈推演分析。

⑥为达到系统的优化目标,考虑各种因素的改善措施,寻求优化方案和控制手段。

系统博弈推演的电子计算机仿真,可利用人工智能方法,例如智能机器人的软件技术,或计算机操作系统的软件技术。这不同于一般的数学模型仿真方法,而是适合于行为科学的电子计算机仿真技术。

15.6　机会目标发展估计法(CGDEM)

现代系统科学的成果表明,有生命的系统都趋向目标建立有序的稳定结构。系统中包含着复杂的生命机理,它使系统整体不断涌现出新的功能。

社会系统在从底层要素向上综合的过程中，包含着人对社会制度的设计和创新。这同简单巨系统(如激光)的整合过程是大不相同的。这是人的主观能动性与客观规律相互作用的辩证统一的过程。

我们看看开放的复杂巨系统的一些鲜活的实例。在自然界，在动物甚至植物中，为捕获猎物会进化出种种功能，甚至伪装、欺诈的技巧。在社会系统中，各种主体为适应新环境、追求新机会，也会拟定新的目标并为达到目标而采取行动，从而涌现出新的社会功能。社会主义社会系统整体也能为追求既定目标而采取整体优化行动。

这些复杂适应系统的发展过程，都有着共同的发展模式：寻找机会—确定发展目标—为实现目标而发展出新的功能。

在这种发展过程中，存在着多主体的竞争；优胜者将取得支配地位。新功能的定量表达，可通过诸如效率、效益等指标，以及多因子综合评价指标。为达到目标，需从各相关因素采取措施；其贡献率可通过统计资料数据等来做出估计；并由此确定各改进措施的定量要求；而且要抓住主要矛盾，以便各种问题能较顺利地得到解决。每个阶段都有其主要矛盾，逐阶段向前推进，属于动态规划的范畴。可建立相似准则方程来预估其发展的成效。

社会主义社会系统的整体，也有明确的发展目标。在社会发展的每一个阶段，其各个侧面、各个子系统的发展水平，与未来的理想目标相比较，可以综合评价指数来表示。在每一个阶段，要根据面临的机遇和挑战，采取相应的优化决策，取得多、快、好、省的进步。为此实施社会系统工程的组织管理技术，可采取人-机互动的办法，进行动态规划。

此法可称为"机会目标发展估计法"(Chance-Goal Development Estimate Method, CG-DEM)。

15.7 自上而下的系统整体建模

15.7.1 引 论

对于开放的复杂巨系统的处理，不但其分析与综合过程是自上而下与自下而上相结合的，体现还原论与整体论辩证统一的系统论思想，而且其建模过程也是自上而下与自下而上相结合的。只有这样，才能做到宏观与微观相结合，避免片面性和误入歧途。而且社会系统建模的主导思路，还是要从整体出发，抓大总；如果只是自下而上地进行，必然使模型变得非常繁杂，且不得要领。本节是就社会系统从整体出发即自上而下建模过程的思考。

社会系统的发展，可以设定一个理想的目标体系，并根据科学评估，以综合评价指数估计社会系统现状相对于目标体系所处的水平；然后根据各关键要素之间的相互关系，来构建系统发展的推演模型。

15.7.2 区域系统发展的理想目标体系

区域系统的理想发展目标，可以设想当我国建成世界一流现代化强国时的情况。例如，在教育体系方面，各级教育资源应当充分普及，教育的质量应当达到世界领先水准。这样的教育系统，可以保证劳动力的高素质和各种产业的高质量发展，同时保证政治文明和精神文明的高质量；地理环境建设也将达到高质量。

在经济发展上按国内生产总值（GDP）及人均 GDP 计，设定相应的目标值。高层次产业发达，且占从业人员的多数；物质和能源消耗指标进入世界前列；绿色经济与循环经济高度发展。建成了成熟稳定的社会主义市场经济体制，国企改革充分到位，民企享有公平合理的市场竞争环境，充分发挥其重要作用。

国民收入分配均衡合理，社会保障体系与制度的建立达到高水平。

在政治文明方面，党的建设成熟，达到高水平；充分体现立党为公、执政为民、全心全意为人民服务的宗旨；法制建设充分完善；各级干部德才兼备，为高效推进社会主义建设事业殚精竭虑；廉洁奉公，为民公仆，彻底破除做官发财的封建腐朽意识，渎职及贪腐发案率降至全球最低。

文化高度发达，且高度现代化，对世界一切优秀文化兼容并蓄。人民都有较高的文化素质和伦理道德品质，精神文明达到高水平。

城乡物质环境建设与基础设施建设达到了理想目标。

国防建设实现了国家指定的目标。

地理建设达到高水平，生态系统平衡，环境优美；环境污染得到彻底治理。实现了新型优化的城镇化过程，城乡环境优美洁净，有较高的宜居性。

人口结构合理，人民体质建设达到高水平，平均寿命进入世界前列。

15.7.3 对区域系统现状的评估

对照上述理想区域系统的目标体系，可对区域系统的现状进行评估。对系统中每一项关键性要素的目前发展水平，可建立综合评价指数，通过多因子的评价，取得指数值，并辅以基于未来学的科学预测，以表明其距离理想指标的差距。

15.7.4 区域系统结构中各要素之间的关系

党的领导是关键，是社会主义政治文明建设和精神文明建设的主心骨，也是经济建设和物质文明建设的领导者和组织者。有高水平的马克思主义领导核心和强大高效的党组织，带领人民从胜利走向新的胜利。党员必须遵守党的章程和国家的宪法与法律，人民赋予公务员的权力必须受到人民的监督。司法部门依据法律独立执法。在民主法治国家，人民是真正当家做主的。

改革开放是强国之路，其目的是不断地解放生产力，为发展生产力和创造生产力营造合理的条件，不断完善生产关系和上层建筑；同时遏制有害的发展倾向。

教育系统的充分发展需要有充分的资金保证，它占 GDP 的某种一定比例，从而对经济的发展提出了相应的要求。教育的普及指数与质量指数的提高对经济领域各产业的产值与产出质量的提高的影响，可根据统计资料作出拟合曲线，并辅以科学预测，形成函数关系，纳入模型之中。

在社会主义市场经济体制下，政府应为合理的竞争创造公平的市场环境和制度。如果政府的服务到位，便会促进生产力和经济的发展，反之则会阻碍其发展。可据此设计综合评价指标来评价市场竞争机制的合理程度。

社会上层建筑对于经济基础的适应程度，也可以多因子综合评价指数来予以评价。由此建立双方之间的定量关系。

促进经济发展的动力,除对外贸易外,内部需求和建设投资是更重要且较可靠的拉动因素。而新型城镇化(农村人口向城市的流动及相应的安置需求)则在整个城镇化过程中都是促进内需增长的重要因素。这些因素对经济发展的促进作用,可建立函数关系来定量表示。

人口结构的变化对经济发展的影响,需经过专门的系统研究以确定其定量的关系。

金融经济要为实体经济服务;且注意维护我国的经济安全。

城乡物质环境与基础设施的空间合理布局,是对人们生活与生产的舒适、方便、安全、效率等品质的空间保证。

地理环境对经济发展和城乡生活的影响,是另一个需经专门研究的子系统。资源、水源、能源的短缺、土地的退化,影响经济的发展和城乡生活;经济生产和城乡生活的排放污染环境;这些影响和治理的程度,都可以综合评价指数来概括地表示。

对各种灾害的防治,力争使损失减到最小,也是安全保证。

"科学技术是第一生产力"。科学技术的创新,尤其需要宽松的环境和有效的激励措施。学术与教育领域的相关制度与科学技术创新之间的定量关系,也可以相关的综合评价指数和调查统计资料来表示。

在政治文明建设方面,包括民主建设、法制建设与体制建设。其核心是改革生产关系与上层建筑,使之适合生产力的发展。

在精神文明建设方面,以党领导的各条战线实际斗争为主导,引导人民建立正确的世界观、人生观、文化观等各种基本观念。在传统中华文化的基础上,广泛吸收世界一切优秀文化成果,兼容并蓄,形成现代化的社会主义中国文化,构建强大的软实力。

上述关系并不只是单纯的网络关系,而是要受到基本关系的制约,这就是社会主义社会的基本关系和特点。

社会主义社会的基本关系和特点,是领导和人民群众的一致性,生产力和生产关系、经济基础和上层建筑的适应性。这要通过持续不断的党的建设、政府职能的转变,通过持续不断的改革和开放来实现。

15.7.5　区域系统结构中各要素性质的分析

区域系统发展的动力,是人民的生存、生活、发展的需求。领导者的责任是让民间的这种动力充分释放出来,并创造优良的条件和合理的制度,使区域系统整体涌现出强大的功能输出。党和政府所制定的战略、路线、方针和政策,是基于区域系统中的各种控制变量(政策变量)。

宏观的控制变量,在各个领域,及时抓住主要矛盾,解决迫切性和根本性问题。根据能控性理论和能观测性理论,找到合适的控制变量采取必要的政策措施。

控制变量的确定,要相机抓住关键因素,以能取得最佳功效为准。

社会系统各个方面各子系统的综合评价指数即其状态变量,经系统模型运行后输出即为输出变量(观测变量)。系统环境(地理环境和区际、国际环境)的变量即为环境变量。系统状态变量与环境变量之间有相互作用的关系。

系统的运行始自其基本动力(生产力)的作用。

15.7.6 模型描述

采取抽象性、模糊定量、慢步推进(动态规划)的模型方式，主要目的在于调整生产关系和上层建筑，而它们是相对于生产力的慢变系统。例如对于生产力，可以模型中的一个经济主体(agent)代表一个产业，它具有整个产业的各种特性和行为——创造需求和产值、在技术上更新换代、在市场环境中进行竞争、合理配置资源等。其性能用综合评价指数来表示，并予以归一化。模型的运行每推进一步，都要对综合评价指数进行核查。

除生产关系与上层建筑之外，对经济系统发展的其他影响因素，如教育、科学技术、城镇化、人口结构、金融服务、地理环境等及其影响程度，可经相关子系统的分析研究，计入经济系统的综合评价指数中，以备系统模型运行的下一步推进。

其他子系统的发展状态，也可仿此求出。总之，各子系统的发展之间是相互影响的；而党的建设、教育系统和科学技术的发展，则具有关键的作用。

每一步或每一阶段的发展，都要基于对当前机遇与挑战的判定；这种判定或是近期的，或是远期的，都有一定的时间限制；只有近期的判定才可能比较精确，越是远期的判定越具有模糊性；因此，对系统控制变量的选取、优化决策的确定，都须受这种时间的限制，而不可能做出无限期的系统发展预期和优化模式。对于开放的(特殊)复杂巨系统，承认其这种性质是比较现实的。

区域系统趋向目标抓住机遇的科学发展，是基于充分发挥广大人民群众的自主性和积极性、解放和发展生产力、生产关系适应生产力、上层建筑适应经济基础等基本原则的。

15.8 结　语

社会系统或区域系统是开放的特殊复杂巨系统，它是以人为主体并在人的利益驱动和总体控制下不断向优化和协调的方向发展的。而且人们为适应新的形势和环境，会寻找机会制定新的目标，求得新的发展。本章提出了模拟和预测这种发展的两种新方法——利益博弈推演法(IGIM)和机会目标发展估计法(CGDEM)。在社会主义制度下还有各种宏观调控的方法，可称为宏观调控法(MSRCM)。在使用这些方法时，归根结底，必须遵从社会发展的基本规律，如生产力与生产关系、经济基础与上层建筑辩证统一的规律，以及各领域的发展规律等。还要善于分析系统发展的阶段性，系统面临的机遇和挑战，以及解决的途径等。这些宏观分析对于城乡与区域规划系统工程以至社会系统工程的实施，有助于设定基本的框架。系统工程的分析和综合，最后归结为系统的规划，可以采取自上而下的整体规划与自下而上的规划相结合的规划方法，并构建数学模型，以便于对照模型的运行进行实时监测和控制(参见下章)。

用此法建模、解模，特点是区域系统的发展目标明确，系统结构清晰，能体现中国特色社会主义社会的特点和党的路线、方针、政策，并可根据输出变量的综合评价指标，及时抓住主要矛盾和主要的控制变量，采取相应的平衡、调整、改善、规划措施，谋求系统优化的功效。其中各种因素的综合评价指标的定量，需基于相关子系统的情报数据资料和深入的定量化分析研究，需要各方面的协同配合，并输入巨型电子计算机计算，才能完成。

第 15 章　区域与城乡规划系统工程新方法探讨

　　模型的建立需基于综合集成渊博深刻的社会科学知识和相关的人类科学技术体系,特别是需要马克思主义哲学和理论的指导。模型每一步的发展,需基于对当时面临的机遇和挑战的认识和决策,既要尊重客观规律,又要依靠主观的决策,是客观因素和主观因素共同作用、辩证统一的结果。系统模型的发展,也要体现近期目标和远期目标相结合。

　　此法需通过实践检验,不断求得改进和完善。

　　社会主义制度对于社会系统的优化和控制具有优越性。在社会主义条件下,运用有中国特色的社会主义理论,采取社会系统工程的理论和方法,有利于提高社会发展的质量和效率,是深入学习实践科学发展观的有力武器。

第16章 城乡规划系统工程方法论探讨

16.1 引　论

城乡系统战略规划科学化的途径,是应用现代系统工程技术。而系统工程技术应用于如此庞大和复杂的巨系统(开放的特殊复杂巨系统),其可能性和具体的方法,是需要进行深入探讨的前沿性课题。

城乡系统的战略规划需从整体上考虑问题,并及时抓住主要矛盾和矛盾的主要方面,采取优化和控制政策措施,引导系统沿着优化的途径发展。

就系统的结构而言,城乡系统所处的外部环境,是地理系统和社会系统;其内部则有城市和乡村的各种子系统。

城乡系统的战略规划,要求在一定的系统边界范围(城市地区、区域或全国)内,运用现代系统工程的方法来解决问题。这样系统的规模相当庞大,内部机制非常复杂,属于开放的特殊复杂巨系统(OSCGS),要运用钱学森学派的方法论——大成智慧工程来处理和解决问题。

城乡规划系统工程,是地理系统工程的子系统和深化发展,且需建立在社会系统工程(社会工程)的基础之上。

按照钱学森的学说和我们的理解,社会系统工程分为4个方面、10个子系统,即:
(1)政治文明建设——民主建设,体制建设,法制建设;
(2)物质文明建设——科技经济建设,人民体质建设;
(3)精神文明建设——思想建设,文化建设;
(4)地理建设——环境保护和生态建设,城乡物质环境建设,基础设施建设。

国际关系和全球的地理、气候系统,是我国社会系统的外部环境。

社会系统生存的物质环境是城乡系统,城乡系统所处的外部环境,是地理系统和社会系统;其内部则有城市和乡村的各种子系统。

按照北京大学地理系马蔼乃教授的意见,地理系统包括8个子系统,即:人口、资源、产业、城镇、基础设施、生态、环境、灾害。

城乡规划系统工程,也基本上要考虑这些子系统;且要进一步细化地考虑城乡内部的各种子系统。

16.2 处理开放的复杂巨系统的大成智慧工程方法

自第二次世界大战以来逐步发展起来的系统工程技术,源自军事运筹学,即借助数学方法来谋划军事系统的运行。战后推广应用到经济系统和企业管理,以至于各种规模和复杂性的系统,包括城市系统。人们在构建系统模型时,发展出各种现代系统科学的理论和方法;在利用电子计算机方面,发展了各种算法和神经网络、人工智能、知识工程、数据开采等技术。但系统的高度复杂性及其预测的困难,却总是困扰现代系统科学工作者的难题。

我国的杰出科学家钱学森将世间的各种系统按照其复杂性的程度进行分类,分为简单系统和巨系统两大类,后者又分为简单巨系统和复杂巨系统。钱学森指出,开放的复杂巨系统(OCGS)和开放的特殊复杂巨系统(OSCGS)是最高等级的系统,用已有的方法(用直接综合法处理简单的小系统或大系统,用统计综合法处理简单巨系统)是不能有效解决问题的,或说其效用是受局限的,而必须采用他所主张的"大成智慧工程"方法,才能有效地处理。

钱学森认识到,现代数学方法和电子计算机软件,虽然在解决逻辑思维问题方面达到了很高水平,但它们终究还不能代替人的形象思维、灵感思维和智慧。如果完全依赖数学和电子计算机,对于开放的复杂巨系统(具有高度的复杂性)来说,是不能有效应对的。实际上,电子计算机至今还不能解决围棋对弈问题;电子计算机和运筹学虽能辅助军事决策,但如果完全依赖电子计算机,没有人的谋略,试想军事对决会得到怎样的结果呢?

钱学森的大成智慧工程方法,一方面,仍要充分发挥现代数学、运筹学和巨型电子计算机的作用;同时,另一方面,强调人-机结合,以人为主,组成"综合集成研讨厅",在马克思主义哲学的指导下,充分运用现代化信息情报资料库,充分利用人类积累的知识和智慧,来处理和解决开放的复杂巨系统问题。

一方面,逻辑关系尽可能依靠数学和电子计算机来处理;另一方面,系统越是复杂,就越需要更多地依靠人的智慧。这应是一条客观规律。而人的智慧主要用于宏观的分析和综合,以及系统目标的分解;数学和电子计算机则主要用于定量化的运算。这种方法论,突破了机械唯物主义,是符合唯物辩证法和马克思主义认识论的。

16.3 基于系统论分析与综合的系统工程科学方法

钱学森指出,为领导决策提供咨询服务工作的任务,是提出系统发展的规划,使系统发展的各方面趋于平衡和协调,对不协调的倾向提出调整意见,并提出采取改善措施(包括生产关系和上层建筑的改善)的意见。要做到这一点,就必须对系统的结构、功能及其未来的发展有深刻的洞察和了解,而这只有通过对系统的科学分析和综合(分解和整合)才能做到的。

系统工程方法是建立在对系统进行科学的分析和综合的基础之上的,是还原论和整体论辩证统一的系统论方法。分析是深入剖析系统的局部要素及其间的关系;综合是从局部要素整合为系统整体,并从当前状态继续向前发展的过程。通过分析和综合,并配以人的智慧的分析和猜想,达到对系统的结构、要素、要素之间的关系、系统新功能的涌现和系统所处的外部环境有深入全面的了解,这样就对系统的现状和未来的预期达到了深入和尽可能全面的了解。在此基础上,可设定系统的整体目标,并分解为分目标,且就分目标设定综合评价指标对系统的当前状态进行评估,并根据各子系统之间的相互关系建立宏观动态推演的数学和电子计算机模型,利用电子计算机进行运算,并进行监测和系统的优化和控制。

系统工程方法是一种追求精密的科学方法,不是仅限于描述的方法。其中的逻辑思维和逻辑推理需充分发挥现代数学、运筹学和电子计算机的作用。但对于开放的复杂巨系统,不能完全依赖电子计算机,而要强调人-机结合,以人为主。从认识论来说,是从定性认识达到定量认识。从方法来说,要经过分析和综合的过程,分析要力争达到定量的要求,然后在综合的过程中,既要反映系统所涌现的新的功能,又要将电子计算机的作用(从底层结构输入数据,逐步向上层结构综合,并尽可能反映系统新的适应性)同人的智慧结合起来。这既不是简单直接的逻辑综合,也不是利用统计力学的统计有序化综合,而是在马克思主义认识论和现代系统科学新成果指导下的辩证涌现性综合。这就是在科学分析基础上的综合集成,它从定性到定量,一般可能要经过三个阶段的发展:

(1)定性的综合集成——全部是定性的分析和综合,尚未进入定量阶段。

(2)定性与定量相结合的综合集成——一部分分析和综合已可进入定量阶段,另一部分还停留在定性阶段,二者相结合。

(3)从定性到定量的综合集成——全部分析和综合环节都可进入定量阶段。

以上三个阶段不是一次完成的,而是循环往复、逐次逼近的。在分析和综合的过程中,可能发现经验性假设出现了偏差,或定量的结果不符合实际,那就要重新再做。

定性是宏观的定性认识,属于性智,靠形象思维;定量是微观的定量认识,属于量智,靠逻辑思维。从定性到定量,是从宏观到微观的认识过程。

开放的复杂巨系统,从要素向整体的综合过程,不是简单地相加,而是会涌现出新的功能、有序性和复杂性,也可能出现混沌。按照协同学的原理,系统在从外部输入能量和物质的条件下,系统要素之间通过竞争,使某种要素处于支配地位,对其他要素行使役使作用("役使原理"),从而产生有序性和新的强大功能。系统要适应新的环境,寻求新的机会,必然要不断地做出新的努力,创造新的游戏规则。这种有序化的不断实现,是以"序参数"(即系统达到新的有序状态时支配系统演化的慢变量)为定量标志的。

在社会系统的综合过程中,还有利益博弈的作用机制,也会发生复杂曲折的过程;但在社会主义制度和中国共产党的领导下,实行改革开放政策,充分吸收人类文明的成果,完善民主与法制机制,终将以广大人民的根本利益为归结。所以问题会得到简化并趋于良性发展。这也是在社会主义制度条件下有可能应用社会系统工程技术的原因所在。

为描述复杂系统适应环境的动态行为,现代系统科学发展出了复杂适应系统理论(CAS),多主体系统方法(MAS)、遗传算法(GA)等。但其中的游戏规则(rules)可能是不断更新的。有的方法用神经网络的"学习"机制来模拟这种更新。至于对真正的创新机制,形象思维和顿悟、灵感思维,即使用上智能计算机能够有效模拟吗?至今的答案仍然还是否定的。因此,开放的复杂巨系统的综合过程,还离不开人的智慧思维的参与。各领域的专家学者们,根据目前所具备的条件,有可能做出某种短期预测的猜想。

现代系统科学发现,创新性可能出现在混沌的边缘。混沌出现的机制,是由于正反馈的强度超过了某种阈值。在市场经济条件下,可能会有有序和混沌交替出现的情况,对此也要有足够的估计。混沌经过克服,会达到新的有序;在系统结构的不同层次,底层的混沌可能产生上层的有序,反之亦然。

在辩证唯物主义哲学的指导下,充分运用现代系统科学的成果,从定性到定量的综合集成法,是具备精密科学的性质的。

16.4　数学模型的构建

　　城乡系统战略规划,应从整体上抓住系统的主要要素、主要矛盾和主要矛盾方面,进行科学的分析和综合。首先,要在辩证唯物主义哲学的指导下,对系统的整体结构进行定性分析。在此基础上,一方面,首先要在宏观上从整体出发,根据各子系统之间的关系构建自上而下的整体动态规划模型(如第15章所述);另一方面,对微观系统各要素之间的关系,以及采取改进措施之后的新的关系,争取达到定量表达,运用数学和运筹学工具,构建自下而上的数学模型。这两种模型相互配合,在电子计算机上进行人—机互动的动态规划。

　　自下而上的模型,以经济系统的综合计算模型为例。经济系统结构的层次可分为:

(1)国民经济系统。
(2)实体经济(金融经济)子系统。
(3)各经济部门子系统。
(4)各产业子系统。
(5)各种生产和经济活动。

　　在最底层,各种生产和经济活动之间的关系,如供需关系,投入产出关系等;用供需模型与投入产出模型相结合,达到平衡状态。改善措施,如通过竞争,产生新的功能,新产品取代旧产品;改进效率、能效和产品的品种、质量等方面。对于负面影响或制约(相克的关系),如产生污染、毒害、碳足迹、拥堵等,这是需要克服和消除的,属于减法改善措施。改进措施也可转化成效率、质量、产出等定量化指标。

　　生产产品的数量和质量,取决于生产要素,可建立生产函数或相似准则函数,定量地表达出来。

　　在从生产和经济活动向各产业子系统的综合过程中,对于竞争环境中的协同学原理和复杂适应系统的行为,可应用相应的系统科学方法进行模拟或沙盘推演;而且,可配以专家的预测,以判定各产业的发展态势。

　　在从各产业子系统向各经济部门子系统的综合过程中,对于朝阳产业和夕阳产业、战略性产业等的发展态势和取向,也需依靠专家的预测和判断。

　　在社会主义市场经济体制下,各微观经济主体(企业家)力争创造社会需求,获得较高的利润,在竞争中胜出;各产业和各经济部门的发展,也要符合竞争的规律。这种从微观到宏观的发展,会涌现出怎样的整体新功能呢?这种过程虽然不可以计算,但是可以模拟和预测:例如通过机会目标发展估计法(CGDEM)的电子计算机智能软件进行模拟仿真和沙盘推演,通过未来学的研究进行预测等。

　　社会主义市场经济系统,微观放活,宏观控制。如果放活超过了某种临界值,微小的涨落可能使系统进入混沌状态。这时需要进行调整。

　　模型可采取动态规划的形式,每前进一步,对机遇、挑战和改善措施进行一次评估。这样至少实现短期的宏观预测是有可能的。

　　将国民经济的综合计算模型输入巨型电子计算机,进行模拟和仿真试验,并就不同的政策措施导致的效果进行比较评估,从中找出优化方案,提出相应的建议,供领导参考抉择。

16.5 社会系统工程方法的基本性质和特点

社会系统工程方法的基本性质和特点：

(1)只有在人民真正当家做主、执政党全心全意为人民服务的社会主义国家,才有可能实施全社会规模的组织管理技术——社会系统工程。资本主义社会,因其法律和上层建筑本质上是为垄断资产阶级服务的,其政党和政治家也是他们的代表,没有全社会统一的目标、利益、理论和意志；因此,尽管有个别资产阶级科学家提出了建立国家管理学(安培)或国家规模的控制论(维纳)等设想,但终究无法实现。只有在马克思主义哲学和理论的指导下,在社会主义社会,才有条件运用当代的先进科学技术来实施社会系统工程,将社会引入科学、高效的发展轨道。

(2)社会是开放的特殊复杂巨系统,系统工程技术应用于如此复杂的系统(钱学森说这是一门比较艰深的系统工程),必须采取人-机结合、以人为主的大成智慧工程技术。须按照系统科学钱学森学派所主张的建立综合集成研讨厅——总体设计部,形成超级智慧体,才能处理社会系统工程问题。在总体设计部中,聚集了专家集体、网络情报资料数据库、巨型电子计算机或计算机网络,以及各种人-机互动软件、软件包、人工智能、知识工程、航天遥感等各种先进的科学技术手段。在理论、知识、情报资料、技术手段等方面,都要不断更新,与时俱进。社会系统工程实际是促使社会科学从描述性科学向精密科学发展的应用技术。

(3)社会系统的发展,是以人为主,随时应对各种机遇与挑战,采取最佳决策。不同于工程系统的发展是基于基本固定的自然规律的。因此,社会系统的模型,就不是完全依赖计算机的逻辑运算所可能涵盖的。比如美国圣菲研究所的复杂适应系统(CAS)理论方法,其主体(agent)的行为规则(rules)是由计算机生成的,它所能适应的复杂性就不能与社会系统的复杂性同日而语。社会系统的发展模型,应当采取人-机互动、动态规划的形式；每前进一步,都要审时度势,评估面临的机遇和挑战,采取新的决策。

(4)社会系统的建模,要基于马克思主义的历史唯物主义的社会科学原理、社会发展的基本规律和深刻的社会科学知识。当然,马克思主义的社会科学也是与时俱进的,不是泥古不化的教条。它应当体现当今社会科学的最高水准。

(5)我国社会系统发展的建模,要体现中国特色社会主义建设的理论和经验,并能取得创新的启示。

(6)处理社会系统这种开放的特殊复杂巨系统,需采取还原论与整体论辩证统一的方法,即系统论的方法。通过自上而下的分析,了解系统的结构及各要素之间的关系；通过自下而上的综合(整合),了解系统可能涌现的新功能。其建模也需要自上而下与自下而上相结合：自上而下的建模,可以从整体上抓住宏观的关系和要点；自下而上的建模,可以弄清微观要素之间的关系,及根据从微观到宏观过渡的理论估计可能涌现的新功能。如果对某一个方向的研究有所偏废,都有陷入误区的可能。

16.6　社会系统从微观到宏观过渡的理论

社会系统作为开放的特殊复杂巨系统,其从微观到宏观的过渡,不同于简单系统或简单巨系统,而是在经济基础起决定作用的条件下,要通过人的主观能动性来设计社会制度。这种设计必须着眼于整体效益。在社会主义新时代,要求社会的整体效益或整体的功能输出有利于广大人民的根本利益。

作为社会微观分子的个人,要求生存、生活和发展。亿万个人的行为怎样通过社会机制使社会整体涌现出强大的功能,使个人和子孙后代都能受益呢?这要通过社会的经济、政治、文化、军事、环境等领域的机制来取得优化的效果。

在经济领域,个人参加社会的生产和服务,对社会作出贡献,并取得相应的报酬,得到合理的分配。社会须为人民提供充分的就业岗位和公平合理的竞争环境,使能人尽其才,社会经济繁荣发达。而且政府非常重视发展教育事业,提高人们的素质和工作、创新能力。社会还须为人民提供充分的社会保障。

在政治领域,人民有充分的知情、表达、监督、参与权,民主与法治体制完善,政治廉能清正,腐败无所藏身,服务型政府与公民社会自治相结合,人民真正当家做主。

在文化领域,人本主义的、科学的、先进的文化占主导地位,社会思想意识健康向上,国家和民族在世界上拥有强大的软实力。生态系统平衡,环境清洁优美,国防力量强大。

总之,整个国家社会的性质和机制体现了以广大人民利益为本的先进性,不是受强势利益集团垄断和控制的(权贵资本主义)体制。因此,社会系统得以稳定,不致溃败,并能发挥出强大的功效。

由此可见,社会系统从微观到宏观的过渡,即通过系统综合达到最佳整体效益的机制,比简单巨系统如激光系统等复杂得多;后者主要体现为通过微观分子之间的竞争,优胜者获得支配地位,役使其他分子相互协同,达到有序状态,以输出强大的功能。而社会系统综合达到有序状态,涌现出强大功能的机制,则要通过社会系统各方面的体制建设,才有可能达到。

16.7　社会系统的能控性与能观测性理论

16.7.1　社会系统的能控性

社会系统的能控性是建立在人民真正当家做主的基础上的。只有全心全意为人民服务、立党为公、执政为民的政府,真正民有、民治、民享(of the people, by the people, for the people)的国家,才能实现长治久安。一切剥削阶级、反动派、专制独裁、背离人民的统治,最终都逃脱不了覆灭的下场。人类历史的发展,充分证明了这条颠扑不破的真理。

执政党的性质和宗旨是全心全意为人民服务,党内民主和人民民主可以杜绝阴谋家、野心家和腐败分子的专权,人民军队服从党的绝对领导,人民政府为人民服务并受人民的监督,完善的法制系统保障社会的安全和稳定,人民的思想意识健康向上并具有高素质,社会经济基础的发展繁荣昌盛,地理环境清洁优美。这就是我们社会主义国家保持能控性的基本机制,它是建立在社会经济基础和上层建筑健康发展且符合马克思主义原理的基础上的。否则,社会系统如果失控,陷入混乱,被敌对势力乘虚而入,人民就会陷入水深火热的灾难。

良好、有序、稳定的社会系统是能控性的基础。但在社会发展还不完善、矛盾多发的阶段,可能会出现种种不测的问题;社会发展的方向,有可能被某些利益集团所绑架,而使广大人民的利益受损。我们必须不失时机地严防这种曲折和倒退的发生;并通过一切控制手段,力求社会系统的良性发展。

16.7.2 社会系统性能的能观测性

社会系统性能的能观测性,主要是基于其中关键性要素的综合评价指标;这须经由相关专家的精心设计。每一项要素的评价指标,取决于其相关的影响因素,一般可表为这些影响因素的加权总和。可仿效运筹学中多目标系统总功效度量的表达方式,即

$$W = a_1 W_1 + a_2 W_2 + \cdots + a_n W_n \tag{16.1}$$

这些影响因素 $W_1, W_2, \cdots, W_n$ 中,凡需增值的均取正的加权系数,凡需减值的均取负的加权系数。不过这种表达式有一个缺点,即其中某个影响因素的缺陷可由其他影响因素的优点来弥补,而不能反映在总的评价指标值上。在使用中须对此加以注意,以防导致误判或对某种因素影响的忽视。

16.8 城乡规划系统工程实施的初步设想

城乡系统分为许多子系统,子系统下面又有子系统,直至基层和个体。在社会主义制度下,城乡整体有总的目标,各子系统有其分目标。子系统各司其职,组织起来达成城乡整体的目标。这就像人体,其各组织以至各细胞各司其职,以保证整体的生存目标。

因此,城乡系统的整体目标可分解为各层次、各子系统的分目标体系,以保证总目标的实现。

在城乡规划系统工程实施的过程中,根据时间、地点和条件,及时抓住主要矛盾,解决关键问题,主要依靠人的智慧和机敏,以及马克思主义哲学的指导;而分析、综合过程和建立数学模型并利用电子计算机进行定量计算,则有助于方案的评价、比较、优化和优选,提高预见性,减少和避免曲折和失误。

在目标分解体系的基础上,有可能广泛利用现有的各种数学模型和运筹学技术,并在系统论分析和综合的基础上,进一步提高数学建模、运筹学和博弈论的水平,使之能够适应于对开放的复杂巨系统的处理和应用。

城乡规划系统工程实施的步骤,可按照如下的初步设想:

(1) 目标(goals)、任务(objectives)、项目(projects)体系。
(2) 保障体系。
(3) 规划方案(表为数学模型)。
(4) 方案评价(以诸如投资-效益分析或广义的价值评价为准则)。

(5) 方案比较、选择、优化。
(6) 方案实施,并实时监测实施的成效。
(7) 控制措施(通过投资控制及其他控制手段)。

如果规划方案可以数学模型的形式定量地表达,并在电子计算机上运行,那么实时监测方案实施的进度和成效,并与模型运算的结果(体现规划要求)对比,针对偏差加以必要的调控。以上步骤可以循环反复的方式进行。

这是一种基于控制论(cybernetics)的规划方法。是借鉴了英国在20世纪60年代实施的结构规划方法(被称为系统规划方法)。这种规划侧重于物质环境规划。其规划的形式主要表现为数学模型和说明文字,而不是图纸;其作用主要是宏观控制;是同传统的规划概念很不相同的。不过在英国的社会条件下,其控制手段只限于投资(包括公共投资与私人投资)控制。在我国条件下,可能实施多方面的控制手段(包括宏观调控)。

16.9 结 论

城乡系统整体发展的战略规划的制定,是建立在城乡规划系统工程技术的基础上的。即要经过分析综合的科学思维和认识过程,从定性认识达到定量认识,采用从定性到定量的综合集成法,即大成智慧工程的方法来进行。

在现实社会中较容易发生决策科学性缺失的主要方面,如急功近利,在系统高层次的长远整体利益方面发生失误;又如部门分割,缺乏整体谋划等。这些也应是社会系统工程着重考虑解决的问题。

面对城乡规划系统和社会系统这样的开放的特殊复杂巨系统,首先要强调抓总,抓大总,把所有相关的子系统都集合起来,然后按系统的结构分层次,把各因素和环节紧密地联系起来,并及时解决主要矛盾和关键性难题。这些问题的解决,有助于推动其他一般性问题迎刃而解。所以作为"开放的复杂巨系统学",重点应放在及时抓住主要矛盾解决关键性难题上面。至于构建系统的数学模型输入计算机进行运算,并用数学方法寻求最优解,这在某些简化前提下是有可能做到的;对于某些较简单的系统可以直接这样做。而对于开放的复杂巨系统,要根据实际情况构建宏观与微观相配合的数学与电子计算机模型;如能在马克思主义哲学的指导下,采取问题导向的方法,善于分析和综合,在经验判断和猜想的基础上,找到解决问题的适当框架,则可能为构建数学模型创造条件。有时,数学模型可能只能起到间接和辅助的作用。然而,即便在某些简化和理想条件下的数学分析和运算,以及据此建立的系统科学理论和方法,也能揭示许多深刻的规律和原理,能给人以深刻的启发;是深化人的认识、提高人的智慧思维能力的科学手段。因此我们应当尽量应用这些手段,在此基础上发挥人的智慧的作用。

钱学森所提出的处理开放的复杂巨系统的方法,是一种半经验半理论的方法。他曾指出,当前的数学和运筹学的发展水平,以及博弈论和电子计算机的发展水平,都还不足以解决开放的复杂巨系统问题。所以他主张要采取"人-机结合,以人为主"的方法,在关键点上靠人的智慧判断。所以他说不要为追求数学形式的完美化而陷于僵化;这时不如老老实实地承认理论的不足,而求助于经验判断。他指出,不能完全依赖计算机,并批判这是机械唯物主义；当然也不可完全从概念出发，陷入唯心主义。但他又说复杂巨系统的系统工程方法，还是要利用巨型电子计算机的计算，单靠人脑是不行的。因此要做到定量化。

在系统总体结构分析的基础上，采取问题导向方法，建立问题关系场，进行系统的分析和综合，并寻求优化和控制，以达到整个系统优化和控制的目的。这将是处理开放的复杂巨系统的有效的战略方法。

充分发挥电子计算机作用的方法，除检索资料数据与信息之外，很重要的是构建各种软件包，其中充分应用各种科学技术，包括数学、运筹学、人工智能、知识工程等。人们可灵活运用这些软件包，就像在文字处理和计算机绘图中运用各种软件包那样。此外，系统（如国民经济系统）的综合计算模型及其改进措施，定量表达后输入巨型电子计算机进行计算，输出逐年的数据，也是可能做到的。这都将在人们处理城乡系统战略规划这类开放的复杂巨系统中提供巨大的帮助。

城乡规划系统工程的运作，需要建立综合集成研讨厅体系，即总体设计部这样的常设机构，来持续不断地进行研究。这是"人－机结合，以人为主"的超级智慧体系；只有依靠这样的超级智慧体系，才能解决开放的复杂巨系统问题。现代社会复杂系统的决策机制，不是靠个别人拍脑袋，或靠召开几次专家咨询会，就能解决问题的。政协委员们的提案或人大代表们的议案，也需经过系统的研究，才能得到合理有效的办理。一切有价值的意见，作为零金碎玉，必须纳入系统科学的研究，才能形成全面系统的科学决策。目前的城乡规划，靠规划院进行商业性运作，也难以真正建立在系统工程的基础之上。对于社会主义建设的科学决策，钱学森为我们指出了明确的方向和途径，有待于我们深入地探讨和实践。

对于解决开放的特殊复杂巨系统（OSCGS）问题，这是唯一可行的科学方法。我们看到，城乡规划系统工程，以至社会系统工程，从其内容和操作上来看，都是极为复杂的。但在社会主义制度条件下，因为全社会有共同的发展目标，所以它不是不可能的，也是有必要的。它能否有效实施，取决于人们的认识、深入探讨和决心。人们通过更多地应用这种方法，将会使这种方法不断地趋于成熟和完善。

第三篇
中国特色社会主义体制下的城乡发展

第17章 钱学森关于社会主义建设的科学理论

17.1 钱学森论社会主义建设

钱学森同志在退出一线领导岗位之后长期致力于研究社会主义建设的科学——把系统工程技术应用于社会主义建设事业。他提出了解决社会系统和地理系统协调发展的系统科学方法。

他指出,根据马克思的社会形态学说,社会形态可分为经济形态、政治形态和意识形态三个侧面,即社会系统分为经济系统、政治系统和意识系统三个组成部分。

经济关系对政治关系和思想关系起决定作用,但后者对前者也有重要的反作用。前者是基础,后者是上层建筑。

社会经济系统中,包括生产力子系统和生产关系子系统(包括生产资料所有制关系和生产、消费、交换、分配关系)。

生产力不仅是生产物质财富的能力,也要有和环境协调发展的能力。在当今生产力智能化的时代,科学技术是推动生产力发展的最活跃的、决定性的力量。邓小平同志指出,"科学技术是第一生产力";"科学是了不起的事情,要重视科学,最终可能是科学解决问题";"四个现代化,关键是科学技术现代化"。发展了马克思主义关于生产力的理论。

在生产关系系统中,生产资料所有制的形式是基础。

根据马克思主义理论,生产力系统决定了生产关系系统,生产关系系统要适应于生产力系统的发展,对生产力系统有强大的反作用(推动或阻碍生产力系统的发展)。

生产力系统是经济系统中最活跃的部分,是个快变系统。而生产关系系统则是个相对的慢变系统。从而构成了社会经济发展中生产力和生产关系的矛盾运动。它是推动社会生产方式变革的根本原因,是社会系统演化的内在机制。

这种矛盾对于资本主义社会来说,其生产资料私有制与生产社会化的矛盾是结构性矛盾。而对于以公有制为基础的社会主义社会来说,是在生产关系基本适应生产力情况下的动态发展中的矛盾,是可以在社会主义制度范围内采取科学的正确的措施加以解决的。

我国正在进行的经济体制改革,其根本目的就在于改革生产关系使之适应并促进生产力的发展。只有通过改革开放,大力发展生产力,并不断地解决生产关系和生产力之间的矛盾,才能促进我国的物质文明建设并提高其水平。

在社会系统中,经济系统是基础,政治系统和意识系统是上层建筑。前者是快变系统,后者是相对的慢变系统。前者决定后者的结构、性质和发展方向;而后者对于前者又有反作用(促进或阻碍其发展)。这就构成了经济基础和上层建筑的矛盾。它也是推动社会形态发展的动力,是社会系统演化的内在机制之一。

意识系统的功能是生产社会精神财富,创造社会的精神文明。其子系统为思想系统和文化系统。思想是精神文明的主观表现,文化则是其客观表现。

政治系统的功能虽不直接创造物质文明和精神文明,但它处在组织管理社会系统的关键地位,政治文明建设对促进物质文明建设和精神文明建设有重大作用。政治系统的子系统,有设施子系统(如国家机构、政党、军队、法院等)和制度子系统(如政治制度、法律制度等)。

在社会主义社会,上层建筑同经济基础是基本适应的,但两者之间的矛盾依然存在。不过和以私有制为特点的社会不同,这些矛盾是可以在社会主义制度范围内采取适当措施加以解决的。

从科技体制、经济体制、政治体制、教育体制改革到社会主义精神文明建设,涉及了我国社会主义社会形态的各个侧面。但归根到底是为了发展社会主义社会生产力,体现出以经济建设为中心。这是我国社会系统前所未有的大调整和改革。改革开放是强国之路。

为了实现这样的目标,我们的改革开放必须在四项基本原则指导下进行。坚持社会主义道路就必须坚持公有制。在政治形态方面必须坚持党的领导和人民民主专政,在意识形态方面必须坚持马克思列宁主义。资产阶级自由化所主张的是变公有制为私有制;改变中国共产党的领导为多党制;变人民民主专政为人民民主议政;把坚持马克思列宁主义改变成全盘西化。如果按这些人的主张去办,中国社会的性质将完全改变成资本主义性质的社会形态。这将是中国社会的大倒退。所以,四项基本原则是立国之本,不可动摇。

党的十一届三中全会所确立的"一个中心,两个基本点"的总方针,是应用马克思列宁主义原理的典范,它必将促使社会主义文明建设得到快速发展。

为实现这个总方针,必须采取科学的方法,即用系统工程的方法对社会系统(开放的特殊复杂巨系统)进行组织管理。社会系统工程按其三个子系统,可分为经济系统工程,政治系统工程和意识系统工程。社会系统工程实施这三个子系统之间协调发展的组织管理技术,使物质文明建设、政治文明建设、精神文明建设协调发展,以取得社会系统长期的和最好的整体效果。而且,社会系统工程还要同地理系统工程结合起来运用。

1990年4月钱学森指出,社会主义地理建设是社会主义文明建设(包括社会主义物质文明建设、社会主义精神文明建设和社会主义政治文明建设三部分)的环境基础,也是可持续发展战略的基础。其建设周期比较长,容易被忽视。

地理系统包括人口系统、资源系统、生态系统、环境系统、灾害系统、城镇系统、基础设施系统、产业系统等8个子系统;而各个子系统又有多层次的子系统,因而是一个开放的复杂巨系统。地理系统工程的具体内容如环境保护和绿化、资源(地下资源、地面资源、海洋资源和空间资源)的合理开发、利用和保护,能源系统建设,自然灾害的监测和防治,城镇居民点建设,综合交通运输体系和现代信息通信业的建设,人口的空间分布和人口流动的管理等。建立起地理信息网络体系,促进地理建设的信息化,对地理系统的组织管理及其和社会系统之间持续协调的发展,具有重大意义。它是实现可持续发展的技术手段和物质基础。

钱学森运用总体观和系统科学的方法,综合分析了我国社会主义建设的系统结构,认为从总体上,大致可分为四个领域、九个方面,即"社会主义政治文明建设,包括民主建设、体制建设和法制建设;社会主义物质文明建设,包括经济建设和人民体质建设;社会主义精神文明建设,包括思想建设和文化建设;社会主义地理建设,包括环境保护、生态建设和基础设施建设"。在这九个方面中,科技经济建设是基础,是中心。钱学森提出设置专门从事社会主义建设的总体设计部,对这四大领域、九个方面的工作和问题,进行总体分析、总体论证、总体设计、总体规划、总体协调,抓住关键,提出切实可行的各种配套方针政策和发展战略,为决策者和决策部门提供科学的决策方案。

总体设计部是实现系统工程的实体机构,是处理复杂巨系统的科学实践方法。早在20世纪70年代初,周恩来同志就希望把这种组织管理方法运用到国民经济其他工作上。1979年,钱学森提出建立国民经济总体设计部的建议。1989年,他又提出了社会主义文明建设的总体设计部体系的建议。

总体设计部的概念源自我国的航天系统工程。其中有两套指挥系统。一是总体设计部,对航天工程进行科学的技术管理;二是管理机关,应用管理信息系统对航天工程实行科学的组织管理。前者由熟悉大系统各方面专业的技术人员组成,在总体设计师领导下,应用系统分析方法,根据任务要求,进行总体分析、论证、设计和协调,并采用计算机仿真技术,对系统方案进行整体优化、系统功能和结构的协调一致。后者体现了以权力为基础的决策执行作用,以保证决策实施的有效性(效率和效益)。总体设计部起决策支持和参谋的作用,为决策的权力机构服务,决策作出之后,再由执行部门贯彻执行。这个方法体现了管理系统的现代化方法,特别是像社会系统、地理系统这样开放的复杂巨系统的管理,更需要这种现代化的方法。决策支持和决策部门以及决策执行部门的分离,是现代社会实践的复杂性所需要的,也是现代社会发展进步的标志。

我国现行的体制还没有总体设计部系统,有的机构有点像总体设计部,但其结构和功能都没有起到总体设计部的作用,其部分工作被执行机构代替了。这恐怕是我们过去某些工作造成失误、决策不能科学化的重要原因之一。另一方面,我国目前的社会管理体制及其改革,是分部门进行的,缺乏整体统一的规划、监督和管理,不可避免地会发生利益部门化的趋势。所以用总体设计部这样的科学方法来对国民经济和社会进行组织管理,是很有必要的。可以说,系统科学是治国之方。不过,钱学森曾经谈到,关于设立社会主义建设总体设计部的建议的具体实施,还需要有系统的理论支持。

钱学森创立的社会主义建设科学体系,即社会系统工程,是运用现代系统工程技术来把这一宏伟的事业纳入科学的轨道,是我们实行科学发展观的有力武器。在马克思主义、社会主义和共产主义运动的发展史上,这一科学体系的创立是一种新的创举。

17.2 钱学森的沙产业理论

1984年,钱学森院士在一个学术报告会上首次提出"沙产业"(deserticulture,此术语为钱老拟定)概念。此后,钱老通过多次讲话、通信,对于沙产业理论从许多侧面作了阐述,形成了钱学森关于沙漠戈壁合理开发利用的科学构想和战略构架,它包含开发利用的目标和达到目标的系列措施。

钱学森认为,沙产业是知识密集型的农业型产业;实现沙产业必须是利用全部现代科学技术,包括物理学、化学、生物学等基础科学,通过植物的光合作用,固定转化太阳能;利用系统工程综合开发产品和产后加工,建立适合市场机制的有效管理体系。只有这样,才能在我国150万km^2的沙漠、戈壁和沙漠化土地上,创建能"为国家提供上千亿元产值的沙产业",

"为人类开拓新的食品来源"。他认为,沙产业就是变不毛之地为沃土。他期望沙产业以及其他知识密集型农业型产业的建成将是一次新的产业革命。

地球表层是极为复杂的巨系统,其生命活动的最大动力来源是太阳能。沙漠地区多分布在地球南北回归线附近的阳光地带,在此解决人类难题的努力在于运用科学知识,特别是最新的知识,来固定、转化太阳能。应把提高这里的太阳能转化效率作为开发方向。沙漠戈壁地区云层稀少,全年日照时数在 2 800~3 300 h 之间;内蒙古、宁夏、甘肃西北部及新疆东南部的太阳能年辐射总量在 586 kJ/m² 以上(全国在 335~837 kJ/m² 之间)。沙产业发展谋略定势于提高植物的太阳能转化效率,提高单位面积碳水化合物的产出量,以满足人们对氨基酸、维生素、生物能源及工业原料的需求。

由于太阳能存在着单位面积上强度不高、能量辐射不恒定等特点,利用绿色植物的光合作用固定太阳能就是最理想的手段。在单位受光面积上最大限度地固定太阳能,是农事活动的最高目标。北方大部地区无霜期仅为120~160天,大田作物不能利用冬季过半时日的阳光。如果用透光的塑料膜大棚,就能使太阳能更多地被固定下来。固定太阳能的工具是附着在生命活体上的叶绿体。它的结构最灵巧,有不可取代的高效功率,又可依靠自然的生命力自我更新、自我复制。这就为人类在沙漠地区经济的活动指明了主要方向。

钱学森的沙产业理论,基于对地球表层客体的深刻认识,把提高对太阳能的利用率的最大潜力和努力方向,寄托在高新技术的运用上,主张走出传统,跨行业、跨领域地运用物理的、化学的科学原理、信息革命的成果、新工艺、新材料、新技术,创造植物光合作用的条件,最大限度地利用太阳能。

沙漠地区植物生长的自然条件极不稳定,变幅异常剧烈。植物生长基本上服从于最小因素律,即生物的生产量受最差满足条件所制约。满足程度最差的因素成为主导限制因子,它的状况不加改善,其他生态因子的优势都不会产生增产的效果。例如,用温室改变光热条件,就能摆脱不良气候的影响和季节的束缚;降低蒸腾和蒸发,就可极大地节约水的无效消耗;增加 CO_2 的浓度,就能提高光合作用的产量;改善光照质量和采用人工光源,能加速作物的生长发育等。技术上的可能还要经济上合算才行。要从目前的实际出发,选择那些已有基础、易见成效、容易推广的技术作为沙产业创建的新起点。例如,塑料膜(地下敷膜保水保肥,地表敷膜减少蒸发等)和温控技术的应用,滴灌、渗灌配套设施的推广等等。用生物基因工程改良太阳能生物转化器,用人工种子繁衍良种,都有良好的前景。在我国已被广泛掌握的立体种植、组织培养等农艺手段,在沙产业的集约经营中可收到立竿见影的实效。

1998 年,钱老给刘恕的信中说:"沙产业的一套做法实际是高科技农业生产的实验,它已经在中国的沙漠化地区取得成功;将来这套做法还可因地制宜地在全国推广,不仅限于沙区……沙产业实际上是未来农业、高科技农业,服务于未来世界的农业!""沙产业实际是农产业的节水高技术化"。钱学森沙产业理论的实践,将使我们可以乐观地迎接 21 世纪的来临:一个食品丰富的世纪,一个人类理性支配自然、包括支配自己的世纪,一个在地球表层——天、地、人和谐发展的世纪。

沙产业要得以持续发展,就必须寓环境保护于经济开发之中。在干旱、半干旱地区的农业开发之中,要警惕环境的退化,主要是风力导致土壤风蚀,人工灌溉导致土壤次生盐渍化。风力和水力两个动因,引起土壤的肥力丧失,使土壤荒漠化并引起沙尘暴等灾害。

沙产业会增加沙区光合作用的产品产量。第一性产品产出量足够丰富,人们为追求生活必需而进行的盲目开发行为才能得到控制,沙区的植物资源和土壤肥力才能得到休养生息。所以,发展沙产业是控制荒漠化的积极手段。

沙产业要健康发展,须采用追求实效的产业管理策略,要有经济核算,地方要有自主经营机制,着眼于商品性生产,从小规模做起,集约经营,采用龙头技术,分区指导,因地制宜,建立示范基地,给予优先支持。

沙产业技术路线的通俗表达是:"多采光,少用水,新技术,高效益"。进行光合作用的主体植物品种优选,也是一个重要的方面。今后,理想的太阳能转化物可能是一些适合用工业化连续生产的绿色植物。例如,养殖在循环流动的管道之中的藻类。

钱老不但创立了沙产业理论,而且还热心地指导和推动实践。1994年,钱老将他获得的何梁何利奖金100万港元设立促进沙产业发展基金。1997年6月,在甘肃省武威市成立"钱学森沙产业中心实验室"。2001年4月12日,钱学森沙产业奖学金在北京宣布设立,在甘肃省农业大学和内蒙古农业大学设立"钱学森沙产业奖学金班",在宁夏农学院设立"钱学森沙产业奖学金"。中国沙产业基金会还决定在西北地区的相关农业院校设立钱学森沙产业奖学金。

经过近几年的实践,更多的人已认识到发展沙产业是防治土地沙漠化的根本措施,是沙区人民脱贫致富的突破口,是缩小东西部经济发展差距的捷径,也是把干旱、半干旱区的大农业提高到现代化水平的一条道路。已受到党中央和国务院的重视。

17.3 钱学森论知识密集型草产业

我国拥有居世界第二、占国土41%的4亿hm^2草地资源,但草地生产力比世界发达国家落后半个世纪以上。如用现代机械、化工、信息、生物等科技开发其潜力,则在国家面临人口增加、耕地减少、生态环境恶化、东西部发展差距加大的趋势下,将对中国未来的人口、资源、环境、富裕、西部少数民族可持续发展等起决定性作用。国家杰出贡献科学家钱学森正是在这一形势下,以其博深的科学观、敏锐的洞察力和执著的求真精神,分析国情,调查研究,于20世纪80年代中叶首次提出创建知识密集型草产业理论及实践的具体主张,并同李毓堂和其他草业界人士建立了切磋求索的"道义之交"(钱老语)。此后,在全国建立草地管理建设十大基础体系、20多省(区)40多个草地牧业综合开发示范点、草地科技发展和重大科技活动中,都得到钱老的关注、鼓励和指导。15年来钱老通过谈话和信函,深入地论述了草产业的理论、内涵、科技、机制、管理及前景预测等思想,殷切地鼓舞草业工作者排难奋进。还为此多次向中央上书,呼吁成立国家级草地管理机构。钱老精辟的草业论述,不仅创建和发展了我国草产业科学,开拓了草地资源优化开发管理和21世纪可持续发展的光辉途径,还对世界草地资源科学做出划时代的贡献。

20世纪80年代中叶,钱学森首次提出创立知识密集型草业产业。其基本含义是:以草地为基础,利用日光能量合成牧草,然后用牧草通过兽畜、生物,再通过化工、机械等一切可以利用的现代科学技术手段,建立起创造物质财富的高度综合的产业系统。他说,除草畜统一经营之外,还有种植、营林、饲料、加工、开矿、狩猎、旅游、运输等经营活动。草产业也是一个庞大复杂的生产经营体系,也要用系统工程来管理,也当然是知识密集型的草产业了。

知识密集型草产业是钱学森科学的宇宙观和他创立的开放的复杂巨系统理论与大成智慧学说在草产业方面的体现和贡献。它首先把以草地为载体和空间的牧草和一切共生资源看作是一个密切相关的统一体,草产业就是要运用生物、机械、化工、信息等一切可利用的现代科技手段,综合开发草地上以牧草为主的共生资源,在种植优良牧草、改良土壤、建立优化生态系统基础上,发展草、牧、林、渔、工、商、旅游等连锁产业,建立起高度综合的、能量循环的、科学管理的、生态优化的、多层次高效益的产业巨系统。这就把历来草地资源开发利用上孤立分割、技术分散、效益单一的传统方式,变为综合开发、科技密集、效益耦合的科学方式。

关于西部大开发,不久前,钱学森在给中央领导的一封建议书中讲到西部开发的历史经验时说,建国以来,西部有过两次大的建设,一次是20世纪50年代前苏联援建的156个项目,有些重大项目建在西部,一次是20世纪60~70年代的三线建设,这两次投入的资金、人才和科技含量等都相当可观,虽然推动了西部发展,但未从根本上改变西部落后状况。原因是这些项目并未同西部的经济基础,即农业的发展结合起来。而要搞好西部农业,也应有新思路。钱老在信中着重提出发展沙产业和草产业的问题。

钱学森的知识密集型草产业观不仅符合现代科技发展相互渗透、借鉴、结合的大趋势和社会经济发展要求持续高效优质的规律,而且完全切合我们的国情和历史经验教训,具有科学的理论根据、实践根据和现实根据。对优化管理开发我国的草地资源,实施21世纪可持续发展战略,具有划时代的意义。

长期以来,人们把草地单纯看做是放牧家畜的天然牧草地,看不到优良牧草和各类共生资源综合开发、科技集成的超优效益。钱老的知识密集型草业观,开拓了科学视野,使人们看到中国草地资源优化开发的巨大潜力和效益;进而看到西部大开发的途径和前景;也看到缩小东西部差距,使中国达到发达国家水平的保证,也为中外企业家参与西部开发和草产业项目打开了思路。

草产业系统工程可划分为三个子系统:

(1)生产系统。

　　①前植物生产(自然生态)分系统。

　　②植物生产(种植)分系统。

　　③动物生产(养殖)分系统。

　　④外生物生产(加工、商贸等)分系统。

(2)管理系统。

　　①社会管理分系统。

　　②技术管理分系统。

　　③经济管理分系统。

　　④生态管理分系统。

(3)科研教育子系统。经过十几年来的实践,针对各种实际问题,探索出了我国草业系统工程的基本模式。其总体目标是:发展专业化、社会化、商品化的现代草产业经济。为系统处理各类关系,实行种植、养殖、加工三结合,生产、科研、培训三结合以及牧、工、商三结合,并改革草地和牧业生产经营体制、生产技术、经济管理、产品流通体制和项目组织领导和总体管理方法。

近十多年来,各省区运用这一模式,在不同类型地区建立草业综合发展的试验示范项目中,结合自己的特点和优势,又创造出了许多不同形式的具体模式。

草产业理论已有了初步的框架,这几年我国草产业已有不少成功的试点,从实践中证明草产业的概念是可行的,大有前途的,今后还要在实践经验的总结中不断提高。但也要看到,已有的成就离知识密集型草产业还有很大的距离。"真正知识密集型草产业的出现,中国的第六次(产业)革命,将在21世纪下半叶。"

知识密集型草产业未来可开拓的领域与功效如下:

(1) 发展农区草产业和生态农业,解决农业持续发展问题。发挥优质豆科牧草改良土壤、兴牧增肥的生态经济功能,结合农业精耕细作的传统优势,再加上水利、育种及优化开发农区草山等措施,建立粮—经—饲(草)三元种植与农牧结合的结构,可大大提高农田单产,使土壤得到生物改良,发展名、优、特产品,扩大外向型农业经济,发展农区绿色饲料业、绿色养殖业和绿色食品产业,开拓国内外市场,并扩大就业,转移农村剩余劳力,促进小城镇建设,促进农民致富、农村繁荣兴旺。

(2) 发展牧区草产业和生态畜牧业,解决牧区生态经济繁荣发展问题。发挥优良牧草和各类共生资源的优势,在保护、改良草原和兴办人工草地的基础上,结合营林、水利,开发风能、太阳能技术,建立冬春饲草储备库、舍饲建设等措施,恢复草原优良生态和生物多样性园地生机,综合发展优质高产高效绿色草原畜牧业为主的多种经济,开拓国内外市场,促进牧民致富、牧区繁荣兴旺。

(3) 发展绿色蛋白质饲料草产业,开拓草产品国内外市场。广种优质豆科牧草,用牧草快速、高温低耗烘干加工新技术生产绿色蛋白质饲料,供应国内外市场。豆科草粉可替代动物蛋白质饲料(如鱼粉、骨肉粉等),也可促进世界无污染绿色养殖业和绿色食品业的发展,是农牧区企业经济发展的持续高效的途径。

(4) 发展生态治理工程型草产业,解决国土治理区生态经济持续发展和保护生物多样性问题。在国家实施沙化治理工程、水土保持工程、退耕还林还草和保护生物多样性等绿色生态建设工程中,为做到生态效益与经济效益相结合,保证生态工程的巩固持久,要发挥优质牧草(特别是旱生、超旱生牧草)防风固沙、保持水土、改良土壤及饲用、药用等诸多优势,结合开发水利、风能、太阳能技术等措施,发展以种植优良牧草为基础,草、灌、乔结合,牧、农、林结合,综合发展绿色生态经济工程型草产业。西部草地分布有天然牧草和饲用植物数千种,比林木更能适应在高寒、干旱、荒漠、盐碱等不同土地气候条件下生长,其根系比林木能更有效地保持水土和防风固沙。若广种适宜的牧草,加上造林、水利、工程等措施,还能促使雨量增多,调节气候。

(5) 发展林区草产业,解决林果区生态经济持续发展问题。针对林区存在经济效益与生态效益矛盾,林民为谋生计砍伐林木屡禁不止和果园莠草危害影响效益的状况,在林区开展林果间种植豆科牧草,通过改土、除莠、助长、增质,不仅可达到林茂果丰,还可割草养殖畜、禽、鱼,使林区实现生态与经济双优。

(6) 发展南方少数民族山区草产业,解决少数民族经济繁荣发展问题。中国南方有7 333万 hm² 草山草坡,大都分布于少数民族地区,具有气候温暖、雨量充沛(年均800 mm以上)、适宜优质牧草生长的优势。若广种优良牧草,结合畜、粮、林、果生产、加工和民族特色产业、旅游业等,可达到生态、经济持续优化发展,民族繁荣进步。

(7)发展滩涂渔区草产业,解决盐碱滩涂区生态经济发展问题。盐碱滩区挖池筑坝,池内养鱼,坝上种草,割草喂鱼,并建立草、鲢、鲤三层结构的优化养鱼系统,既可改造盐碱滩地,又可促进渔业发展。

(8)发展城镇草坪绿化产业,解决城市环境优化问题。实现人均占有 25 m^2 绿草地的现代化城市和居民健康环境标准,发展草坪业是一项持续高效的产业。

为创新国家草地管理机制,钱老在 20 世纪 80 年代多次向中央建议,国家应设立草地管理局或草业部,以有效地启动全国性知识密集型草业的大发展。

钱老还关注创新草业经营体制,在家畜私有私养条件下,坚持落实草地长期有偿家庭承包经营或企业承包经营的责任制。这是实现草地有效保护、合理利用和科学管理建设的关键。

要创新生态治理工程和草业建设工程的运行机制,可实行由国家主管部门确定项目建设计划,规定工程目标、指标、期限、投资额度和监督、验收等制度,由经过考核合格的草业工程公司或专业工程队招标承建。在完工验收后,把建成的草地交付给政府,再由政府承包给牧民或企业使用。对承包到户的草地,可实行国家有偿投资,牧民贷款兴建的方式。

草业高新科学技术的研究和推广应用要纳入国家重大科研项目计划。如转基因作物、医药和新能源等的研究和开发。这正预示着钱老讲的第六次产业革命——生物技术革命的到来。

钱老在 20 世纪 80 年代预言:中国 3 亿 hm^2 草原将来有可能年产值达到几千亿元,草业产业的前途是十分光明的。

如果我国在 21 世纪开头的 30 年内使草地资源得到全面保护和重点优化开发,通过开展草业系统工程发展知识密集型草产业,将 30% 草地建设为人工草地,将占耕地 1/3 的低产田改造为高产田,将占林地 1/2 的疏矮林区实行林草结合,将城乡裸露土地建成为黄土不露天的绿草地,将草原太阳能、风能、生物能等相关资源开发利用起来,则我国农牧业产值和农牧民收入将会成倍、成十倍地增长,城乡生态环境得到有效治理,东西部发展差距逐步缩小,从而保证 21 世纪中国的人口、资源、环境、富裕和少数民族经济的可持续发展。

钱老对中国草业界和草业工作者是破格地鼎力支持和热忱鼓励的。例如,他同意亲自担任中国系统工程学会草业委员会的名誉主席,同意草业委员会用他的名字设置"钱学森草产业科学奖金"。他为草产业发展亲自给草业界人士写信。在中国草业协会建立时,他致信勉励草业界同志说:"要大力宣传知识密集型草产业及第六次产业革命的光辉前途,要看到 21 世纪!光明的未来!看到美好的未来了,中国人就要通过革命的实践去创造这个未来"。

目前在内蒙古,沙产业与草产业已渐成气候,实现了龙头企业带动、产业链延伸、大集团加盟的可喜转变,建成了具有一定规模的沙草产业示范基地,涌现出一批沙产业、草产业龙头企业和重点地区,并已列入自治区"十一五"规划中。

目前内蒙古已有林草沙加工企业近千家,其中龙头企业 35 家,带动了百万农牧民增收。内蒙古还将发展沙、草产业作为"退耕还林、退牧还草"的后续主导产业。它大大提高了植被覆盖率,增加了牲畜头数和农牧民收入。

17.4 钱学森论第六次产业革命

面对当前这场产业革命,钱学森作为战略科学家,坚持马克思主义观点,认为不是单纯的技术革命,"而是全局性的、整个生产体系的飞跃变化",它影响整个社会的物质资料的生产方式、生活方式直至思想文化。因此,社会历史时代的划分是以产业革命为依据的。

按照物质生产活动方式的变革,迄今为止,人类社会经历了五次产业革命:

第一次是农业革命。出现了农、牧业,它发生在10 000年前的新石器时代。

第二次是商业革命。出现了商业,"人们不再单纯为个人的生存、个人享用而生产,开始为交换而生产。"简单商品生产在中国出现于奴隶社会后期,即公元前约1 000年。

第三次是工业革命。出现了工业,它以蒸汽机和织布机的发明为标志。工业革命的发源地是18世纪末的英国;到19世纪60年代,电机的出现把工业革命从机械化阶段推向电气化阶段。

第四次是垄断业革命。先后出现了卡特尔、辛迪加、托拉斯和康采恩等垄断公司,"生产不再是以一个工厂为单位,而是出现了跨行业的垄断公司",它们对产量、销售额、原料、产品设计、专利、销售网、广告等进行控制,加强了资本的统治,加速了自由竞争向垄断的转化。垄断公司出现在19世纪末。

第五次是信息业革命。信息业的出现以1946年电子计算机的发明为标志。随着计算机技术与通信技术的迅猛发展及其相互结合,信息业在国民经济的产业结构中占据越来越重要的地位。由于信息流通缩短了时空的限制,信息资源可以共享,"全世界将构成一个整体组织生产。"

产业革命不是孤立的历史事件,而是科学革命、技术革命与社会革命相互作用的结果。

钱老认为,当前这场新产业革命必将从根本上改变传统的农业,出现新型的、知识密集型的农业。他在20世纪80年代形成了一个具有前瞻性、全局性的战略思想:在产业革命的新形势下,必须尽快创建知识密集型农业,使我国农业跟上时代的要求。

钱老指出,实际上最大的能源是太阳能(直接的太阳能是太阳的光照,间接的太阳能如风能、水力等)。假定:①我国960万km^2的土地上只有一半能够用来从事农业或者林业的种植;②植物的光合作用只算5%的效率,即只有5%变成碳水化合物。这样算下来,我国12亿人口,平均每人每年也有5 t以上的农林产品。这就是说,我国农业的发展潜力是很大的。

钱老指出,我国农业目前并没有充分利用太阳提供的巨大能量。比如农产品,粮食作物,只有一半供食用,还有一半如秸秆、稻草不能用,浪费太大。因此,他提出解决的办法在于创建知识密集型农业,"比如说,把植物的梗秸、草、树叶子加工成综合饲料。饲料可以喂牲口;牛粪可以种蘑菇,又可以养蚯蚓。加工成的综合饲料又可以放到池塘里去养鱼,且是多层的养鱼,一层一层地形成一个高效能的生态。"其中各个环节及其相互联系都需要现代科学技术知识和现代科学技术手段。

在耕地少、人口多、经济不发达的情况下,为了迎接新产业革命的挑战,出路在于建立知识型农业。现将钱老关于知识型农业的思想、内容与发展前景概述如下:

（1）思想。利用现代科学技术知识（包括对地球表层的系统认识），利用信息革命成果（包括系统管理的最新成果），利用新材料、新工艺，建立知识型农业。

（2）内容。①按人类在地球表层开展经济活动的空间资源，把大农业分为农业、林业、草业、海业和沙业五大类；②按农业产业活动的基本特点（利用光合作用固定太阳能），并按农业生态系统良性循环的要求，发展多种经营，"不是农林牧副渔五业并举，而是十业并举：农、林、牧（养家畜）、禽、渔、虫（蜜蜂、蚯蚓）、菌（蘑菇）、微生物（沼气菌、单细胞蛋白这些东西）、副、工（加工业）等十业。"

（3）前景。按照建立知识型农业的发展道路，农村与城市同时建设，农业与工业协调发展。这将大大消除工农差别、城乡差别。这种知识型农业是未来大农业的新构架，它依靠人工能源，不受气象限制，可常年在工厂大规模生产，节土、节水，不污染环境，资源可循环利用，是我国农业改革中切实可行的路子；他预言，以知识型农业的兴起为标志的第六次产业革命，将在中国的大地兴起。

知识型农业就是科学化、集约化、高效化、知识化的农业，它是实现中国农业现代化战略思想的战略措施。

第18章　中国社会主义市场经济体制下的城乡发展

18.1　中国特色社会主义市场经济体制下发展的特点

在目前的社会主义初级阶段,我国实行社会主义市场经济体制,充分调动了社会生产的积极性,是适应现代生产力发展的需要的。但在社会主义条件下的市场经济不同于资本主义条件下的市场经济:前者是在有效的宏观控制下发展的,是不能违背社会主义的原则的;而后者基本上是实行垄断资本主义专政和垄断资产阶级的自由主义。

因此我国的社会主义建设在总体上是在宏观控制下进行的(微观活,宏观控)。从原则上说,我们应能在社会规模上实行系统工程技术(社会系统工程或社会工程)。但社会系统工程需要全面地考虑社会系统的各个方面,如钱学森同志所指出的四大领域、九个方面。这是编写本书的一条基本信念。本着这种信念,我们可以站在一个新的高度来审视以往国内外系统工程领域的种种理论和方法,并为探讨钱学森学派的大成智慧工程方法论的实施而努力奋斗。

下面试从几个主要方面来简述在我国体制下发展的若干特点。

(1) 党和政府为我国的发展制定了明确的目标。我国的社会主义市场经济体制仍然是有发展目标和发展规划的。我国有"分三步走"的发展目标,即到20世纪末国民生产总值比改革开放之初翻两番;在建党一百周年时(2021年)国民生活达到全面小康水平;在建国一百周年时(2049年)国民经济达到中等发达国家的水平。我国有五年规划目标,目前正在执行"十二五规划",而且每年还有年度目标。这种目标有明确的定性和定量指标,既充分表明了政府的信心,又给全国人民指明了奋斗方向并对未来抱有合理的期望。

(2) 我国发展的动力机制,既有自上而下的动力,又有自下而上的动力。前者是党和政府根据国家的整体利益和广大人民的根本利益所制定的奋斗目标,为广大人民所热烈拥护,并愿为之而做出贡献(许多人基于信念和爱国热情做出了无私的奉献);后者是广大人民基于个体的利益而做出的努力。前者是社会主义的集体利益所驱动的;后者是市场经济原理(追求个体最大利益)所驱动的。英国古典经济学家亚当·斯密把后者称为"看不见的手",并据此撰写了《国富论》,但他却看不到前者。社会主义国家在计划经济体制下,有高度权威的党和政府主要是依靠前者来取得成就,特别是当国家处于艰困条件下的时候,体现人民利益的政府领导者容易号召人们起来响应。我国数以亿计的劳动者长期在低工资制度下工作,使国家得以较快速地发展起来,是同国家民族百余年来所遭受的苦难及对国家困难的谅解分不开的。但在和平时期,随着经济的发展和人民生活水平的提高,仅靠这种集体利益的驱动就不够了,需要广泛调动个体利益的驱动。这就是市场经济的作用。允许人们通过提供产品和服务来追求个人的最大利益,允许一部分人通过合理的途径先富起来,从而取得了改革开放以来30年的高速发展。当然我们也是有失误和走过了弯路的:在片面追求经济效益时某些社会效益遭到了忽视;社会上某些人物欲横行,信念丧失,道德有所沉沦;一些食利者钻了法制的空子;社会收入分配向两极分化的差距不断扩大;部分官员腐败,以权谋私;出现了假冒伪劣商品;一些地方还出现了官商勾结的黑社会性质的现象;生态破坏,环境污染等。而邓小平同志早就警告过:如果不能有效遏制收入分配的两极分化现象,就表明社会主义的失败。当然,党和政府针对这些问题采取了一系列相应的对策。

目前还存在国有企业的改革问题(此问题提出和解决的时间已经较长,但解决的进程却大大落后于计划)。国有企业占的领域过宽,效率较低,限制了民营企业作用的充分发挥,且有国有资产流失等问题。

(3) 经济领域宏观调控的机制和手段。我国当前的生产资料所有制是以公有制为主体,多种形式的所有制共存,国民经济的命脉控制在国家手中。尽管私有制和个体经济不断得到了发展,外资和跨国公司大举进入我国市场(包括实体经济和金融经济领域),但我国还是保持了较强的宏观控制能力。从近年来全球性的金融危机和经济危机中我国经济的表现,就可以窥见一斑。经济领域的宏观调控,主要是针对经济领域发生的变故和不利因素,采取相应的政策措施。在实体经济方面,比如出口市场萎缩,企业倒闭,内需不振,人口资源失业率上升,经济增长率不足,城乡与区域间发展失衡,原材料短缺,资源能源消耗率过大,环境污染严重等问题,对此国家要出台相应的扶持政策,加大投入,增加资金流动性,提高人民收入与生活保障水平,加强就业组织与培训,对农村与欠发达地区采取倾斜政策,加强对外投资与收购以保障原材料供应,实行节能减排政策措施,加强环保监督,促进绿色经济与循环经济的发展等。在金融经济方面,如遇金融危机,货币贬值,通货膨胀,股价狂泻,泡沫破裂等情况,国家也要及时采取对策,力争减轻和避免在虚拟经济方面遭受的损失。

目前存在着政府职能的制衡机制和加强政治体制改革问题。政府对经济的过度干预影响了市场的公平竞争、资源的合理配置和经济主体的自主创新。官员往往倾向于微观干预而忽视宏观调控的职责,这种倾向不但不利于市场经济的健康发展,而且还容易滋生腐败。简言之,社会主义市场经济体制下的行政原则应当是"宏观控制,微观搞活"。但是,官员对经济、文化等活动的微观干预,一方面是传承了计划经济体制的习惯;另一方面是权力寻租的利益驱动使然。权力寻租的获利空间规模之大,总体上可以万亿元计。这是我国国民收入分配贫富两极迅速分化的重要原因之一。这也应是政治体制改革的重点之一。

(4) 保持社会稳定与和谐。为正确处理人民内部矛盾,国家实行各种惠民与惠农政策及少数民族政策,加强社会保障制度与网络建设,改革政府职能,提高政府服务水平,从严治党治吏,加强民主与法制。

(5) 加强精神文明建设。社会主义市场经济体制,仍要以全心全意为人民服务的意识形态占主导地位,不断加强党的建设和干部队伍建设。在全党全民,加强马克思主义理论与社会主义思想道德教育,继承优良传统,提倡社会主义荣辱观,提高人民道德水平,倡导文明风气。吸收优秀传统文化和世界先进文明的文化,在社会上和网络上加强扫黄打黑,荡涤污泥浊水,树立模范标兵。

(6) 加强地理建设。改善生态系统,治理环境污染,保护不可再生资源,防治灾害,加强基础设施建设。

(7) 维护国家主权与安全。国家实行独立自主的和平外交政策,与邻为善的睦邻政策,化解国际争端,并以强大的国防力量作为后盾,维护国家的尊严与安全。

党的十六届三中全会提出了"五个统筹":统筹城乡发展,统筹区域发展,统筹经济社会发展,统筹人和自然和谐发展,统筹国内发展和对外开放。这五个统筹包含了全面发展,协调发展,均衡发展,可持续发展和人的全面发展的科学发展观。科学发展的核心就是以人为本。中国特色的社会主义经济解决了13亿人口的吃饭问题,还实现了国家民族的崛起,是真正地实施了新制度经济学(其创立者获得了2009年诺贝尔经济学奖)的世界大国。不过我们要保持清醒的头脑:按照经济学家吴敬琏等的意见,我国的经济发展和转型,要真正实现社会主义政治文明下的法治市场经济,符合广大人民的根本利益,避免变质成为权贵资本主义经济,许多问题还是要从政治经济学的观点来进行研究和审查。

经过建国以来60年的发展,我国已从一个饱受帝国主义列强侵略欺凌的、半封建半殖民地的、广大人民处于水深火热之中的贫弱国家,转变为一个独立自主的、经济增长速度最快的、享有一定国际地位的国家,发展的速度令世人瞩目。事实证明,"只有社会主义才能救中国,只有改革开放才能发展中国"(胡锦涛主席在国庆60周年庆典上的讲话)。中国的发展模式已经在全世界产生了影响。

我国在马克思主义思想指导下,积60年之经验,已经初步建立了中国特色社会主义建设的系统理论。今后的发展需要更加完善的科学组织管理技术,这是我们需要努力加深研究并推进的。

在中国特色社会主义市场经济体制的条件下,我们应用系统工程技术来研究区域和城乡的发展问题,应着眼于整体优化和分层级优化;并有可能在相当程度上减少不确定性。

18.2 社会主义市场经济体制是社会主义生产方式调整的一个新阶段

自从马克思与恩格斯发表《共产党宣言》、创立科学的社会主义理论以来,社会主义与共产主义事业经历了曲折的道路。在20世纪80年代末,东欧各社会主义国家发生剧变,前苏联到1991年底发生解体。中国自1978年党的十一届三中全会之后,实行改革开放的国策,从集中的计划经济体制逐步转型为社会主义市场经济体制。至今30余年来,保持了经济的迅速发展和政治上的稳定。中华民族有望再次在世界上崛起。

社会主义与市场经济的结合,目的是获得经济上的高度活力与效率,同时又要保持社会主义的理性(价值)。

市场经济是自欧洲文艺复兴时期以来,伴随着资本主义的发展而逐渐成熟的一种经济体制。它之所以具有高度的活力与效率,因为它是由千千万万的行为人自下而上地积极主动地运行的。生产和服务的动力,是从满足社会需求中赚取利润。经济学理论与实践一再证明,私人物品由市场配置是最优化的选择。市场经济的基本原则,是承认经济行为人追求最大利润的合理性,并制定相应市场规则和法制、伦理体系,以保证自愿、互惠、公平交易的原则,建立诚信制度,保护私有财产。

但市场制度并不能保证对收入进行令人满意的分配,却把弱势群体排除出社会;它不能解决环境的基本问题,以及贫穷、饥饿和人口增长等问题。市场把一切事物——包括人(劳动力)和自然(土地)都变成商品,而不能保证诸如人的需求、价值、自由、权利和社会公平公正、整体效益等目标。

自500多年前的空想社会主义思潮以来,社会主义的思想意识形态,向来主要是基于财产与生产资料的公有制,实行集中的计划经济体制。马克思经济学认为在资本主义商品生产条件下连劳动力都变成了商品,社会主义不需要商品生产,从而导致社会主义应当实行公有制和计划经济,免除雇佣劳动和剥削,建立劳动自主的社会。钱学森联系马克思所处的历史背景,是自由资本主义时代,社会处于高度的混沌状态,无产阶级受到残酷的剥削,所以马克思、恩格斯提出用国家计划来调控混沌的经济。但当时对于国家计划管理的方法还不可能作出具体的说明。后来列宁认为社会主义需要商品生产;毛泽东研究了社会主义商品生产问题;陈云研究了计划经济与市场调节相结合的问题。西方经济学曾否定社会主义也能搞市场经济。保守的奥地利经济学家米赛斯(Ludwig Edler von Mises,1881~1973)在20世纪30年代曾有一句名言:"要么社会主义,要么市场经济,二者必居其一"(当时,人们所理解的社会主义体制,是所有的事务都依赖于领导人的智慧、才干和天赋)。英国前首相撒切尔夫人也曾向我国领导人表达过类似观点。鉴于社会主义实践所面临的理论问题,我国一些学者已经提出:要大力改革和重建经济学的基本理论体系。

前苏联在斯大林时期实行集中的计划经济(指令经济),就把经济管得过死了。它完全自上而下地运行,没有竞争机制,没有符合客观规律的价格体系,对资源的配置造成浪费。虽然计划经济能有计划地配置生产力,在西方(20世纪30年代)经济危机时期表现出稳定的增长,令人刮目相看;但对于复杂的国民经济来说,毕竟带有主观和脱离实际的性质,其日常的经济运行效率则证明是低下的。钱学森曾经指出,计划经济是完全的微观管理,一直管到每一个工厂里,是一种很落后的管理方法。对于如此复杂的经济体系,一定要转用宏观管理的方法,微观上要搞活,宏观上来控制、调节。尽管一个落后国家可以在有高度权威的政府领导和计划经济体制下通过模仿先进国家的经验,实现"大推进式工业化"(如前苏联在20世纪30年代,中国在20世纪50年代那样),但后继的发展还是缺乏内在的动力机制。斯大林在20世纪20年代所称的"社会主义工业化道路",即优先发展重工业的经济发展模式,实际上是一种高投入、高消耗的工业化道路。毛泽东在1956年所著的《论十大关系》中曾指出其没有把农业和轻工业的发展摆在适当的地位,但中国在此后的实践中并未能摆脱苏联式经济发展模式;而且无论是前苏联还是中国,在计划经济时期,都没有把发展第三产业,即生产和生活的服务业,纳入国家计划,所以经济的发展是粗放型的,不能达到高效率和高效益。

在20世纪20至30年代,英国就有了早期市场社会主义经济思想(新费边社会主义)。在20世纪后半叶,一些左翼经济学家(如亚历克·诺夫等),曾对市场社会主义、"可行的社会主义"等,进行过探索。诺夫是在东欧社会实践的基础上进行研究的,但东欧市场社会主义的实践却以失败而告终。在"东欧剧变"前后,英、法、德、美等国的市场社会主义理论已经发展得比较系统,并取得了重要的突破,但在实践方面主要限于资产阶级左翼政党的主张。

自20世纪70年代发展起来的生态运动(绿色运动),到90年代形成生态社会主义思潮,越来越清楚地认识到,环境污染和生态危机的根源,是资本主义的生产与消费方式;它们并且还实行生态帝国主义和环境种族主义政策,把环境污染和生态恶化的恶果转嫁给发展

第18章 中国社会主义市场经济体制下的城乡发展

中国家和弱势种族。因此要根本解决环境生态问题,必须改变资本主义制度,实行社会主义制度。

列宁在十月革命胜利4年之后,认识到战时共产主义的指令性生产和分配制度不能适应和平时期的建设,于1921年实行新经济政策,利用了商品、货币和市场的作用。但在1929年,苏联宣布已建成社会主义,而对之终止执行。后来,市场社会主义理论在前苏联被视为修正主义理论而受到批判。

邓小平同志在晚年时指出,计划和市场竞争的关系,是国家经济发展的机制,而非社会主义与资本主义的区别。计划性被资本主义国家广泛运用,而社会主义国家则应当广泛地利用市场竞争机制,以刺激经济发展中的社会和个人积极性。市场经济的消极方面则应借助经济调控政策和国家的宏观监督来加以克服。

钱学森说,我们国家走向社会主义市场经济是合于世界形态及时代特征的……不是商品经济,是市场经济!商品早在两千年前就有了,封建社会也有一定程度的商品经济……现在世界是一个大市场,经济受市场的影响极大,所以才活,才有混沌。所以我们要的是今日的经济,市场经济,而不是往日的商品经济。活了,才能最大限度地调动每一个人的积极性,才能高速度向前发展。是向前发展,走社会主义道路,还是停滞不前,那就看宏观调控了。要微观放、宏观控,当前的大问题是:①"换脑筋",教育干部;②体制改革,搞"小政府,大社会"。

当今有中国特色的社会主义市场经济体制,是最大规模的社会实践,已引起了世界的瞩目。马克思主义政治经济学在其发展更新的过程中要不断地经受实践的检验和理论上的抗争。

市场经济具有利益驱动的性质,它强调个人利益、个人自由、私有财产和资本的运行无阻。这种利益机制发展到极致,若缺乏必要的社会调控,结果便以垄断资本主义和帝国主义为其政治代表形式。比如,资本主义国家虽有企业反垄断法,但并无金融反垄断法,其金融系统严重地缺乏监管,任从金融巨鳄搅乱市场,导致经济泡沫和危机的发生。

当前我国面临着社会贫富两极分化和经济结构失衡等严重局面,党中央正在谋划采取重大的调控政策措施。就贫富两极分化不断加剧而言,若得不到及时遏制,社会的稳定就不能保证。要解决贫富两极分化问题,须探究其形成的深层机制。一方面,要提高广大劳动群众的一次分配、二次分配、三次分配,加强社会保障体系;另一方面,要加强监管和法制,堵塞富人敛取不义之财的各种漏洞。一般来说,富人是强势群体,有更多的机会和途径取得优势,所以总的趋势是富者越富、穷者越穷。这就有赖于社会公权力的监管和调控。保证社会的公平和正义是社会主义国家的重要特征之一。

由此可见,社会主义市场经济体制的主要特点,是有党的领导,以广大人民的根本利益为本,强调民主、法制、宏观调控和监管。不像资本主义市场经济,追求垄断资本的自由主义和垄断利益,不惜销毁产品、破坏生态环境、发动战争;人性被扭曲、异化……资本主义的逻辑是:自由市场导致垄断和寡头。我们应当从历史教训中深刻理解邓小平同志和胡锦涛同志的话:"只有社会主义才能救中国;只有改革开放才能发展中国"。

18.3 社会主义中国城市化的优化途径——惠农式环境友好型城镇化

我国作为社会主义国家,城市化的政策和道路是在马克思主义的指导思想下制定的。马克思在《资本论》中曾写道:"一切发达的、以商品交换为媒介的分工的基础,都是城乡的分离。可以说,社会的全部经济史都可以概括为这种对立的运动。"

马克思主义的城乡发展观可以概括为以下几点:

(1)城乡的分离和对立,带来农村数千年的贫困和愚昧。
(2)资本对农民的剥夺,是形成资本主义生产关系的基础和起点。
(3)资本主义国家对农民的剥夺,先从本国开始,进而发展到对殖民地、半殖民地以及对其他落后国家劳动群众的剥夺。
(4)城乡的对立只有在私有制的条件下才能存在,在经过革命斗争使资本主义的生产关系改变以后,城乡对立是可以消失的。

我国在改革开放以前,形成了城乡二元化的社会结构;改革开放以后,城乡收入差别持续扩大。党的十六大以后,制定了"统筹城乡发展"、"工业反哺农业,城市支援农村"等国策。据此,并遵照杰出科学家钱学森的相关学术思想,我们概括出我国的城市化优化途径具有"惠农"和"对环境友好",以及城市和小城镇共同协调发展等主要特点,可称为"惠农式环境友好型城镇化"新模式。下面从几个方面加以简要论述。

18.3.1 当前面临的时代机遇

(1)现代化交通系统的普及。
(2)现代化通讯与电子信息系统的普及。
(3)绿色能源的开发和利用初见成效。
(4)生态文明的观念日益深入人心,推动了生态农业和绿色食品等绿色产业的发展。
(5)生物工程等新技术在我国已有了长足的发展,在世界上已居于较先进水平。
(6)世界科学技术革命和产业革命的步伐加快。
(7)社会主义制度的优越性。

以上(1)~(5)各点都是众所周知的情况,而且形势在迅速发展中,日新月异,因此详细的说明从略。对后两点说明如下。

关于(6)世界科学技术革命和产业革命的步伐加快的说明:

近一个世纪以来,人类进入了科学技术快速发展的时期。新知识、新学科出现的频率日益加快。人类产业革命的步伐也已大大加快。根据钱学森关于产业革命的理论,人类从第一次产业革命(火的发明和应用,大约在150万年前的旧石器时代),经过第二次产业革命(铁器的制作和使用,在奴隶社会末期,我国约在春秋战国时期),到第三次产业革命(从手工业进入大机器工业,即于18世纪后期首先发生于英国的产业革命)。经历了一百多万年的历程;而从第四次产业革命(电的发明和应用,约于19世纪末叶),经过第五次产业革命(现代科学革命和一系列高技术产业的出现,发生于20世纪20年代至第二次世界大战之后),现在正面临着第六次产业革命(以生物技术为基础的大农业革命),则只经历了一个多世纪的时间。

近代科学革命始于 16 世纪晚期或 17 世纪早期,对知识的探求和掌握,超出了少数王公贵族和神职人员的范围。像伽利略、牛顿和笛卡儿这样的人开始系统地进行科学探索。启蒙运动之前的那次科学革命标志着一个根本性的转变;人类不再简单地寻求适应自然或神的秩序的方法,而是要设法改变这些秩序。机器的发展推动了工业革命,并创造了一种全新的生活方式。此后,对知识的追求继续推动着新的革命。社会学习的速度不断加快。如美国的发展比英国快,其他国家(如德国)则从后发优势中受益,跳跃式地完成了英国曾走过的长期发展进程。

这种知识的传播在最近几十年大幅加速。自 20 世纪 70 年代以来,日本、新加坡、韩国以及中国以三倍于英国或美国在工业革命顶峰时期的速度发展。除因他们的努力之外,也因他们得以巧妙地运用了在西方行之有效的某些发展思想——诸如自由市场、开放贸易、注重科技等。

世界主要经济体的治理在过去几年已显著改善。审慎的金融政策已经减轻了金融震荡,使经济衰退较为缓和。对各国情况的比较研究每天都在进行,它有利于各国相互借鉴得失成败的经验教训。我们如今生活在一个"最优方法的世界"。

今天对国际不平等的认识比以往任何时候都深刻。知识在所有地方都创造了变革和进步的可能性。一个以知识为基础的世界将会更加健康和富裕。

随着全球市场在消费者数量方面的增加,创造新产业的速度也越来越快,比如互联网搜索或者生物医学等。现在,个人可以通过个人电脑有史以来首次成为"自己数字形式作品的作者",或者在自己的电脑上通过软件来处理它。这就意味着将有更多的人成为革新者和创造者。

今天,知识对于每个个人、地区或整个国家来说都更有价值。全球实力竞争已变成关于智商的竞争。最聪明的国家或地区就最有效率,最能吸引资金。人们必须经常搜集信息,对之进行分析,并选择行动方案;需要非常善于解决问题(包括那些从未遇到过的问题),及能迅速找到问题解决方案的人。

应当用更多的知识和服务业代替制造业,向产业中注入更多的知识和技术使之更为"绿色",以便在提高现代化程度的同时,改善生态环境。

这种时代背景为大农业的现代化、产业化和高层次化创造了条件,为实行新型的惠农式环境友好型城镇化准备了必要的基础。

关于(7) 社会主义制度的优越性的说明:

社会主义制度的本质,体现在其有广大群众代表性的执政党,代表先进生产力的发展要求,代表先进文化的前进方向,代表最广大人民的根本利益;以及自改革开放以来党所制定的一系列国策上。社会主义制度的优点之一,是有较强的组织管理能力,可以集中力量办大事。我们党和政府有着强大的凝聚力,可以实施强有力的领导和卓有成效的工作;人民群众对党和政府有极大的向心力,党和政府与人民群众休戚与共,只要党和政府发出号召,任何艰难困苦的工作都是可以胜利完成的。只要发挥社会主义制度的优越性,实现广泛的社会动员,办任何事情都应该并且可以做到多快好省(李铁映在全国人口普查总结表彰会上的讲话,转引自钱学森 1991 年在全国政协科技委员会上的讲话)。我国作为人口大国和农业大国,在城镇化道路的选择上,也必须运用社会主义国家主导的力量,体现利农惠农的特点。而资本主义社会追求垄断利润且缺乏制约的经济,对于一系列社会问题却是难以得到根本解决的。

18.3.2 惠农式环境友好型城镇化的基本概念

(1)相对于传统城市化模式伤农性质的惠农性质。自从城市产生以来,在各种阶级社会中,城市的发展总是依靠对农村的剥夺。对此马克思已作了精辟的论述。

资本主义社会在早期阶段,进行残酷的资本积累,利用工农业产品价格的剪刀差,对农民实行残酷的剥削,迫使大量农民破产,流入城市成为无产者和失业大军,供资产阶级榨取剩余价值;同时在农村掀起大规模的圈地运动,夺取生产资料。在城乡三大差别存在的条件下,农业产值的增长一般都要慢于其他高层次产业,城乡收入的差别也总是存在的。农村雇工的生活也往往处于社会的底层。

我国建国以后,在计划经济体制下,在实现工业化的资本积累过程中,虽然政府尽力缩小工农业产品价格差,照顾农民利益,但也在长期内实行了农产品统购统销以至派购政策,以满足城市的需求。对原、材料实行低价供应,限制了农民生活水平的提高,大规模平调了农村劳动力,圈占农村土地,并形成了城乡分割的二元化社会结构。在从计划经济向市场经济转轨、从土地无偿划拨制向有偿使用制转轨的过程中,由于法制的不健全,出现了大规模圈占农村土地和土地价值资产大规模流失的现象。自党的十六大以来,提出了一系列相应的国策,对农业、农民和农村大幅度倾斜,我国开始进入城乡一体化发展的新阶段。

惠农式环境友好型城镇化的性质,体现了城市和工业对农村和农业的反哺。

(2)相对于城市中心主义的城市化,惠农式环境友好型城镇化强调城乡一体化发展。我国于改革开放初期制定的《城市规划法》,到2007年10月颁布新的《城乡规划法》,并于2008年1月1日起实施,标志着城乡一体化统筹发展新阶段的开始。实践证明,在二元化社会结构的条件下,农村仅靠自发的发展,是不能达到总体优化的成效的;必须在国家高瞻远瞩的指导和系统规划下,借助于中心城市和工业的援助,我国的农业现代化和新农村建设的发展才能走上正轨,城乡收入差别才能逐步趋于弥合。惠农式环境友好型城镇化新模式就体现了城乡一体化的发展。

(3)惠农式环境友好型城镇化是由新的产业革命所带动的。按照钱学森的学术思想,我国农业的现代化,即建立知识密集型的大农业,充分运用现代科学技术手段,是需要运用社会主义制度的优越性,在当前现代文明的条件下,率先推动新的第六次产业革命(以生物技术为基础的大农业革命)来实现的。这是促进农民致富和社会主义新农村建设的根本动力,也是惠农式环境友好型城镇化发展的动力。

(4)惠农式环境友好型城镇化是生态文明向广阔农村地区的延伸。传统的垦耕式农业,虽是建立在自然生态系统之上的,但其生产方式却包含着反自然生态系统的因素:如毁林开荒;施用农药会杀死害虫的天敌,反而加剧了农业的病虫害;收获作物时客观上将营养物移出到系统之外,切断了农业生态系统良性循环的物流链环;而且,贫穷和向大自然的过度索取,导致大范围的植被破坏,引发了水土流失、土地沙漠化和气候恶化。所以,传统的农业生产方式是不可持续的。农业要持续发展,必须同保护和改善生态环境相结合。

改革开放初期,农村小城镇的自发发展和农村工业化,导致了农村环境的严重污染、资

第18章 中国社会主义市场经济体制下的城乡发展

源的高消耗和浪费。

只有引进知识密集型的高科技农业,促进农民致富,制止对大自然的过度索取,并引进各种绿色技术、绿色经济和循环经济,采取措施有效保护和改善生态环境,才能使广大农村的生态系统和环境真正获得改善并进入可持续发展的轨道。

只有实行惠农式环境友好型城镇化新模式,才能使生态文明向广阔的农村地区延伸。

(5)惠农式环境友好型城镇化是以教育和科学技术的普及和现代化为主导的。由于惠农式环境友好型城镇化是建立在新的科学技术革命和产业革命的基础上的,故必须有相应的教育、人才和科学技术的支持。

发达国家农业现代化的经验,具有以下共同特征:①农业生产条件现代化,实现了农业机械化、电气化、水利化和化学化。②农业生产技术现代化,实现良种化和种养技术科学化。③农业生产管理现代化,农业生产经营实现产业化、区域化、商品化和服务社会化。其劳动生产率和土地利用率大大提高。

农业生产方式向工厂化转变,设施农业将不仅用于种植业,也可用于养殖业。农业遗传资源将被更多地拥有和开发利用。对动、植物新品种的改良和创新,通过细胞杂交、基因重组和外源基因导入等生物技术,来创造高产、抗病广谱型和营养型的新品种。

"可持续农业"(1985年在美国首先提出),为确保人类及其后代对农产品的需求,维护土地、水、动植物遗传资源,使环境不致退化,技术应用适当,经济上能持续生存,且社会能够接受。已成为现代农业发展的新趋势。

规模农业和专业化分工将成为农业可持续发展的重要基础和必然途径。依靠科技进步的成分增加,劳动者的技能不断提高已成趋势。

邓小平同志曾经强调,中国的农业发展问题,归根到底还是要靠科学技术去解决。必须全面落实科学技术是第一生产力的思想,加快实施科技兴农战略,处理好农业和其他产业的关系,巩固农业的基础地位。必须提高"农业的根本出路在于依靠科技进步"的认识,始终把依靠科技进步摆在农业和农村经济发展的优先地位,把农业科技摆在科技工作的突出位置。这样才能真正把农业真正建成国民经济的基础产业。

要进一步加强农业重大基础性研究,从农业可持续发展的关键技术和农业应用基础性研究两方面展开。近期主要抓住生物工程应用和品种资源开发利用的基础研究来确定目标。

要把小城镇建设成农业现代化的基地,在其中建立农业产业化、生态产业链和教育、科研的各种相应设施,建立农业科研活动的市场运行机制,提高农业科研投入的比重,对农业科技成果进行清理和推广;并激发农民对科技的有效需求。

(6)自下而上的发展与自上而下的引导、支持和带动相结合。我国在改革开放初期的农村城镇化,是在二元化社会结构的情况下,"自下而上"地发展起来的;一般在经济、社会、文化、基础设施等方面的条件是比较低的;其中个别条件优越者,得到了"国际劳动分工"的助力。经过改革开放后近30年的迅速发展,我国的国力有了相当大的提高。党的十六大以来,国家制定了一系列对"三农"(农业、农村、农民)实行优惠的政策,以"自上而下"的国家力量,来扶助小城镇和农村的发展和建设。在基础设施建设、生产要素的支援、协助组织产业链,以及教育、人才、科研、技术等方面进行支持。在这种背景下实行的惠农式环境友好型城镇化模式,体现了"自下而上"和"自上而下"两股力量相结合的特点。

(7) 农村人口大转移的系统工程。在我国的城镇化过程中,将有数亿农村人口向城市转移,每年新增的农村向城市转移人口达 1~2 千万。对此,各级政府须运用系统工程技术,做好规划和组织管理、服务等一系列相应的工作。

农村剩余劳动力的流动,是基于其自身的利益判断和抉择:取得较满意的收入,有安定的居住、社会保障和子女教育等条件。据此,国家须为之创造相应的条件。

最基本的是就业岗位的创造、安排和就业培训。按照工业化的"雁阵模式",劳动密集型的产业将往经济欠发达地区和小城镇迁移,而各中心城市将加速发展第三产业和建筑业;此外,多种基础设施建设、生态工程、环保产业以及城市的生态产业链和循环经济产业链等,都将成为吸纳农村富余劳动力的主要产业。

城乡的一体化发展、大、中、小城市和小城镇的协调发展,是农村人口大转移稳定有序发展的基础。在全国和各地区范围内,这种协调有序的发展规划需建立在定量化预测的基础之上。

(8) 惠农式环境友好型城镇化是高效率和全面效益的体现。有了国家的主导和农民的自主性积极性相结合,这种城市化新模式必然体现出高效率和高效益。国家系统地推动新的产业革命和农业现代化的发展,并同农民生产致富的要求结合起来,其力量是巨大的。这个进程在历史的发展中具有划时代的意义。

国家与中心城市对农村的帮助,要着重于调动农民的自主性、积极性,帮助其"造血",而不是仅仅"输血"或包办代替;要防止放任自流和强迫命令两种极端倾向。这样才能创造出高效率和高效益。

(9) 惠农式环境友好型城镇化是多元化、多层次的城镇化系统模式。党的十六届五中全会制定的《关于国民经济与社会发展第十一个五年规划的建议》中关于我国城镇化的发展方针,是"坚持大、中、小城市与小城镇的协调发展"。这有着深刻的含义。各级中心城市,特别是主要大城市和都市圈,是我国经济与社会发展的龙头。其中聚集了高层次和高水平的产业、金融、生产要素、文化、科技和教育等资源,代表着国家发展的水平,也是向周围小城镇和农村辐射力量的源泉,是发展小城镇、促进大农业的现代化和第六次产业革命的依靠力量。

另一方面,小城镇和大农业的现代化发展,则为中心城市的发展提供了保证。如果不解决好"三农"问题,保证粮食的供应,大量农村剩余劳动力向大城市的冲击,势必给中心城市造成沉重的压力和负担,甚至导致经济和社会的崩溃。因此,我们必须保证大、中、小城市和小城镇的协调发展,保持中心城市和小城镇(农业中心)之间的良性互动,避免陷入恶性循环。

"龙无头不行,头无体不生"。所以,惠农式环境友好型城镇化新模式,是一种多元化、多层次的城镇化系统工程。它是以新的产业革命和全新的思想观念为基础的。

参考文献

[1] 于洪俊,宁越敏.城市地理概论[M].合肥:安徽科学技术出版社,1984.
[2] 马武定.城市化与农业现代化[J].城市规划,1997(6):25.
[3] 列宁.列宁全集:第30卷[M].北京:人民出版社,1996.
[4] 顾朝林.中国城镇体系[M].北京:商务印书馆,1996.
[5] 沈迟.关于城市化水平计算方法的探讨[J].城市规划,1997(1):43.
[6] 赵燕青.专业分工与城市化:一个新的分析框架[J].城市规划,2000(6):20.
[7] 李振福.城市化水平测度模型研究[J].规划师,2003(3):37.
[8] 焦秀琦.世界城市化发展的S型曲线[J].城市规划,1987(2):34.
[9] 萨夫迪 M.后汽车时代的城市[M].吴越,译.北京:人民文学出版社,2001.
[10] 叶维钧.中国城市化道路初探[M].北京:中国展望出版社,1988.
[11] 马武定.城市化与农业现代化[J].城市规划,1997(6):28-32.
[12] JAMES.未来城[M].赖慈云,译.台北:中国时报出版社,1997.
[13] 于洪俊,宁越敏.城市地理概论[M].合肥:安徽科学技术出版社,1984.
[14] 仇保兴.城市定位理论与城市核心竞争力[J].城市规划,2002(7):27.
[15] 向德平.城市社会学[M].武汉:武汉大学出版社,1994.
[16] 芒福德 L.城市发展史[M].倪文俊,译.北京:中国建筑工业出版社,1989.
[17] 中共中央文献研究室.建设有中国特色的社会主义:(增订本)[M].北京:人民出版社,1984.
[18] 郑萃,林琳.1990年以来国内城市形态研究述评[J].城市规划,2002(7):23.
[19] 顾朝林,克斯特洛德.北京社会空间影响因素及其演化研究[J].城市规划,1997(4):35.
[20] 沈玉麟.外国城市建设史[M].北京:中国建筑工业出版社,1990.
[21] 王有文,童水栋.论城市的"中国农圈"结构模型[J].城乡建设,1988(8):23.
[22] ALEXANDER C 邓.建筑模式语言[M].王昕度,译.北京:中国建筑工业出版社,1989.
[23] 鲍世行,顾孟潮.杰出科学家钱学森论城市学与山水城市[M].北京:中国建筑工业出版社,1996.
[24] 中共中央文献编辑委员会.邓小平文选:第三卷[M].北京:人民出版社,1993.
[25] 马传栋.生态经济学[M].济南:山东人民出版社,1986.
[26] 邓静,孟庆民.新城市发展理论评述[J].城市发展研究,2001(1).
[27] 沈小峰,胡岗,姜璐.耗散结构论[M].上海:上海人民出版社,1987.
[28] 钱学森.创建系统学(新世纪版)[M].上海:上海交通大学出版社,2007.
[29] 苗东升.系统科学精要[M].2版.北京:中国人民大学出版社,2006.
[30] 顾基发,王浣尘,唐锡晋.综合集成方法体系与系统学研究[M].北京:科学出版社,2007.

[31] 王浣尘. 系统策划及其元方法论[J]. 系统工程, 2000, 18(3): 1-4.
[32] 迈因策尔. 复杂性中的思维[M]. 曾国屏, 译. 北京: 中国编译出版社, 1996.
[33] 钱学森. 论系统工程(新世纪版)[M]. 上海: 上海交通大学出版社, 2007.
[34] 中国系统工程学会, 上海交通大学. 钱学森系统科学思想研究[M]. 上海: 上海交通大学出版社, 2007.
[35] 上海交通大学. 智慧的钥匙——钱学森论系统科学[M]. 上海: 上海交通大学出版社, 2005.
[36] 王文华. 钱学森实录[M]. 成都: 四川文艺出版社, 2001.